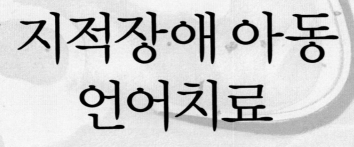

지적장애 아동 언어치료

황보명 · 김경신 공저

학지사

머·리·말

참으로 오랜 시간이 걸렸다.

'정신지체아 언어치료' 교과목을 강의하기 시작한 2000년부터 마땅한 교재가 없다는 생각으로 나름대로 강의 자료를 만들기 시작하였다. 관련된 책과 연구 논문들을 찾아 인용하고 정리하였지만 그래도 부족함이 많아 섣불리 세상 밖으로 내놓기가 두려웠다.

그러나 자꾸 미루다가는 아무것도 할 수 없다는 선생님들의 질타와 부족하지만 세상의 빛을 보고 나서 채찍을 맞고 다듬어질 수 있다면 그나마 후학들에게는 도움이 되지 않을까라는 믿음으로 이제야 용기를 내어 본다.

우리는 이웃에서, 혹은 길을 지나면서 어렵지 않게 지적장애 아동을 만날 수 있다. 언어치료를 받기 위하여 치료실을 찾아오는 사람들 중에도 지적장애 아동이 많다. 부족하지만 이 책이 지적장애 아동을 이해하고 그들의 의사소통능력을 향상시키는 데 조금이나마 도움이 될 수 있길 바란다.

이 책은 크게 4부로 구성하였다. 제1부는 지적장애에 대한 개관으로 지적장애 교육의 역사, 정의와 분류, 원인, 지적장애 사정에 대한 이해, 지적장애 아동의 일반적 특성과 생활지도에 관한 내용을 실었다. 제2부는 지적장애 아동의 언어 특징을 형식적, 내용적, 기능적으로 나누어 설명하였고, 지적장애의 흔한 임상적 유형에 대한 내용도 실었다. 제3부에는 지적장애 아동의 의사소통능력 진단에 대하여 전반적인 언어능력 평가와 말능력 평가, 그리고 검사도구를 통한 평가에 대한 내용으로 구성하였다. 제4부는 지적장애 아동의 언어치료에 대하여 언어 영역별 언어치료, 특정한 언어치료 기법들, 중증의 지적장애 아동을 위한 언어치료에 관한 내용을 실었다.

이 책이 나오기까지 감사드리고 싶은 분들이 너무나 많다. 지금은 퇴임하셨지만 언제나 큰 산처럼 푸근하고 한결같으신 강수균 교수님, 우리 곁을 떠나시고 나서야 얼마나 그분의 자리가 컸었는지 알게 된 한없이 그리운 정옥란 교수님, 어떤 일을 마음먹고 행할 때마다 방향을 정해 주시고 항상 귀감이 되어 주시는 김영태 교수님께 감사의 마음을 전한다. 긴 시간 동안 함께 원고를 준비하고 고민한 김경신 선생님과 교정을 도와준 김다애, 윤아름, 민복기, 정영란 학생에게도 고마움을 전한다. 그리고 끈기와 인내로 기다려 주신 학지사 김진환 사장님과 정승철 차장님, 편집하느라 고생하신 하시나 씨에게도 감사드린다.

함께 있어 주는 시간이 많지 않은 나쁜 엄마임에도 세상에서 엄마를 가장 사랑한다는 아들, 언제 어디서나 항상 지원과 믿음을 아끼지 않는 든든한 나의 동반자 그리고 한없는 희생으로 나를 올곧게 세워 주시는 어머니를 비롯한 모든 가족에게 진심으로 감사하다는 말씀을 전한다.

2010년 6월 연구실에서
대표저자 씀

차 • 례

제2부 지적장애 아동의 언어

제4부 지적장애 아동의 언어치료

제1부

지적장애의 이해

인류의 역사가 시작되면서부터 지적장애를 가진 사람들이 있어 왔을 것으로 생각되지만, 문자가 발달한 이후에야 그들에 대한 기록을 찾아볼 수 있다. 각 인종 집단과 문화적 배경에 따라 문헌에서 그 기록이 미약한 경우가 있었고, 멸시와 천대의 대상으로 이들을 대하던 시대도 있었다. 그러나 이들은 우리 주변에서 어렵지 않게 볼 수 있는 사람들이며, 지적장애를 가졌지만 따뜻한 마음씨로 때로는 우리를 감동시키기도 한다.

시대가 변하면서 이들을 지칭하던 용어가 바뀌어 왔고 이들을 이해하는 방법과 교육적인 접근법도 변화를 거듭하였다. 우리는 지적장애를 가진 아동이나 성인의 의사소통능력을 증진시키기 위하여 이들이 어떠한 세월을 거쳐 왔는지, 어떠한 특징을 보이는지, 왜 이러한 지적장애를 가지게 되었는지 다각적인 측면에서 살펴볼 필요가 있다. 제1부에서는 지적장애 전반에 대하여 알아보도록 하자.

제1장

지적장애 교육의 역사

현재의 내 모습은 과거의 산물이고 미래의 내 모습은 현재 삶의 결과라고 할 수 있을 만큼 과거, 현재, 미래는 따로 떨어진 세계가 아닌, 서로 연결된 하나의 고리라고 할 수 있다. 그렇기 때문에 현재의 지적장애 교육을 알기 위해서는 과거의 지적장애 교육의 역사를 살펴볼 필요가 있으며, 과거와 현재를 비교하고 분석함으로써 미래에는 더욱더 발전된 방법으로 지적장애 아동을 위한 교육을 준비할 수 있을 것이다.

이 장에서는 우리나라의 지적장애 교육의 역사와 서양의 지적장애 교육의 역사를 살펴보고자 한다.

1. 우리나라의 지적장애 교육의 역사

귀족 중심, 왕조 중심의 역사관을 가진 우리나라의 역사서에서 지적장애 아동에 대한 기록을 찾기란 쉽지 않다. 삼국시대까지는 지적장애 아동을 선행의 대상으로 도와준 기록이 아주 단편적으로 남아 있고, 고려시대에는 시각장애인의 점복업에 대한 기록이 주를 이루고 있다.

과거에는 장애인에 대한 명칭도 세분화되지 않아 삼국시대에는 병자라는 말과 엄격한 구별 없이 사용되었고, 고려시대부터는 다소 발전되어 독질(篤疾), 폐질(廢疾)이란 명칭으로 사용되었다. 독질이란 악성질병, 간질병, 양목맹인(兩目盲人), 2지(肢) 절단자 등을 뜻하며, 폐질은 백치, 벙어리, 난쟁이, 1지(肢)를 못 쓰는 사람 등을 지칭하였다(교육부, 1993).

선사시대부터 조선시대까지의 지적장애 아동에 대한 처우와 교육은 기록의 부재로 인하여 미루어 짐작해 볼 수밖에 없다. 따라서 여기서는 개화기 이후의 지적장애 교육에 대해서 살펴본다.

1) 개화기의 교육

우리나라의 특수교육은 개화운동이 전개되던 19세기 말 선교사들에 의해 전개된 교육사업의 일환으로 성립되었다고 할 수 있다. 일제 말기 개화사의 전개과정에서 1881년 일본에 파견된 신사유람단의 귀국보고서인 『일본문견사건(日本聞見事件)』과 유길준의 『서유견문(西遊見聞)』에 특수교육에 대한 내용들이 포함되어 있다. 이는 외국의 문물제도를 소개하는 내용 중 일부분이었다.

『일본문견사건』은 신사유람단 조사자들이 74일간 일본에 체류하면서 시찰한 사실을 기록한 것으로 일본의 역사, 지리, 정치제도, 경제제도, 군사제도, 사회제도, 통상, 외교관계 및 개항장 사정, 산업시설, 물산, 문화, 풍속 등 다양한 기록을 담고 있다. 여기서 주목할 만한 것은 일본의 특수학교인 맹아원(盲啞院)이 교육 분야가 아닌 병원과 같은 항목으로 처리되어 있다는 것이다. 맹아원은 창립 당시에 맹생 27명, 아생 31명으로 모두 58명이었으며, 보통학과에서 이들을 지도한 교사는 모두 3명이었다. 형식과 체제를 갖춘 교육기관임에도 불구하고 그 당시의 신사유람단 조사자들은 특수학교에 대한 인식이 없었기 때문에 맹아원을 학교로 인식하지 못하고 병원과 같은 요양원으로 인식한 것이다(교육부, 1993).

유길준의 『서유견문』은 1895년(고종 32)에 간행되었으며 모두 20편으로 구성되어 있는데, 9편에는 교육·군대양성 제도를, 17편에서는 사회복지 제도를 소개하고 있다. 이는 서양의 특수교육을 우리나라에 처음으로 소개하였다는 데 의의가 있다. 『서유견문』에서 소개한 지적장애 교육 내용을 살펴보면 다음과 같다.

치아원은 지적장애아를 가르치는 학교다. 여러 가지 제도는 예사학교와 같으나 지적장애아는 본래 그 천품이 이해하고 깨닫는 데 부족한 아이들인 것이다. 그런 까닭으로 그 가르치는 제도는 다른 곳과 다를 수밖에 없다. 학습하는 책도 특별히 큰 글자로 인쇄하되, 말을 가르치는 경우 글자만으로 그 의사를 깨닫게 하는 것이 어렵기 때문에 그림을 쓰도록 하고 있다. 가령 '개'라는 글자를 가르칠 때는 개를 그리고 글자는 그 옆에 첨가할 뿐이다. 물품 구입하는 일을 가르치려면 역시 그림으로 사람이 물건을 사는 모양을 그리고 글자로 그 뜻을 풀이한다. 이와 같이 그 본뜻을 깨닫지 못할까 우려한 나머지 한 구절, 한 마디를 상세하게 되풀이하여 숙독케 하여 차츰 독서하는 법을 배우도록 한다. 수학을 가르치는 데도 여러 가지 기기(機器)가 있다. 그 일례를 들어 보자. 교사가 작은 구슬 몇 개를 가지고 있으면서 손에 두 개를 들고 말하기를 "구슬이 몇 개인가?"라고 물을 때 대답하는 자가 없으면 교사 스스로가 2개라고 가르쳐 주고, 만약 아는 아이가 있거든 또 2개를 더하여 "2개에 2개를 더하면 몇 개가 되는가?" 하여 4개라 대답하는 이가 있거든 또 3개를 다시 더하여 말하기를 "4개에 3개를 더하면 몇 개가 되는가?" 대답이 7개라 하는 이가 있거든 교사가 다시 묻되 "4개와 3개를 합하여 7개다. 지금 7개 가운데서 1개를 감하면 몇 개가 남는가?" 6개라 말하면 또 말하되 "이 6개를 두 사람이 똑같이 나누면 한 사람의 몫이 몇 개가 되는가?” 하는 식으로 가르쳐 나아가 계산하는 지각을 양성토록 한다. 또 유희하는 데 쓰이는 여러 도구도 예사로운 것이 없을 뿐더러 하나, 둘로 그치지 않는다. 그 가운데 간단하고 쉬운 것은 두꺼운 종이에 초목 · 금수 및 배, 수레 혹은 주택의 상을 그린 다음, 쪼개기를 모나게 혹은 둥글게 하여, 길게 혹은 짧게, 세로 혹은 가로로 하여 그 쪼개 놓은 여러 조각을 각각 원상태로 합하게 하되, 잘한 자는 상을 주고 능하지 못한 자라도 결단코 꾸짖어서는 안 된다. 또 그 밖에도 춤추는 법과 노래를 가르쳐서 심지(心志)와 기도(氣度)를 활발케 한다. 나무 오르기라든가 그네뛰기를 가르쳐서 몸과 근골을 건강케 해 준다. 근래에는 군대식 조련도 가르쳐서 상하의 서열과 순서를 알도록 하기도 한다(교육부, 1993).

앞에 소개된 내용을 살펴보면 오늘날 학교교육에서 사용하고 있는 지적장애 아동의 교육방법과 별 차이가 없다. 그림을 통한 반복적 문자지도, 실물 위주의 교육매체 사용, 음악 · 미술 · 체육을 통한 전인교육 등이 실시되고 있었다는 것을 알 수 있으며, '능하지 못한 자라도 결단코 꾸짖어서는 안 된다' 라는 인간존중의 교육철학도 함께 소개되고 있다는 점이 주목할

개화기 대표적 정치가이자 조선 최초의 국비 유학생 유길준(1856~1914)

유길준의 『서유견문』

유길준과 『서유견문』

만하다.

유길준의 『서유견문』에서는 지적장애 아동을 위한 교육과정의 주요 과목과 그 교수법들을 당시로서는 비교적 구체적으로 소개하고 있음을 알 수 있다.

2) 학교 교육기

유길준이 『서유견문』에서 소개한 지적장애 특수학교 형태가 우리나라에 세워진 것은 대구보명학교(1966), 서울명수학교(1968), 대구남양학교(1969)가 설립되면서부터다.

1949년 12월 26일에 교육법(법률 제86호)이 제정되어 동월 31일에 공포·시행되었으며, 이 교육법에 초등학교를 비롯한 특수학교의 교육 목적과 목표가 구체적으로 명시되었다.

이러한 교육법의 규정에 따라 각급 학교의 교육과정이 제정·시행되었음에도 불구하고 심신장애 학생을 위한 특수학교 교육과정은 마련되지 못하였다. 단지 일반학교 교육과정을 준용하여 학교별로 관례나 경험에 의하여 교육과정을 운영토록 함으로써 특수학교의 특수성을 살리지는 못하였다.

이에 따라 1967년 4월 15일 뒤늦게나마 국민생활의 시급한 향상과 민주복지사회의 건설이라는 차원에서 심신장애 학생을 위한 교육에 관심을 갖게 되었다. 이때서야 비로소 맹학교 및 농학교 교육과정이 처음으로 제정·시행되었다. 그러나 지적장애를 비롯한 기타의 장애학생을 위한 교육은 당분간 일반학교 교육과정을 준용하되, 장애 특성에 알맞게 나름대로 융통성 있게 운영하도록 규정함으로써 별도의 교육과정을 마련하지는 못하였다.

그 후 7년이 경과한 1974년 1월 31일에야 지적장애 아동 초등부 교육과

〈표 1-1〉 특수학교의 교육과정 변천

고시(공포)	법 령	내 용
1967. 4. 15	문교부령 제181호	• 맹학교 교육과정 • 농학교 교육과정
1974. 1. 31	문교부령 제334호	• 정신박약학교(초등부 교육과정)
1977. 2. 28	문교부령 제404호	• 맹학교 교육과정
1979. 3. 1	문교부 고시 제424호	• 농학교 교육과정
1983. 12. 31	교육부 고시 제83-13호	• 맹학교 교육과정 • 농학교 교육과정 • 정신박약학교 교육과정 • 지체부자유학교 교육과정
1989. 12. 29	교육부 고시 제89-10호	• 시각장애학교 교육과정을 국가 수준의 기준으로 재정립 • 청각장애학교 교육과정을 국가 수준의 기준으로 재정립 • 정신지체학교 교육과정을 국가 수준의 기준으로 재정립 • 지체부자유학교 교육과정을 국가 수준의 기준으로 재정립

1998. 6. 30	교육부 고시 제1998-11호	• 특수학교 교육과정
		  - 정신지체·정서장애학교
		    (유치부 및 기본교육과정)
		  - 시각장애·청각장애·지체장애학교
		    (유치부 및 국민공통 기본교육과정, 고등부 선택중심 교육과정)

2008. 2. 26	교육인적자원부 고시 제2008-3호	• 특수학교 교육과정
		  - 유치원 교육과정
		  - 기본교육과정
		  - 국민공통 기본교육과정
		  - 고등학교 선택중심 교육과정

출처: 전라남도교육청(2008), p. 7.

정이 문교부령 제334호인 '교육과정령 중 개정령' 제2조 제4항의 규정에 의하여 별책 6의 2로 처음으로 제정 · 공포되었다.

〈표 1-1〉은 특수학교의 교육과정 변천을 나타낸 것이다.

2008년 교육인적자원부 고시 제2008-3호에 의해 특수학교 교육과정이 개정되었으며 지적장애 아동을 위한 교육과정도 몇 가지 변화되었다.

첫째, 교육과정별 편제와 시수 배당 기준의 합리적 보완을 위해 교과군별 교과별 최소시간 수 설정, 직업교과 시간 수의 감축을 통한 여타 교과군별 수업시수를 확대 · 조정하였다. 치료교육활동 수업시수 배당 삭제로 인한 교과군별 수업시간 수도 조정하였다. 둘째, 교과 교육과정의 구조 및 내용 개선을 위해 8개 교과 편제로 개편하였다. 확대 · 개편된 교과는 직업→실과 · 직업(초등학교 5, 6학년), 분리 교과는 예능→음악, 미술, 명칭 변경 교과는 건강→체육이다. 셋째, 단위 학교 설정에 따라 기본 교육과정과 국민공통 기본 교육과정의 병행 편성 · 운영이 가능하도록 하였다.

교육과정의 변천과 더불어 특수학교의 수적인 변화도 있었다. 한국구화학교는 비록 농학교의 병설이었지만 국내에서는 지적장애 교육을 위한 역사적 시도였으며, 대구보명학교(1966. 12. 26)는 학교체제를 갖춘 특수학교로서는 국내 최초였고 국내 유일의 특수교사 양성대학인 한국사회사업대학(현, 대구대학교)의 부속학교였다. 대구남양학교(1968. 7. 9)는 국내 최초의 공립학교로서 그 역사적 의의가 크다고 할 수 있다.

1960년대에 한국구화학교를 포함해서 4개교였던 지적장애학교는 1970년에 15개교가 설립되었으며 1980년대에는 사립학교 14개교, 공립학교 9개교가 증설되어 지적장애 아동을 위한 학교교육이 양적으로 급격하게 발전하였다.

1980년대 설립된 특수학교의 몇 가지 특징을 살펴보면 다음과 같다.

첫째, 1970년대에는 공립 3개교, 사립 12개교로서 사립학교가 80%를 차지했던 반면, 1980년대에 들어서면서부터 공교육에 대한 인식이 높아져 사립 14개교, 공립 9개교로서 사립학교가 차지하는 비율이 60%로 낮아졌다.

둘째, 1980년대 중반부터 청각장애학교와 지체장애학교에서 지적장애 학생을 함께 수용하는 경향이 강하게 나타나기 시작했다. 단일장애 학생의 취학 감소에 따른 학교경영 문제와 또 장애 영역의 전통적인 분류에 대한 비판적인 견해에 의해 점차 한 학교에 여러 장애학생을 복합 수용하려는 경향이 사립 교육기관의 특징이 되었다(교육부, 1993).

따라서 이때의 지적장애 아동 교육기관의 특징은 1970년대보다 공교육에 대한 요구가 점차 늘어나 공립학교의 설립 비율이 높아졌으며 장애학생의 복합 수용이 큰 특징이라고 할 수 있다.

현재 특수학급의 운영은 장애의 정도에 관계없이 지적장애 아동을 일반 교육환경에 통합시켜 특수교육 서비스를 제공하고 있으며 교과목의 성격에 따라 학습도움실을 운영하기도 한다.

2009년 특수교육통계(교육과학기술부, 2009)에 따르면, 우리나라 특수학교 150개 중 지적장애학교는 94개교이며 우리나라 전체 특수학교의 62% 이상을 차지하고 있다. 또한 특수교육 대상자 중 지적장애 학생은 특수학교에 15,353명, 일반학교의 특수학급에 21,973명, 일반학급에 3,245명,

〈표 1-2〉 장애 영역별 학교 수 　　　　　　　　　　　　　　　　　(단위: 개)

계	장애 영역별 학교 수				
	시각장애	청각장애	지적장애	지체장애	정서장애
150	12	18	94	18	8

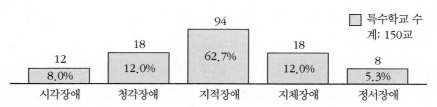

출처: 교육과학기술부(2009).

특수교육지원센터에 30명이 입급되어 있으며 총 40,601명(50.4%)이라는 높은 비중을 차지하고 있는 것으로 나타났다.

학교의 수를 보더라도 지적장애 아동의 교육을 위한 물리적 환경은 어느 정도 확보되었다고 볼 수 있으며, 이런 물리적 환경에서 질적인 교육이 이루어질 수 있도록 하는 교육 관련자들의 세심한 노력이 필요한 때라고 할 수 있다.

3) 법적 토대를 통한 특수교육의 발전기

(1) 특수교육진흥법

1970년대 들어서면서 사회문제에 대한 공적 책임이 확대되기 시작하였다. 1975년 UN은 제30차 총회에서 '장애인 권리선언'을 결의하고 1976년에는 1981년을 '세계 장애인의 해'로 결의하여 선포하였다. 우리나라도 이러한 시대적 흐름을 반영하여 1977년 「특수교육진흥법」을 제정하고 그다음 해에 시행령과 시행규칙을 제정·공포하여 특수교육에 대한 국가의 임무를 규정하였다. 이 법은 시각장애인, 청각장애인, 지적장애인(정신지체), 지체부자유인, 정서장애인, 언어장애인, 기타 심신장애인을 특수교육 대상자로 규정하고 특수교육의 진흥을 위한 국가와 지방자치단체의 책임을 촉구하는 내용을 주로 하였다. 이 법의 시행으로 과거에 비해 특수교육기관의 수가 많이 늘어나게 되었으며 특수교육을 받게 된 장애아동의 수도 크게 늘어났다.

(2) 특수교육진흥법 개정

급증하고 있는 특수교육에 대한 수요를 충족시키기 위하여 1977년에 제정·공포된 「특수교육진흥법」을 1994년 1월 17일 전면 개정·공포하였다. 「특수교육진흥법」 전면 개정안의 주요 내용은 특수교육 대상자에 대한 초등학교 및 중학교 과정을 의무교육으로 하고 유치원 및 고등학교 과정의 교육은 무상교육으로 하였다.

「특수교육진흥법」은 특수교육을 필요로 하는 사람에게 국가 및 지방자치단체가 적절하고 고른 교육기회를 제공하고 교육방법 및 여건을 개선하여 자주적인 생활능력을 기르게 함으로써 그들의 생활안정과 사회참여에 기여함을 목적으로 우리나라 특수교육의 발전과 함께하였다. 그러나 교육과 인권에 대한 요구가 발전함에 따라 무려 열 차례나 개정되고 특수교육 발전 종합계획이 수립되는 등 관련 법령과 제도를 수정하는 노력에도 불구하고 변화하는 교육현장의 요구에 적절히 부응하지 못하였다. 이로 인해 2006년 8월 장애인, 장애인 부모, 교사 등 1,300여 명은 1977년 제정된 「특수교육진흥법」이 30여 년이 지났지만 여전히 참담한 장애인 교육 현실을 호소하였다. 이들은 정부가 책임져야 할 장애아동 · 청소년이 공교육에서 소외되고, 교육의 사각지대에 내몰려 20~30년이 넘도록 시설과 가정에 방치되고 있으며, 장애를 가졌다는 이유로 입학을 거부당하고 전학을 강요받고 있는 현실에서 장애인교육지원법 제정을 위한 결의대회를 개최하고 「특수교육진흥법」의 장례의식을 거행하며 폐지를 강력하게 주장하였다.

(3) 장애인 등에 대한 특수교육법

장애를 가진 학생의 교육권을 진흥하기 위해 제정되었던 「특수교육진흥법」은 「장애인 등에 대한 특수교육법」으로 2007년 4월 30일 국회를 통과하여 2007년 5월 25일 공포, 2007년 하반기에 시행령 제정을 통해 2008년 5월 시행되었다. 「장애인 등에 대한 특수교육법」을 통하여 장애를 가진 학생뿐만 아니라 장애를 가지지 않았더라도 특별한 교육적 요구를 가진 학생들의 교육기회를 보장하기 위한 방향으로 그 교육지원의 방법과 범위가 확대됨으로써 더욱 많은 학생에게 더 적합한 교육적 지원을 할 수 있게 되었다. 주요 골자를 살펴보면 다음과 같다.

① 생애주기에 따른 교육지원

교육지원 대상을 장애를 가지고 있거나 장애 발생 가능성이 높은 사람 중 특수교육을 필요로 하는 사람으로 명시하여 장애인뿐만 아니라 장애 발생 가능성이 높은 사람에게까지 교육지원을 확대하였다. 기존의 법률이 학령기 특수교육 대상자를 중심으로 교육지원 대책을 규정하고 있음에 반해, 「장애인 등에 대한 특수교육법」은 장애영아, 장애유아, 장애인대학생, 장애성인에 이르기까지 다양한 대상에 대한 교육지원 내용을 법률에 담고 있다. 그래서 그동안 법률에 근거해 교육지원을 제공받지 못한 많은 장애인들이 교육기회를 보장받을 수 있게 되었다.

② 특수교육 대상자 명칭 변경 및 확대

「장애인 등에 대한 특수교육법」에서는 지체부자유를 지체장애라는 가치중립적 용어로 수정하고 정서장애는 정서·행동장애와 자폐 범주성 장애로 각각 독립시켰다. 또한 구어장애뿐만 아니라 실제 의사소통 상황에서 어려움을 느끼는 부분까지 장애로 범주화하기 위해 언어장애를 의사소통장애로 변경하였다. 뿐만 아니라 장애 유형의 진단 및 결정이 어려운 장애영유아에게 장애 유형의 조기결정에 따른 부정적 영향을 최소화하는 동시에 장애가 명확하게 드러나지 않은 아동에게도 교육지원을 하기 위해 발달장애라는 새로운 장애 범주를 확대하였다.

③ 교육기회 확대

「장애인 등에 대한 특수교육법」에서는 교육지원 대상을 넓힌 것 이외에도 교육기회를 확대하기 위한 규정들을 대폭 보완하였다. 특수학급과 특수학교의 지역별/학교급별 불균형적인 설치 현실을 감안하여 향후 특수교육기관을 설치할 경우에는 지역별/학교급별로 균형 있게 특수교육기관을 설치하도록 규정하였다. 또한 특수학교 내에 영아반을 설치하고, 장애영유아에게 순회교육의 기회를 제공하며, 전공과의 교육내용을 확대하여 발달장애/지적장애/최중도장애 학생들도 고교 졸업 후 학교에서 사회로의 전환에 필요한 직업 전 교육을 제공받을 수 있는 기회를 제공하도록 하였다.

④ 특수학교(급) 급당 인원 감축을 통한 교육의 질 제고

「장애인 등에 대한 특수교육법」에서는 특수학교 급당 인원수를 유치원은 4명 이하일 경우 1학급(5명 이상일 경우 1학급 증설 가능), 초등학교는 6명 이하일 경우 1학급(7명 이상일 경우 1학급 증설 가능), 중학교는 6명 이하일 경우 1학급(7명 이상일 경우 1학급 증설 가능), 고등학교는 7명 이하일 경우 1학급(8명 이상일 경우 1학급 증설 가능)으로 기존 법률과 비교해 두 배 이상 가까이 감축하여 보다 질 높은 교육지원이 가능하도록 하였다.

또한 관련 서비스의 내용으로는 가족지원, 치료지원, 보조인력지원, 학습보조기기지원, 보조공학기기지원, 통학지원, 정보접근지원 등을 포함하고 있는데, 이와 같은 관련 서비스 규정 신설을 통하여 장애학생을 위한 교육복지 체계를 확립하고자 하였다.

⑤ 차별 금지 조항 강화

기존의 경우 '차별을 해서는 안 된다' 등의 선언적 조항으로 반영된 것에 반해, 「장애인 등에 대한 특수교육법」에서는 구체적인 차별행위의 대상을 법률에 명시하였으며 이러한 차별행위를 한 자에 대해서는 벌칙을 부과하도록 규정하여 더 이상 교육현장에서 장애를 이유로 차별하는 상황이 벌어지지 않도록 강제하였다.

「장애인 등에 대한 특수교육법」은 주요 내용을 통해 알 수 있듯이 기존의 특수교육진흥법과는 양적·질적인 면에서 큰 차이가 있다. 우선 이 법률의 제정으로 특수교육 수혜율을 향상시킬 수 있으며 교육기회로부터 배제당해 왔던 장애영유아, 장애인대학생, 장애성인도 실질적인 교육기회를 제공받을 수 있는 길이 열렸다고 할 수 있다.

또한 법명 자체에서 법의 수혜 주체를 명시하였으며 이전에 제정되었던 「장애인차별금지법」과 개정된 「장애인복지법」과는 달리 장애인과 부모, 현장 교사들이 직접 참여한 현장참여형 법률이라는 데 의의가 크다.

이 법과 시행규칙이 큰 역할을 하기 위해서는 예산 확보와 현장에서 실천을 담당하는 당사자들의 지속적인 관심이 필요하다고 할 수 있다.

2. 서양의 지적장애 교육의 역사

지적장애 아동에 대한 역사적 기록을 살펴보면 대체로 고대에는 익살꾼이나 어릿광대의 역할로 인식되었으며, 그리스인들은 식충이라고 표현하였고, 스파르타에서는 법전에까지 명시하여 국가의 해충으로 취급하였다.

플라톤은 장애아동을 죽이는 것을 인정하고 오히려 그렇게 할 것을 요구하였다. 이러한 그의 주장은 사회에서 인간은 정확히 그들이 맡은 국가의 기능을 수행해야 한다는 사상과 일치하는 것이다. 아리스토텔레스도 그의 『정치학』에서 장애가 있는 신생아를 키워서는 안 된다고 하였고, 스토아학파의 철학자 Seneca(B.C. 4?~A.D. 65)도 장애아를 익사시키는 것을 미친 개나 병든 가축을 익사시키는 것 이상으로 생각하지 않았다(Lowenfeld, 1973).

니케아 종교회의(Councils of Nicaea, A.D. 325) 이후 기독교가 크게 발전하면서 중세 초기의 성직자들이 중심이 되어 빈곤자, 병자 및 장애자를 위한 시설을 설립하기 시작하였다. 이를테면, 무라(Mura)의 승정인 Nicholas는 자선단체를 조직하여 지적장애 아동을 보호하였다(김정권, 1981).

고대와 중세의 경우 인간에 대한 이해 부족과 과학기술의 부족으로 장애인을 유기의 대상 또는 종교적 자선사업의 대상으로 취급하였다. 그들이 교육의 대상으로 인식되기 시작한 것은 근대 이후라고 할 수 있다.

1) 특수교육을 시도한 선구자

(1) Itard

14세기 르네상스 이후 지적장애 아동에 대한 교육은 인본주의적인 사회적 풍토로 인해 진지하고 조직적으로 행해졌다. 특히 Itard(1775~1838)의 아베롱(Aveyron) 야생아를 대상으로 한 교육적 실험과 이를 계승·발전시킨 Seguin(1812~1880)으로부터 지적장애 아동에 대한 교육 가능성이 확대되었다. 의사인 Seguin은 Itard의 권고로 지적장애 아동의 교육 가능성에 주목하여 백치교육을 생리학적 방법에 의해 최초로 체계화함으로써 이 분야에 선구적으로 기여하였다.

Itard는 Pereire의 농교육 방법론에 영향을 받아 감각훈련 방법을 적용하여 아베롱의 야생아에 대한 교육실험을 실시함으로써 특수교육 방법 발전의 기초를 닦았다. Itard는 스승 Pinel의 만류에도 불구하고 야생아인 Victor에게 다섯 가지 목표를 설정하여 5년간 교육을 시도하였다.

Victor를 위한 다섯 가지 기본목표인 ① 사회적 삶에 관심 갖게 하기, ② 환경적 자극을 통한 인식 향상, ③ 생각의 범위를 넓히기(게임, 문화 소개하기), ④ 언어 가르치기, ⑤ 그림 또는 문자와 같은 상징체계의 사용을 통한 의사소통능력 가르치기 등은 최초의 개별화교육 프로그램(Individual Education Program: IEP)의 예이며 근대 특수교육의 시작이라고 할 수 있다 (Gaynor, 1973; Pinchot, 1948).

Itard의 교육은 언어훈련 영역에서는 소기의 성과를 거두지 못하였으나 감각훈련 영역과 사회성훈련 영역에서는 다소의 성과를 거두었다고 보고되고 있다. 언어훈련에서 2~3개의 단음절을 발성하는 것 이외의 발달을 보이지 않는 것은 언어 발달의 결정적 시기가 지났기 때문으로 풀이되며, 비록 Victor를 정상 아동으로 만들지 못하고 난폭성이 더 심해졌지만 Itard의 업적은 지적장애 아동의 과학적 연구에 많은 영향을 끼치게 되었다. 이와 같이 평가하는 중요한 이유는, 첫째 야생아의 야생성보다 백치성에 주목한 연구였고, 둘째 백치 아동의 감각기능 발달, 지적기능 발달, 감정표현 발달 등 세 가지 영역에 걸쳐 매우 과학적인 교육계획을 수립하여 실천하였다는 점이다. 그의 조직적인 교육방법은 후에 Seguin이나 Montessori(1870~1952)의 교육방법에 크게 영향을 미쳤다. 그는 단일 피험자 연구를 통하여 지적장애 아동의 훈련방법을 개발하였다.

(2) Seguin

19세기 이전 지적장애 아동은 '이디오(Idiot)'라고 불렸다. 이것은 그리스어 *'Idiotas*(특이한 인간)'라는 어원에서 유래한 말이다. 이러한 언어가 나타내는 것처럼 이디오란 일반사람들과는 달리, 교육이 불가능한 사람이라는 의미로 사용되었다. 이러한 시대에 Seguin이 중요한 위치를 차지하는 것은, 적절한 훈련을 시킬 때 많은 지적장애 아동에게도 우리가 생각하는 것 이상으로 훨씬 더 많은 교육 가능성이 있다는 것을 보여 준 첫 번째 사람이었다는 점이다(김정휘 역, 1994).

Seguin은 1842년 『백치교육의 이론과 실제』와 『생리학적 방법에 의한 백치의 교육』을 저술함으로써 Itard의 실험적 연구를 근육운동과 감각기관 훈련을 기초로 하는 생리학적 방법을 통해 지적장애 아동 교육을 실시하였다. 그가 적용한 교육의 기본원칙은 ① 교육의 기초를 위하여 아동의 모습을 정확하게 관찰하기, ② 교사가 아동의 성장 · 발달 가능성을 설정하기, ③ 학습의 의의를 활동에 두기, ④ 아동을 가장 효과적으로 학습시키기 위하여 구체물을 이용하여 풍부한 경험을 갖게 하기, ⑤ 개념 학습 이전에 감각훈련을 먼저 시작하기, ⑥ 중증 지적장애 아동도 교육을 통해서 인지능력을 신장하기 등이다. Seguin은 공예, 음악 및 체육 교육의 방법을 지적장애 아동 교육에 도입 · 창안하였다(김정휘 역, 1994).

Seguin이 Itard의 영향을 받았지만, 그가 지적장애 아동에 대해 관심을 갖게 된 보다 근원적인 이유는 그 당시 풍미하던 공상적 사회주의 사상(Saint-Simonianism)의 영향에서 비롯되었다. 공상적 사회주의 사상으로부터 시작하여 생시몽주의는 사회적으로 소외된 하부계급의 생활안정에 이념을 두고 이 계급에 대한 이타적 사랑을 강조하였는데, 특히 Fourier는 사회적으로 소외받고 있는 빈곤계층이 소규모 사회주의 공동체를 구성하여 권익을 옹호해야 한다고 주장하였다(황원영, 1997). Seguin은 바로 이 공상적 사회주의 사상의 신봉자이자 실천가였다. 그리고 그의 전 생애를 걸쳐 펼친 교육활동은 수교육권(受敎育權) 사상에 그 맥이 닿아 있다.

(3) Montessori

Seguin의 교육사상과 성과는 Howe와 Montessori 등에 영향을 미쳤는데, 특히 Montessori는 Seguin의 저서에서 사용된 방법과 도구를 재현시켜 유아교육 방법으로 계승·발전시켰다.

Montessori 교육법이 특수교육에 있어서 주목받게 된 이유는 아동의 자발성을 존중하는 실천적 교육방법이라는 점과, 감각과 근육 훈련이 정신 발달의 기초를 이룰 수 있는 것으로 보는 현대 심리학과 정신병리학적 가설과 연구에 근거하고 있다는 점이다.

Montessori는 감각 발달을 위해서 조기중재를 강조하였다. 특히 3~6세의 시기는 지적능력과 깊은 관계가 있는 시각, 촉각, 청각, 후각, 미각의 감각이 급격하게 발달하는 시기로 이 시기에 감각교육의 필요성을 주장하였다. 그는 3~6세 아동은 환경으로부터의 자극에 대한 '수동적 호기심'으로 인하여 자극 대상물의 감각적 특질, 즉 크기, 색, 형태, 표면이나 중량 등에 특별한 흥미를 가지게 되는 시기로서 이 시기를 그는 '감각의 민감기'라고 하였다.

Montessori의 감각교육은 아동에게 감각적 자극의 근원이 되는 환경의 구성을 중시하였다. 그는 정리된 환경으로부터의 감각적 경험은 감각 분야별로 구조화되고 계열화된 교구를 활용함으로써 아동의 잠재적 활동력을 육성한다고 하였다.

Itard, Seguin 그리고 Montessori의 공통점은 그들 모두 의학을 배웠으며 지도법이 생리학적 이론에 근거하고 있다는 점이다. 또한 지도의 중심은 근육운동이나 감각훈련에 의해 대뇌에 자극을 주어 정신활동을 활발하게 한다는 점이다. 결국 감각훈련에 의해 지능 발달을 촉진하는 것이 가능하다는 가설에 근거하고 있다.

Itard와 Seguin에 의한 실험적 교육에 이어 박애주의와 인류애를 추구하는 Rousseau(1712~1778)의 자연주의와 계몽주의 사상이 팽배해지기 시작하면서 인습과 전통, 미신과 특권, 불합리와 불평등 등에 대한 비판이 거세지고 인간의 본질 속에 있는 가능성, 경향성, 잠재성과 자연적 과정을 중시하기 시작하였으며, 이는 체계적인 교육기관의 필요를 촉진하게 되었다(김남순, 2005).

2) 특수학교 교육의 전개

지적장애 아동을 위한 형식적이고 체계적인 학교의 설립은 프랑스 1835년, 영국 1847년, 덴마크 1855년에 이루어졌다. 맹교육에서 점자의 고안이 결정적 역할을 하였듯이 지적장애 아동 교육의 발전에는 지능검사의 개발이 크게 기여하였다. 현대적 지능검사의 원조라고 할 수 있는 Binet(1857~1911)의 지능검사 척도의 개발은 지적장애 아동의 판별과 교육적 조치의 괄목할 만한 업적으로 평가되며, 후에 미국과 같은 다른 나라에서도 Terman 등에 의해 지능검사 도구가 개발되는 계기가 되었다(김영욱 외, 2005).

1848년 프랑스 혁명으로 인하여 Seguin은 미국으로 건너가 Howe 등과 협력하여 펜실베이니아 백치훈련학교(Pennsylvania Training School for

Idiots)를 설립함으로써 미국에서의 지적장애 아동 교육이 태동하였다. 이 학교는 성공적이었고, 1855년에 매사추세츠 주 정신박약청소년학교(The Massachusetts School for Idiotic and Feebleminded Youth)라는 이름으로 영구적인 학교로서 발족하였다. 이 학교는 현재도 페르날드 주립학교(Fernald State School)로 존속하고 있다(김정휘 역, 1994).

이상에서 보듯이, 고대와 중세에는 지적장애 아동을 사회 외적 존재 또는 자선사업의 대상으로 여겼으며 근대 사상이 형성되기까지 교육이 불가능한 대상으로 여겼다. 또한 아리스토텔레스의 언어선천설의 주장과 중세 기독교의 대학자인 아우구스티누스 등의 사상으로 인해 지적장애 아동의 교육불가능론이 장기간 존속하였다. 그러나 Itard를 비롯한 Seguin, Montessori 등과 같은 학자들의 노력으로 교육 가능성에 대한 믿음이 싹트게 되었고, 이는 전 세계의 지적장애 아동들에게 교육의 질 향상을 통한 삶의 질 향상을 가져왔다. 이와 더불어 그들의 삶의 질이 충분히 보호받을 수 있도록 하는 법적 보호가 이루어지는 발판이 되었다.

지적장애 아동을 위한 교육체계가 확립되고 발전하고 있는 현 시기는 과거 어느 때보다 중요하다고 할 수 있다. 그러므로 지적장애 아동을 위한 교육의 질적 성장을 위해서 지적장애 아동의 교육과 직접적인 관련이 있는 교사, 치료사, 부모, 행정기관 그리고 장애인 관련 단체들의 협력과 발전적인 비판이 무엇보다 중요하다고 할 수 있다.

제2장

지적장애의 정의와 분류

　　어린 시절 우리 마을에는 말투와 걸음걸이가 어눌하고 어른인데도 일은 하지 않고 어린이들이 놀고 있는 놀이터의 한쪽 귀퉁이에 앉아 계신 분이 있었다. 나는 그분을 보면 인사를 해야 할지 말아야 할지 고민을 해야 했기 때문에 멀리서 걸어오는 모습이 보이면 얼른 몸을 숨기거나 다른 길로 돌아가기 일쑤였다. 가끔 심술궂은 아이들은 그분께 돌을 던지기도 하고 과자를 땅바닥에 던져 주며 "먹어라" 하며 놀리기도 하였다. 그분의 삶은 하루 종일 무료해 보였다.

　　지금 내가 살고 있는 아파트에는 약간 통통하고 여드름이 있는 충현(가명, 지적장애 3급)이가 살고 있다. 충현이는 주 중에는 직업재활센터에서 직업훈련을 받고 주말에는 성당에서 성인 장애인들을 위해 마련한 프로그램인 축구와 장구를 배우고 있다.

　　사람들은 타인에 대한 많은 양의 정보를 효율적으로 기억하기 위해 분류하고 명명하는 것을 즐겨한다. 당신은 전라도 아주머니, 당신은 서울 토박이, 당신은 경상도 사나이, 당신은 고집쟁이, 당신은 낭만주의자 등과 같이 그 사람을 보면 곧바로 여러 가지를 연상할 수 있도록 태어난 지역이나 성격 등을 사용해서 분류한다. 이러한 분류는 사람을 쉽게 이해하고 기억하는 데 도움을 주기도 하지만, 불필요한 선입견을 낳기도 한다. 이러한 문제점에도 불구하고 기억의 용이성 때문에 사람들은 분류와 명명을 지속해 왔다.

지적장애 아동도 그 분류의 한 부분에서 오랫동안 부정적인 이미지로 인식되어 왔으며 그러한 부정적인 이미지는 부정적인 용어의 사용을 당연한 것으로 받아들이도록 하였다. 그러나 시대적 흐름은 지적장애 아동을 부정적으로 분류하고 교육에서 배제시키는 것을 허락하지 않고 있으며, 그들의 권익을 위해 낙인찍지 않고 기존의 용어들보다 덜 부정적인 용어를 사용하기 위해 노력하고 있다.

이 장에서는 지적장애의 정의와 분류에 대해서 살펴보고자 한다.

1. 우리나라의 지적장애 정의

정의를 내릴 때 사용하는 명칭이나 용어는 가능한 한 정확하고 명백해야 하며, 정의에는 용어의 영역이 확립되어야 하고 용어 속에 포함되어야 할 것과 포함되어서는 안 될 것에 대한 경계가 있어야 한다(AAMR, 2002; 박승희, 신현기, 2003).

지적장애를 가진 사람을 정의하는 일은 시대적 상황과 과학기술의 발달 정도에 영향을 받으면서 변화해 왔다. 현대사회에서는 핸디캡이 없이 사회의 구성원으로 당당히 살아갈 수 있도록 지원하기 위한 목적으로 장애를 가진 사람들을 정의하고 분류하고 있다.

지적장애에 대한 정의를 내리고 대상을 분류할 때 무엇보다 신중해야 하는 이유는 지적장애라는 이름이 주어졌을 때 특수교육 서비스라는 권리를 갖게 되는 동시에 지적장애라는 낙인이 찍힘으로써 사회적인 편견에 희생될 수 있기 때문이다.

지적장애라는 일반적인 용어는 지능검사의 발달과 사회적 적응능력, 발달기라는 세 가지 중요한 준거와 함께 발전되어 왔다.

표준화된 지능검사는 지적장애를 쉽게 선별하고 진단하는 데 사용되어 왔으나, 이러한 검사도구들이 가난한 가정의 아동이나 인종 또는 사용하는 언어에 의해서 차별화되기 때문에 그 타당성에 대한 문제가 제기되었다. 그리고 지능지수(IQ)는 낮지만 환경에 잘 적응하는 아동의 경우도 단순히 낮은 지능지수를 가지고 있다고 해서 지적장애라고 평가하는 데는 한계가 있었다. 이러한 이유로 단순히 지능지수만이 아닌 환경과 문화에의 적응도에 의거하여 지적장애를 정의하려는 학자들이 있었다. Benda(1954)는 정신지체인(mentally defective person)을 자기 자신이나 자신의 일을 관리하지 못하고 또는 그렇게 하는 데 가르침을 받는, 그래서 자신을 위해서나 지역사회의 복지를 위해 타인의 감독·통제·보호를 필요로 하는 사람이라고 정의하였다.

그러나 환경과 문화에의 적응 결함에 따른 접근 방식에서 생기는 문제는 어떤 환경에서는 적응에 문제를 가진 아동이 어떤 환경에서는 아무 문제없이 잘 적응해서 살아간다는 것이다. 예를 들어, 학교에서는 읽고 쓰고 셈하는 데 문제를 보이지만 가정에서는 일상생활을 하는 데 전혀 문제가 없고 오히려 가사에 도움이 되는 훌륭한 일꾼일 수 있다. 이 아동의 경우 학교에서는 환경 적응에 문제를 보이지만 가정에서는 전혀 문제가 없는 것이다. 그러므로 지적장애를 정의하는 일은 단순히 지능지수 점수나 적응행동 하나만으로 이루어질 수 없으며 두 가지에서 모두 결함을 보여야 한다.

우리나라에서는 지적장애에 대해 바보, 천치, 백치, 정신박약 등의 부정적이고 인격모욕에 가까운 용어를 사용하다가, 소수의 인권에 대한 인식이 발전하고 특수교육이 먼저 발전한 나라들의 영향을 받아 1980년대 중반 이후부터 '정신지체'라는 용어를 사용하게 되었다. 우리나라에서는 1981년 6월 5일에 제정된「심신장애자복지법」의 제1장 총칙 제2조(정의)에서 '정신박약'이라는 용어를 사용해 오다가, 1989년 12월 30일에 전문 개정된「장애인복지법」에서 '정신지체'로 변경하면서 법적으로 쓰이기 시작하였다.

1970년대에 집필된 책에서 쉽게 발견할 수 있는 '정신박약'이라는 용어에서 박약(薄弱)은 어떤 목적을 달성하기 위한 능력이 태어날 때부터 없거나 아주 결핍된 상태를 나타내는 용어이며, 최근 가장 널리 사용되고 있는 '정신지체'에서 지체(遲滯)는 능력이 있기는 하나 매우 느리게 나타난다는 뜻을 포함하고 있다.

「특수교육진흥법」에서는 정신지체인을 '지능검사 결과 지능지수가 75 이하이며 적응행동에 결함을 지닌 자'로 정의하고 특수교육 대상자로 규정하고 있다.

2008년 공포된「장애인 등에 대한 특수교육법」을 살펴보면, 특수교육을 받을 수 있는 대상자를 10개의 영역별로 분류하고 있으며, 그중 정신지체(지적장애) 교육대상자는 '지적기능과 적응행동상의 어려움이 함께 존재하여 교육적 성취에 어려움이 있는 사람'이라고 규정하고 있다.「특수교육진흥법」과 비교해 보면, 지능검사와 적응행동이라는 두 가지 준거를 그대로 채택하고 있고, 특히 교육적 성취에 어려움이 있는 사람이라고 규정함으로써 장애로 인한 교육적 성취에 어려움을 지닌 이들을 지원하려는 사회적 분위기를 반영하고 있다고 할 수 있다.

최근에는 지적장애인 당사자와 부모, 복지 종사자, 재활전문가 등이 정신지체라는 용어보다는 지적장애라는 용어로 바꾸길 희망하고 있고, 세계적인 추세가 지적장애라는 말로 대체되고 있기 때문에 정신지체라는 용어가 자연스럽게 지적장애로 바뀌고 있다.

2. 미국의 지적장애 정의

1950년대까지 주로 정신박약(feeble-minded)이나 정신결함(mental deficiency) 등 지적장애를 표현하던 용어들은 치료(교육) 불가능의 의미를 내포할 뿐만 아니라 낙인을 찍는 명칭이라는 인식이 퍼지면서 1960년대부터 Doll(1941)이 주장한 '정신지체(mental retardation)'라는 용어를 사용하게 되었다. 그리고 2007년 1월 1일부터 미국정신지체협회(American Association on Mental Retardation: AAMR)가 미국 지적 및 발달장애협회 (American Association on Intellectual and Developmental Disabilities: AAIDD)로 명칭을 변경하면서 '지적장애'라는 용어를 사용하고 있다. 그러나 AAMR의 10차 정의까지는 정신지체라는 용어가 널리 통용되고 있으므로 여기서는 정신지체라는 용어를 그대로 사용한다. AAMR의 10차까지의 정의 중 7~10차까지의 내용을 살펴보면 다음과 같다.

1) 1973년 AAMD 정의(7차 정의)

미국정신박약협회(American Association on Mental Deficiency: AAMD)의 7차 정의는 Grossman(1973)의 정의를 채택한 것으로 다음과 같다.

> 정신지체란 일반적인 지적기능이 평균 이하로 상당히 떨어지고, 이와 동시에 적응행동의 결함을 보이며, 발달기 동안에 나타난다.

지적능력이 평균 수준에 훨씬 미달된다는 것은 적어도 2 표준편차 이하, 즉 표준화된 지능검사 결과 자기 연령의 표준치에서 규준(norm)치 이하에 속하는 사람이란 의미가 내포되어 있다.

적용행동을 평가하기 위한 몇 개의 척도가 있는데, 그중 가장 널리 알려진 것은 바인랜드 사회성숙도검사(The Vineland Social Maturity Scale, Doll, 1964)로 이것은 연령에 따라서 나열된 적응행동의 문항을 검목표에 따라 평가한다. 일반 아동의 경우 2~3세 때 용변 요구, 옷 벗기, 숟가락으로 먹기, 혼자서 물 마시기, 가위질하기, 경험을 연관시키기 등을 수행할 것이 기대되고, 6세 때 연필로 쓰기, 혼자 목욕하기, 혼자 잠자리에 들기 등이 기대되며, 15~18세라면 편지를 써서 연락하기, 시사에 관한 지식을 갖는 일, 자신만의 용돈을 관리하기, 자신의 옷을 사는 일 등이 포함된다. 만일 대부분의 자기 나이 또래의 아동들이 할 수 있는 기능(skills)을 행할 수 없다면, 다시 말해서 사회연령(social age)이 실제 생활연령(CA)보다 훨씬 뒤떨어진다면 이 아동은 정신지체일 가능성이 높은 것이다.

발달기란 임신부터 18세까지에 해당한다. 정신지체 정의에 발달기를 포함하는 것은 정신지체가 발달과정상의 장애로 받아들여지는 것을 의미하며, 성인의 경우 노쇠함이나 뇌손상으로 지적능력이 저하된 사람을 제외시키는 것이다.

이 정의의 한계점은 70~85의 지능지수를 가진 사람들의 경우 더 이상 정신지체로 분류되지 않음으로써 적절한 서비스를 제공받을 수 없게 되었다는 것이다.

2) 1983년 AAMD 정의(8차 정의)

임상적 판단(clinical judgement)의 중요성을 강조한 8차 정의의 내용은 다음과 같다.

> 정신지체란 일반적인 지적기능이 평균보다 심각하게 낮고, 그 결과로 또는 그와 연관되어 적응행동에서 손상을 보이는 것을 말하며, 발달기에 나타난다.

1983년 발표된 정신지체의 정의는 종전과 크게 다르지 않으나, 정의에 있어서 임상적 판단의 중요성을 위해 표준편차를 직접 사용하는 것을 줄이고 측정의 표준오차를 강조하였다. 즉, 기계적으로 표준편차에 의존하는 것을 경계하였다.

　1983년 정의에서는 어떤 아동의 IQ 점수가 75이거나 이보다 약간 높을지라도 적응행동상의 결함이 뚜렷하게 나타나면 정신지체로 분류될 수 있고, 반면에 IQ 점수가 67 또는 이보다 더 낮을지라도 적응행동상의 결함이 없다면 정신지체로 분류할 수 없다고 하였다. 지능이나 적응행동이라는 것은 우리가 정확하게 정의할 수 없는 개념을 측정하는 것이기 때문에 융통성을 지니는 임상적 판단의 중요성을 강조한 것이 1983년 정의의 특징이라고 할 수 있다.

3) 1992년 AAMR 정의(9차 정의)

　1992년 9차 정의로 AAMR의 용어 및 분류위원회에서 제시한 기능적 모델에 기초한 정신지체의 정의는 다음과 같다.

> 　정신지체는 현재 기능상에 실질적인 제한성이 있는 것을 지칭한다. 정신지체란 유의하게 평균 이하의 지적기능을 보임과 동시에 그와 연관된 열 가지 적응기술 영역, 즉 의사소통, 자기관리, 가정생활, 사회적 기술, 지역사회 이용, 자기지시, 건강과 안전, 기능적 교과, 여가, 직업 중 두 가지 또는 그 이상의 영역에서 적응적 제한성이 존재하는 것으로 특징지어진다. 그리고 정신지체는 18세 이전에 나타난다.

　1992년 AAMR의 정의는 기존의 지능지수 중심에서 벗어나 진단·분류·지원의 다차원적 접근에 기초한 분류체계를 채택하였다. 이 정의를 실제로 적용하는 데 필수적인 네 가지 가정은 다음과 같다.

첫째, 타당한 사정(assessment)은 문화적, 언어적 다양성뿐만 아니라 의사소통과 행동적 요소에서의 차이도 함께 고려해야 한다. 둘째, 적응기술에서의 제한성은 개인의 또래 동료들에게 전형적인 지역사회 환경의 맥락(context) 안에서 발생하며, 이는 그 개인의 지원에 대한 개별적 욕구(needs for supports)를 가리킨다. 셋째, 특정한 적응적 제한성은 흔히 다른 적응기술들 혹은 다른 개인적 능력에서의 강점과 함께 존재한다. 넷째, 장기간에 걸쳐 적합한 지원이 주어지면 정신지체 아동의 생활기능성(life functioning)은 일반적으로 향상될 것이다.

1992년 정의의 의미를 살펴보면, 원인 중심의 의학적 모델, 지적기능 중심의 심리학적 모델에서 벗어나 일상생활 수행기술을 강조하는 기능적 모델을 제시하였다는 점과 현재 기능성에서의 실질적인 제한성을 강조하였다는 점을 알 수 있다. 이는 특성(trait) 측정을 강조한 것으로부터 일상생활에서의 실제 가능성을 강조한 것으로, 정신지체를 새롭게 정의하는 일반적인 세 가지 개념인 수행능력(competence), 환경(environment), 기능성(functioning)을 중심요소로 두고 있으며, 일반적인 구조는 [그림 2-1]과

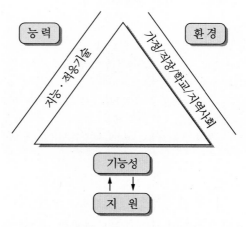

[그림 2-1] AAMR(1992) 정의의 일반적 구조

출처: 박승희, 신현기(2003).

같다.

그림을 살펴보면 능력은 지능과 적응행동의 제한성에 기능성이 특별히 관련되어 있다. 능력이 삼각형의 한쪽에만 위치하게 한 것은 정신지체 정의를 내리는 데 필요조건이지만 충분조건은 아니라는 의미로 해석할 수 있다. 환경은 정신지체 아동이 놀고, 배우고, 생활하는 삶의 터전을 의미한다. 능력과 환경의 두 구성요소를 삼각 구조에 둠으로써 능력과 환경의 상호작용을 강조하고 있다. 기능성은 지원욕구라는 것이 개인이 어떻게 기능하는가를 반영하고 지원의 유무가 기능성에 영향을 줄 수 있다는 것이다. 지원은 정신지체 개념의 실제 부분이 아니며 정신지체에 대한 반응이어서 삼각 구조 안에 포함되어 있지 않다(박승희, 신현기, 2003).

1992년 정의의 특징은 환경의 중요성과 그것이 기능성에 미치는 영향의 중요성을 강조한 점에 있다. 특히 포괄적인 적응행동을 열 가지 적응기술 영역으로 구체화하였으며, 지적기능의 제한성과 적응행동의 제한성 간의 관계와 개인과 환경 간의 상호작용 그리고 지역사회에서의 기능성 향상에 필요한 지원의 강도를 강조하였다.

〈표 2-1〉은 1992년 정의에서 열 가지 적응행동 기술을 나타낸 것이다.

1992년 정의의 가장 큰 비판은 명확한 대안 없이 지능지수 중심 기능 수준을 삭제하였다는 것이다. 교육자, 심리학자, 성인 서비스 제공자, 연구자들이 가장 기본적으로 사용하던 경도, 중등도, 중도, 최중도와 같은 정신지체 정도의 분류를 삭제한 것은 그들에게 심각한 혼란을 가져왔다.

또한 9차 정의에서 제시하고 있는 열 가지 적응행동 기술이 타당도를 인정받기 위해서는 널리 사용되고 있는 적응행동검사들을 요인분석하는 과정이 필요함에도 불구하고 이러한 과정을 거치지 않았다(Macmillan, Gresham, & Siperstein, 1993). 그래서 열 가지 적응행동 기술은 현재 사용되고 있는 어떤 적응행동검사와도 일치되지 않는(Smith, 1994) '인공적 구인들(artificial constructs)'이라고 할 수 있다(Greenspan, 1997).

〈표 2-1〉 1992년 정의의 열 가지 적응기술 영역

영 역	기 술
의사소통	상징행동(예: 구어, 문어, 회화적 상징, 수화 등) 또는 비상징행동(예: 얼굴표정, 제스처, 신체 접촉, 몸동작 등)을 통해 정보를 이해하고 표현하는 능력을 말한다.
자기관리	음식 섭취, 옷 입고 벗기, 화장실 이용, 몸 치장 및 개인위생이 포함된다.
가정생활	가정에서 자기의 역할을 성공적으로 수행하는 데 필요한 기술로 살림살이, 옷 관리, 재산 관리, 음식 준비, 쇼핑, 계획 및 예산 짜기, 가정 안전 등에 관련된 일상적인 기능을 말한다.
사회적 기술	다른 사람과 사회적 상호작용을 하는 데 필요한 제반 기술로 적절한 행동(예: 친구 사귀기, 감사 표현하기, 미소 짓기 등)과 부적절한 행동(예: 화내기, 질투, 공공장소에서의 자위행위)을 포함한다.
지역사회 이용	지역사회의 자원을 적절히 이용하는 것으로 대중교통 이용, 쇼핑, 공공서비스 활용, 종교 및 편의시설의 이용 등을 말한다.
자기지시	자기지시란 자기의 가치체계, 흥미, 노력에 기초하여 스스로 과제를 선택하고 과제를 완수하며 필요한 경우 도움을 요청하고 문제를 생산적으로 해결하는 능력을 말한다. 이러한 자기지시는 Wehmeyer 등에 의해 활발히 연구되고 있는 자기결정이라는 용어로도 사용될 수 있다. 그는 정신지체인에게 자기결정력을 신장시켜 주기 위한 교육과정을 편성하기 위해서는 선택하기, 결정하기, 문제해결하기, 목표를 설정하고 달성하기, 자기관찰, 자기평가, 자기강화, 내적 통제소 효과에 대한 긍정적인 귀인과 기대, 자기인식, 자기지식에 관한 것들이 반드시 포함되어야 한다고 주장하였다.
건강과 안전	자신의 복지와 안녕을 유지하는 것으로 여기에는 적절한 다이어트 하기, 병을 확인하고 치료 및 예방하기, 기본적인 응급처치 알기, 규칙과 법규 지키기 등이 있다.
기능적 교과	기능적 교과란 학교에서 배우는 교과로 일상생활에 바로 적용될 수 있는 인지적 능력 및 기술(예: 기능적 읽기 및 쓰기, 기본적 및 실제적 수학 개념 사용, 물리적 환경과 개인의 건강과 성에 대한 인식에 관련된 기초 과학, 지리와 사회과목)로서 이러한 내용은 향후 정신지체학교를 졸업하고도 사회에 진출하여 적용할 수 있는 것들이다.
여가	다양한 여가와 오락적 흥미(예: 자기 혼자 하는 오락과 여럿이 함께 하는 오락)의 개발은 개인의 선호성과 선택을 반영한다. 여럿이 함께 하는 여가와 오락의 경우 그 안에 연령과 문화적 규준이 반영된다.
직업	특정 직업의 기술, 적절한 사회적 행동, 직업과 관련된 기술을 활용하여 지역사회 내에서 시간제 및 전일제 직업을 구하는 기술을 말한다.

그 외에도 낮은 채택 비율, 경도 정신지체의 배제, 소수민족에 대한 편향된 출현율, 모집단의 이질성 때문에 부정적인 평가를 받았다.

4) 2002년 AAMR 정의(10차 정의)

2002년 AAMR의 용어 및 분류위원회는 1992년 정의를 바탕으로 새로운 정의를 제시하였다.

> 정신지체란 지적기능과 개념적, 사회적, 실제적 적응기술로 특징지어지는 적응행동 모두에서 상당한 제한을 나타내는 장애다. 이러한 장애는 18세 이전에 발생한다.

다음의 다섯 가지 가정은 이 정의를 적용하는 데 필수적인 것으로 간주된다.

- 현재 기능의 실질적인 제한성은 같은 나이의 학생들이 생활하는 일상적인 환경이나 문화적 맥락 안에서 고려되어야 한다.
- 타당한 평가는 문화적이고 언어적인 다양성뿐만 아니라 의사소통과 행동요인에서의 차이점도 고려되어야 한다.
- 개인의 제한성은 흔히 장점과 함께 존재한다.
- 제한성을 진술하는 목적은 필요한 지원 프로파일을 만들기 위한 것이다.
- 일정기간 동안 개별화된 적절한 지원이 주어지면 정신지체 아동의 생활기능은 일반적으로 향상될 것이다(Luckasson et al., 2002).

AAMR의 1992년 정의와 2002년 정의의 주요 측면을 비교해 보면, 2002년 정의에서는 1992년 정의와 마찬가지로 정신지체라는 용어를 계속 사용하는 것, 기능적 측면과 지원을 강조한 1992년 정의의 핵심요소들을 여전히 따르는 것, 진단의 세 가지 준거인 지적능력, 적응행동, 시작연령을 그대로 지니는 것, 필요한 지원의 강도에 따른 분류체계를 유지한다는 점에서 유사하다. 새로운 점은 지적요소와 적응행동 요소에 표준편차의 기준을 삽입하고, 참여, 상호작용, 사회적 역할을 포함하는 다섯 번째 차원을 새로이 적용한 것과, 적응행동에 대한 요인분석을 통하여 이를 개념적 기술, 사회적 기술, 실제적 기술로 구분하였다는 것이다. 이 정의는 정의를 다차원적인 요소로 적절히 표현한 것이며, 또한 지원을 위한 평가와 지원의 강도 결정에 관한 최근의 연구 결과들을 참고하여 진단, 분류, 지원계획의 체제를 확장하였다는 점에서 의의가 있다.

2002년 정신지체 정의는 차원 I: 지적능력, 차원 II: 적응행동(개념적, 실제적, 사회적 기술), 차원 III: 참여(상호작용, 사회적 역할), 차원 IV: 건강(신체적 건강, 정신건강, 원인론), 차원 V: 주변 상황(환경, 문화, 기회) 등 5차원으로 표현되었다.

개인의 기능, 지원, 다섯 가지 차원 사이의 관계를 설명하기 위하여 AAMR에서는 [그림 2-2]와 같은 이론적 모델을 제시하였다.

① 차원 I: 지적능력

지능은 일반적인 정신능력으로 예측, 계획, 문제해결, 추상적 사고, 복잡한 생각에 대한 이해력, 학습속도 그리고 경험학습(Arvey et al., 1994; Gottfredson, 1997)이 포함된다. 지능의 제한성은 적응행동, 참여·상호작용·사회적 역할, 건강, 환경이라는 서로 다른 4개의 중요한 차원이 고려되어야 한다. 지능의 측정은 진단과 분류의 목적에 따라서 적절성을 가진다.

비록 완벽하지는 않지만 지적기능은 여전히 적절한 평가도구로부터 얻어지는 IQ 점수에 의해 가장 잘 표현된다.

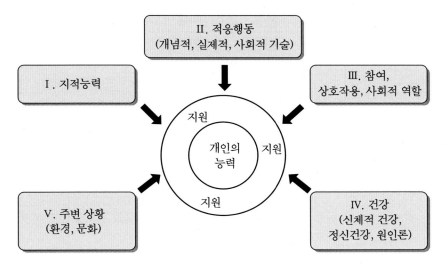

[그림 2-2]　2002년 정의의 이론적 모델

출처: 최중옥, 박희찬, 김진희(2002).

② 차원 II: 적응행동(개념적, 실제적, 사회적 기술)

적응행동은 그들의 일상생활에서 역할에 따라 사람들에 의해 자연스럽게 익혀지는 개념적, 실제적, 사회적 기술들의 집합체다. 〈표 2-2〉는 다양한 측면의 적응행동의 예를 보여 주고 있다(Luckasson et al., 2002).

적응행동의 제한은 일상생활에서 생활의 변화와 환경적 요구에 반응하는 능력에도 영향을 미친다. 또한 적응행동의 제한은 지적능력, 참여·상호작용·사회적 역할, 건강, 환경이라는 서로 다른 네 가지 차원의 관점에서 고려되어야 한다. 적응기술의 유무는 진단, 분류, 지원계획 중 어느 목적으로 사용하느냐에 따라 각기 다른 적절성을 지닌다. 정신지체 진단의 경우 장애인과 비장애인을 모두 포함한 총 인구에서 표준화된 측정도구를 사용해서 진단해야 한다.

③ 차원 III: 참여, 상호작용 그리고 사회적 역할

참여란 개인이 실생활 상황에서 직접 과제를 수행하는 것을 말하며 환경

〈표 2-2〉 개념적, 실제적, 사회적 적응기술의 예

적응행동 기술 영역	적응행동 기술의 예	
개념적(네 가지) 기술	• 언어(수용과 표현언어) • 금전 개념	• 읽기와 쓰기 • 자기주도(Self-direction)
사회적(여덟 가지) 기술	• 대인관계 • 자존감 • 순진성 • 법률 준수	• 책임감 • 속기 쉬움 • 규칙 준수 • 희생되는 것을 피함
실제적(네 가지) 기술	• 일상생활 활동(먹기, 이동, 화장실 이용하기, 옷 입기) • 일상생활의 도구적 활동(식사 준비, 가사, 교통, 약 먹기, 금전 관리, 전화 사용) • 직업기술 • 안전한 환경 유지	

출처: 박승희, 신현기(2003).

이란 인간생활, 학습, 놀이, 직업, 사회화와 같은 특별한 환경으로 개념화된다. 긍정적이고 적절한 환경은 개인의 성장, 발달, 행복을 촉진한다.

참여, 상호작용 그리고 사회적 역할의 정도는 개인에게 제공되는 기회의 정도에 영향을 받을 수밖에 없다. 참여는 실질적인 생활 상황에서 개인적으로 관련된 일을 실행하는 것을 말한다. 이는 기능의 개인적 수준에 대한 사회적 반응이 포함된 관련의 정도를 의미한다. 참여와 상호작용의 부족은 자원, 시설 혹은 서비스의 이용과 접근을 방해한 결과로 발생하며, 종종 가치 있는 사회적 역할의 이행 기회를 제한하게 된다.

④ 차원 IV: 건강(신체적 건강, 정신건강, 원인론)

세계보건기구(World Health Organization: WHO, 1980, 1993)는 건강을 완전한 신체적, 정신적 그리고 사회적으로 좋은 상태로 정의한다. 정신지체 아동 가운데는 특별한 활동의 제한 없이 튼튼하고 건강이 양호한 아동이 있는 반면, 이동이나 영양과 같은 영역에서 매우 심한 신체기능 손상으로 개인적 활동과 사회적 참여에 많은 제한을 받는 아동도 있다.

신체적 및 정신적 건강 조건과 적응기술은 진단평가에 영향을 미칠 수 있다〔예: 수면장애나 영양결손에 의해 손상된 기민성(alertness)〕. 또한 진정제, 향정신성 약물과 같은 약물치료가 수행에 영향을 미칠 수 있다(예: 검사 수행에 영향을 미치는 권태와 피로). 적응행동의 진단평가는 대근육 및 소근육 기술에 영향을 미치는 약물치료나 의사소통 기술에 영향을 미치는 입 운동 조건에 의해 영향을 받을 수 있고, 필요한 지원에 대한 평가는 신체 및 정신건강 상태에 의해 영향을 받을 수 있다. 정신지체 아동들은 이동(예: 휠체어가 접근 가능한 작업환경) 혹은 안전(예: 발작과 관련된 상해를 예방하기 위한 개조)상의 제한성을 극복하기 위해 기능성과 참여를 촉진하는 데 필요한 건강 관련 지원을 필요로 할 수 있다.

⑤ **차원 V: 맥락**(환경, 문화)

맥락은 사람들이 그들 삶의 일상생활 속에서 서로 관계되는 조건으로 기술되며, 나, 가족, 보호자가 포함된 이웃사회 환경〔소체제(microsystem)〕과 이웃, 공동사회, 교육 혹은 사회 복귀를 위한 훈련봉사와 지원을 제공하는 조직〔중체제(mesosystem)〕, 문화, 사회, 많은 사람, 국가 혹은 사회정치적 영향력의 아치형을 만드는 패턴〔대체제(macrosystem, megasystem)〕으로 서로 다른 3개의 수준을 의미한다.

맥락은 지적능력, 적응행동, 참여·상호작용·사회적 역할, 건강과 같은 서로 다른 네 가지 차원에서의 주요점을 고려해야만 한다. 맥락은 진단, 분류, 지원계획의 목적을 고려하는 것에 의존하여 서로 다른 관련성을 갖는다. 일반적으로 표준화된 측정방법을 통하여 맥락에 대한 평가를 하는 것이 어렵기는 하지만 맥락에 대한 평가는 임상적 판단의 하나로 필수적 구성요소이며 개인의 지능을 이해하는 데 꼭 필요하다.

최근 전 세계적으로 지적인 문제를 가진 사람들을 정의할 때 정신지체라는 용어 대신 지적장애라는 용어를 사용하고 있다. 지적장애라는 용어가 정신지체라는 용어보다 정서적으로 낙인을 덜 찍는다는 차원에서 선호되고 있기 때문이다. 특히 정신지체의 정의에 세계적인 경향을 선도하면서 130년의 역사를 가진 미국정신지체협회(AAMR)가 2007년 1월 1일부터 미국 지적 및 발달장애협회(AAIDD)로 명칭을 변경하였다.

이렇듯 시대와 상황이 변하게 되면 널리 통용되던 용어도 비판의 대상이 되고 새로운 용어가 그 자리를 차지하게 된다. 지적장애라는 용어도 언젠가는 새로운 용어로 대체될 것이며 좀 더 인권과 사회의 변화를 반영하는 적절한 용어를 찾기 위한 노력이 계속될 것이다.

3. 지적장애의 분류

모든 분류체계는 다양한 행동을 유관한 것끼리 이해하기 쉽게 범주화하기 위해 하나의 조직화된 틀을 제공하는 것을 기본 목적으로 삼고 있다.

1)「장애인복지법」의 분류

우리나라의 「장애인복지법 시행규칙」은 IQ의 상한을 70으로 규정하고 있으며, 일반지능과 일상생활, 사회생활, 직업생활을 동시에 고려하여 지적장애 여부와 그 등급을 판별하도록 규정하고 있다. 따라서 이 분류는 「특수교육진흥법 시행령」의 규정과 유사하나 IQ의 상한을 5점 낮게 정하고 적응기술 영역을 명시하고 있다는 점에서 다르다고 할 수 있다. 「장애인복지법 시행규칙」(2008, 일부 개정)은 장애인의 장애등급을 대개 6개급으로 나누고 있으나, 지적장애인은 3개급으로 나누고 있다.

〈표 2-3〉 「장애인복지법」의 지적장애인 분류

장애등급	준 거
1급	지능지수 34 이하의 사람으로 일상생활과 사회생활의 적응이 뚜렷하게 곤란하여 일생 동안 타인의 보호가 필요한 사람
2급	지능지수 35 이상 49 이하의 사람으로 일상생활의 단순한 행동을 훈련시킬 수 있고, 어느 정도의 감독과 도움을 받으면 복잡하지 아니하고 특수기술을 요하지 아니하는 직업을 가질 수 있는 사람
3급	지능지수 50 이상 70 이하의 사람으로 교육을 통한 사회적, 직업적 재활이 가능한 사람

2) 한국특수교육학회의 분류

2008년 「장애인 등에 대한 특수교육법 시행령」에 따라 지적장애(정신지체) 아동을 한국특수교육학회에서 분류한 기준은 다음과 같다.

〈표 2-4〉 한국특수교육학회의 지적장애 분류

지적장애 정도	IQ 점수 범위	IQ 분류 표준편차	적응행동의 제한범위
경도	55~70	−2SD	두 개 또는 그 이상의 영역
중등도	35~54	−3SD	두 개 또는 그 이상의 영역
중도	20~34	−4SD	모든 영역
최중도	20미만	−5SD	모든 영역

출처: 한국특수교육학회(2008), p. 1.
※ 이 분류에서는 지적장애를 네 수준으로 분류하고 있으며, 표준편차를 제시하고 있다.

3) AAMR의 분류

AAMR은 지적장애의 정의와 분류를 시대에 따라서 다양하게 제시해 왔다. 지능지수를 기준으로 하는 분류는 1973년의 정의와 함께 제시되었으며, 경도(mild), 중등도(moderate), 중도(severe), 최중도(profound)로 분류하였다. 경도는 IQ 점수가 55~70, 중등도는 40~55, 중도는 25~40, 최중도는 25 미만인 경우를 말하며, 이는 1992년 지원에 의한 분류가 제시되기 전까지 각계 각층에서 널리 사용되었다.

지능지수를 기준으로 하는 지적장애의 발달 특성은 〈표 2-5〉와 같다.

1992년에 개정된 정의 및 분류에서는 지적장애 아동에게 요구되는 지원의 종류와 강도에 따라 간헐적(intermittent) 지원, 제한적(limited) 지원, 확장적(extensive) 지원, 전반적(pervasive) 지원으로 분류하였고, 2002년 정의에서도 이 분류체계를 그대로 유지하면서 다원적 분류체계에 대하여 제시하고 있다.

교육학자들은 지적장애 아동을 교육 가능급, 훈련 가능급, 심한 지적장

〈표 2-5〉 지능지수를 기준으로 하는 지적장애의 발달 특성

정 도	발달 특성		
	학령전기 (만 0~5세)	학령기 (만 6~20세)	성인기 (만 21세 이상)
경도 지적장애	진단되지 않을 수 있다.	기초적 학업기술과 직업 전 기술을 배울 수 있다.	지역사회에서 살면서 직업을 가질 수 있다. 정신지체로 낙인찍히지 않고 지낼 수도 있다.
중등도 지적장애	임상적 진단(예: 다운 증후군)을 받을 가능성이 있다.	자조기술과 기능적 학업기술을 배울 수 있다. 익숙한 환경에서는 독립적으로 행동할 수 있다.	감독하에 어느 정도의 기술을 요하는 일을 할 수 있다. 경쟁고용이 가능할 수도 있다.
중도 지적장애	운동 발달이 늦다. 약간의 의사소통이 가능하다. 지체장애가 있을 수 있다.	개인적 필요를 스스로 돌볼 수도 있다. 의사소통을 배울 수 있다.	직장과 주거환경에서 감독하에 기능할 수 있다.
최중도 지적장애	반응이 별로 없다. 복합장애가 흔히 있다.	운동 발달이 느리다. 기초적 자조기술을 배울 수 있다.	약간의 의사소통을 할 수 있다. 기초적 필요를 돌볼 수 있다.

출처: 이소현, 박은혜(2006), p. 84.

애, 보호수용급으로 분류하기도 하였다. 교육 가능급이란 읽기, 쓰기, 셈하기 등과 같은 기본 학습능력을 배울 수 있는 사람을 말하고, 훈련 가능급이란 자기 이름 쓰기나 화장실의 문 앞에 '남자용' '여자용' 등과 같은 아주 단순한 수준 이외에는 기본 학습능력을 배울 수 없는 사람을 말한다. 그러나 이들은 기본적인 신변처리 능력과 간단한 직업기술 훈련을 받으면 사회에서 어느 정도 독립적인 생활을 유지할 수 있다. 심한 지적장애는 평생 동안 상당한 보호를 받으며 살아가야 한다. 보호수용급은 대소변을 충분히 가리지 못하고, 옷 입는 것도 도움을 필요로 하는 경우가 많으며, 심지어 밥도 스스로 먹지 못하는 경우가 있다.

AAMR의 1992년 정의에 의해 요구되는 지원의 강도에 따른 분류는 〈표 2-6〉과 같다. 지적장애를 분류할 때 지적장애의 결함에 중점을 두지 않고 지원에 초점을 둔 것은 사회문화적인 패러다임의 변화를 반영한 것으로 그 의의가 크다고 할 수 있다.

〈표 2-6〉 지적장애에 대한 지원 강도의 정의

분 류	지원의 강도
간헐적 지원	'필요한 때'에 기초한 지원, 간헐적 성격을 특징으로 하며 개인이 지원을 항상 필요로 하지는 않는 경우이거나, 인생에서 전이 시기 동안 단기간의 지원이 필요(예: 직업 상실, 심각한 의료적 위기)한 경우다. 간헐적 지원은 고강도 혹은 저강도로 제공된다.
제한적 지원	일정한 시간에 걸쳐 일관적으로 그러나 간헐적이 아닌 시간제한적인 지원을 특징으로 한다(예: 시간제한적인 고용훈련 혹은 학교에서 성인기로의 전이적 지원 제공).
확장적 지원	적어도 몇몇 환경(직장 또는 가정)에서 정규적으로 요구되는 지원을 특징으로 하며 시간제한적인 것이 아니다(예: 장기간의 가정생활 지원).
전반적 지원	항구성과 고강도의 지원으로 환경 전반에 걸쳐서 제공되며 잠재적으로 삶을 유지하는 데 필요한 성격의 지원을 특징으로 한다. 전반적 지원은 전형적으로 확장적 또는 시간제한적 지원보다 더 많은 수의 요원이 필요하고 개인에게 더 개입적(intrusive)일 수 있는 지원을 포함한다.

출처: AAMR(2002), p. 152.

1992년 AAMR의 분류는 경도, 중등도, 중도, 최중도와 같이 지적장애의 심각성 수준으로 구분한 것을 삭제하고 지원 수준을 결정하기 위한 심리측정의 질(quality)을 확보하지 못한 점에서 비판을 받았지만, 2002년 AAMR의 정의에도 그 분류체계를 유지할 만큼 사회문화적 인식의 변화를 선도하였다는 측면에서 그 가치가 높다고 할 수 있다.

앞에서 살펴본 바와 같이 어떤 특징을 가진 사람들을 한정된 용어로 정의하고 분류하는 것은 법적, 사회적, 인간적 책임이 따르는 매우 어렵고 중대한 문제라고 할 수 있다. 따라서 지능, 적응행동, 발달기라는 세 가지 준거를 기준으로 지적장애를 정의하고 네 가지 지원 강도에 따라 지적장애를 분류한 만큼 그에 따른 적절한 교육 서비스가 함께 제공되어야 한다.

제3장

지적장애의 원인

지적장애의 원인을 아는 것은 장애를 가진 당사자와 그 가족들에게 바람직한 정보를 제공하고 미래를 설계할 수 있게 해 주며, 유전학적인 상담을 통해 지적장애 아동의 출생을 예방하는 측면에서 매우 중요한 의미를 지닌다.

아이를 가져 본 부부라면 아이를 가졌다는 기쁨과 함께 '혹시나 우리 아이가 장애를 가지고 태어나면 어떻게 하나?'라는 불안한 마음을 가졌을 것이다. 어떤 아빠는 아이가 태어나자마자 손가락과 발가락 숫자부터 세어 봤다고 한다. 그만큼 모든 부모는 건강한 아이가 태어나길 소망하고 건강한 아이가 태어날 수 있도록 임신에서부터 출산까지 최선을 다하게 된다. 그러나 그러한 노력에도 불구하고 여러 가지 원인에 의해서 지적장애 아동이 태어날 수도 있다. 이 장에서는 지적장애의 원인과 예방에 대해서 살펴보고자 한다.

1. 유전적 요인

지적장애와 관련된 모든 원인은 생의학적 요소와 환경적 요소로 분류될 수 있으며 두 가지 모두 지적장애와 관련되어 있다(Beirne-Smith, Patton, & Kim, 2006). 그러나 여러 질병이나 증후군, 상태 등이 일반적으로 지적장애와 연관되어 있지만 그것이 지적장애를 정의하는 지적능력이나 적응행동에 반드시 결함을 야기하는 것은 아니다. 지적장애의 원인은 어느 정도 기능상에서의 결함을 야기할 수 있다. 그러나 생의학적 위험요인이 존재할 수는 있지만 그것 자체가 지적장애의 원인이 되는 것은 아니다(Luckasson et al., 2002). 저체중 출생이나 삼염색체와 같은 위험요인은 지적장애 진단에 사용되는 지적기능과 적응행동상의 결함을 야기할 때에만 지적장애의 원인이 되는 것이다.

유전이란 수천 세대를 지나도 사람이 사람을 낳고 개가 개를 낳는 것처럼 생물의 종(種)이 가지고 있는 특수한 형질의 기본적 설계도가 어버이에서 자손으로 큰 변함없이 이어지는 것이다. 이 안정된 설계도에 의해 부모로부터 받은 유전물질이 자녀에게 대물림되는 과정에서 여러 가지 유전적 원인에 의해서 장애가 발생하기도 한다. 염색체 이상이 유전되거나, 세포분열 시 염색체가 정상적으로 분열되지 않거나, 조합될 때 2개가 아닌 3개가 한 쌍이 되는 등의 문제를 일으키는 것이 대표적인 지적장애의 유전적 원인이라고 할 수 있다.

수정 후 배아(embryo)는 각각의 부모로부터 22쌍의 상염색체와 성별을 결정하는 성염색체 1쌍(XX 또는 XY)을 받아서 23쌍 46개 염색체로 구성된다. [그림 3-1]은 정상인의 염색체 형태를 나타낸 것이다. 유전적 이상은 눈동자의 색이나 머리카락의 색깔, 몸무게나 지능처럼 특정한 형태로 자손에게 전달될 수 있다. 자녀들은 각각의 부모로부터 우성유전자, 열성유전

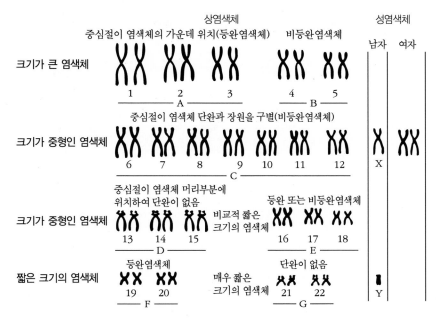

[그림 3-1] 정상인의 염색체 형태

출처: 박재갑(1995).

자 그리고 성염색체와 연관된 유전자와 같은 유전적 정보를 받는다(백은희, 2007). 유전은 유전양식에 따라 크게 상염색체 우성유전, 상염색체 열성유전, 성염색체 우성유전, 성염색체 열성유전으로 나눌 수 있다. 이러한 유전양식에 따라 장애가 발생한 경우를 살펴보도록 하자.

1) 상염색체 우성장애

상염색체 우성인자에 의한 장애는 그 가족의 첫 번째 발병이 갑작스럽게 나타난다. 그 후 모든 세대에 같은 질병이 나타나고, 남녀 모두에게 같은 빈도로 발생하며, 자식 대에 전파될 확률은 50%다. [그림 3-2]는 상염색체 우성인자로 유전되는 질환을 가진 가계도다.

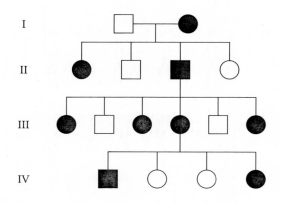

□○ 정상 남자, 여자
■ 이환 남자(동형접합)
● 이환 여자(이형접합)

모든 세대에 나타나고 남녀 모두 발생한다.

[그림 3-2] 상염색체 우성인자로 유전되는 질환을 가진 가계도

출처: 박재갑(1995).

우성인자에 의한 장애는 지적장애와는 관련이 적은 편이며 지적장애와 관련 있는 우성인자 장애로는 결절성 경화증(tuberous sclerosis)과 신경섬유종증(neurofibromatosis)이 있다.

결절성 경화증은 선천성 과오종이 주로 뇌, 눈, 심장, 폐, 피부 등에 침범하는 피부신경 증후군의 하나로, 상염색체 우성으로 유전되며 50%는 새로운 돌연변이가 생긴다. 유전적 질환이기 때문에 전염되지 않으며 유전자의 변형으로 발생한다. 발작, 지적장애, 안면의 혈관섬유종 등 전형적인 특징이 있으며 드물게 반신마비 등이 올 수 있다.

신경섬유종증은 제1형 폰 레클링하우젠(Von Recklinghausen) 증후군이라고도 한다. 신경 및 피부에 수많은 양성 종양인 신경섬유종을 형성하고, 피부에 우유를 탄 커피 색깔(연한 갈색)의 반점이 나타나며, 간혹 근육과 뼈의 발달장애를 동반하는 것을 특징으로 하는 유전성 질환이다. 신경섬유종

증은 상염색체 우성으로 유전되며 출생아 3,000명에 1명 정도의 빈도로 나타난다. 신경섬유종증은 때때로 국부적이 아닌 전체적인 모습을 변화시키기도 하는데, 이러한증상은 1980년대 초 브로드웨이에서 성공적으로 공연된 〈코끼리 사나이 (Elephant Man)〉라는 연극을 통하여 대중적인 주목을 받게 되었다. 이 연극은 신경섬유종증에 의해 모습이 뒤틀린 것으로 추정되는(일부 의학자들은 프로테우스 증후군일 것이라고 주장하기도 함) 영국 청년의 실화에 바탕을 두고 만들어진 것이다. 신경섬유종증의 증상은 소년기 중반 정도에 발병해서 사춘기 무렵에 멈추기도 하고 일생 동안 지속되기도 한다. 2008년 6월 16일 MBC 방송국의 〈닥터스〉라는 프로그램에서는 신경섬유종증으로 튀어나온 척추 때문에 잘 때도 바로 눕지 못하고 엎드려서 잠을 자는 몽골소년 소미야바짜르(147cm/42kg)가 소개되었다. 이 소년은 수술을 통해 60% 정도 척추가 교정된 모습을 보여 주었다.

2) 상염색체 열성장애(선천성 대사이상)

열성 유전인자에 의한 지적장애는 양쪽 부모 모두가 질병이 밖으로 드러나지 않고 '보인자(carriers)'를 가질 경우 발생한다. 대표적인 상염색체 열성장애에는 선천성 대사이상 질환이 포함된다. 선천성 대사이상 질환 중 영양소 대사이상은 영양소의 대사에 관여하는 효소의 결핍으로 발생한다. 만약 A라는 물질을 B로 변환하는 데 C라는 효소가 관여한다고 가정하자. 만일 선천적으로 C라는 효소의 결핍이 있을 경우 A가 B로 변환되지 못하므로 이 환자는 B라는 물질의 신체 내 부족과 A라는 물질의 신체 내 축적에 의한 독성작용이 나타나게 되는 등 C효소 결핍에 의한 증상이 발생하게 된다. [그림 3-3]은 상염색체 열성인자로 유전되는 질환을 가진 가계도다.

대표적인 상염색체 열성장애로는 페닐케톤뇨증(phenylketonuria: PKU)이 있으며, 현재 시행하고 있는 검사를 통하여 갈락토스혈증(galactosemia),

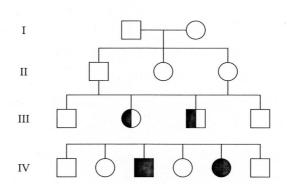

● 여자 보인자
■ 남자 보인자

남녀 모두 발생하고 모든 세대에 나타나지 않는다.

[그림 3-3] 상염색체 열성인자로 유전되는 질환을 가진 가계도

후를러 증후군(Hurler's syndrome), 단풍나무시럽병(maple syrup urine disease) 등의 질병이 발견되고 있다. 이러한 질병은 조기에 발견하여 치료하면 충분히 정상적인 성장과 발달이 가능하다.

페닐케톤뇨증은 아미노산 중의 하나인 페닐알라닌(phenylalanine)을 분해하는 효소가 없이 태어난 아동에게 발생한다. 이러한 아동은 아미노산을 분해하지 못함으로써 뇌손상을 입게 되는데, 조기발견을 하지 못해 적절한 치료를 받지 못하면 중증 지적장애가 발생할 수 있고 공격성, 과다행동, 파괴적인 행동 등과 관련이 있는 것으로 보고되었다. 그리고 아동기에 페닐케톤뇨증 치료를 받은 여성이 성인이 되어 임신하였을 때 신진대사 불균형이 일어나 태아에게 악영향을 미친다. 구체적으로 지적장애, 심장질환, 소두증 등과 관련이 있다. 페닐케톤뇨증은 신생아기에 혈액검사로 진단이 가능하며 페닐알라닌이 없는 음식물로 식이요법을 하면 지적장애를 예방할 수 있다. 국내에서도 1997년 1월 1일부터 전국의 모든 병원과 보건소에서 신생아에게 페닐케톤뇨증 검사를 실시하고 있다. 유아 초기부터 페닐알라

닌을 제한한 식이요법을 받은 대부분의 페닐케톤뇨증 아동들은 정상적인 지능 발달을 보이고 있으나, 식이요법을 따르다 보면 성장에 필요한 단백질의 균형을 맞추는 데 어려움이 있다.

갈락토스혈증은 갈락토스 당을 분해하지 못하는 것으로 귀결되는 상염색체 열성장애로, 갈락토스의 축적은 뇌손상과 내장기능의 손상을 초래할 수 있다. 신생아기에 소변검사, 혈액검사, 방사성 동위원소검사로 조기발견이 가능하며 유제품을 제외한 식이요법을 하면 지적장애를 예방할 수 있다. 조기에 발견하여(생후 1주일 이내 혈액검사로 발견 가능) 적절한 식이요법을 실시하였을 때 갈락토스혈증 영아들의 지적 발달은 만족스러운 결과를 가져왔다는 보고가 있다. 특히 생후 4개월 이전에 치료를 시작한 아동들은 정상적인 발달을 보였다고 한다.

후를러 증후군은 점액다당류라 불리는 복합 탄수화물을 분해시키기 못하는 상염색체 열성장애로, 뚜렷이 구별되는 신체적 특성과 심한 지적장애를 야기한다. 한때 이 증후군을 지닌 사람들의 안면 특성 때문에 '지방연골이영양증(gargoylism)'으로 알려졌었다. 그 특성으로는 중증의 지적장애, 단구(short stature), 혼탁한 각막, 농(deafness) 등이 있고, 안면 특성으로는 커다랗고 검은 눈썹, 두터운 입술, 커다란 혀, 낮은 콧등 등이 있다. 현재 치료법은 없고 10대 초반에 사망하게 된다. 그러나 최근 골수이식 및 줄기세포이식 등이 유망한 치료법으로 등장하고 있다.

단풍나무시럽병은 아미노산류신(amino acids leucine), 아이소류신(isoleucine) 그리고 발린(valine) 등을 분해하지 못할 경우에 발생한다. 단풍나무시럽병의 합병증은 비록 가장 가벼운 형태에서 지적장애가 나타날 수 있다 하더라도 그 정도에 있어 다양한 양상을 보여 준다. 다른 특성들로는 산증(acidosis, 혈액에 과도한 산이 포함되어 있음), 섭식 문제, 구토, 발작 등이 있다. 이 질병이 발견되면 인체에서 아미노산의 수준을 가능한 한 신속하게 감소시키는 것이 가장 중요하므로 이러한 아미노산을 피할 수 있는 식이요법을 해야 한다. 더 쉽게 식이요법을 통제할 수 있게 해 주는 유아용 처방이 있다.

3) 성염색체 열성 및 우성유전

남자는 XY, 여자는 XX의 성염색체를 갖고 태어난다. 성염색체 열성유전은 이러한 성염색체 중 X에 존재하는 유전자의 단일돌연변이에 의하여 발생한다. 남자는 X염색체가 하나밖에 없으므로 X염색체가 이상이 있으면 반드시 장애가 생기게 된다. 그러나 여자인 경우 X염색체가 2개이므로 만일 돌연변이를 일으킨 X염색체가 한 개 있더라도 이 질병은 나타나지 않고 보인자가 된다. 성염색체 우성유전은 남녀 모두에게 나타나지만 남자가 증상이 더 심하며 남자 환자에게 태어난 딸은 모두 이환되고 아들은 모두 정상이다. 이 유전양식을 통하여 유전되는 질환은 흔치 않다.

성염색체가 문제를 일으킬 때 취약 X 증후군(Fragile X syndrome), 레쉬니한 증후군(Lesch-Nyhan syndrome), 레트 증후군(Rett syndrome) 등이 발생하게 된다.

취약 X 증후군은 약 4,000명의 남성 중 1명의 비율로 발생하는데, 지적장애를 일으키는 가장 큰 유전적 원인이며 다운 증후군 다음으로 일반적인 형태다. 염색체에서 되풀이되는 돌연변이는 정상적인 뇌기능에 필수적인 FMR-1 단백질의 생성을 막게 된다. 이 질환에 걸린 남성의 대부분은 아동기 때에는 경도에서 중등도의 지적결함을 보이다가 성인이 되면 중등도와 중도 지적장애를 나타낸다. 여성의 경우에는 이러한 돌연변이 인자를 보유만 하거나 자신의 아이에게 전달하는 역할만 하며 남성과 비교하면 거의 장애를 경험하지 않는다. 사회성 불안과 회피행동(눈맞춤 회피, 접촉을 꺼림, 얼굴을 마주하여 말을 할 때 몸을 돌려 회피하는 행동, 의식적이고 어눌한 인사 등)의 특징이 있으며 단어나 구를 되풀이하는 등의 언어적인 문제를 가지고 있다(김진호 외, 2007).

레쉬니한 증후군은 성염색체 열성유전 중의 하나로 유전된 효소결함을 통해 생기는 질병이며 X유전자와 관련 있는 유전을 통해서 유전된다는 사실 때문에 남성에게서만 발견된다. 이 증후군은 뇌성마비 또는 지적장애와 관련이 있는데, 지적기능의 범위는 정상적인 지적능력에서 심각한 정도까지 다양하다. 레쉬니한 증후군에 있어서 두뇌손상은 과도한 요산(uricacid)의 축적에서 비롯되며 신결석(kidney stone) 형성과 관련된 신장질환으로 사망하기도 하였으나 현재는 어느 정도 관리되어 수명을 십대 또는 그 이상으로까지 연장시킬 수 있다. 레쉬니한 증후군이 있는 아동들은 이가 처음 나면 심각하고 지속적인 자해행동을 한다. 이 아동들은 자신의 입술이나 손가락을 깨물게 되고 조직을 심각하게 손상시키거나 파괴하기도 한다. 또한 다른 사람을 치거나 때리는 등 공격적인 행동을 하기도 하며 침을 뱉거나 욕을 하기도 하는데, 이 모든 행동은 전적으로 무의식적인 것으로 보인다.

레트 증후군은 영아기에 시작되는 독특한 발달장애로 거의 항상 여아에게서만 발견되며 전 세계적으로 다양한 인종과 종족에게서 발견된다. 보통 건강하게 태어나서 6~18개월까지는 표면적으로 정상적이거나 거의 정상적인 발육을 보이다가 점차 기능이 감소하거나 정체되는 시기에 다다른다. 그 후 퇴행의 시기가 와서 의사소통의 기능을 상실하고 손의 고의적 사용능력을 잃는다. 곧 정형화된(stereotyped) 손놀림, 보행장애 그리고 정상적인 머리성장률의 감소가 뚜렷해진다(신현기 역, 2007).

4) 염색체 수의 이상

가장 흔하게 발생되는 염색체의 수적 이상 현상은 삼(염색)체성으로, 염색체 수가 47개인 경우다. 다운 증후군(Down's syndrome), 터너 증후군

(Turner syndrome), 에드워드 증후군(Edward's syndrome), 파타우 증후군(Patau's syndrome), 클라인펠터 증후군(Klinefelter's syndrome)이 여기에 속한다.

다운 증후군은 21번 염색체의 삼체성(trisomy 21), 즉 21번 염색체가 2개가 아니라 3개이기 때문에 발생한다. 다운 증후군의 대부분은 중등도 지적장애에 속하는데, 어떤 경우에는 경도와 심한 지적장애가 되기도 하며 출현율은 1,000명당 1명 정도다. 그러나 산모의 나이가 45세 이상이면 다운 증후군이 생길 가능성이 30명 중에 1명 비율로 높아진다. 다운 증후군은 대략 세 가지 유형의 원인을 찾을 수 있는데, 부모로부터 유전되는 경우, 생식세포가 생성되면서 발생하는 비분리(nondisjunction) 때문에 생기는 경우, 수정 후 세포분열이 되는 과정에 문제가 발생하는 경우로 나눌 수 있다. 자세한 사항은 10장에서 살펴보도록 하자.

터너 증후군은 여성에게만 발병하는 질병으로, 여성이 X염색체를 하나만 가진 것(XO)이다. 출현율은 여아 2,500명당 1명 정도로 매우 낮은 편인데, 이는 XO로 착상된 태아의 95%가 자연유산되기 때문이다. 터너 증후군은 학습에 문제를 보이며, 특히 공간지각이나 조직화 능력에 문제를 보인다.

에드워드 증후군은 18번 염색체의 삼체성(trisomy 18) 때문에 발생한다. 부수적인 염색체를 갖고 있는 대부분의 태아는 유산된다. 다운 증후군과 비슷하게 에드워드 증후군은 산모의 연령과 관계가 있으며 신체적 특성으로는 소두증, 처지고 기형인 귀, 그리고 구순열/구개열 등이 있다. 지적장애의 정도는 매우 심하다. 이 증후군을 지니고 있는 아동은 심장혈관 및 신경학적 문제점을 포함하는 많은 다른 조건에 영향을 받기 쉽다. 건강과 관련된 많은 문제로 인해 이 증후군을 지닌 대부분의 아동은 생후 1년이 되기 전에 사망한다(신현기 역, 2007).

파타우 증후군은 13번 염색체의 삼체성(trisomy 13) 때문에 발생한다. 이는 보통 모계에서 감수분열 제1기에서의 비분리 현상에 의해 일어나게 된다. 경사진 이마, 소두증, 여분의 손가락 및 발가락[합지증(syndactyly)], 작거나 결여된 안구 등 많은 신체적 기형이 이 증후군과 관련된다. 종종 청신경과 시신경은 물론 전뇌의 발달이 불완전한 경우도 발견되며 지적장애가 극단적으로 심하다.

클라인펠터 증후군은 남성이 23번 염색체 중 X염색체를 하나 더 갖고 있어서 XXY가 되기 때문에 발생한다. XXY 남성은 흔히 사회성 기술, 청각, 언어에 문제를 가지며 때로는 가벼운 인지지체를 보인다. 지적장애보다는 학습장애와 관련된 문제를 더 많이 보인다.

5) 염색체 구조의 이상

염색체의 일부가 소실되거나 또는 염색체의 일부가 다른 염색체에 결합하는 등 염색체의 모습이 변형되는 경우 지적장애가 발생할 수 있다. 대표적으로 묘성 증후군(Cat cry syndrome)을 들 수 있으며, 그 외 울프-허쉬호른 증후군(Wolf-Hirschhorn syndrome), 윌리엄스 증후군(Williams syndrome), 제이콥스 증후군(Jacobs syndrome), 프래더윌리 증후군(Prader-Willi syndrome), 안젤만 증후군(Angelman syndrome) 등이 있다.

묘성 증후군은 5번 염색체의 이상으로 발생하며, 고양이 음 같은 울음소리를 낸다고 붙여진 이름이다. 이들은 지적장애를 보이며, 소뇌증, 낮게 자리 잡은 귀, 경사진 안검열, 격리증, 소하악증(작은 턱) 등의 신체적인 이상을 나타낸다.

울프-허쉬호른 증후군은 4번 염색체의 짧은 가지가 포함된 부분적인 결손(4P-)의 결과다. 특성의 정도는 결손의 정도, 즉 포함되어 있는 유전물질의 양에 달려 있다. 일반적으로 소두증, 넓은 양 미간, 구순열/구개열, 넓고 큰 코, 간질, 심장 문제 그리고 최중도 지적장애 등의 특성을 보인다.

윌리엄스 증후군은 단백질의 생산을 담당하는 유전자가 포함된 7번 염색체의 긴 가지에 있는 물질의 결손으로 인해 발생한다. 일반적으로 약간 위로 들린 코, 긴 윗입술, 두터운 입술, 작은 턱, 큰 입, 살집이 많은 눈 주위 등의 특성을 보인다. 또한 이 질환에 걸린 환자의 약 80%에서 대동맥판 상부협착증(supravalvular arotic stenosis: SVAS)이 동반된다.

제이콥스 증후군은 XYY라는 성염색체 이상으로 발생한다. 일반적인 특징으로 공격적이고, 무감각하며, 키가 크다. 언어기술에 어려움을 보인다 (Patton, Payne, & Beirne-Smith, 1986).

프래더윌리 증후군은 15번 염색체의 부분적인 부족으로 인하여 발생한다. 이 증후군은 먹는 것에 지나치게 집착하여 '끝없이 먹는 삶'이라고까지 비유된다. 유아기 초기에 프래더윌리 증후군 아동들은 낮은 근육긴장도를 보이며 튜브로 음식을 먹는 경우가 많다. 이들은 과도한 식욕을 보이므로 음식을 조절해 주지 않으면 생명을 위협하는 비만이 발생할 수 있다.

안젤만 증후군은 중증의 지적장애에 도달하는 병으로 2만 명에 1명꼴로 발생한다. 보통 언어장애가 나타나며 비정상적인 웃음, 턱이 튀어나옴, 혀를 불쑥 내밀기, 경련을 일으키며 걷거나 발작을 일으키기도 하며, 작은 일에도 쉽게 웃고, 과도하게 행동하는 등의 증상을 보인다.

2. 환경적 요인

지적장애의 원인을 유전적 요인과 환경적 요인으로 정확하게 구분하는 것은 어려운 일이다. 사실 지적장애는 복합적으로 발병하는 경우가 많다. 체중, 키, 지능지수, 피부색 등은 연속적으로 세대마다 유전되나, 언청이, 선천성 심장병, 무뇌아 등의 선천성 기형과 간질, 정신병, 우울증, 류머티즘성 관절염, 위궤양 등 성인성 질환은 그 형질이 계속적으로 유전되지 않는다.

같은 문제를 가진 생물학적 요인을 가지고 있더라도 어릴 때의 심리사회적으로 불리한 요인이나 열악한 사회적, 문화적 환경에 의해서 장애가 외부로 표출될 수도 있고 잠복 상태로 발병하지 않을 수도 있다.

1) 출산 전 요인

출산 전에 발생할 수 있는 질병으로는 풍진(rubella/german measles), 매독(syphillis), 톡소플라스마증(toxoplasmosis), 임신기 산모의 영양실조, 태아 알코올 증후군(fetal alcohol syndrome: FAS) 등이 있다.

풍진은 홍역과 비슷한 발진성 급성 피부 전염병의 하나로 산모의 풍진 바이러스가 태반을 통해 감염을 일으키는 질병이다. 적어도 임신 3개월 전에 풍진 예방주사를 맞으면 풍진 감염을 예방할 수 있고, 여성들은 15세 전후에 꼭 풍진 예방접종을 추가로 받아야 한다. 예방주사의 등장으로 오늘날 풍진의 위험이 현저히 줄어들었으나 여전히 장애의 주요 원인이 되고 있다. 산모의 풍진 감염으로 지적장애뿐만 아니라 심장질환, 맹, 농이 발생하며 특히 중도 · 중복(severe/multiple) 장애의 원인이 된다.

선천성 매독은 매독에 걸린 임산부에 의해서 태아에 감염되는 성병의 일종이다. 산모가 매독 환자일지라도 약 50%만이 태반을 통해 감염되며, 선천성 매독에 감염되면 심장과 뼈를 비롯한 전신의 기형이 동반되고, 대개 미숙아로 태어나며, 신생아 사망률이 높다. 매독에 걸린 임산부가 태아의 면역계가 아직 형성되지 않은 임신 4개월 내에 치료를 받으면 태아의 감염을 예방할 수 있다. 매독은 태아기에 감염되는 선천적인 경우와 성행위로 인하여 옮는 후천적인 경우가 있는데, 제1기에는 음부에 응어리가 생기고, 제2기에는 피부에 발진이 생기며, 제3기에는 피부와 장기에 고무종이 생기고, 제4기에는 신경계가 침해당하게 된다. 특히 산모가 매독이나 성병에 걸리게 되면 태아의 중추신경계에 손상을 입힐 수 있다. 그래서 성장 발육에 장애를 가져오는 지적장애를 유발하게 되는 원인 중 하나다.

톡소플라스마증은 톡소플라스마 원충인 톡소플라스마 곤디(toxoplasma gondii)에 감염되어 일어나는 전염병으로 개나 고양이 등 애완동물이나 가축 등에게서 전염된다. 임신 중의 어머니가 감염되어 태반을 통하여 원충이 태아에게 이행하여 태아가 감염되는 선천성 톡소플라스마증의 경우 중추신경계가 주로 침해되어 수두증, 소두증, 지적장애 등을 일으킬 수 있다.

임신기 산모의 영양실조는 출생 전과 출생 후 모두에 해로운 영향을 미치는 요인이다. 출생 후 환경적 박탈과 결합된 영양실조는 세계적으로 지적장애의 가장 일반적인 원인이다(Merck Manual, 2003). '태아 영양실조'는 자궁 내 태아의 성장지체를 가져와 임신 주수에 비해 태아가 작게 된다. 비록 많은 변인이 인간에 대한 연구와 혼합되어 있지만(예: 감염 및 영양불량과 연계되어 있는 빈곤 등과 같은 환경적 요인들) 동물을 대상으로 한 연구들은 출생 전의 영양불량이 인지적 수행, 정서적 반응 그리고 사회적 상호작용에 영향을 미친다는 것을 보여 주었다(National Institute of Child Health and Human Development, 2001).

태아 알코올 증후군은 알코올중독인 임산부에게서 태어나는 아이들의 1/3에서 나타난다(Hallahan & Kauffman, 1994). 신체적 특징은 중추신경계의 기능장애(예: 경도 또는 중도 지적장애) 외에 두개골 안면기형(예: 구개파열, 소두증), 성장장애(예: 저체중) 등을 보인다. 아동이 알코올중독 증상 진단기준에 모두 해당되지 않고 그중 일부만 보이고 산모가 출생 전에 알코올을 과다 섭취하였다면 태아 알코올 효과(FAE)로 진단되는데, 이것은 아동의 과잉행동과 학습문제를 야기한다.

2) 출산할 때와 출산 직후 요인

출산할 때와 출산 직후에 발생할 수 있는 지적장애의 원인으로는 조산과 저체중아 출산, 산소결핍증, 호흡곤란 증후군, 기관지폐형성이상, 저혈당 등이 있다.

조산과 저체중아 출산과 관련 있는 요인으로는 낮은 사회경제적 수준, 허술한 출산 전 관리, 산모의 무리한 다이어트, 미숙아 출산 경험, 산모의 나이, 산모의 흡연 등을 들 수 있다. 물론 이들은 직접적인 요인이라기보다 상관요인이다. 십대 미혼모의 출산은 미숙아나 저체중아의 유발요인으로 주목받고 있다. 매우 짧은 임신기간(28주 이내)과 매우 적은 체중(1,500g 이하)의 태아는 심각한 문제가 된다. 그러나 정상에서 크게 벗어나지 않는 조산이나 저체중의 결과는 확실하지 않다. 미숙아 출생 시 체중과 지적장애의 상관관계를 보면 체중이 적을수록 지적장애의 위험이 더욱 높은 것으로 알려져 있다. 미숙아나 저체중아는 낮은 지능지수 외에 뇌성마비, 주의집중력 결핍, 기타 신경학적 · 의학적 문제를 갖는다.

산소결핍증은 출산 시 산소 부족으로 두뇌손상을 입을 수 있다. 탯줄이 엉키거나, 분만시간이 너무 짧거나 긴 경우, 또는 태아가 거꾸로 나올 경우 산소가 결핍되어 태아의 뇌에 치명적인 영향을 미친다. 산소결핍은 지적장애나 뇌성마비 등 다양한 장애의 원인이 된다.

호흡곤란 증후군은 폐와 호흡기관들이 아직 성숙되어 있지 않기 때문에 발생하는 호흡곤란으로서 지적장애의 원인이 된다.

기관지폐형성이상은 덜 발달된 폐벽이 두꺼워져 산소와 이산화탄소의 교환이 어렵게 되어 뇌 내의 손상 등을 야기하는 요인이며 뇌성마비를 초래할 수 있다.

저혈당은 질식을 경험한 유아, 미숙아, 저체중아, 영양을 제대로 공급받지 못한 유아 혹은 어머니가 임신기간에 당뇨에 걸린 유아에게서 흔히 발생한다. 저혈당은 치료받지 않고 방치되면 뇌손상을 초래할 수 있으나 일 반적으로 치료가 가능하다. 치료 후 그 예후는 저혈당 그 자체보다는 오히 려 저혈당의 소인을 만든 상태에 의해 결정된다.

칼슘의 부족(저칼슘혈증)과 같은 무기질 결핍은 무기력, 신경과민, 무호 흡, 체온 불안정 혹은 발작 등과 같은 저혈당과 비슷한 증상을 초래할 수 있다.

3) 출산 후 요인

지적장애의 원인이 되는 출산 후 요인으로는 뇌 외상, 아동학대, 납중독, 산모의 임신합병증, 양육환경 등이 있다.

뇌 외상은 출산 후 영유아기에 발생하는 지적장애의 가장 큰 요인이다. 그중 낙상, 차량이나 자전거 사고 또는 스포츠 관련 활동으로 인한 외상이 큰 비중을 차지하고 있다.

아동학대는 아동을 때리는 것뿐만 아니라 심하게 흔드는 것과 같은 행동 도 해당되며 이러한 행동은 뇌출혈과 지적장애에 잠재적으로 영향을 미친 다. 이러한 행동으로 인해 구토, 발작, 눈의 충혈, 질식, 수면장애 등의 증 상이 나타난다. 아동학대는 장애 자체로 인하여 발생할 수도 있고 이로 인 하여 장애가 더욱 악화될 수도 있다. 장애를 지닌 아동은 학대로부터 자신 을 보호하는 능력이 부족하고, 타인의 접촉이 적절한지 부적절한지 판단하 는 능력이 부족하며, 실제로 학대를 당하였을때 누군가에게 도움을 요청하 는 데 어려움을 겪는다. 또한 자신을 학대하는 사람에게 오히려 더 많이 의 존하는 경향이 있고, 학대받은 사실을 거의 보고하지 않으며, 설사 보고하 더라도 사람들이 이를 잘 믿지 않는 경향이 있다고 알려져 있다.

납은 신경계 마비제 역할을 하기 때문에 납중독은 중추신경계를 손상시 키고 뇌염을 초래할 수 있으며, 이로 인해 발작, 뇌성마비, 지적장애를 유발할 수 있다. 특히 납 성분은 1950년대와 1960년대에 제조된 페인트에 많이 들어 있는데, 아기가 오래된 집 벽의 페인트 조각을 주워 먹을 경우 납 중독이 일어날 가능성이 높다.

임신중독증, 임신성 당뇨병, 모체의 영양실조, 출혈, 전치태반 등의 임신합병증은 지적장애 아동 출산의 위험을 가진다. 그 외에 산전 태아의 미미한 이상 현상들이라 하더라도 의학적인 검사나 후속조치가 적절치 못하거나 혹은 영양상태가 불량한 경우도 지적장애의 원인이 될 수 있다.

양육환경도 지적장애를 유발하는 위험요인 중 하나다. 가족 내의 불안정성, 잦은 이사, 부적절한 보살핌과 양육, 산모나 양육자의 육아교육에 대한 이해 부족과 그로 인한 부적절한 양육환경과 상호작용 및 심리적 문제, 부모의 정신분열증 또는 기분장애 등의 정신질환에 따른 부적절한 양육환경은 아동에게 지적장애를 유발할 수 있다. 아동의 발달은 보편적, 문화적 그리고 일상적 경험들과 일반적인 자극에 얼마나 노출되느냐에 달려 있다.

3. 지적장애의 예방

지적장애를 예방하기 위한 노력은 과학의 발달과 함께 높은 진전을 보이고 있으며 그 대표적인 예가 1962년 풍진 백신의 개발이라고 할 수 있다.

한 명의 건강한 아기를 출산하기 위해서는 출산 전 관리부터 출산 시 그리고 출산 후의 관리가 개인적 차원에서뿐만 아니라 국가적 차원에서도 이루어져야 한다. 아기를 출산하기 전에는 가족계획과 임신 시기를 확실히 하고, 유전학적 상담을 받아야 하며, 유전적 보인자 검사를 통해 적절한 산전 관리 및 진단을 실시해야 한다. 책임감이 부족한 십대의 임신율과 혼외 출생률을 감소시키고 임신 중 알코올 및 기타 기형 기인 물질을 피하도록 하는 개인의 노력과 국가 차원의 예방교육이 필수적이다.

아기를 출산할 때는 신생아의 장애 여부에 대한 선별검사와 신생아의 질병 여부(예: HIV)에 대한 선별검사를 받아야 하고, 장애 위험 영아(예: 조산아)에게는 조기에 적절한 중재를 실시해야 한다.

아동이 취학하기 전에 조기교육 프로그램에 아동을 등록하고, 부모교육 및 지원을 제공해야 하며, 주변 환경에서 납과 같은 독 성분에의 노출을 피하고 뇌손상과 관련된 위험에 주의해야 한다.

지적장애를 예방할 수 있는 검사로는 염색체검사, 융모막 융모성 검사, 양수검사, 초음파검사 등이 있다. 염색체검사는 혈액을 채취한 후 세포의 염색체를 분리하여 염색체의 구조적·숫자적 이상을 진단할 수 있으며, 정상인이라도 염색체의 평형 전좌가 있으면 염색체 이상이 유전될 가능성이 있다.

융모막 융모성 검사는 태반의 전신인 융모가 태아와 똑같은 염색체라는 사실에 착안하여 융모를 채취해 태아에게 염색체 이상이 있는지를 판별한다. 임신 9~11주 사이에 행해지며 1주일 이내에 검사 결과가 나오므로 치명적인 염색체 이상을 조기에 발견할 수 있는 장점이 있다.

양수검사는 양수의 염색체가 태아의 염색체와 같다는 원리를 이용한 검사다. 임신 16~24주에 초음파 검사를 이용하여 긴 바늘로 양수를 뽑아 이를 배양, 세포의 염색체 핵형을 분석한다. 고령 임산부와 염색체 이상의 아이를 출산했던 임산부, 그리고 초음파검사 결과 기형이 의심될 경우에는 양수검사를 받아 보는 것이 좋다.

초음파검사는 초음파 화면을 통해 태아의 신체 각 부위를 확인하여 기형이나 발육 정도를 알 수 있다. 초음파를 통해서는 염색체 이상으로 인한 기형을 진단하기는 어렵고 정확한 임신 주수와 태아의 생존 여부, 다태 임신 등을 진단할 수 있다.

이와 같이 지적장애는 여러 가지 원인에 의해서 발생한다. 어떤 원인은 직접적으로 지적장애의 원인이 되기도 하고 방치했을 경우 지적장애나 심각한 다른 장애를 유발하기도 한다. 이와 같이 지적장애의 원인을 살펴보는 것은 지적장애를 예방하는 데 도움이 될 수 있다. 물론 이러한 원인 중에는 예방이 가능한 것도 있고 예방이 불가능한 것도 있으나 예방 가능한 요인에 대해서는 최대한의 노력을 경주해야 할 것이다.

특히 아이를 갖고자 하는 여성은 아이를 낳기 위한 임신 전 계획에서부터 임신기간 동안 부주의로 인해서 약이나 음주에 노출되지 않도록 주의를 기울여야 한다. 임신기간 동안 임산부는 건강관리를 철저히 하여 전염병이나 다른 병균에 감염되지 않도록 세심하게 주의하고 정기적으로 전문의의 진단을 받아 태아의 관리에 만전을 기해야 할 것이다.

제4장

지적장애 사정에 대한 이해

사정(assessment)이란 지적장애 아동의 신체적, 사회적, 언어적, 정서적 상태를 정확히 파악하고 이들에게 가장 적합한 특수교육을 제공하기 위해서 정보를 수집하는 과정이다. 즉, 개별화 교육계획의 시작에서부터 종료까지 계속되는 과정으로 특수교육의 핵심적인 과제라고 할 수 있다.

이 장에서는 지적장애 아동 진단과 관련 있는 용어의 의미를 먼저 살펴본 후 지능과 적응행동, 기타 지적장애 아동을 위해 주로 사용하는 검사도구에 대해서 살펴보고자 한다.

1. 지적장애 아동 사정의 목적

학생이나 부모가 특수교육을 요구할 때 교사가 가장 먼저 실시하는 것은 부모 또는 보호자를 통한 학생의 생육사에 대한 면담이고, 그 후에 표준화된 검사도구를 사용해서 학생의 현재 상황을 파악하고 적절한 배치를 위한

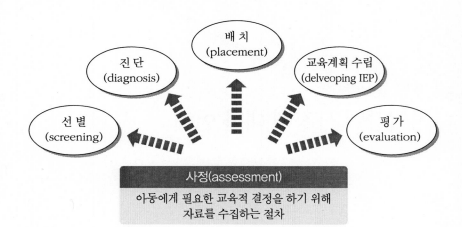

[그림 4-1] 사정의 목적

출처: Bailey & Wolery(1992).

자료 준비와 교육계획을 수립하게 된다. 이러한 일련의 과정을 사정이라고 한다. 좀 더 구체적으로 살펴보면, 대상자에 관한 교육적 결정을 내리려는 목적으로 대상자와 관련된 객관적인 정보를 수집하여 종합·분석·해석하는 과정이라고 할 수 있다. 사정을 통해 수집된 자료는 [그림 4-1]과 같은 목적으로 사용된다.

1) 지적장애 아동의 사정 및 평가와 관련된 개념

우리가 보편적으로 사용하는 평가라는 개념을 이해하기 위해서는 측정 (measurement), 사정(assessment), 평가(evaluation)라는 용어를 구분할 필요가 있다. 측정이란 키와 몸무게처럼 단순히 양적인 혹은 수적인 특성을 재는 것으로 학생들의 특성을 수량적으로 잰다. 사정은 검사도구를 이용한 양적인 특성뿐 아니라 정서적, 심리적 특성과 같은 질적 특성까지도 파악하는 것이다. 평가는 양적, 질적 특성을 파악한 후 가치판단 또는 의미 해석을 하는 것이다.

최근에는 장애아동 사정을 위한 생태학적 조망이 강조되고 있다. 생태학적 조망의 대상은 주로 장애아동, 가족, 친구, 시설/기관, 문화/정책 등이다. 장애아동을 통해서는 사회정서, 학습능력, 언어, 운동, 자조 영역의 형식적인 기록과 행동관찰, 부모와의 면담을 통한 비형식적 기록을 통해 과거와 현재의 정보를 수집한다. 가족을 통해서는 가족의 결손 상태나 가정 내 분위기, 조부모 및 삼촌들과 같은 대가족에 관한 정보를 얻어 장애아동을 양육하는 데 따른 가족의 스트레스 정도를 파악한다. 친구를 통해서는 아동이 상호작용하는 이웃, 학교, 유치원의 또래 등에 관한 정보와 아동을 둘러싼 인간관계를 조사한다. 시설/기관을 통해서는 장애아동을 보육하거나 교육하는 곳의 정보를 수집하고, 문화/정책을 통해서는 평가 실시 및 결과 해석 시 문화적 배경과 복지정책, 사회경제적 지원 등과 관련된 정보를 수집한다.

이렇게 단순히 아동 개인만을 사정의 대상으로 보지 않고 아동을 둘러싼 환경 속에서 아동에 대한 다면적인 사정을 하고 교육지원을 결정해야 한다.

2) 사정의 과정

사정은 일반적으로 그 목적에 따라 대상자 발견, 발달 선별검사, 장애 진단, 교육계획, 진도 점검, 프로그램 평가의 6단계를 거친다.

(1) 대상자 발견

이 단계는 특별한 교육 서비스를 필요로 하는 대상자를 찾는(case finding) 과정으로, 실제적인 의미의 사정은 아니지만 대상자를 발견하는 작업 자체가 사정을 시작하는 비공식적인 활동이라고 할 수 있다. 대상자 발견의 목적은 아동의 현재 수준과 그 주변을 종합적으로 관찰함으로써 선별 의뢰 여부를 결정하는 것이다.

학령기 아동의 경우 표준화된 환경 내에서 쉽게 발견할 수 있으나 취학 전 영유아의 경우 가족과 주변 지역사회의 관심이 필요하다고 할 수 있다.

(2) 선 별

선별(screening)이란 발견된 대상자의 현재 발달 수준을 점검하여 좀 더 전문적인 장애 진단의 필요 여부를 결정하는 과정으로, 특정 검사도구나 면담, 아동관찰 등의 방법을 사용한다. 사용이 쉽고 간단한 검사를 통해 장애 진단에 과대 의뢰되는 오류를 막을 수 있어 경제적이다. 단, 선별의 결과가 장애를 진단하거나 배치의 목적으로 사용되어서는 안 된다.

(3) 장애 진단 및 적격성 판단

장애 진단(diagnosis) 및 적격성 판단은 선별을 통해서 의뢰된 아동의 장애 종류와 상태, 지체의 성격과 정도를 정확히 판단하여 어떠한 특수교육의 도움이 필요한지 결정하는 과정이다.

(4) 교육계획

교육계획(education plan)은 교육 현장에 있는 교사들에게 가장 중요한 진단과정이다. 장애명이나 발달 수준을 알려 주는 진단뿐만 아니라, 학생이 현재 지니고 있는 기술이나 습득하지 못한 기술, 앞으로 습득해야 할 기술을 먼저 알아야 하며 이를 분석한 후 개별화교육 프로그램을 작성할 수 있다. 교육계획을 통해서 발달 영역별 기술의 정도, 강점, 약점 등을 평가할 수 있다.

(5) 진도 점검

진도 점검(progress monitoring)은 아동이 적절한 진전을 보이고 있는가를 평가하는 과정이다. 아동의 발달 영역에 대한 개별화교육 프로그램의 교수목표들이 학습되고 있는가를 점검하는 과정이며 형성평가 수준이라고 볼 수 있다. 진도 점검은 관찰, 점검표, 발달척도 등을 통해서 이루어진다.

(6) 프로그램 평가

아동이 예상된 진전을 보였는가를 평가하는 과정으로 아동의 진도와 중재 프로그램 전반에 걸친 효과를 결정하기 위한 객관적이고 체계적인 절차다. 프로그램 평가(program evaluation)는 교사관리를 포함한 프로그램 전반의 효율성과 질, 유아의 전반적인 성취 결과, 프로그램 의뢰자의 만족도 측면에서 이루어지고 중간에 하는 형성평가와 총괄평가 모두를 포함하는 과정이라고 할 수 있다.

3) 사정의 기본 개념

(1) 측 정

사물의 성질을 구체화하기 위하여 단순히 양적인 혹은 수적인 특성을 재는 것으로, 학생들의 특성을 객관적인 도구를 사용하여 수량적으로 잰다. 직접측정은 길이나 무게를 직접 재는 것을 의미하고, 간접측정은 인간이 지니고 있는 능력을 검사도구를 사용해서 재는 것으로 지능, 성격, 흥미, 자아개념, 학업성취도 등이 있다.

측정단위는 척도(scale)라 하며 측정하고자 하는 내용에 따라 명명척도, 서열척도, 등간척도, 비율척도로 나누어진다.

① 명명척도

명명척도(nominal scale)는 사물을 구분, 분류하기 위해 사용하는 척도다. 범주는 수량화될 수 없으며 사물 하나에 이름을 부여하는 일대일 대응의 형태다. 성별, 인종, 나라, 색 등이 여기에 속한다.

② 서열척도

서열척도(ordinal scale)는 사물이나 사람의 상대적 서열을 표시하기 위해 쓰이는 척도다. 성적의 등위나 키 순서처럼 서열 간의 간격이 같지 않으므로 측정단위의 간격 간에 동간성이 유지되지 않는 척도다. 즉, 각 숫자 간의 거리가 동일하다고 가정되지 않으며 단지 서열만이 의미가 있다.

③ 등간척도

등간척도(interval scale)는 임의영점과 가상적 단위를 지니고 있으며 동일한 측정단위 간격에 동일한 수적 차이를 부여하는 척도다. 온도와 검사 점수 등이 여기에 속한다. 점수 간 거리가 의미가 있고 인위적으로 0을 부여한 척도다.

④ 비율척도

비율척도(ratio scale)란 절대영점과 가상적 단위를 지니고 있으며 동일한 간격에 동일한 수적 차이를 부여하는 척도를 말한다. 실제적인 0점을 가진 등간척도를 비율척도라 하며 수입 또는 수행시간, 나이 등이 여기에 포함된다.

(2) 검 사

검사(test)란 대상아동이 표준화된 자극이나 요구 또는 특정 교재에 어떻게 반응하는지를 알아보기 위해 사용하는 방법으로 점수 산출, 또래집단과의 성취 비교, 각 발달 영역의 수행 수준을 결정하는 데 사용된다. 특히 인지능력이나 운동기능 발달, 수용언어 능력 등과 같이 주로 양적 접근을 기본으로 하는 전형적인 진단도구를 사용하는 것을 말한다.

이러한 검사는 규준참조검사와 준거참조검사로 나눌 수 있다.

① 규준참조검사

규준참조검사(norm-referenced test)는 동일 연령집단의 또래들과 비교해서 어느 정도의 수행능력을 가지고 있는지에 대한 정보를 제공한다. 항목들은 특정 연령대의 아동들이 특정 기술을 습득하는 백분율이나 항목이 전반적인 검사와 상관이 있는지 등의 통계학적 기준에 의해서 선정된다.

모집단(population)이 아동의 연령, 성별, 사회경제적 배경, 문화적 배경, 언어, 지역, 유사한 장애나 위험 상태 등의 특성을 대표하고 있는가와 모집단의 크기가 적절한 신뢰도와 타당도를 보장할 만큼 충분히 큰 것인가에 따라 검사도구의 질이 결정된다.

- 신뢰도: 신뢰도(reliability)는 검사의 일관성과 안정성을 의미한다. 대상자의 점수가 시간이 지남에 따른 측정과정에서 거의 또는 전혀 실수가 없는 실제의 점수임을 나타내는 정도를 의미한다. 예를 들어, 한 아동에게 검사를 실시한 후에 짧은 기간 내에 다시 한 번 검사를 실시하였을 때, 검사 결과가 비슷하게 나올수록 신뢰도가 높다고 할 수 있다.
- 타당도: 타당도(validity)는 검사도구가 측정하고자 하는 것을 얼마나 충실하게 측정하였는가를 알아보는 것이다. 검사자가 검사 결과로부터 얼마나 측정하고 싶은 것을 적절하게 유추하였는가를 의미한다. 예를 들어, 검사자가 한 학생의 몸무게를 알기 위해 키를 쟀다면 이것은 타당하지 않은 검사도구라고 할 수 있다.

② 준거참조검사

준거참조검사(criterion-referenced test)는 아동의 수행을 모집단과 비교하기보다는 미리 정해 놓은 기준에 의해서 특정 목표기술을 얼마나 습득하고 있는지를 검사하는 것이다. 준거참조검사의 항목들은 일반적으로 발달영역이나 학습 주제 내에서 위계적으로 구성되며, 검사점수는 특정 발달 영역이나 학습 주제를 얼마나 잘 습득하고 있는지에 대한 비율을 보여 준다.

(3) 관 찰

관찰(observation)은 문헌에 따라 다양하게 정의되고 있는데, 일반적으로 일상적인 상황에서 자연스럽게 나타나는 아동의 행동을 기술 또는 기록함으로써 특정 현상에 대한 객관적인 자료를 수집하는 방법으로 정의한다 (이승희, 2006).

자연적 관찰(naturalistic observation)은 전문가나 부모가 자연스런 상황에서 대상아동을 관찰하고 다양한 측면에 대해서 기록하는 과정이다. 이는 아동에 의해서 어떤 행동이 어떤 상황에서 발생하였으며 발생한 행동은 어떤 자극들과 관련되어 있는지를 결정하는 방법이다.

직접관찰(direct observation)은 진단의 전 단계를 거쳐서 검사도구를 통해 수집한 정보를 보충해 주는 역할을 하며 검사도구로 측정하기 어려운 기술들을 직접 관찰함으로써 진단을 돕는다. 다른 측정방법에 의해 수집된 정보의 타당도를 높여 주며 프로그램 효과에 대한 진행적 정보를 제공해 준다.

(4) 면 담

지적장애 아동을 대상으로 하는 경우 면담은 주로 부모를 대상으로 실시한다. 아동의 행동이나 기능 수준에 대한 새로운 정보를 수집하거나 다른 진단방법으로 수집한 정보를 확인하는 역할을 한다.

2. 지능검사

지능이란 눈에 보이는 특성이 아니라 여러 학자가 지능이라고 조작적으로 정의한 내용에 대해 측정 가능한 평가도구를 통해서 평가하는 것이다. 지능에 대한 연구와 논의는 눈에 보이지 않는 실체를 파악하는 일이기 때문에 매우 어렵고 지금도 계속 이루어지고 있다. 지능에 대한 연구가 처음 시작될 때는 지능을 한두 가지 단일요인으로 생각하였으나 지금은 다양한 요인으로 측정하고 있다.

〈표 4-1〉은 지적장애 아동 선별을 위한 지능검사 도구다. 지적장애 아동의 지적기능은 표준화된 개인용 지능검사에 의해 평가된 지능지수를 사용하며 지적장애 선정기준은 지능지수 70 이하에 해당된다. 이는 대략 평균에서 2표준편차 아래로 이탈된 점수에 해당된다. 한국 웩슬러 지능검사의 경우 약 5점의 측정오차를 감안해서 지능지수 65~75의 범위에 해당된다. 지능검사를 위한 선별도구로 한국특수교육학회에서는 〈표 4-1〉과 같이 6개의 지능검사 도구를 선정하였다(한국특수교육학회, 2008).

〈표 4-1〉 지적장애 아동 선별을 위한 지능검사 도구

검사도구명	대상연령	저 자	출판사	출판 연도
한국형 개인지능검사 (KISE-KIT)	5~17세	박경숙, 정동영, 정인숙	교육과학사	2002
한국 웩슬러 아동지능검사 (K-WISC-III)	6~16세	곽금주, 박혜원, 김청택	도서출판 특수교육	2002
한국 웩슬러 성인지능검사 (K-WAIS)	16~64세	한국임상심리학회	한국가이던스	1992
한국 카우프만 지능검사 (K-ABC)	2세 6개월~ 12세 5개월	문수백, 변창진	학지사 심리검사연구소	1997
한국 웩슬러 유아지능검사 (K-WPPSI)	만 3세~ 7세 3개월	박혜원, 곽금주, 박광배	도서출판 특수교육	1996
고대-비네 검사 (KODE-BINET)	4~14세	전용신	꿈나무	1970

출처: 한국특수교육학회(2008).

여기서는 한국 웩슬러 아동 지능검사와 한국 카우프만 지능검사에 대해서 자세히 살펴보고자 한다.

1) 한국 웩슬러 아동 지능검사

David Wechsler는 스탠퍼드-비네 지능검사(Stanford-Binet Intelligence Test)가 언어능력을 필요로 하는 검사 문항에 더 큰 비중을 두는 것에 문제를 제기하고 언어성검사와 동작성검사의 두 하위 검사로 이루어진 지능검사를 제작하였다.

웩슬러 지능검사의 종류에는 성인용(Wechsler Adult Intelligence Scale: WAIS)과 아동용(Wechsler Intelligence Scale for Children: WISC), 유아용(Wechsler Preschool and Primary Scale of Intelligence: WPPSI)이 있다.

여기서는 한국 웩슬러 아동 지능검사 3판(K-WISC-III, Wechsler, 2001)의 개정판으로, 전반적인 지적능력(즉, 전체검사 IQ)을 나타내는 합성점수는 물론, 특정인지 영역에서의 지적 기능을 나타내는 소검사와 합성점수를 제공하는 한국 웩슬러 아동 지능검사 4판(K-WISC-IV, 곽금주, 문수백, 오상우, 2010)을 살펴보고자 한다.

(1) 목적 및 대상

K-WISC-IV는 만 6세부터 16세 11개월 아동을 대상으로 인지적 능력을 측정하는 검사도구다.

(2) 구 성

K-WISC-IV는 총 15개의 소검사로 구성되어 있고, K-WISC-III와 동일한 10개의 소검사와 5개의 새로운 소검사가 있다. 새로운 소검사는 '공통그림찾기' '순차연결' '행렬추리' '선택' '단어추리'다. K-WISC-IV에서

는 언어이해지표(VCI), 지각추론지표(PRI), 작업기억지표(WMI), 처리속도 지표(PSI)와 전체검사 IQ(FSIQ) 등을 제공한다. 10개의 주요 소검사들은 네 가지 지표에 할당되어 있는데, 언어이해지표를 측정하는 소검사에는 '공통성' '어휘' '이해'가, 지각추론지표 소검사에는 '토막짜기' '공통그림찾기' '행렬추리'가, 작업기억지표 소검사에는 '숫자' '순차연결'이, 처리 속도 지표 소검사에는 '기호쓰기' '동형찾기'가 해당된다.

(3) 실시 방법 및 소검사 내용

검사자는 소검사 실시, 기록 및 채점 절차에 익숙해지도록 연습이 필요하다. K-WISC-IV는 아동의 인지적 기능의 여러 측면을 측정하기 위해 고안된 다양한 소검사를 포함한다. 다수의 실시 쟁점들은 소검사 실시 순서, 소검사 대체, 시작점, 역순과 중지 규칙들, 시간 측정, 가르치는 문항, 추가 질문 그리고 반응 기록을 포함하여 대개의 척도에 적용된다. 비록 이 지침들이 K-WISC-III의 지침들과 유사할지라도, 어떤 절차들은 K-WISC-III 에서의 절차들 및 기타 웩슬러 척도에서의 절차들과는 다르다. 따라서 K-WISC-IV를 실시하기 전에 이 장에 기술된 일반적 실시 지침들을 잘 살펴보는 것이 중요하다.

K-WISC-IV의 소검사 내용은 〈표 4-2〉와 같다.

〈표 4-2〉 K-WISC-IV의 소검사 내용

실시 순서	소검사	약자	설 명
1	토막짜기	BD	아동이 제한시간 내에 흰색과 빨간색으로 이루어진 토막을 사용하여 제시된 모형이나 그림과 똑같은 모양을 만든다.
2	공통성	SI	아동이 공통적인 사물이나 개념을 나타내는 두 개의 단어를 듣고, 두 단어가 어떻게 유사한지를 말한다.
3	숫자	DS	숫자 바로 따라하기에서는 검사자가 큰 소리로 읽어 준 것과 같은 순서로 아동이 따라한다. 숫자 거꾸로 따라하기에서는

			검사자가 읽어 준 것과 반대 방향으로 아동이 따라한다.
4	공통그림찾기	PCn	아동에게 두 줄 또는 세 줄로 이루어진 그림들을 제시하면, 아동은 공통된 특성으로 묶일 수 있는 그림을 각 줄에서 한 가지씩 고른다.
5	기호쓰기	CD	아동은 간단한 기하학적 모양이나 숫자에 대응하는 기호를 그린다. 기호표를 이용하여, 아동은 해당하는 모양이나 빈 칸 안에 각각의 기호를 주어진 시간 안에 그린다.
6	어휘	VC	그림문항에서, 아동은 소책자에 있는 그림들의 이름을 말한다. 말하기 문항에서, 아동은 검사자가 크게 읽어 주는 단어의 정의를 말한다.
7	순차연결	LN	아동에게 연속되는 숫자와 글자를 읽어 주고, 숫자가 많아지는 순서와 한글의 가나다 순서대로 암기하도록 한다.
8	행렬추리	MR	아동은 불완전한 행렬을 보고, 다섯 개의 반응 선택지에서 제시된 행렬의 빠진 부분을 찾아낸다.
9	이해	CO	아동은 일반적인 원칙과 사회적 상황에 대한 이해에 기초하여 질문에 대답한다.
10	동형찾기	SS	아동은 반응 부분을 훑어보고 반응 부분의 모양 중 표적 모양과 일치하는 것이 있는지를 제한 시간 내에 표시한다.
11	빠진곳찾기	PCm	아동이 그림을 보고 제한시간 내에 빠져 있는 중요한 부분을 가리키거나 말한다.
12	선택	CA	아동이 무선으로 배열된 그림과 일렬로 배열된 그림을 훑어본다. 그리고 제한시간 내에 표적 그림들에 표시한다.
13	상식	IN	아동이 일반적 지식에 관한 광범위한 주제를 다루는 질문에 대답을 한다.
14	산수	AR	아동이 구두로 주어지는 일련의 산수 문제를 제한시간 내에 암산으로 푼다.
15	단어추리	WR	아동이 일련의 단서에서 공통된 개념을 찾아내어 단어로 말한다.

어떤 상황에서는 검사자가 주요 소검사 대신 보충 소검사로 대체하도록 선택해도 된다. 예를 들어, 소근육에 어려움이 있는 아동을 검사하는 검사자는 '기호쓰기' 대신 '선택'을, 혹은 '토막짜기' 대신 '빠진곳찾기'를 택

〈표 4-3〉 주요 소검사 대신 가능한 대체 소검사

주요 소검사	가능한 대체 소검사
공통성	상식, 단어추리
어휘	상식, 단어추리
이해	상식, 단어추리
토막짜기	빠진곳찾기
공통그림찾기	빠진곳찾기
행렬추리	빠진곳찾기
숫자	산수
순차연결	산수
기호쓰기	선택
동형찾기	선택

해도 된다. 또한 만약 한 소검사가 어떤 이유로든 무효로 되는 경우 대체가 필요할 수 있다. 〈표 4-3〉은 주요 소검사 대신 가능한 대체 소검사의 목록이다.

작업기억지표, 처리속도지표, 전체검사 IQ를 도출하기 위해서는 '작업 기억' 및 '처리 속도'에서 각각 두 개의 유효한 소검사가 필요하기 때문에 '산수'와 '선택'을 항상 관례적으로 실시하는 것을 강력히 권장한다. 이는 '작업 기억' 및 '처리 속도'의 주요 소검사가 나중에 무효가 될 경우에 대체가 가능해지도록 하는 일을 보장한다.

각각의 지표 점수(언어이해지표, 지각추론지표, 작업기억지표, 처리속도지표)에 대해서 단 하나의 대체만이 허용됨을 유의해야 한다. '상식'이나 '단어추리'가 하나가 주요 '언어 이해' 소검사 중 하나를 대체할 수 있다. '산수'는 '숫자'나 '순차연결' 중 하나를 대체할 수 있다. '선택'은 '기호쓰기'나 '동형찾기' 중 하나를 대체할 수 있다. 비록 각각의 지표 점수가 하나의 대체를 포함할 수 있을지라도, 전체검사 IQ를 도출할 때 상이한 지표들로부터 3개 이상의 대체는 허용되지 않는다.

한 번의 실시에서 하나의 보충 소검사는 단 하나의 주요 소검사만을 대신할 수 있다. 예를 들어, '상식'은 '어휘'나 '이해' 대신 사용될 수 있지만 그 둘 다를 대신할 수는 없다.

주요 소검사들을 대체할 경우에도 소검사의 표준 실시 순서는 지켜야 한다. 대체된 소검사는 〈표 4-2〉의 목록에 있는 순서대로 실시해야 한다. 예를 들어, '공통그림찾기' 소검사를 못 쓰게 됐을 때는 '빠진곳찾기'로 대체할 수 있다. 하지만 '빠진곳찾기'는 '동형찾기' 다음에 실시해야 하고, '숫자' 직후나 '공통그림찾기' 대신 실시해선 안 된다.

(4) 적용

K-WISC-IV는 전반적인 인지적 기능에 대한 포괄적인 평가를 할 때 사용할 수 있다. 또한 지적 영역에서의 영재, 정신지체 그리고 인지적 강점과 약점을 확인하기 위한 평가의 일부분으로 사용 가능하다. 결과는 임상 장면 및 교육 장면에서 치료 계획이나 배치 결정을 내릴 때 지침으로 사용될 수 있으며, 신경심리학적 평가나 연구 목적에 대한 귀중한 임상적 정보로 제공될 수 있다.

2) 한국 카우프만 지능검사

한국 카우프만 지능검사(Kaufman Assessment Battery for Children: K-ABC)는 앨라배마(Alabama) 대학의 Kaufman이 인지처리과정이론을 근거로 하여 만든 종합지능검사 도구로, 문수백과 변창진(1997)이 국내 아동을 대상으로 표준화하였다. 이 검사는 인지처리 척도와 습득도 척도로 나누어지는데, 인지처리 척도는 지능을, 습득도 척도는 성취도를 측정한다.

(1) 목적 및 대상

2.5세에서 12.5세 아동의 지능과 성취도를 사정하기 위하여 만든 종합지능검사다.

(2) 구 성

인지처리 척도는 10개의 하위 검사로 이루어져 있으며, 특정 과제의 내용에 대하여 아동이 정확하게 반응했는지의 여부를 측정하기보다는 정확한 반응을 하기 위한 인지과정에 초점을 맞춘다. 즉, 아동이 문제나 과제를 순차적·동시적으로 해결하는 능력을 측정한다. 순차처리란 제시된 자극을 한 번에 하나씩 조작하여 처리하는 것이고, 동시처리란 제시된 자극 모두를 한 번에 조작하는 것이다.

(3) 실시방법 및 유의점

검사시간은 아동의 연령에 따라 45~90분 소요된다. 검사자는 임상 행동관찰에 대한 풍부한 경험과 지식을 갖추어야 하며 검사 실시, 채점, 해석에 대한 훈련을 받아야 한다.

〈표 4-4〉 K-ABC의 구성

인지처리 척도		습득도 척도
순차처리 척도	동시처리 척도	
3. 손동작(2.5~12.5세)	1. 마법의 창(2.5~4세)	11. 표현어휘(2.5~4세)
5. 수 회생(2.5~12.5세)	2. 얼굴기억(2.5~4세)	12. 인물과 장소(2.5~12.5세)
7. 단어배열(4~12.5세)	4. 그림통합(2.5~12.5세)	13. 산수(3~12.5세)
	6. 삼각형(4~12.5세)	14. 수수께끼(3~12.5세)
	8. 시각유추(5~12.5세)	15. 문자해독(5~12.5세)
	9. 위치기억(5~12.5세)	16. 문장이해(7~12.5세)
	10. 사진순서(6~12.5세)	

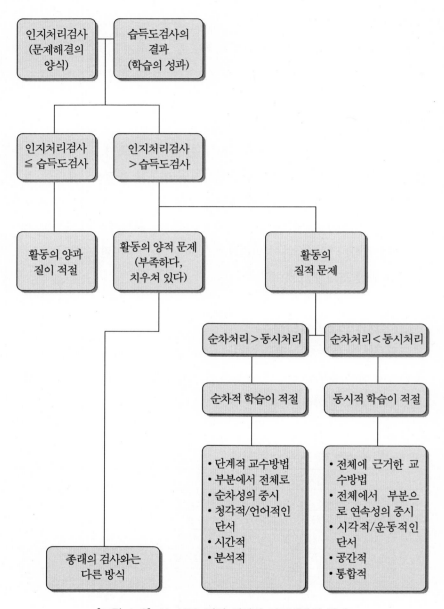

[그림 4-2] K-ABC 검사 결과와 지도방법의 연계

출처: 김동조(1999), p. 29.

(4) 채점방법 및 결과 해석

채점과 결과 해석은 검사도구와 함께 제공되는 CD에 의해서 자동으로 처리할 수 있다.

3) 기타 지능검사

(1) 국립특수교육원 한국형 개인지능검사(KISE-KIT)

박경숙, 정동영 그리고 정인숙(2002)이 한국 최초로 한국의 문화적·사회적 배경에 적합하게 개발한 지능검사로, 동작성검사와 언어성검사로 구성되어 있다.

동작성검사는 그림배열, 이름기억, 칠교놀이, 숨은 그림, 그림무늬, 손동작을 측정하고, 언어성검사는 낱말이해, 계산, 낱말유추, 교양, 문제해결, 수기억을 측정한다.

(2) 한국 유아용 웩슬러 지능검사(K-WPPSI)

박혜원, 곽금주 그리고 박광배(1996)가 미국의 WPPSI-R(Wechsler Preschool and Primary Scale of Intelligence-Revised)을 국내 유아를 대상으로 표준화한 것이다.

동작성검사는 모양 맞추기, 도형, 토막짜기, 미로, 빠진 곳 찾기, 동물 짝짓기를 측정하고, 언어성검사는 상식, 이해, 산수, 어휘, 공통성, 문장을 측정한다.

(3) 한국판 그림지능검사(K-PTI)

서봉연과 정보인(1983)이 미국의 그림지능검사(Pictorial Test of Intelligence, French, 1964)를 국내 아동을 대상으로 표준화한 것이다. 현재 미국에서는 그림지능검사 2판(Pictorial Test of Intelligence-II, French,

2001)이 사용되고 있다(이승희, 2006).

하위 검사로 어휘능력검사, 형태변별검사, 상식 및 이해검사, 유사성 찾기 검사, 크기 및 수 개념 검사, 회상능력검사 등이 있다.

이 외에도 종합인지기능 진단검사(CAS, 문수백 외, 2007)와 한국판 라이터 비언어성 지능검사(K-Leiter-R, 신민섭, 조수철, 2009)가 있다. CAS는 영재아동 판별, 특수아동 평가, ADHD 진단, 성취 수준의 측정에 효과적인 신개념 인지평가 도구로서 인지기능을 광범위하게 진단 · 평가할 수 있는 검사다. K-Leiter-R은 유아들의 지적 능력, 주의력 및 기억력을 평가할 수 있을 뿐만 아니라, 일반적인 지능검사로 평가받을 수 없는 장애 아동들의 지적 능력, 주의력 및 기억력을 평가할 수 있는 검사다.

3. 적응행동검사

적응행동은 역사적으로 지적장애 아동이 사회에서 요구하는 역할행동을 스스로 수행할 수 있는가를 측정하여 지적장애를 판단하는 준거가 되면서 그 중요성이 강조되었다.

Grossman(1983)은 적응행동이란 환경적 요구에 대처하는 일상적인 수행의 질(quality of everyday performance)을 의미하고, 일반적인 적응의 질은 지능 수준에 의해 조정되며, 그래서 두 개념은 의미상 중복된다고 하였다. 그렇지만 적응행동의 정의와 그것의 일상적인 대처에 대한 강조를 고려할 때 적응행동은 지능에 의해 함축되는 추상적 잠재력이 아닌 한 개인이 자신을 돌보고 일상생활에서 타인과 관계를 맺기 위해 행하는 행동을 나타낸다.

개인의 사회적응 곤란은 개념적 기술(conceptual skill), 사회적 기술(social skill), 실제적 기술(practical skill)의 제한성에서 유래한다. 개념적 기술은 인지, 의사소통 및 학업기술과 같은 개념적인 기술을 의미한다. 사회적 기술은 사회적 기대와 다른 사람의 행동을 이해하고 사회적 상황에서 자신이 어떻게 행동하는 것이 적절한지를 판단하는 기술이다. 실제적 기술은 평범한 일상생활을 해 나가는 데 독립된 인간으로서 자신을 유지해 가는 기술이다.

적응행동을 평가하기 위해서는 다음과 같은 몇 가지 사항을 고려해야 한다. 첫째, 적응행동검사를 통해서 나온 결과는 지적장애 아동의 문제행동을 중재하고 향상시키는 데 도움을 줄 수 있어야 한다. 둘째, 검사자는 적응행동 결과를 통해 지적장애 아동의 다른 평가와 함께 비교 분석할 수 있어야 하고 문제행동 중재를 위한 통합 모델을 설계할 수 있어야 한다. 이러한 주요 사항을 고려할 때 적응행동검사의 평가는 지능검사와 더불어 지적장애 아동의 사회적응 능력을 길러 주는 데 유용한 역할을 할 것이다.

이 절에서는 한국판 적응행동검사, 사회성숙도검사, 국립특수교육원 적응행동검사를 살펴보고자 한다.

1) 한국판 적응행동검사

한국판 적응행동검사(Korean-Adaptive Behavior Scale: K-ABS)는 반사회적 행동이나 위축, 증후적 행동이 한국사회의 문화상과 잘 맞지 않다는 비판에도 불구하고 지적장애 아동의 적응행동을 측정하기 위해 최근까지도 널리 사용되었다.

(1) 목적 및 대상
검사대상의 연령 범위는 만 3세부터 만 17세까지다.

(2) 구 성

1부는 독립기능, 신체발달, 경제활동, 언어 발달, 수와 시간, 직업적 활동, 자기관리, 책임, 사회화 등 9개 영역으로 구성되어 있고, 2부는 공격, 반사회적 행동, 반항, 신뢰성, 위축, 버릇, 대인관계예법, 발성습관, 습관, 활동 수준, 증후적 행동, 약물복용 등 12개 영역으로 구성되어 있다.

(3) 실시방법 및 유의점

이 검사는 검사자가 직접 피검자를 평가하여 검사 문항의 해당 항목에 표시하는 방법으로 실시할 수도 있고, 피검자를 잘 아는 사람에게 검사 문항의 항목을 읽어 주고 각 문항에 대한 그의 반응을 검사 문항의 해당 항목에 표시하는 방법으로 실시할 수도 있다.

이 검사를 실시할 때에는 다음과 같은 점을 유의해야 한다. 문항의 항목에 들어 있는 '도와주면'이라는 말은 직접적인 신체적 도움을 의미한다. 문항의 항목에 '일러 주지 않아도'라는 말이 들어 있지 않을 경우에는 아동이 과제를 수행하는 데 언어적 촉구나 조언이 필요한 경우라도 그 항목에 점수를 준다. 특정 상황에 적합하지 않는 문항이 있더라도 빼놓지 말고 모든 문항에 답을 해야 한다.

(4) 채점방법 및 결과 해석

[그림 4-3]의 예시문항 6번과 같이 비위계 문항의 경우 ○표가 쳐진 항목의 숫자를 더하여 해당 문항의 점수로 채점하고, 7번과 같이 위계 문항의 경우 ○표가 쳐진 항목 중 가장 높은 숫자를 점수로 채점한다. 8번과 같이 비위계 문항 중 한 문항에서 피검 아동이 얻을 수 있는 총점에서 얻은 점수를 감하게 되어 있는 문항의 경우에는 그 문항에서 얻을 수 있는 총점에서 ○표가 쳐진 항목의 숫자를 더한 수를 감하여 해당 문항의 점수로 계산한다.

⋮

6. 손과 얼굴 씻기(해당하는 모든 항목에 ○표를 한다.)

   1   비누로 손을 씻는다.

   1   비누로 얼굴을 씻는다.

   1   물로 손과 얼굴을 씻는다.

   1   수건으로 손과 얼굴을 닦는다.

   0   위와 같이 하지 못한다.

7. 목욕(한 항목에만 ○표를 한다.)

   6   도와주지 않아도 목욕은 물론 그 준비와 마무리까지도 잘한다.

   5   일러 주거나 도와주지 않아도 몸을 씻고 닦기를 잘한다.

   4   일러 주면 몸을 씻고 닦기를 잘한다.

   3   잘하지는 못해도 도와주면 몸을 씻고 닦는다.

   2   비누칠을 하고 몸을 씻는 시늉을 한다.

   1   다른 사람이 씻어 주고 닦아 주면 따라서 같이 한다.

   0   목욕을 할 때 스스로 몸을 씻거나 닦기를 전혀 하려 하지 않는다.

8. 개인위생(해당하는 모든 항목에 ○표를 한다.)

   1   몸이나 머리에서 나쁜 냄새가 난다.

   1   속옷을 갈아입어야 할 때에 스스로 갈아입지 못한다.

   1   도와주지 않으면 피부가 자주 더러워진다.

   1   손톱과 발톱을 깨끗하게 해 두지 못한다.

   0   위와 같은 문제를 가지고 있지 않다.

   4   다른 사람에게 전적으로 의존하고 있기 때문에 위와 같은 것을 나타내지 않는다.

   4 − ☐ = ☐

하위 영역 C, 청결의 총점: ☐

(문항 6~8의 합계)

[그림 4-3] 적응행동검사 문항 예시

피검 아동별 문항 채점을 다 한 다음에는 각 하위 영역에 들어 있는 모든 문항의 점수를 더해 개개 아동의 하위 영역별 총점을 구하고, 각 영역에 있는 모든 하위 영역의 총점을 더하여 개개 아동의 영역별 총점을 구한다. 하위 영역이 없는 영역의 총점은 그 영역에 있는 모든 문항의 점수를 더하여 구한다.

피검 아동 개개인의 영역별 총점을 구한 다음에는 연령별 일반 아동, 교육 가능 지적장애 아동 및 훈련 가능 지적장애 아동의 검사 영역별 점수에 해당하는 백분위수를 산출하고 이것들로 규준표를 작성한다.

요인분석 연구에서 밝혀진 적응행동검사의 5개 요인 원점수를 구하고, 이에 해당하는 연령(3~17세)별 일반 아동, 교육 가능 지적장애 아동 및 훈련 가능 지적장애 아동의 척도 점수를 구한 다음 이것들로 척도 점수 규준표를 작성한다.

(5) 결과의 활용

검사를 실시한 다음에 검사용지에 기록된 각 하위 영역 및 영역 총점을 교수계획 프로파일의 요약 칸에 옮겨 적는다. 요약 칸에 적힌 각 영역의 총점을 프로파일 밑에 있는 영역 총점 칸에 옮겨 적는다. 부록의 연령별 백분위수 환산표에서 영역별 원점수에 대해 해당하는 백분위수를 찾아내어 프로파일의 백분위수 기입 칸에 적는다. 두 개의 준거집단에 대한 백분위수를 기입할 때에는 식별하기 쉽게 색을 달리하여 기입한다. 영역별 백분위수를 그 기입 칸에 기입한 다음에는 준거집단별로 색을 달리하여 프로파일의 해당하는 지점에 점을 찍고 이들을 연결하여 제1부와 제2부의 프로파일을 그린다. 프로파일을 통해 가장 부족한 영역을 교육 우선순위로 정하고 중점 지도를 하면 된다.

2) 사회성숙도검사

사회성숙도검사는 Doll(1965)의 바인랜드 사회성숙척도(Vineland Social Maturity Scale)를 모체로 개발한 적응행동검사다. 미국에서는 바인랜드 사회성숙척도를 Sparrow, Balla 그리고 Cicchetti(1984)가 개정한 바인 랜드 적응행동척도 2판(Vineland Adaptive Behavior Scale-Second Edition: Vineland-II, Sparrow, Cicchetti, & Balla, 2005)이 사용되고 있다(이승희, 2006).

(1) 목적 및 대상

사회성숙도검사는 사회성이 적응행동과 높은 관계가 있다고 인식하고 적응행동을 측정하기 위해 개발된 것이다. 이 검사는 자조, 이동, 작업, 의사소통, 자기관리, 사회화 등과 같은 변인으로 구성되는 사회적 능력(social competence), 즉 적응행동을 평가 혹은 측정하기 위한 것이다. 개인의 사회적 발달 정도를 사회연령으로 측정하고 생활연령과 비교하면 어느 정도 지체되어 있는지 알 수 있다.

검사대상의 연령 범위는 0세부터 만 30세까지다. 이 검사는 개인용 검사이며, 일반인과 장애인 모두 사용 가능하다.

(2) 구 성

117개 문항이 난이도 순서로 배열되어 있으며 행동 영역별 문항의 내용은 다음과 같다.

① 자조(SH: self help)

일반적 자조능력(SHG), 식사 자조능력(SHE), 옷 입고 벗기 및 청결 자조능력(SNE)으로 세분되어 있다. 이러한 항목은 주로 일상생활을 해 나가는 데 필요한 측면을 기술하는 것이며 다른 영역의 발달을 예측할 수 있는 영역의 39개 문항으로 구성되었다.

② 이동(L: locomotion)

단순한 운동능력뿐 아니라 어디고 혼자 다닐 수 있는 능력까지 알아볼 수 있으며 10개 문항으로 구성되었다.

③ 작업(O: occupation)

단순한 놀이에서부터 고도의 전문성을 요하는 작업에 이르는 다양한 능력을 알아보기 위해 22개 문항으로 구성되었다.

④ 의사소통(C: communication)

동작, 음성, 문자 등을 매체로 하여 수용과 표현에 관한 15개 문항으로 구성되었다.

⑤ 자기관리(SD: self direction)

금전의 사용, 구매, 경제적 자립 준비와 지원, 기타 책임 있고 분별 있는 행동에 관한 것으로 독립성과 책임감을 알아보기 위해 14개 문항으로 구성되었다.

⑥ 사회화(S: socialization)

사회화 활동, 사회적 책임, 현실적 사고 등에 대한 17개 문항으로 구성되었다.

(3) 실시방법 및 유의점

검사용지를 보면 문항이 배열되어 있는 중간 중간에 로마 숫자로 연령급간이 표시되어 있고, 각 문항의 뒤에는 문항별 평균 생활연령이 적혀 있는데, 그것이 몇 번 문항부터 시작하는 것이 좋을지 판단해 주는 준거가 된다. 일정한 문항에서 질문을 시작하였다 하더라도 3개 문항이 연속해서 '+' 또는 '+F'로 나오지 않으면 높은 문항으로 가던 질문을 중단하고 낮은 번호 쪽으로 '+'나 '+F'가 3개 연속해서 나올 때까지 내려가며 질문해야 하며, 지적장애 아동의 경우에는 5개 문항 정도가 계속해서 '+' 또는 '+F'로 표시될 때까지 내려가며 질문해야 한다. 높은 문항 쪽으로 질문을 계속해 가다가 3개 문항이 연속해서 '-'가 나오면 검사를 끝낸다. 피검자가 일반 아동이 아니라 지적장애 아동일 경우에는 5개 문항 정도가 계속해서 '-'로 표시될 때에 검사를 끝낸다. 지적장애 아동의 경우 검사의 시작과 끝냄을 일반 아동과 달리 해야 하는 이유는 지적장애 아동이 일반 아동에 비해 개인 내 차가 크기 때문이다. 필요한 경우 추가질문은 해도 되지만 유도질문을 해서는 안 된다.

(4) 채점방법 및 결과 해석

① 문항의 채점방법
각 문항은 문항 판단기준에 의해 〈표 4-5〉와 같이 채점한다.

② 총점의 산출
총점은 기본점과 가산점을 합산하여 구한다. 기본점은 계속적인 + 또는 +F의 최종 문항 번호다(3개 또는 그 이상의 문항이 계속해서 + 또는 +F로 표시되면 그 이하의 문항은 기호의 표시가 되어 있지 않더라도 + 또는 +F로 표시되어 있는 것으로 간주할 수 있고, +나 +F는 1점으로 채점되기 때문에 계속해서 + 또는 +F로 표시된 문항의 마지막 번호를 기본점으로 삼고 있다.). 가산점은 기본점 이외의 문항별 점수를 합산한 점수다.

③ 사회연령 환산
사회연령(social age: SA)은 '사회연령 환산표'를 이용하여 구하면 된다.

〈표 4-5〉 사회성숙도검사 문항 판단기준

기호	문항 판단기준		채점
+	부당한 강요나 인위적인 유인 없이도 각 문항이 지시하는 본질적인 행동을 습관적으로 수행한다. 현재는 습관적으로 하고 있으나 하려고만 하면 쉽게 수행할 수 있다.		1점
+F	검사 시에 특별한 제약을 각 항목이 지시하는 행동을 성공적으로 수행하지 못하였지만 평상시에는 성공적으로 수행한다.		1점
+NO	지금까지는 기회의 부족으로 각 항목이 지시하는 행동을 수행하지 못하였지만 기회가 부여된다면 성공적으로 수행 또는 습득할 수 있다.	+와 + 사이에 있는 경우	1점
		+F와 +F 사이에 있는 경우	
		+와 +F 사이에 있는 경우	
		+NO와 + 또는 +F 사이에 있는 경우	
		그 밖의 경우	0.5점
		−와 − 사이에 있는 경우	0점
±	각 항목이 지시하는 행동을 가끔 하기는 하나 그 행동이 불안정하다. 즉, 과도적 상태에 있다.		0.5점
−	각 항목이 지시하는 행동을 전혀 수행하지 못할 경우 부당한 강요나 유인이 있을 때만 수행이 가능하다. 과거에는 성공적으로 수행하였으나 현재는 노쇠하거나 비교적 항구적인 정신적 또는 신체적 장애로 수행하지 못한다.		0점

사회연령 환산표에는 총점과 총점에 해당하는 SA가 적혀 있으므로 SA를 구하려면 총점의 숫자를 사회연령 환산표의 총점 칸에서 찾아낸 다음 오른편에 있는 SA 칸의 숫자를 찾아내면 된다.

④ 사회지수

사회지수(social quotient: SQ)는 사회연령을 생활연령(chronological age: CA)으로 나눈 다음 이를 100으로 곱하면 된다.

$$SQ = \frac{SA}{CA} \times 100 \quad (MA = \frac{IQ}{100} \times CA)$$

MA: 정신연령(mental age)

(5) 검사의 활용

이 검사는 지적장애 여부나 발달지체 정도를 판별할 수 있는 도구다. 검사 결과를 통해서 개인의 성장과 변화를 측정할 수 있으며, 교육 중재 전과 중재 후의 향상을 측정할 수 있다. 또한 생활지도와 아동훈련의 기초 자료를 수집하는 데 유용한 도구이며, 환경과 문화적인 또는 시각장애, 청각장애, 지체장애 등과 같은 장애의 영향을 평가하는 도구로도 활용할 수 있다.

3) 국립특수교육원 적응행동검사

국립특수교육원 적응행동검사(Korea Institute for Special Education-Scales of Adaptive Behavior: KISE-SAB)는 지적장애 학생은 물론 일반 학생의 적응행동을 평가하는 도구로 활용하기 위해 우리의 사회문화적 맥락과 생활양식에 적합한 내용으로 문항을 개발한 표준화 검사도구다.

(1) 목적 및 대상

KISE-SAB는 지적장애 아동의 경우 만 5세부터 만 17세까지를 대상으로, 그리고 일반 아동의 경우 21개월부터 만 17세까지를 대상으로 적응행동을 측정한다.

(2) 구 성

KISE-SAB는 개념적 적응행동검사, 사회적 적응행동검사 및 실제적 적응행동검사의 3개 영역으로 구성되어 있다.

개념적 적응행동검사는 구체적·현실적인 실제가 아니라 학문적 상황에서 성공하는 데 필요한 기술이며, 사회적 적응행동검사는 사회적 기대와 다른 사람의 행동을 이해하고 사회적 상황에서 자신이 어떻게 행동하는 것이 적절한지를 판단하는 기술인 사회적 기술로 구성된다. 실제적 적응행동

〈표 4-6〉 KISE-SAB의 문항 구성 내용

영 역	소검사	
개념적 적응행동검사	언어이해	18
	언어표현	20
	읽기	10
	쓰기	9
	돈 개념	6
	자기지시	9
	소 계	72
사회적 적응행동검사	사회성 일반	10
	놀이활동	10
	대인관계	10
	책임감	10
	자기존중	9
	자기보호	9
	규칙과 법	10
	소 계	68
실제적 적응행동검사	화장실 이용	6
	먹기	10
	옷 입기	11
	식사 준비	7
	집안 정리	8
	교통수단 이용	8
	진료받기	8
	금전 관리	8
	통신수단 이용	9
	작업기술	10
	안전 및 건강관리	17
	소 계	102
합 계		242

검사는 평범한 일상생활 활동을 해 나가는 데 이어 독립된 인간으로서 자신을 유지해 가는 실제적 적응기술로 구성된다.

(3) 실시방법 및 유의점

KISE-SAB의 시작은 모든 소검사의 1번 문항부터 실시해야 한다. 특히 5~6세의 아동, 지적장애 아동 및 정서불안이나 기타 정서적으로 문제를 지니고 있는 아동의 경우에는 언제나 모든 검사의 1번 문항부터 실시해야 한다. 그러나 7세 이상의 일반 학생의 경우에는 다음과 같은 절차에 따라 검사를 시작해도 된다. 피검사자가 장애를 지니지 않은 일반 학생인 경우 초등학교 4학년 이상이면 중간 문항부터 시작한다. 처음 문항에서 두 문항 연속적으로 최고 점수를 받지 못하면 시작 문항 바로 이전 문항부터 거꾸로(역순으로) 두 개의 문항을 계속해서 맞힐 때까지 검사를 실시한다. 시작 문항 바로 이전 문항부터 거꾸로 검사를 실시했을 때 연속적으로 2개의 문항을 맞힌 경우, 실시할 필요가 없는 이전의 쉬운 문항은 모두 맞힌 것으로 간주하고 최고 점수를 준다. 그런 다음 중지 기준에 이를 때까지 검사를 계속한다.

KISE-SAB는 검사 중지에 대해 다음과 같은 기준을 정해 놓고 있다. 첫째, 각 소검사의 문항은 곤란도 순으로 배열되어 있으므로 정보제공자가 제공하는 정보에 의해 피검사자가 계속해서 해당하는 문항의 기술을 수행하는 능력이 없다고 하면 대개는 그다음 문항의 기술도 수행하지 못하는 경우가 많다. 3개 문항을 연속해서 수행하지 못하는 경우에는 검사를 중지하여 정보제공자의 의욕 상실을 막고 검사시간을 단축시키는 것이 좋다. 둘째, 중지 기준에 이르러서도 검사를 중지해야 할 것인지에 대한 확신이 서지 않는 경우에는 확실한 중지 기준에 도달할 때까지 검사를 더 실시하는 것이 좋다. 셋째, 채점 결과를 재확인할 때 검사자는 때때로 검사 중지 지점을 지나쳐 몇 문항을 더 수행한 경우를 발견할 수 있다. 이때는 피검사자가 중지 지점 이후의 문항에서 수행능력을 나타내었더라도 0점으로 채점한다. 정보제공자가 검사 문항의 내용에 대해 다시 묻거나 이해하지 못할 경우에는 반복해서 말해 주어도 좋다. 그러나 문항 외에는 더 이상 추가적인 내용을 설명해 주어서는 안 된다. 그리고 만약 피검사자에게 기회가 주어지지 않아 관찰하지 못한 행동에 대해서는 기회가 주어지면 특별한 훈련을 받지 않더라도 할 수 있을 정도에 한해 정보를 제공하도록 한다.

(4) 채점방법 및 결과 해석

KISE-SAB의 모든 문항은 0, 1, 2, 3점의 4단계 척도에 의해 채점된다. 각 문항은 또래들의 행동을 기준으로 채점된다. 각각의 문항에 대해 세 번의 기회가 주어졌을 때 한 번도 수행하지 못하면 0점, 한 번 수행하면 1점, 두 번 수행하면 2점, 세 번 모두 수행하면 3점으로 채점한다. 그러나 주관적인 판단에 의해서 채점을 하면 안 된다. 특히 적응행동은 대부분의 수행여부를 명확하게 구분하기보다는 점수 간의 경계선상에 해당되는 애매한 수행을 나타내는 사례도 많기 때문에 검사자는 피검사자의 특성과 행동에 대한 정보제공자의 정보를 객관적으로 판단해서 채점해야 한다.

적응행동지수는 환산점수의 산출 공식과 동일한 공식을 사용하여 각각의 연령집단을 모집단으로 한 정상분포에서 평균이 100이고 표준편차가 15인 표준점수로 전환하여 산출한 지수다. 즉, 개념적 적응행동검사, 사회적 적응행동검사, 실제적 적응행동검사 및 전체 적응행동검사의 '환산점수의 합'을 구해야 한다. KISE-SAB의 개념적 적응행동지수, 사회적 적응행동지수, 실제적 적응행동지수 및 전체 적응행동지수는 모두 평균(M)이 100이고 표준편차(SD)가 15인 표준점수로 전환한 편차지수다. 원점수는

〈표 4-7〉 적응행동지수의 진단적 분류

적응행동지수	분 류	비율(%)
130 이상	최우수(very superior)	2.2
120~129	우수(superior)	6.7
110~119	평균상(high average: bright)	16.1
90~109	평균(average)	50.0
80~89	평균 이하(low average: dull)	16.1
70~79	경계선(borderline)	6.7
69 이하	지체(reterdation)	2.2

아무런 의미가 없고 해당 연령집단에서 개인이 얻은 점수가 차지하는 위치를 알아내는 데 의미가 있다. 따라서 이 상대적 위치를 어떤 연령집단에서든지 똑같이 해석할 수 있도록 정상분포의 척도로 바꾼 표준점수가 바로 적응행동지수다. 적응행동지수에 대한 해석은 그 학생의 행동에 대한 관찰 정보, 학생의 행동, 학생의 특성 등과 관련하여 조심스럽게 해야 한다.

(5) 결과의 활용

적응행동검사는 행동의 발생빈도에 따라 4단계로 구분하여 적응행동을 평가하고 그 결과를 표준점수(평균: 100, 표준편차: 15)를 이용하여 해석하는 방식이다. 그래서 적응행동도 지능과 동일하게 편차단위로 해석할 수 있고, 적응행동의 지체나 결함 정도를 쉽게 분석할 수 있으며, 피검자의 교육계획 수립에 활용할 수 있다.

4) 기타 적응행동검사의 구성

(1) 지역사회적응검사

지역사회적응검사(Community Integration Skills-Assessment: CIS-A)는 김동일, 박희찬 그리고 이달엽(2004)이 국내에서는 처음으로 그림을 이용하여 적응기술을 평가하도록 개발한 검사다.

기본생활 영역은 기초 개념, 기능적 기호와 상징, 가정관리, 건강과 안전을 측정하고, 사회자립 영역은 공공 서비스, 시간과 측정, 금전관리를 측정하며, 직업생활 영역은 직업기능, 대인관계 및 여가를 측정한다.

(2) 파라다이스 한국표준 적응행동검사

파라다이스 한국표준 적응행동검사(Paradise Adaptive Behavior Scales Korea Standard: PABS-KS)는 유재연, 이준석, 신현기, 전병운 그리고 고등

영(2007)이 유아(만 2~6세)와 초등학생(만 6~12세)의 적응행동 수준을 평가하기 위해 개발한 검사도구다.

유아용은 개념적 기술, 사회적 기술, 실제적 기술, 운동기술을 측정하고, 초등학생용은 개념적 기술, 사회적 기술, 실제적 기술을 측정한다.

(3) 지원강도척도

지원강도척도(Support Intensity Scale: SIS)는 아동이 일반사회에 완전 통합될 수 있도록 지원해 주어야 하는 정도를 측정하여 간헐적, 제한적, 확장적, 전반적 지원이 필요한 아동을 진단하고 평가하는 도구다. 이 도구는 최근 미국 지적 및 발달장애협회(AAIDD)가 아동에 대한 지원 정도를 파악할 수 있는 방향으로 진단하도록 검사를 새롭게 정리한 것이다(이나미, 2007).

제1부는 49개의 일상생활 활동으로 A-가정생활 활동, B-지역사회 활동, C-전 생애 학습활동, D-고용활동, E-건강, 안전활동, F-사회적 활동을 측정한다. 제2부는 보충적인 8개 항목으로 보호 및 옹호활동이다. 자신의 옹호, 돈 관리, 타인의 착취에서 자신 보호, 법적 의무 수행, 자신 옹호 및 지원단체에 소속, 법적 자문 구하기, 선택과 결정, 타인 옹호와 같은 능력을 실천하기 위해서 어느 정도의 지원이 필요한지를 파악하는 보충적인 자료로 사용된다. 제3부는 13개 의료상황과 13개 문제행동에 대한 조사를 하여 어느 정도의 지원이 필요한지를 파악하는 보충적인 자료로 사용된다.

4. 기타 검사

1) 기초학습기능검사

기초학습기능검사는 언어 기능, 수 기능 및 정보처리 기능이 복합된 일종의 배터리(battery) 형식의 검사도구다. 이 검사는 특수교육을 필요로 하는 능력이 부족한 아동뿐만 아니라 유치원이나 초등학교 수준의 일반 아동의 기초 학습기능 또는 기초 능력을 평가하는 데 사용된다.

(1) 목적 및 대상

기초학습기능검사는 한국교육개발원이 피바디 개인용 학습검사(Peabody Individualized Achievement Test)를 참고하여 제작한 개인용 표준화 기초학습기능검사다. 아동의 학습 수준이 정상에서 어느 정도 떨어지는가를 알아보거나 학습집단 배치에서 어느 정도 수준의 집단에 들어가야 하는가를 결정하기 위한 것이다. 또한 각 아동의 구체적인 개별화 교육계획을 작성하는 데에도 활용할 수 있다. 검사대상은 유치원(5세)부터 초등학교 6학년(12세)까지의 아동이다.

(2) 구 성

기초학습기능검사에서 다루는 기능의 구체적인 요소는 모두 9개 요소이나 소검사는 5개로 조정되었으며, 그 내용은 〈표 4-8〉과 같다.

〈표 4-8〉 기초학습기능검사의 검사명 및 측정요소

기 능	측정요소	설 명
정보처리	• 관찰 • 조직 • 관계 짓기	1. 정보처리검사는 모든 학습의 기초가 되는 다음의 세 가지 기능을 측정한다. 첫째, 정보에 대한 학습자의 지각과정, 자극에 반응하는 시각-운동 과정, 시각적 기억과 양, 길이, 무게 및 크기에 대한 관찰능력이다. 둘째, 묶기, 분류하기, 공간적 특성과 시간에 따라 순서 정하기 등의 조직능력이다. 셋째, 학습자의 추론 및 적용능력, 유추, 부조화된 관계 알기 등의 관계능력이다.

수	• 기초 개념 이해 • 계산능력 • 문제해결력	2. 셈하기 소검사는 숫자 변별, 수 읽기 등 셈하기의 기초 개념부터 간단한 가·감·승·제, 십진 기수법, 분수, 기하, 측정 영역의 계산 및 응용문제 등 실생활에 필요한 기초적인 수학지식과 개념을 측정하는 문항들로 구성되어 있다.
언어	• 문자와 낱말의 재인능력 • 철자의 재인 • 독해력	3. 읽기 I 소검사는 문자(낱자와 낱자군)를 변별하고 낱말을 다른 사람들이 이해할 수 있는 언어음(speech sound)으로 읽는(발음) 문항들로 구성되어 있으며 읽기능력을 측정하는 검사다. 4. 읽기 II 소검사는 피검사자에게 하나의 문장을 제시하고 조용히 묵독케 한 다음 문장의 의미, 즉 문장에 나타난 간단한 사실과 정보를 기억하고 재생하여 그 문장의 의미를 가장 잘 나타내는 그림예시문을 고르도록 하는 문항들로 구성되어 있다. 5. 쓰기 소검사는 아동이 얼마나 낱말의 철자를 잘 알고 있는가를 측정하는 검사로서 다음의 세 가지 내용으로 구성되어 있다.

(3) 실시방법 및 유의점

기초학습기능검사에서는 정보처리, 셈하기, 읽기 I, 읽기 II, 쓰기의 순서로 5개의 소검사를 실시한다. 이 검사는 시간제한이 없는 능력검사이므로 피검사자가 충분히 생각해서 대답할 수 있도록 검사시간을 넉넉히 준다. 대답시간은 셈하기 검사의 경우 약 30초, 다른 소검사들은 15초 정도가 적당하다.

(4) 채점방법 및 결과 해석

각 소검사의 실시와 채점방법은 〈표 4-9〉와 같다.

검사를 실시하여 채점하고 나면 각 소검사별로 점수를 얻게 된다. 이와 같이 검사로부터 직접 얻어진 점수를 원점수라고 하는데, 이 원점수만으로는 검사를 활용하는 사람에게 아무런 도움이나 정보를 주지 못한다. 즉, 원

〈표 4-9〉 각 소검사의 실시와 채점

구 분		정보처리	셈하기	읽기 I (문자와 낱말의 재인)	읽기 II (독해력)	쓰 기
시작	시작 문항	유치원: 1번 초1~2: 5번 초3~4: 10번 초5~6: 15번	유치원: 1번 초1~2: 7번 초3~4: 14번 초5~6: 21번	유치원: 1번 초1~2: 6번 초3~4: 13번 초5~6: 20번	전 학년 모두 연습문제 실시 후 1번 문항부 터 시작	유치원: 1번 초1~2: 6번 초3~6: 9번
	방법	시작 문항부터 실시하여 3개 문항을 모두 맞 히지 못하면 시작 바로 이전 문항에서 거꾸로 실시하여 3개 문항을 연속으로 맞힐 때까지 실시한다. 3개 문항을 연속으로 다 맞히면 다 시 시작 문항으로 가서 계속 실시한다.				정보처리, 셈하 기, 읽기 I과 같은 방법으로 실시한다.
중 지		시작 문항부터 계속해서 5개 문항을 틀리면 검사 중지			계속해서 5개 문항 틀리면 중지	정보처리와 동일
채 점		검사 기록용지에 피검사자가 대답한 문항 번호를 그대로 기입한 후 정답지를 참고하여 채점		피검사자가 읽 은 낱말을 듣 고 맞게 읽었 으면 ○, 틀리 면 × 표시	피검사자가 대 답한 문항 번 호 기입 후 정 답지 참고하여 채점	정보처리, 셈 하기와 동일

점수를 어떤 준거에 비추어 해석을 해야만 비로소 그 점수의 의미가 분명
해진다. 따라서 기초학습기능검사는 검사 실시 결과 얻은 원점수를 의미
있게 해석하기 위하여 학년 규준(grade equivalents), 연령 규준(age
equivalents)과 학년 및 연령별 검사의 백분위 등 세 가지 유형의 유동점수
(derived score)를 산출하였다.

(5) 결과의 활용

이 검사는 아동의 학습 수준이 정상과 어느 정도 떨어져 있는가를 알아
보거나 학습집단 배치에서 어느 정도 수준의 집단에 들어가야 하는가를 결
정하는 데 사용된다. 또한 특수교육을 필요로 하는 아동뿐만 아니라 유치

원이나 초등학교의 일반 아동의 기초 학습기능 또는 기초 능력을 평가하는 데 사용되며 특수교육 대상자의 구체적인 개별화 교육계획을 작성하는 데 사용된다.

2) 한국판 오세레츠키 운동능력검사

한국판 오세레츠키 운동능력검사는 미국 바앤랜드 연구소에서 표준화한 것을 다시 국내에서 표준화한 것이다. 이 검사는 단순한 운동의 양적 측정만을 시도하는 것이 아니라 협응력, 속도, 자발동작, 단일동작, 수행능력을 측정하는 데 주 목적이 있다.

(1) 목적 및 대상

이 검사는 단순한 운동의 양적 측정뿐만 아니라 협응, 속도, 자발동작, 단일동작 수행능력을 측정하고, 운동기능 평가, 운동훈련 프로그램 개발 그리고 중도 운동기능장애와 발달지체 아동을 평가한다. 검사대상은 만 4세에서 16세까지로 유치원부터 고등학교까지 사용할 수 있다.

(2) 구 성

6개의 하위 검사 영역으로 구성되고, 다시 영역마다 4~10세까지는 1년 단위로, 11세부터 16세까지는 2년 단위로 검사 문항이 분류된다. 하위 검사마다 문항 수는 10개이고 총 60문항으로 구성되어 있다.

(3) 실시방법 및 유의점

아동의 생활연령에 해당하는 검사부터 실시한다. 아동이 생활연령에 해당하는 검사의 수행이 불가능하거나 두 문항 이상 할 수 없을 때 검사자는 즉시 아동의 연령 수준보다 낮은 단계의 검사로 내려가서 검사를 다시 실

〈표 4-10〉 운동능력검사의 구성

하위 검사	설 명
일반적 정적 협응검사	눈감고 제자리에 서기, 눈뜨고 발끝으로 바로 서기, 눈뜨고 한 발로 서 있기, 허리를 굽히고 발끝으로 서기, 발끝으로 웅크리고 서기, 눈감고 한 발로 서기, 눈감고 발끝으로 서기, 움직이지 않고 한 발로 서기, 눈뜨고 움직이지 않고 한 발로 서기, 눈감고 한쪽 발끝으로 서기 등을 측정한다.
손동작 협응검사	눈감고 양손 집게손가락을 번갈아 코끝에 대기, 손가락으로 얇은 종이를 작은 공 모양으로 말기, 표적판에 공 던지기, 연필로 미로 찾기, 한 손의 엄지에 계속적으로 다른 손가락을 차례로 대기, 가위로 원 자르기, 한 손으로 공 받기, 집게손가락에 막대 세우기, 손가락 끝 맞추어 나가기 등의 기능을 측정한다.
일반동작 협응검사	발 모으고 제자리 뛰기, 눈뜨고 한쪽 발로 뛰어가기, 두 발을 모아 줄 뛰어넘기, 눈뜨고 직선 위를 걷기, 성냥갑 차기, 높이 뛰면서 3번 손뼉 치기, 몸의 균형을 유지하면서 줄 뛰어넘기, 의자 위로 뛰어오르기, 뛰는 동시에 발뒷꿈치를 치기, 줄 위로 평형을 유지하면서 뛰어넘기 등을 측정한다.
운동속도 검사	상자 안에 동전 넣기, 실패에 실 감기, 수직선 긋기, 카드 4등분하기, 달려가서 성냥갑에서 성냥개비 끄집어내고 종이 접고 돌아오기, 4초간 책장 넘기기, 성냥개비 배치하기, 바늘로 구멍 내기, 종이에 연필로 점찍기, 누웠다 일어나 책상 쪽으로 달려가기 등을 측정한다.
동시적 자발동작 검사	양손의 집게손가락으로 공중에서 원 그리기, 상자 안에 성냥개비 넣기, 걸으면서 실 감기, 왼발과 오른발로 번갈아 마루 두드리기, 발바닥으로 마루를 율동적으로 달리기, 두 발로 마루를 율동적으로 번갈아 두드리기, 종이에 연필로 점찍기, 바늘로 구멍 내기를 양손 동시에 실시하기, 상자에 동전과 성냥개비 넣기, 종이 위에 'l'과 '+' 긋기 등을 측정한다.
단일동작 수행능력 검사	검사자의 오른손을 아동이 오른손으로 쥔 다음 다시 왼손으로 쥐고 나중에는 양손으로 쥐기, 윗니와 아랫니를 맞대고 이가 보이도록 입술 벌리기, 나무망치로 책상을 힘차게 치기, 미간 찡그리기, 이마 찡그리기, 의자에 기대앉아 두 다리를 높이 치켜들기, 두 눈을 번갈아 뜨고 감기, 양손 번갈아 주먹을 쥐고 펴기, 두 눈을 번갈아 감기, 주먹 쥔 손 쪽으로 다른 손목을 굽혀서 손 펴기 등의 기능을 측정한다.

시한다. 아동이 어떤 연령 단계의 모든 문항을 통과할 수 있을 때까지 연령을 낮추어 간다. 아동이 생활연령에 해당되는 검사를 통과했을 경우에는

그 아동의 연령 수준보다 한 단계 높은 검사를 실시하여 한 연령집단의 모든 검사를 실패할 때까지 계속한다.

(4) 채점방법 및 결과 해석

아동의 연령에 따라 운동능력의 성숙도를 운동연령이란 개념으로 측정한다. 운동연령 산출방법은 아동이 한 연령집단의 6개 영역 검사에서 모두 성공적으로 통과한 것을 '기준운동연령'으로 하고, 그 이상의 연령 단계에서 부분적으로 성공한 문항에 대한 채점은 10세 아동까지는 '+' 표 하나에 2개월씩 더해 주고, '1/2'로 표시된 것은 1개월씩 더해 준다. 11세부터는 각 '+'마다 4개월씩 더하고, '1/2'로 표시된 것은 2개월씩 계산하여 기준운동연령에 더하면 운동연령이 산출된다. 운동연령이 생활연령보다 1∼1.5세 뒤떨어지면 '가벼운 운동지체'이며, 1.5∼3세 뒤떨어지면 '보통의 운동지체', 3∼5세 뒤떨어지면 '심한 운동지체'라고 할 수 있다.

(5) 결과의 활용

운동능력의 발달적 변화에 관한 정보를 얻을 수 있는 것 외에도 지능, 직업, 사회, 일상생활 분야에서 아동의 능력을 평가하는 데 기초자료로 활용할 수 있다. 6개 하위 검사에 속한 여러 문항은 잘 설계된 조작 자료를 포함하고 있어 다양한 연령과 능력을 가진 아동들에게 흥미와 도전심을 갖게 한다. 또한 지적장애 아동이나 기타 장애아동의 운동능력을 측정하고 그들의 교육적 조치에 대한 중요한 정보를 제공한다.

앞에서 살펴본 지능검사 및 적응행동검사와 함께 정확한 교육적 진단을 위해서는 비형식적 평가도구를 사용한다. 대표적인 평가도구로는 맥길 활동계획체계, 포트폴리오, 환경조사법(백은희, 2007)이 있으며, 지적장애 아동 평가 시 함께 사용하는 것이 효과적이다.

제5장

지적장애 아동의 일반적 특성

지적장애 아동을 이해하고 올바르게 교육하기 위해서는 이들의 일부 특성만을 보고 전체를 판단할 수 있다는 착각을 해서는 안 된다. 한 사람 한 사람의 얼굴과 성격이 다르듯 지능과 적응행동, 발달기라는 준거로 인해서 지적장애 아동으로 분류되었다고 해도 그 안에서 개인 간 차이와 개인 내 차이가 심하기 때문이다.

어떤 지적장애 아동은 일상생활을 하는 데는 일반인과 비슷한 능력을 보이나 학습적인 면에서만 지체를 보이기도 하고, 어떤 아동은 교실에서는 잘 적응하지만 교실 밖으로 나가면 움츠러들고 소극적으로 변하는 경우도 있다. 그러므로 지적장애 아동의 행동 특성을 이해하려면 일반적인 특성을 충분히 이해한 다음 환경과 사람과의 관계 속에서 판단해야 한다.

이 장에서는 지적장애 아동의 인지적 특성, 사회 · 정서적 특성, 감각 · 운동기능적 특성, 직업적 특성을 중심으로 살펴보고자 한다.

1. 인지적 특성

지적장애의 발달에 대해 논의할 때는 발달론적 측면과 결함론적 측면에서 접근한다. 지적장애에 대한 발달론적 관점은 비록 발달 속도가 느리긴 하지만 일반 아동과 똑같은 인지발달 단계를 통해서 진전을 보인다는 관점이다. 결함론적 관점은 신경심리학적 결함을 지적장애의 비정상적 발달의 결정요인으로 보고 그것에 의해 발달의 부조화와 발달의 한계를 야기한다는 관점이다. 지적장애의 인지적 특성을 살펴보기 전에 Piaget의 인지발달 이론을 통해 인간의 인지발달의 특성을 먼저 살펴보고자 한다.

1) Piaget 이론에서의 용어 개념

인지란 여러 가지 방법으로 자극을 변형하고 부호화하고 기억 속에 저장한 다음 그것을 사용하기 위해 인출하는 정신과정이다. 인지에 대한 초기 연구에서는 인간의 발달과정을 질적인 것이라기보다는 양적인 것으로 보았으나, 발달적 접근방식에서는 학습(learning), 기억(memory), 매개과정(mediation), 지각(perception) 등의 실제 정신과정이 나이에 따라서 질적으로 다르게 변한다고 주장하였으며 그 대표적인 학자는 인지심리학자인 Piaget(1896~1980)다.

Piaget 이론의 중요한 특성은 아동이나 성인이 자극에 대해 수동적으로 반응하는 존재가 아니라 적극적으로 자신의 영역을 구축한다는 것이다. 즉, 사람들은 각자가 자신의 마음속에 서로 다른 인지구조(cognitive structure)를 갖고 있으며, 이것은 현실에 대한 경험을 통한 구체적인 사실뿐만 아니라 현실 조작의 토대가 되는 논리적인 규칙(rules of logic)도 포함하고 있다.

인간의 정신과정 또는 인지과정은 생물학적 과정으로서 개체가 외계의 지식을 동화·조절하는 과정을 통해 균형을 이루면서 적응해 가는 과정에서 인식이 이루어지며, 인식은 안정된 상태가 아니고 계속적인 변환이나 재구조화의 과정에서 이루어진다고 하였다. Piaget 이론에 의하면, 아동의 사고는 두 가지 과정, 즉 동화와 조절의 과정을 통해서 평형화(균형)의 과정으로 발달해 나간다.

(1) 동 화

동화는 자신이 가지고 있는 사용 가능한 지식과 선호하는 방식으로 외부의 대상이나 상황을 해석하고 구성하는 것(양적 변화)이다. 예를 들면, 다리가 네 개인 동물을 개라고 인식하고 있는 아동은 다리가 네 개인 다른 동물을 보더라도 개라고 말하는 것이다.

(2) 조 절

조절은 인지구조의 발달 변화(질적 변화)로서, 기존 지식방식으로 새로운 외부대상이나 상황이 해석(동화)되지 않을 때 갈등이 생기고 그 갈등 해소를 위해서 새로운 도식을 만들어 내거나 새로운 자극을 받아들일 수 있도록 이미 가지고 있던 도식을 변형하는 것이다.

작고 기어다니는 검정색 벌레에 대해서 '개미'라는 도식을 가지고 있다고 하자. 이에 검정색 날개가 달린 파리가 바닥에 앉아 있는 것을 보고 역시 개미라고 생각하다가, 날아가는 모습을 보고 내적인 갈등 단계를 거치면서 기존에 가지고 있던 도식을 변형시켜 '검정색이라도 날아다니는 작은 벌레는 파리'라고 생각을 바꾸면서 새로운 도식을 만드는 과정이 조절이다.

(3) 균 형

Piaget에 의하면, 인간은 자신의 심리구조를 일관성 있고 안정된 행동양식으로 조직하려는 경향이 있다. 여기서 평형이란 개인의 정신적 활동과 환경 간의 균형 상태를 의미한다.

자신이 가진 도식으로 쉽게 동화될 수 없고 조절할 수 없는 새로운 정보가 들어왔을 때 개인의 심리구조는 평형을 잃어버리게 되고 불안한 상태가 된다. 그리고 되도록 빨리 그 불안 상태를 벗어나 균형을 이루려고 노력한다. 평형을 잃어버린 개인의 심리구조가 다시 평형화되었을 때는 보다 높은 차원의 심리구조가 획득된 상태라고 할 수 있다. 다시 말하면, 평형화를 통한 심리구조의 재구성이 이루어졌다는 뜻이다.

2) Piaget의 인지발달단계이론

Piaget의 인지발달이론의 네 가지 중요한 단계와 그에 따른 세부적인 단계 및 각 단계별 주요 특성은 다음과 같다.

(1) 감각운동기

감각운동기(sensorimotor period, 0~2세)는 전 언어시대로, 피아제가 이 시기를 감각운동기라고 명명한 것은 이 시기의 영아가 자신의 감각이나 손가락을 입에 넣고 빼는 등의 운동을 통해서 자신의 주변 세계를 탐색한다는 사실 때문이다. 이 시기는 영아가 새로운 정보를 얻기 위해 자신의 감각을 사용하고 새로운 경험을 찾기 위해 운동능력을 사용하고자 애쓰는 시기다. 그 결과 반사활동에서부터 제법 잘 조직된 활동을 할 수 있기까지 간단한 지각능력이나 운동능력이 이 시기에 발달한다.

이 시기의 주요 발달과업은 주변의 여러 대상물로부터 자신을 분리시키기, 빛과 소리 자극에 반응하기, 흥미 있는 일을 계속하기, 조작을 통한 물체의 속성 알기, 대상 영속성의 개념 획득하기 등이다.

(2) 전 조작기

전 조작기(preoperational period, 2~7세)는 전 논리적 시기로, 피아제는 이를 전 개념기와 직관적 사고기의 두 단계로 다시 구분하고 있다.

① 전 개념기

전 개념기(2~4세)는 유아가 개념 발달을 위해서 다양한 언어활동과 신체활동에 참여하는 시기다. 이 시기의 유아는 흔히 잘못된 개념, 현실에 위배되는 개념들을 가지고 있다. 이 시기 유아의 개념 획득에 가장 결정적인 요인은 다양한 언어활동과 신체활동을 통한 경험이다. 전 개념기에 있는 유아는 자기중심적이며 다른 사람의 관점에서 사물을 이해할 수 없다. 눈에 똑똑히 보이는 한 가지의 사실에만 기초하여 사물을 분류하며, 하나의 준거에 의해서만 물체를 수집할 수 있다. 예를 들면, 여러 가지 단추 중에서 동그랗게 생긴 것들만을 가려낼 수는 있지만, 동그랗고 노란 단추는 가려낼 수 없는 것과 같다. 또한 사물을 단계별로 배열할 수 있으나 바로 접하지 않은 사물을 추리해서 배열할 수는 없다. 예를 들면, 연필을 길이가 긴 순서로 배열할 수는 있지만 'A는 B보다 길고, B는 C보다 길다. 그러니까 A는 C보다 길다.'라고 추리할 수는 없다.

② 직관적 사고기

직관적 사고기(4~7세) 유아의 판단은 언어화되지 않는 모호한 인상이나 지각적인 판단에 의존한다. 상징적 매체, 즉 언어가 개입되지 않은 직관에 의존하기 때문에 이 시기 유아의 사물에 대한 판단은 흔히 잘못된 것이 많다. 예를 들면, 마주하고 있는 선생님이 "오른손을 드세요." 하면서 오른손을 들면 유아는 선생님의 말은 무시하고 선생님의 오른손이 자기의 왼손 쪽에 있으므로 왼손을 들곤 한다. 따라서 이 시기를 직관적 사고기라고 한다. 직관적 사고기에 있는 유아의 특징은 사물을 분류할 수 있다는 것이다. 그러나 반드시 그것을 이해하는 것은 아니다. 또 다른 특징은 논리적 관계를 이해하기 시작하고 수의 개념을 사용하기 시작하는 것이다. 또한 보존성의 원리를 어렴풋이 이해하기 시작한다.

(3) 구체적 조작기

구체적 조작기(concrete operational period, 7~11세)는 구체적인 문제에 대한 논리적 사고가 가능한 시기로서, 특정 사실에 따라 사물을 분류할 수 있게 되며 양, 무게, 부피의 보존 개념을 확실하게 획득할 수 있다. 두 개의 유리잔에 같은 양의 물이 들어 있을 때 하나가 높고 가는 잔이고 다른 하나가 낮고 넓은 잔이라 할지라도 동일한 양임을 인식한다.

(4) 형식적 조작기

형식적 조작기(formal operational period, 11~15세)는 논리적 사고의 시기로, 추상적인 사고가 가능하며 청소년은 처음으로 도덕적 · 정치적 · 철학적인 생각과 가치문제 등을 이해하기 시작한다. 타인의 사고과정을 이해하고 다른 사람들은 문제를 어떻게 보고 어떻게 생각할까 등의 문제에도 관심을 갖게 된다.

Piaget의 인지발달이론은 일반 아동의 발달과 마찬가지로 지적장애 아동의 발달도 잘 설명해 주는 이론이라고 할 수 있다. 최중도 지적장애 아동(profoundly retarded children)은 근본적으로 감각운동기의 아동과 비슷한 기능을 보인다. 지적장애 아동은 여러 가지 보존 개념을 일반 아동의 경우와 마찬가지의 순서대로 습득하는 것으로 알려져 있다. 일반적으로 경도 지적장애 아동은 구체적 조작기에 도달하지만 형식적 조작기에는 도달하지 못한다. 반면에 중도 지적장애 아동은 전 조작기에는 도달하지만 구체적 조작기에는 도달하지 못하는 것으로 알려져 있다.

3) 지적장애 아동의 인지발달

지적장애 아동을 구별짓는 가장 근본적인 특징은 학습에서의 지체, 논리적·추상적 사고의 부족, 언어 기능 등과 같은 기본적인 인지능력이 느리게 발달하거나 결핍되어 있다는 것이다. 이러한 기능은 지적장애를 이해하고 교육하는 데 매우 중요하다. 따라서 여기서는 학습에 관련된 기억, 주의집중, 학습 전략 등의 문제를 살펴보고자 한다.

(1) 기 억

지적장애 아동을 대상으로 단어를 따라 읽도록 지도하면서 잘 관찰해 보면 몇몇 아이들은 '서울역'이라고 발음해 주면 '서울'은 대충 음만을 따라하고 '역'만 대답한다. 이러한 문제는 그 아동의 단기기억(short-term memory) 저장용량이 일반 아동보다 적어서 나타난 문제일 수도 있고 기억을 위한 시연 전략을 자발적으로 사용하지 못했기 때문일 수도 있다. 단기기억의 문제든 시연 전략의 문제든 지적장애 아동의 빈약한 기억력은 이처럼 언어 발달에 영향을 미치는 것을 알 수 있으며, 이러한 언어능력은 학습과 더 나아가 일상생활 전반의 지체를 가져온다고 해도 과언이 아니다.

지적장애 아동은 자극을 통해 정보를 기억하고 인출하는 데 어려움을 가지며 일반적으로 장애가 심할수록 기억의 결함도 심한 것으로 알려져 있다. 지적장애 아동은 특히 단기기억에서 정보를 유지하는 데 어려움이 있다고 밝혀지고 있다(Bray, Fletcher, & Turner, 1997). 단기기억 또는 작동기억(working memory)은 수초 전의 정보에서부터 한두 시간 전의 정보를 회상하고 사용하는 능력을 의미하는데, 예를 들면 114 안내를 통해 들은 전화번호를 기억해 내거나 몇 분 전에 교사가 지시한 내용을 기억해 내는 것이다.

지적장애 아동의 기억능력에 대한 최근의 연구들은 많은 일반 아동이 자연적으로 습득하게 되는 초인지 전략이나 집행통제 전략(예: 시연이나 또는 새로운 정보를 이전의 관련 정보와 함께 조직화하는 것 등)을 가르치는 데 많은 관심을 기울이고 있다. 이는 지적장애 아동이 정보처리모형의 구성요소인 실행통제와 초인지를 이용한 집행통제 과정을 자발적으로 이용하지는 못하지만 기억과 관련된 과제나 문제해결 과제의 수행능력을 전략교수법을 통하여 향상시킴으로써 그렇게 하도록 가르칠 수 있다는 점을 시사하고 있다(Merrill, 1990).

지적장애 아동의 기억을 향상시키기 위한 전략으로는 시연(rehearsal), 조직화, 페그워드법, 정교화 전략 등이 있다.

① 시 연

지적장애 아동을 지도하다 보면 적어도 이름이나 주민등록번호, 집주소만이라도 외울 수 있으면 좋겠다라는 안타까운 마음이 드는 학생들도 있고, 기본적인 신변에 대한 것은 잘 기억하는데 학습과 관련된 지식은 한시간 전에 지도하고 다음 시간에 다시 복습하면 새로 배우는 것처럼 전혀 기억하지 못하는 경우도 있다. 누구나 기억한 내용은 시간이 지남에 따라 망각이 일어나는데, 이는 대뇌피질부의 기억중추에 남아 있는 기억흔적이 점차 소멸되기 때문이다. 독일의 심리학자인 Hermann Ebbinghaus (1855~1909)는 16년에 걸쳐 무의미철자 계열을 실험재료로 [그림 5-1]과 같은 망각곡선을 그렸다.

망각곡선에 의하면, 학습 후 20분이 경과하면 42%를 망각하고 58%만 기억하며, 1시간이 경과하면 55.8%를 망각하고 44.2%만 기억하며, 1일이 경과하면 66.3%를 망각하고 33.7%를 기억하며, 학습 후 2일이 경과하면 72.2%를 망각하고 27.8%만 기억한다. 그 이후에도 망각은 서서히 진행되어 X축에 접근하게 된다.

그는 "인간의 기억은 시간의 제곱에 반비례한다."는 결론을 도출하고,

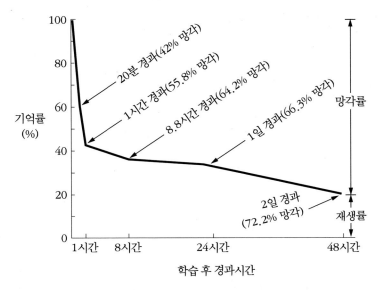

[그림 5-1] Ebbinghaus의 망각곡선

출저: http://img.blog.yahoo.co.kr/ybi/1/84/eb/plus34275/folder/13/img_13_40_0?1158
  025892.jpg

감소하는 기억을 장기기억(long term memory: LTM)으로 영구히 보존하기
위해서는 학습을 망각곡선의 주기(circle)에 따라 적절한 시점에 적절히 시
연해 주어야 한다고 하였다. 그러므로 지적장애 아동의 기억력 증진을 위
해서는 기억해야 할 정보나 대상을 눈으로 여러 번 볼 수 있도록 하고 말로
되풀이해 보도록 지도하는 것이 효과적이라고 할 수 있다.

② 조직화

조직화(유목화, categorization)란 기억하려는 내용을 집단화시키고 조직
화하여 기억률을 높이고자 하는 방법이다. 즉, 학습 내용에서 공통점과 차
이점을 찾아 분류하고 통합하여 질서정연하게 저장하였다가 필요 시 장기
기억에서 효율적으로 인출할 수 있는 기억 전략이다.

기억의 구조모형에 의하면, 작동기억의 용량이 제한되어 있지만 정보들

을 보다 큰 단위로 묶는 덩이짓기(chunking)가 유용하다고 알려져 있다. 예를 들면, 1, 6, 5, 2, 8, 1, 0, 7이라는 숫자를 기억하는 데 16, 52, 81, 07 등으로 묶어서 더하거나 빼서 7이 되는 숫자라는 것을 기억하는 것이 필요할 때 기억해 내기가 더 쉽다.

조직화의 전략은 컴퓨터에서 정보를 처리하기 위하여 폴더를 사용하는 것처럼, 지적장애 아동의 기억 속에 작은 방을 하나씩 부여해 준다는 생각으로 가르칠 내용을 최대한 연관성 있는 것끼리 덩어리로 묶어서 체계적으로 지도하는 것이다. 예를 들면, 이름 쓰기를 문자 지도에 이용한다면 지적장애 아동의 이름을 쓰고 다음에는 돌림자가 있는 형제자매의 이름을 지도하며, 그다음에는 대부분 성이 같은 아버지의 이름을 지도하는 것과 같이 유목에 따른 학습 내용을 기억하는 것이 효율적이다.

③ 페그워드법

페그워드법(pegword)은 심상법의 일종으로서, 기억하려는 것을 이미 알고 있는 어떤 것(갈고리, peg)에다 관련을 지어 알고 있는 것이 갈고리의 기능을 함으로써 새로운 것을 쉽게 기억할 수 있도록 하는 기억 전략이다. 이미 알고 있는 것과 새로운 것이 서로 작용하여 어떤 모습의 그림으로 형상화되면 갈고리의 기능은 더욱 위력을 가진다. 이미 알고 있는 어떤 단어를 페그(peg)라 한다. 예를 들면, 아래의 방법처럼 1에서 5까지의 숫자와 운이 맞는 페그 단어를 익혀 두었다가 갈고리로 이용한다(김영채, 1991).

> 하나 하면 할머니가 화롯불을 쬐고,
> 둘 하면 두부장수가 두부를 팔고,
> 셋 하면 색시가 화장을 하고,
> 넷 하면 냇가에서 빨래를 빨고,
> 다섯 하면 다람쥐가 알밤을 깐다.

④ 정교화 전략

정교화(elaboration)는 서로 관련이 없는 정보 간에 관계를 설정해서 기억하는 것을 말한다. 사업을 하는 사람들이 홍보를 위하여 많이 사용하는 방법 중의 하나로 이삿짐센터의 전화번호가 2424, 자동차를 매매하는 곳의 전화번호가 8949, 대리운전 전화번호가 8282, 치과의 전화번호가 2875 등과 같이 상호와 함께 전화번호가 떠오르도록 하는 것이다.

정교화 전략은 두 개의 낱말을 서로 관련짓는 쌍연합 학습과제에서 많이 사용되어 왔다. 쌍연합 학습과제를 통한 암기 전략을 살펴보면 '전화' '헛간'이라는 두 단어가 주어졌을 때 일반 아동은 어떤 식으로라도 '전화가 헛간에 있다.' '전화가 헛간에 있는 것은 소들이 통화하기 위한 것이다.' 등과 같이 두 단어를 연결하려는 전략을 사용하는 데 반해, 지적장애 아동은 대체로 단순 암기식과 같은 아주 낮은 수준의 전략을 사용하거나, 혹은 어떤 전략도 사용하지 않는다고 알려져 있다(김정휘 역, 1994).

(2) 주의집중

일반 학생들이 공부하는 도서관에서 보면 주변에서 아무리 시끄러운 소리가 나도 자신이 하고 있는 과제에 집중하는 학생이 있는가 하면, 옆사람의 책장 넘기는 소리에도 고개를 들고 옆을 쳐다본다든지, 지나가는 사람의 발자국 소리에도 민감하게 반응하여 문 쪽으로 자주 고개를 돌리는 학생을 쉽게 관찰할 수 있다.

효과적인 학습이 이루어지기 위해서는 무엇보다 지금 하고 있는 과제에 주의를 집중할 수 있는 능력이 필요하다. 효과적인 학습자는 여러 가지 자극 중에서 자신이 현재 집중해야 하는 자극을 선택할 수 있으며, 선택한 자극에 열중하는 것으로 알려져 있다.

그러나 지적장애 아동의 주의집중의 특징은 그들이 필요로 하는 자극에 선택적으로 주의를 기울이지 못하거나 주의를 기울였다고 해도 그 주의집중 시간이 매우 짧다는 것이다. 또한 이러한 주의집중의 문제는 감각자극을 통해서 들어오는 정보를 단기기억장치에 저장하지 못하게 할 수 있고, 단기기억장치에 있는 정보를 장기기억장치로 전달하지 못하게 함으로써 기억능력에 부정적인 영향을 미치게 된다. 결국 지적장애 아동이 갖는 기억의 문제, 즉 학습의 문제는 주의집중과 깊은 연관을 가지고 있으므로 주의집중 향상을 위한 중재가 그만큼 중요하다고 볼 수 있다.

최근 뇌파조건화가 지적장애 아동의 주의집중에 미치는 영향에 대해 연구한 결과 빛과 소리의 자극에 의한 뇌파 동조 훈련이 학습 및 기억과 관련이 있는 알파파와 세타파를 많이 발생시킨다는 주장이 있다(한성희, 전병운, 조광순, 2000).

인지적인 학습뿐만 아니라 생활에 필요한 지식을 습득하는 데도 지적장애 아동의 선택적 주의집중을 개선시키기 위한 노력은 매우 중요하다. 적절한 자극 선택과 특정 과제를 완수하기 위해 주의집중을 지속시키는 주의집중 지속시간, 한 가지 자극에서 다른 자극으로 주의를 이동하는 주의집중 이동능력, 연속적인 자극 제시에 주의를 기울여야 하는 연속적 주의집중 능력 등을 개선시켜 줄 수 있는 전략들을 활용해야 한다.

〈주의집중 훈련〉

　　지적장애 아동의 주의를 집중시키는 훈련의 성패는 지적장애 아동에게 다양한 자극 상황에서 적절한 자극을 선택하게 하여 그 아동을 신체적으로 참여시키고 시선을 주의집중하게 하는 것에 달려 있다.

　　교실 상황에서 지적장애 아동이 과제에 집중하도록 하기 위해서는 무엇보다 신체적 주의집중을 시킨 후에 시각적 주의집중을 유도하는 것이 효과적이다.

● 신체적 주의집중

교사가 제시하는 과제에 참여하도록 유도하는 작업으로서 3단계로 나누어서 지도한다.

① 1단계: 자신의 자리에 앉기

- 목표: 의자에 앉는 훈련을 통하여 주어진 과제에 참여할 수 있는 기본적인 태도를 기른다.
- 준비 자료: 책상과 의자, 강화제(칭찬 또는 약간의 과자), 초시계
- 방법: 아동을 책상 앞의 작은 의자에 앉힌다. 아동이 앉지 않으면 책상 위에 아동이 좋아하는 장난감을 놓고 언어적 촉구를 통해 "영수야, 장난감이 책상 위에 있네. 의자에 좀 앉아 보자."라고 말한다. 그래도 앉지 않으면 의자에 앉는 데 방해가 되는 요인들을 관찰하고 그 요인들(예: 다른 장난감, 소리 등)을 제거한다. 그 후에도 자리에 앉지 않으면 신체적 접촉을 통해 아동의 어깨를 부드럽게 잡아서 의자에 앉히고 다리를 고정시켜서 30초 동안 앉아 있게 한다. 교사의 손을 치우고 아동이 스스로 30초 동안 앉아 있는가를 관찰한다. 성공하면 반드시 아이가 좋아하는 강화제를 주고 칭찬해 준다.
  이러한 방법으로 의자에 앉아 있는 시간을 늘려 간다.

② 2단계: 교사와 눈 마주치기

- 목표: 아동이 교사의 얼굴을 보고 교사와 시선을 맞춤으로써 주의집

중력을 늘리도록 한다.
- 준비 자료: 소리 나는 장난감 또는 종, 강화제(과자, 좋아하는 장난감), 초시계
- 방법: 아동의 앞에 앉아 아동의 이름을 부른다. 아동이 쳐다보지 않으면 조그만 장난감이나 종을 사용하여 교사의 얼굴 앞에서 흔들어 보이면서 "영수야, 여기를 좀 봐."라고 말하여 아동의 시선을 유도한다. 아동이 쳐다보면 곧 소리 나는 장난감이나 종을 뒤로 감추고 계속해서 아동이 교사를 4초 동안 쳐다보게 한다. 만일 성공하지 못하면 강화제를 보여 주고 눈을 마주치면 가질 수 있다는 것을 이해시킨다. 처음에는 교사와 아동이 마주앉아 1초라도 눈이 마주치면 강화제를 제공한다. 다음에는 2초 동안 눈을 마주치지 않으면 보상을 주지 않는다. 차츰 시간을 3초, 4초, 5초로 늘려 나간다. 목표시간 동안 눈 맞춤이 이루어지면 그때마다 보상을 해 준다. 아동이 계속해서 성공하면 차츰 과자와 장난감을 주는 횟수를 줄이며 칭찬만 하도록 한다.

③ 3단계: 주어진 과제에 반응하고 과제에 참여하기
- 목표: 아동이 주어진 과제에 반응하고 참여하게 함으로써 일에 대한 집중력을 높이도록 한다.
- 준비 자료: 장난감 자동차, 과자
- 방법: 장난감 자동차를 책상 위에 놓고 아동에게 "여기 있는 자동차를 좀 만져 봐."라고 말한다. 아동이 자동차를 만지면 보상으로 자동차를 주고 몇 분간 놀게 한다. 교사는 아동이 자동차 놀이에 참여하는지를 관찰한다. 교사가 기준으로 잡은 시간 동안 아동이 자동차에 계속 반응하면 이번에는 다른 자료를 이용하여 같은 방법으로 훈련한다. 만일 아동이 성공하지 못하면 다른 장난감으로 교체해서 시도해 보고, 그래도 과제에 반응을 보이지 않으면 교사가 신체적 도움을 주어 아동의 손을 끌어다 장난감을 만지게 한 후 몇 분간 아동과 함께 장난감을 가지고 놀아 준다.

● 시각적 주의집중

단순한 시각적 훈련으로서 시선 고정 훈련 후 대상물을 추적하도록 하는 단계를 밟아야 한다.

① 1단계: 시선 고정
- 목표: 사물에 눈을 맞추는 훈련을 통하여 시선 고정을 가능하게 하여 주의집중력을 갖도록 한다.
- 준비 자료: 장난감 강아지 또는 소리 나는 장난감
- 방법: 장난감을 아동의 책상 앞에 놓는다. 아동이 순간이나마 장난감에 시선을 맞추는지 주시한다. 그다음 아동에게 "여기 장난감이 있네."라고 말함으로써 아동의 주의를 끌며 장난감을 아동의 눈앞에 들어 올린다. 아동으로 하여금 몇 초 동안 장난감을 주시하게 한다. 만일 아동이 시선을 주지 않으면 다른 장난감을 사용하거나 소리 나는 장난감을 이용한다. 계속해서 쳐다보지 않으면 약간의 과자나 사탕을 상자 안에 넣고 아동의 눈앞에 보여 준다. 그리고 아동에게 상자 안을 들여다보도록 한다. 아동이 상자 안을 보면 그 속의 과자나 사탕을 조금 준 후, 다시 상자를 책상 위에 놓고 "자, 여기를 좀 봐."라고 말한다. 아동이 상자를 보면 "그 안에 무엇이 있는지 한 번 볼까?"라고 말하며 상자 안을 보게 한다. 아동이 성공하면 상자 속의 간식을 다시 조금 준다. 3~4분 정도 훈련하고 난 후 상자 속의 간식을 바꾼다. 이 과정을 되풀이하는 동안 차츰 간식을 주는 횟수를 줄이고 아동이 상자 속을 들여다 볼 때마다 칭찬하는 말로만 보상해 주도록 한다.

② 2단계: 대상물 추적
- 목표: 움직이는 사물을 시선으로 따라가는 훈련을 통하여 시각적 추적능력을 높여 주의집중력을 갖도록 한다.
- 준비 자료: 공, 소리를 내며 움직이는 장난감, 강화물
- 방법: 아동과 마주 앉아 교사가 이쪽에서 저쪽으로 공을 굴린다. 아동으로 하여금 공이 구르는 것을 보게 한 후 저쪽에 있는 공을 아동

앞으로 다시 굴린다. 아동에게 계속 공이 구르는 것을 보게 한 후 저쪽에 있는 공을 아동 앞으로 다시 굴린다. 아동이 계속 공이 구르는 것을 시선으로 좇는지 관찰한다. 이번에는 공을 바닥에 튀기는 것을 아동에게 보게 한다. 아동이 원하면 스스로 공을 튀기도록 시킨다. 다음에는 공을 벽에 던져 되돌아오게 하는 것을 보여 준다. 공의 움직임을 보는지 확인하기 위해 일부러 다른 곳에 공을 던지고 아동에게 가져오게 한다. 공의 움직임에 따라서 시선이 움직이면 움직이는 장난감을 주고 훈련을 계속한다.

[그림 5-2]　지적장애 아동의 주의집중 향상을 위해 사용되는 다양한 교재와 교구

　지적장애 아동은 감각을 통해 얻은 정보를 이해하고 저장하며 적절한 때에 인출하여 어떤 과제에 적용하기 위해 사용하는 인지능력이 매우 부족하

기 때문에 기억력을 향상시키는 여러 가지 훈련과 주의집중 훈련 등이 학습지도 시 병행되어야 한다.

2. 사회　정서적 특성

지적장애 아동의 사회 · 정서적 발달에는 생활연령과 정신연령이 밀접한 영향을 미치는 것으로 알려져 있다. 비록 정신연령은 낮지만 생활연령이 높기 때문에 자기와 같은 또래의 일반 아동이 가지는 연예인이나 이성에 대한 관심, 자신의 외모 꾸미기 등과 같이 성장과 밀접한 관련이 있는 내용을 배우기를 원한다. 따라서 교사는 지적장애 아동의 생활연령을 고려하여 적절한 내용과 자료 선정을 해야 하며 그 자료가 지적장애 아동의 흥미와 관심을 계속 유지시킬 수 있는지를 잘 판단해서 활용해야 한다.

지적장애 아동에게는 다음과 같은 몇 가지 특이한 행동 패턴이 자주 나타난다.

1) 학습된 무기력

학습된 무기력이론(learned helplessness theory)은 Martin Seligman 박사의 개의 조건형성 실험과정에서 우연히 발견된 사실로부터 발전하였다. 실험과정은 다음과 같다.

① 먼저 두 칸으로 나뉜 우리에 개를 집어넣는다. 이 우리의 바닥은 전선이 지나가고 있고 양쪽 칸에는 전구가 달려 있다. 전구에 불이 들어온다.

불이 켜진다.

② 몇 초 후에는 바닥에 전기가 들어와서 찌릿찌릿해진다.

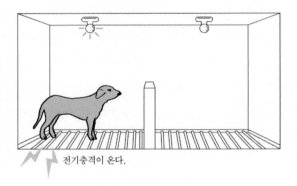

전기충격이 온다.

③ 개가 놀라서 옆 칸으로 대피한다. 이런 과정을 반복하면 개는 전구에 불만 들어오면 옆 칸으로 피하는 법을 배운다. 이것이 회피학습이다.

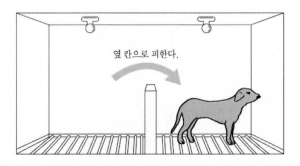

옆 칸으로 피한다.

④ 앞서 회피학습을 한 개를 묶어 놓는다.

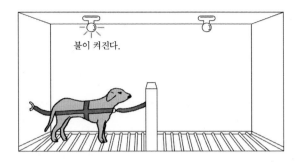

⑤ 전구에 불이 들어오게 한다.

⑥ 바닥에 전기충격이 오는 과정을 그대로 반복하였다.

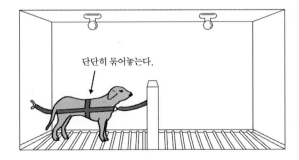

그 결과 처음에 개는 낑낑거리며 열심히 피해 보려고 노력한다. 하지만

이 절차가 반복될수록 개가 노력하는 행동은 점차 줄어들고 나중에는 얌전히 서서 자극을 그대로 받아들인다. 나중에는 묶은 줄을 풀어 주고 장애물까지 다 없애도 개는 여전히 전기충격을 고스란히 받는다.

또 다른 실험에서는 인지적 과제로서 개념형성 과제를 이용하였다. Hiroto와 Seligman(1975)은 세 집단의 대학생들에게 일련의 해결할 수 있는 변별 문제를 주거나, 해결할 수 없는 문제를 주거나 또는 문제를 전혀 주지 않았다. 그 후 세 집단의 피험자들은 모두 서틀 상자에서 손을 다른 칸으로 옮기면 소음에서 도피할 수 있게 하였다. 해결 가능한 집단이나 통제집단은 소음에서 민첩하게 도피하였으나 해결 불가능한 집단은 소음을 수동적으로 받아들이고 있었다. 이는 통제할 수 없는 보상의 경험 때문에 해로운 일을 통제하는 반응에 대한 주도성이 손상되었음을 보여 주는 것이다. 이런 통제할 수 없는 경험은 보상을 얻기 위한 반응 자세를 손상시킨다는 사실을 보여 준다. 이와 같이 Hiroto와 Seligman은 동물에서 관찰된 것과 같은 무기력 현상이 인간에게도 발생하는 것을 확인하였다.

이와 마찬가지로 지적장애 아동도 여러 가지 원인으로 인한 발달지체 때문에 아주 어렸을 때부터 좌절 경험을 많이 하게 된다. 자신이 어떻게 노력해도 만족스러운 결과를 얻지 못하고 절망스러운 결과가 돌아올 것이라는 무력감이 학습되어 상황을 변화시키기 위한 어떠한 노력도 하지 않게 된다. 이러한 학습된 무기력으로 인해 겁을 먹고 포기하거나, 어떻게든 과제가 주어지는 상황을 피하려는 경향이 있다.

2) 낮은 자아개념

지적장애 아동은 일반적으로 낮은 자아개념이 형성되어 있다고 알려져 있으며 이는 적절한 프로그램을 통해서 향상시킬 수 있는 것으로 보고되고 있다. 먼저 자아개념의 정의를 살펴보고 지적장애 아동의 자아개념을 향상 시킬 수 있는 프로그램을 소개하고자 한다.

(1) 자아개념의 정의

자아개념(self-concept)은 자아의 정신적 심상이라고 할 수 있으며 자신에 대한 감정, 신념, 가치가 자아개념을 구성한다. 일반적으로 자아상에는 신체에 대한 지각을 나타내는 신체상, 자신을 어떻게 인식하는가를 나타내는 주관적 자아상, 내가 좋아하고 그렇게 되길 바라는 자아는 어떤 모습인가의 이상적 자아상, 나를 보는 다른 사람을 내가 어떻게 느끼는가의 사회적 자아상 등이 있다.

자아개념이라는 말은 William James가 『심리학의 원리(*The Principle Psychology*)』에서 자아(ego) 또는 자기(self)라는 개념을 처음으로 심리학에 도입한 이후 많은 학자의 연구과 관심의 대상이 되었다(송인섭, 1989).

개인의 다른 성격 특성과 같이 개인의 행동을 이해하는 데 중요한 의미를 지니는 자아개념은 여러 가지 유사한 개념이 있으며, 이러한 개념은 때로는 다른 의미로 사용되기도 하고 때로는 같은 의미로 사용되기도 한다. 자아개념과 유사한 몇 가지 개념을 정리해 보면 다음과 같다.

〈자아개념과 유사한개념〉

- 자아인지(self-cognition): 자신의 내재적 특성에 대한 이해를 말한다. 자기지식(self-knowledge) 또는 자아인식(self-awareness)으로 불리기도 한다.
- 자아효율성(self-efficacy): 자신에게 주어진 과제를 얼마나 성공적으로 수행할 수 있는 능력을 가지고 있는가를 스스로 평가하는 것을 말한다.
- 자아존중감(self-esteem): 어떤 내적 기준이나 기대와 비교하여 자신

의 능력을 판단하는 자아개념의 일부다.
- 자아정체감(self-identity): 자기 자신 또는 자신의 과거 생활과 경험들의 연속선상에서 자기 자신에 대한 느낌 혹은 어떤 인간의 자신의 과거와 현재 그리고 미래의 맥락 속에서 자기 자신에 대한 이해를 뜻한다.

출처: 김삼섭(2006).

긍정적 자아개념을 가진 사람은 광범위하고 다양한 자아인식을 통해 실제적인 기대 및 높은 자아존중감을 갖는 것으로 나타났다. 즉, 개인은 자신의 연령, 인종, 직업 등의 기본 요소와 사회적 단체에서의 개인의 위치 그리고 특징적 행동, 감정, 기분 및 성격 특성(관대함, 급한 성미, 야심) 등을 포함해서 나는 누구인가라는 자기지식(self-knowledge)의 틀을 가지게 되며 이를 기초로 자아기대(self-expectation)를 하게 된다.

자아기대란 나는 무엇을 하기 원하고, 무엇을 할 수 있으며, 어떤 사람이 되기를 원하는가 등이며, 내가 원하고 바라는 이상적 자아에서부터 나온다. 이러한 기대는 흔히 어린 시절에 일찍 발달되며 역할 모델의 심상에 기초한다. 이러한 기대는 건강할 때 높은 자아존중감으로 이어질 수 있다.

자아존중감은 때로 자아존경, 자아인정 또는 자아가치라는 용어로도 사용되는 자아개념의 평가에 대한 구성요소다. Maslow는 "모든 사람은 으레 스스로에 대한 안정적이며 고착적인 높은 평가와 자아존경 또는 자아존중감 그리고 타인으로부터 존중받고 싶은 욕구나 욕망을 가지고 있다."라고 하였다.

자아개념은 자신이 가지고 있는 자기인식의 틀과 유아기부터 성인으로 발달함에 따라 경험하게 되는 여러 가지 사건을 통해 가지게 되는 자기 자신에 대한 신념이자 자신에 대해서 내리는 평가라고 할 수 있다.

(2) 지적장애 아동의 자아개념

Hodapp과 Zigler(1997)는 지적장애 아동의 자아개념이 일반 아동과 비교해서 적어도 두 가지 방식에서 다를 수 있다고 지적하였다. 첫째, 지적장애 아동은 제한적이고 덜 차별화된 자아개념을 가지고 있다. 즉, 한 영역의 능력(예: 학업)이 관련되지 않은 다른 영역(예: 교우관계)의 자아개념에 영향을 미치는 경향이 있다는 것이다. 둘째, 지적장애 아동의 장래 포부에 나타나는 '이상적인' 자아상(이를테면, 그들이 어떻게 되고 싶은지에 관한 것)이 일반 아동의 자아상에 비해 낮다는 것이다.

김연희(2000)는 지적장애 아동의 자아개념 증진을 위한 자아개념 프로그램이 자아개념에 미치는 영향을 살펴본 결과, 자기 자신을 존중하는 마음, 자신의 감정을 자연스럽게 표현하는 방법, 다른 사람의 행동을 존중하고 이해하는 능력, 자신에 대한 이해가 증가하고 타인에 대한 이해가 증가함에 따라 자아개념이 전반적으로 향상되었다고 하였다.

지적장애 아동의 자아개념을 향상시킬 수 있는 프로그램으로 Herold Bessell과 Geraldine Ball(1972)의 인간발달 프로그램(Human Development Program)을 김영애(1985)가 번역하여 국내 유치원 아동의 자아개념 증진 프로그램으로 활용하고 있다.

김연희(2000)에 의해 지적장애 아동의 중재 프로그램으로 활용되었던 15개의 프로그램 중 몇 가지를 소개하면 다음과 같다.

① 나의 예쁜 곳 그리기

나의 예쁜 곳 그리기는 아동 자신이 특별한 존재임을 알 수 있도록 함으로써 자아인식에 도움을 준다. 준비물은 도화지, 크레파스, 거울이며 활동방법은 다음과 같다.

- 소그룹으로 모여 앉아 나의 가장 예쁜 곳을 이야기하고 그것을 그림으

로 그려 보게 한다.
- 거울을 보기 원하는 아동에게는 거울을 보여 준다.
- 그림이 완성되면 친구들 앞에서 자신의 예쁜 곳을 말해 준다.
- 다 그려진 그림은 제목을 붙여 게시판에 전시한다(예: ○○의 예쁜 눈).

이 프로그램을 통해서 아동들은 신체구조는 같지만 그 모양은 모두 다르다는 것을 인식하게 된다. 또한 자신을 독특하고 자랑스러운 존재로 인식하게 된다.

② 우리 가족 그리기

우리 가족 그리기를 통하여 가족의 장점을 생각해 보고 친구들에게 이야기함으로써 가족에 대한 자긍심을 갖게 된다. 준비물은 가족사진, 도화지, 풀, 스케치북, 크레파스이며 활동방법은 다음과 같다.

- 아동 자신을 포함한 가족 구성원을 그린다. 가족 구성원에 대해 그리기 어려워하면 준비된 사진을 오려 붙이게 한다.
- 자신의 가족을 친구들에게 보여 주며 가족을 소개한다. 가족의 특징이나 장점을 말하게 한다.
- 자신의 가족 중 제일 사랑하는 사람을 찾는다.
- 집에서 자신이 가족을 위해 무엇을 도와줄 수 있는지 서로 이야기한다.

프로그램을 실시할 때 아동이 가족 구성원들을 자랑스럽게 생각할 수 있도록 지도해야 한다.

③ 자기 목소리 듣기

자기 목소리 듣기는 아동이 자기 목소리가 녹음된 것을 듣고 자신의 주체성을 발달시키기 위한 것이다. 준비물은 녹음기, 모형 전화기, 실제 전화기 등이며 활동방법은 다음과 같다.

- 교실에 있는 장난감 전화기를 사용하여 아동이 전화하는 동안 그 목소리를 녹음해서 다시 듣게 한다.
- 실제로 자기 집이나 친구 집에 전화를 걸어 보게 한다.
- 교사와 아동 간의 전화대화를 통해 전화로 용건 알리기, 인사하기 등을 상황 중심으로 실시한다(예: 엄마나 아빠에게 "길을 잃었어요." 또는 "피자가 먹고 싶어요."라고 말하는 등의 상황을 설정해 준다.).
- 자신의 목소리가 담긴 소리를 듣고 어떻게 들리는지 이야기해 본다.

프로그램을 실시할 때 기계음을 통해 들리는 자신의 목소리를 부끄러워 하는 아동이 있으면 부끄럽게 생각하지 않도록 격려해 준다. 그리고 분명 하게 자신의 요구를 정확하게 전달하는 것이 중요하다는 것을 인식시킨다.

④ 표정 전하기

표정 전하기는 아동에게 여러 가지 감정을 인식할 수 있도록 해 주며 자 신의 감정을 표현할 수 있도록 한다. 준비물은 감정 문자카드(기쁘다, 슬프 다, 운다, 화났다, 아프다)와 감정 그림카드 등이며 활동방법은 다음과 같다.

- 아동들은 모두 뒤돌아 앉는다.
- 첫 번째 아동만 나와 교사가 보여 주는 카드(감정을 표현하는 단어-웃는 다, 운다, 아프다, 슬프다, 화났다 등)를 본다.
- 첫 번째 아동은 다음 아동의 등을 쳐서 자기를 보게 한 다음, 말은 하 지 않고 얼굴 표정이나 손짓, 발짓으로 감정을 표현하는 단어를 전해 준다.
- 이 방법으로 끝까지 전달되면 끝의 아동은 말로 그 감정을 표현하고

처음에 주어진 단어와 일치하는지 알아본다.

프로그램을 실시할 때 자신의 감정을 표현할 차례가 지난 아동은 앞을 보아야 하며 감정을 다시 표현해서는 안 된다. 장애 정도에 따라 감정 문자 카드 또는 감정 그림카드를 적절히 제시한다.

⑤ 몸의 지도 만들기

몸의 지도 만들기는 자신의 신체상에 대해 긍정적인 인상을 갖게 해 주고, 사람은 누구나 독특하다는 것을 알게 해 준다. 준비물은 전지 여러 장, 매직펜 2~3개, 크레파스 등이며 활동방법은 다음과 같다.

- 아동들이 1:1 또는 2:1로 짝이 되게 한다.
- 한 아동이 자신의 키만한 종이 위에 누우면 다른 아동이 누워 있는 아동의 신체 윤곽을 그린다. 그려진 모양에 따라 가위로 오려 낸다.
- 얼굴이나 옷 등을 자기의 특성처럼 장식한다.
- 교실의 한쪽 벽에 오려 낸 몸을 붙여 놓는다. 그리고 친구들이 몸 지도를 보며 친구를 보듯 한 마디씩 칭찬의 말을 해 준다.

교사는 소극적이고 부정적인 자아를 가지고 있는 아동을 그리게 유도한다. 그리는 동안에 움직이지 말 것을 주의시키고 몸 지도를 그리는 아동을 도와 신체의 일부가 생략되는 것을 방지한다. 교사는 가능하면 그림이 예쁘게 완성될 수 있도록 신경을 써야 한다.

⑥ 나는 잘할 수 있어요.

아동 스스로 자신이 무언가를 할 수 있는 존재라는 것을 일깨워 준다. 준비물은 '나도 할 수 있어요' 그림 자료이며, 활동방법은 다음과 같다.

[그림 5-3] '나도 할 수 있어요' 그림 자료

- 아동들은 반원으로 앉는다.
- 그림을 보여 주면서 시작한다(예: "여러분이 잘할 수 있는 일은 아주 많아요. 이제 나오는 그림을 보고 잘할 수 있는 일을 말해 보세요.").
- 그림 자료를 보여 주면서 어떤 활동인지, 나는 그 활동을 잘할 수 있는지 말해 보게 한다.
- 그림 자료를 하나씩 보여 주고 실제로 해 보게 한다.

• 그림에 있지 않지만 자신이 잘할 수 있는 일은 어떤 것이 있는지 앉아 있는 순서대로 말해 보게 하고 가능하면 실제로 해 보게 한다.

활동에 도구가 필요하거나 그 장소에서 시행하기 어려울 때는 흉내만 내도록 한다. 자신이 아직 어리지만 할 수 있는 일이 많다는 것을 느끼도록 해 준다.

3) 자기결정

지적장애 아동은 장애와 관련된 여러 가지 제한성으로 인해서 인생 전반에 대한 결정이 부모나 다른 보호자에 의해서 많이 이루어지고 있으며, 심지어 그날 입을 옷이나 식당에서 먹을 음식조차도 직접 선택할 수 있는 기회가 제공되지 않을 때도 있다.

자기결정이란 부당한 외부의 간섭 없이 자신의 삶과 관련된 선택과 결정을 내리는 것을 말한다. 이러한 자기결정은 아동기 및 청소년기에 자신이 삶의 주체가 되기 위한 기술을 학습하고 태도를 개발함으로써 평생에 걸쳐 자연스럽게 발달하는 능력이며 자기인식, 자기관리, 선택하기, 자기옹호, 지원망 구성, 지역사회 활용 기술 등과 같은 요소를 포함한다(박명애, 김수현, 2001; Wehmeyer, Agran, & Hughes, 1998).

지적장애 아동의 경우 '발달기'에 적절한 자기결정 기술을 습득하지 못하면 작은 일도 스스로 결정하지 못하는 의존적인 성인이 될 수밖에 없다. 따라서 지적장애 아동이 자율적인 성인으로 성장하기 위해서는 어린 시절부터 다양한 교육 경험과 학습 기회를 쌓게 하여 보다 정교한 자기결정 기술과 능력을 갖추도록 도와주어야 한다(Wehmeyer, Palmer, Agran, Mithaug, & Martiu, 2000).

〈표 5-1〉은 지적장애 아동을 위한 자기결정 훈련 프로그램의 일부인 자

〈표 5-1〉 자기결정기술 교수 프로그램 활동

회 기	활동 주제	활동 목표	활동 내용	구성요소
1	나는 누구일까?	나에 대한 기본 정보를 자연스럽게 발표할 수 있다.	• 친구들과 인사하고 자신이 이름표를 찾아 가슴에 단다. • 질문을 해서 자연스럽게 발표한다. • 나의 이름/나이와 생일/소속/취미/특기/장래희망/우리 집 주소/전화번호/우리 가족 소개	자기 인식
2	몸 튼튼 마음 튼튼	건강을 위해 적절한 몸무게를 유지해야 한다는 사실을 인식할 수 있다.	• 자신의 몸무게를 재고 지금의 몸무게가 적절한지 인식한다. • 무리하지 않는 다이어트를 하기 위해 할 수 있는 실천방법들에 대해 알고 자신의 계획을 세운다.	자기 관리
3	누구누구 짝할까?	짝이 되고 싶은 친구를 찾아 의사를 표현한다.	• 1회기에 한 자신의 소개를 다시 한 번 발표한다. • 다른 친구의 본인 소개를 듣고 짝이 되고 싶은 친구의 이름과 이유를 말한다.	선택 하기
4	도와 주세요	어려운 일이나 곤란한 일을 당하였을 때 말이나 행동으로 도움을 요청한다.	• 어렵다고 느꼈거나 곤란하다고 느낀 경험을 이야기한다. • 상황에 따른 그림을 보며 도움을 요청하는 표현을 연습한다. • "도와주세요."라는 말을 예의바르게 표현한다.	옹호 하기
5	친구 사귀기	다양한 상황에서 친근한 감정을 말이나 행동으로 표현할 수 있다.	• 친구의 이름을 한 명씩 불러 보면서 친구와 마주 보고 웃음을 짓는다. • 상황 그림을 보며 친근감을 표현한다. • 역할극을 통해 친근한 감정을 말이나 행동으로 표현하게 한다. • 친구의 이름을 부르며 악수한다.	지원망 구성
6	무엇을 탈까	가고 싶은 곳을 정해서 대중교통을 이용해 이동할 수 있다.	• 버스나 지하철을 타 본 경험이 있는지 이야기한다. • 학교에서 지정한 곳까지 가는 방법에 대해 이야기해 본다(교통수단/요금). • 버스나 지하철을 탈 때 유의할 점은 무엇인지 이야기한다.	지역사회 활동

기결정기술 교수 프로그램 활동이다. 이는 김정권과 김혜경(2000), 박명애와 김수현(2002), Field와 Hoffman(1996)의 연구를 바탕으로 임은영 등 (2007)이 초등학교 경도 지적장애 아동의 자기결정 능력을 향상시키기 위해 자기인식, 자기관리, 선택하기, 자기옹호, 지원망 구성, 지역사회 활동 기술 등의 기술을 30회기로 실시한 것을 각 영역별로 1회기만 소개한 것이다.

지적장애 아동도 이와 같은 적절한 프로그램을 제공받게 되면 자기결정 능력의 향상을 가져올 수 있다.

4) 동 기

매일 음식물을 섭취하고, 잠을 자고, 사회적 관습과 규범을 지키고, 어떤 목표를 이루기 위해 열심히 노력하고, 힘든 일도 참아 내는 등의 유기체 내부로부터 목표를 추구하기 위해 행동을 하게 하는 개체의 조건을 동기 (motivation)라고 한다.

동기의 특징은 특수한 경험에 따라 학습된 것이며, 비슷한 동기라도 다른 행동으로 표현될 수 있고, 서로 다른 동기가 같은 행동으로 나타날 수 있다. 예를 들면, 갖고 싶은 친구의 물건이 있을 때 공격적인 행동으로 빼앗을 수도 있고, 정중하게 빌릴 수도 있으며, 몰래 훔칠 수도 있다. 또한 동기는 다르지만 너무 기뻐서 또는 너무 슬퍼서 우는 것과 같은 행동으로 표현되기도 한다. 한 가지의 단순한 행동이 여러 가지의 동기를 표현하기도 한다. 공부를 하는 것은 명예, 성공, 자기실현, 우월, 안정과 수입 증대 등의 여러 가지 욕구를 위해서 나온 행동일 수도 있다.

지적장애 아동은 기대동기(expectance motivation)를 보이는 경향이 있는데, 이는 어려운 문제를 해결하는 데 즐거움을 크게 느끼지 못하는 것을 의미한다. 또한 공격하기 어려운 과제나 새로운 과제를 잘 선택하지 않으려고 한다(Hodapp & Zigler, 1997). 낮은 동기는 지적장애 아동의 선천적인 특성이라기보다는 계속적인 실패의 결과와 다른 사람이 자신을 위해 대신 과제를 해 줌으로써 생기는 조력의 의존성에 기인한 것일 수 있다. 지적장애 아동의 동기를 높이기 위해서는 적절한 칭찬과 벌이 주어져야 하는데, 일반적으로 공개적인 칭찬이 질책보다 더 효과적인 것으로 알려져 있다.

　사람은 누구나 자신의 목표에 대하여 성취감을 맛보게 되면 동기가 유발되므로 지적장애 아동의 문제나 요구, 흥미 등을 고려해서 적절한 교육목표를 설정해야 하며 목표에 잘 도달할 수 있도록 교육과정의 수정이 필수적이다. 성공적인 경험을 하면 지적장애 아동도 일반 아동이 보이는 외부 의존성 정도와 거의 다르지 않게 된다(Bybee & Zigler, 1998).

3. 감각 운동 기능적 특성

　감각 · 운동 기능은 학습의 가장 기초적인 능력으로, 유기체가 주변 사물을 감각 · 지각하고 근육운동과 협응이 잘 이루어지도록 하는 감각기관과 근육운동의 기능을 말한다. 감각 · 운동 기능은 지속적인 감각훈련과 신체활동을 통해 향상될 수 있다.

　지적장애 아동은 지적능력의 지체만큼이나 신체적 움직임이나 감각의 활용에 문제를 보이고 있으며 이 문제는 신장, 몸무게, 흉위와 같은 외형적인 형태보다는 신체의 기능이나 감각의 활용에서 그 원인을 찾을 수 있다. 특히 대근육보다는 소근육의 활용 시 더 많은 문제를 보인다. 예를 들면, 바닥에 떨어져 있는 콩이나 동전을 잘 잡지 못하고, 물건을 잡을 때 손가락을 사용하기보다는 손바닥 전체를 쓰는 경우가 많다. 이로 인해 생활훈련이 어렵고 더디다.

　그러나 지적능력과 마찬가지로 신체 기능도 자연적 성장으로 인하여 나이가 들수록 전반적인 상태는 좋아지나 근본적으로 또래 아동들에 비해서

떨어진다. 그러므로 감각 · 운동 기능의 지체는 지적장애를 진단하는 중요한 특징 중에 하나라고 할 수 있다.

1) 감각 기능

감각이란 외부에서 오는 자극에 의하여 일어나는 신경계의 가장 단순한 직접적인 의식을 말한다. 감각수용기에는 미각, 후각, 촉각과 같은 기초 감각기관과 시각, 청각과 같은 고등 감각기관이 있다. 이러한 여러 감각 작용이 조정되어 지각 통합이 일어난다. 이러한 지각 작용에 의해 인식 작용이 가능해진다. 즉, 감각 · 운동 기능을 기초로 하여 지각운동 기능이 이루어지며 이를 기초로 하여 개념형성 기능이 발달한다.

지적장애 아동은 직접적인 감각과 운동을 통하여 많은 것을 학습하기 때문에 주변 환경을 통하여 자연스럽게 감각을 자극시키고 탐색하게 하여 감각을 활용할 수 있는 기회를 많이 제공해야 한다. 일상생활 경험을 통하여 보고, 듣고, 만지고, 냄새 맡고, 맛보는 오관의 모든 감각기관을 자극시킴으로써 일어나는 여러 가지 활동이 중요한 기초 학습과제가 되는 것이다. 따라서 감각기관을 통한 여러 가지 감각 자극의 경험훈련이 지적장애 아동의 전반적인 능력을 키울 수 있는 기초가 된다.

감각기관 훈련을 위한 구체적인 활동에는 다음과 같은 것들이 있다.

- 시각 반응하기: 여러 가지 시각적 자극에 반응하는 활동으로, 시각적 자극을 줄 수 있는 실물을 가지고 흥미 있게 진행해야 한다. 활동방법은 굴린 공 따라가기, 장난감 따라잡기, 회전하는 물체 바라보기, 지적하는 물체 바라보기, 정지된 물체 바라보기, 빛 따라잡기, 불빛에 반응하기 등이 있다.
- 청각 반응하기: 여러 가지 청각적 자극에 반응하는 활동으로, 소리를

듣고 물체를 찾거나 소리에 따라 민감하게 반응하도록 하는 훈련이다. 활동방법은 소리 나는 물체 찾기, 소리 나는 장난감 두들기고 흔들고 굴려 보기, 눈을 가리고 소리 나는 라디오나 시계 찾아보기, 눈을 가리고 박수소리가 나는 장소 찾기 등이 있다.

• 촉각 반응하기: 맨발로 물체 위를 걸어 보거나 여러 가지 물체를 만져 봄으로써 느낌에 반응하는 훈련이다. 활동방법은 맨발로 잔디밭 걷기, 맨발로 통나무 밟고 서기, 맨발로 콘크리트 위 걷기, 부드러운 물체와 딱딱한 물체를 만져 보기, 고무 찰흙으로 여러 가지 형태 만들기, 차가운 수건이나 뜨거운 수건으로 피부 자극하기, 상대편 손바닥을 손가락으로 간지르기 등이 있다.

• 미각과 후각 반응하기: 여러 가지 음식의 냄새를 직접 맡아 보고 맛을 보는 활동을 통해서 미각과 후각을 발달시킬 수 있다. 활동방법은 설탕 · 소금 · 식초 맛보기, 과일 먹어 보기, 여러 가지 음식 맛보기, 암모니아 냄새 맡기, 과일 냄새 맡기, 냄새 나는 것과 냄새가 나지 않는 것 분류해 보기 등이 있다.

기본적인 시각, 청각, 촉각, 미각, 후각 반응에 익숙해지면 좀 더 복잡한 시각 변별, 청각 변별, 촉각 변별, 후각 변별, 미각 변별 활동들로 발전시켜 나가야 한다.

2) 운동 기능

지적장애 아동은 평형능력과 협응력, 운동의 속도와 정확도가 일반 아동에 비해 뒤떨어져 있다. 지능 발달의 지체는 전반적인 운동 기능의 발달지체를 동시에 수반하기 때문에 지능이 낮을수록 신체 발달과 운동 기능이 더 열악한 것을 볼 수 있다.

　　지적장애 아동이 나타내는 운동 기능의 장애는 발달지체로 인한 경우와 기질적 원인으로 인한 경우가 있다. 신체의 전반적인 발달지체 때문에 운동 기능이 열등한 경우에는 이러한 기능 발달을 촉진할 수 있도록 의도적이고 조직적인 별도의 기능훈련을 제공하면 된다. 또한 기질적 원인 때문에 앉고, 서고, 걷는 등의 동작에 이상이 생기거나 운동 기능의 장애를 나타내는 경우에는 전문의의 진단과 치료를 병행할 수 있는 특별한 치료교육적 활동이 이루어져야 한다.

　　운동 기능은 크게 대근육 운동 기능(gross-motor skill)과 소근육 운동 기능(fine- motor skill)으로 나누어 볼 수 있다.

(1) 대근육 운동 기능

　　대근육 운동 기능에는 기기, 걷기, 달리기, 뛰기, 구르기와 같은 이동능력(locomotion skill)과 들기, 밀기, 잡아당기기, 던지기, 휘두르기와 같은 비이동능력이 포함된다. 지적장애 아동은 발달 초기의 목 가누기, 몸 뒤집기, 앉기, 걷기 등이 일반 아동에 비해 늦는 경향이 있다.

　　대근육 운동 기능은 모든 운동의 기초로 소근육 운동 기능을 발달시키기 위해 선행되어야 할 운동 기능이고, 이동 및 대소변 훈련, 식습관 훈련 등을 발달시키는 데 기초가 되기 때문에 매우 중요한 운동 기능이라고 할 수 있다. 이러한 대근육 운동 기능은 특별한 프로그램 없이도 실생활에서 얼마든지 다양하고 재미있게 촉진시킬 수 있다.

　　대근육 운동 기능을 위해서는 체계적 교육 프로그램과 적절한 운동기구가 필요하나 한편으로는 자연스러운 실외놀이나 일상생활 중에 실시할 수 있다. 대근육 운동 기능의 발달은 아동으로 하여금 놀이를 즐기는 방법을 터득하게 하고, 정서적인 안정감, 사회성을 키우는 데에도 큰 역할을 하므로, 일상생활에서 자연스럽게 놀이를 통해 발달시키는 것이 효과적이다.

　　대근육 운동 기능 향상을 위한 구체적인 활동에는 다음과 같은 것들이 있다.

- 바른 걸음으로 걷기: 발을 움직여 몸을 이동시키는 기능으로, 이 운동
  은 아주 쉬운 듯 보이지만 지적장애 아동이 손과 발을 맞추어서 바르
  게 걷는 데에는 많은 훈련이 요구된다. 활동방법은 가슴을 펴고 제자
  리에 바르게 서기, 운동장에 직선이나 곡선을 그리고 그 위를 걷기, 훌
  라후프를 밟지 않고 건너가기, 발자국 따라 걷기, 물속에서 걷기, 음악
  에 맞추어 자유롭게 걷기 등 다양한 방법으로 응용할 수 있다.
- 달리기: 빠른 걸음으로 계속해서 일정한 코스를 뛸 수 있는 기능으로,
  근육의 힘, 동작 간의 협응 및 일정 시간 동안 달리기를 견지할 수 있
  는 지구력 등이 필요하다. 처음에는 직선 코스부터 시작하여 점진적으
  로 원거리 달리기 코스 등으로 변화를 준다. 활동방법에는 제자리 달
  리기, 직선 코스 달리기, S자형 코스 달리기, 원모양 코스 달리기, 장
  애물 넘어서 달리기 등이 있다.
- 위로 뛰기: 위로 뛰었다가 제자리에 내려서는 기능으로, 몸의 균형을
  잡고 다리 근육의 힘을 신장시킨다. 활동방법에는 제자리 뛰기, 토끼
  뛰기, 오른발로 한 발 뛰기, 왼발로 한 발 뛰기, 머리보다 조금 위에 매
  달린 과자 따먹기, 키보다 높은 벽면에 손자국 찍기 등이 있다.
- 기어가기: 두 손과 무릎을 조절하여 부드럽고 무리가 없이 기어갈 수
  있는 기능으로, 아동이 목표물이나 목적지를 향해 방해물을 헤치고
  한 방향으로 기어가는 행동이다. 처음에는 직선 코스를 시도하고 점
  진적으로 어렵게 변화를 준다. 활동방법에는 일정거리 앞에 있는 목
  표물을 향해 기어가기, 고무줄 밑으로 기어가기, 지그재그 모양으로
  기어가기, 장애물을 피해서 기어가기, 의자, 책상, 큰 상자들 속을 기
  어서 지나가기, 터널 지나가기 등이 있다.
- 구르기: 몸의 통제를 잃지 않고 몸을 360° 굴릴 수 있는 기능으로, 몸

의 근육과 신경 통제에 도움이 되며 운동신경 발달에 좋다. 그러나 운동 시 바른 손 모양을 유지해서 목이 다치지 않도록 주의해야 한다. 활동방법에는 매트에서 앞구르기, 매트에서 옆구르기, 머리를 바닥에 대고 다리를 공중으로 들었다가 반대편 바닥에 다리를 놓는 180° 돌려넘기 후 다시 돌아오기 등이 있다.

- 뛰어넘기: 넘어지지 않고 장애물을 뛰어넘을 수 있는 운동 기능으로, 처음에는 쉬운 장애물 뛰어넘기부터 시작해서 점차 어려운 장애물을 뛰어넘도록 한다. 활동방법에는 바닥에 그어 놓은 선을 뛰어넘기, 고무줄 뛰어넘기, 장대 뛰어넘기, 뜀틀 뛰어넘기, 허들 뛰어넘기, 등 뛰어넘기, 장애물 연속해서 뛰어넘기(고무줄, 등, 뜀틀) 등이 있다.
- 몸통 휘돌리기: 팔의 근육과 가슴 근육을 발달시키는 운동 기능이다. 활동방법에는 곤봉 휘두르기, 공 끝에 줄 매달아서 휘두르기, 쥐불놀이, 팔 휘둘러 던지기 등이 있다.
- 들기: 팔 근육과 손아귀 힘, 허리 힘 등의 발달을 돕고 협응시키는 운동 기능으로 손을 사용해야 할 많은 일의 기초가 되는 기능이다. 활동방법에는 물건을 들어서 옮기기, 무거운 물건 들기, 한 곳에 있는 모래주머니 다른 곳으로 옮기기 등이 있다.

(2) 소근육 운동 기능

소근육 운동 기능을 원활하게 하기 위한 활동 과제는 쉽고 익숙한 활동에서부터 시작해서 점진적으로 복잡한 활동으로 발전시켜야 한다. 소근육 운동 기능은 지적인 활동, 자립생활을 익히기 위한 활동과 밀접하게 연관되어 있다. 민첩하게 손을 사용하는 작업에 서툴고 반응속도가 느려서 주어진 일을 정확히 수행하지 못하면 다른 학습에도 부정적인 영향을 미치게 된다.

소근육 운동 기능 향상을 위한 구체적인 활동에는 다음과 같은 것들이 있다.

- 상지 운동: 눈과 두 손의 협응이 그다지 요구되지 않는 쉬운 활동으로, 손가락과 손목의 힘을 이용한 활동이다. 활동방법에는 핑거페인팅, 찰흙놀이, 규칙 없이 도장 찍기, 커다란 병 속에 구슬 넣기, 풀로 종이 붙이기, 손으로 종이 찢기, 단추나 콩 집기, 자유롭게 그림 그리기, 커다란 블록 쌓기, 큰 블록 끼우고 빼기, 막대 끼우기, 실패에 실 감기, 문 여닫기 등이 있다.
- 하지 운동: 발목과 발가락의 운동 기능을 향상시키기 위한 활동이다. 활동방법에는 재봉틀 패달 밟기, 풍금 패달 밟기, 발끝으로 서기와 걷기, 자전거 패달 밟기 등이 있다.
- 상지와 하지의 협응: 손과 발의 협응이 필요한 조금은 난이도가 있는 활동이라고 할 수 있다. 활동방법에는 양말과 신발 신기, 손톱·발톱 깎기, 단추 끼우기와 장갑 끼기, 바지 입고 벗기 등이 있다.
- 눈과 손의 협응: 눈과 손의 협응능력을 필요로 하는 활동에는 다양한 방법이 있다. 또 한 가지 활동을 하더라도 여러 가지 형태를 취하므로 지적장애 정도에 따라서 프로그램을 구성해야 한다. 예를 들면, 구슬 꿰기를 하는 데에 있어서 커다란 구슬을 실에 꿰는 작업보다는 아주 작은 구슬을 꿰는 것이 더 어려운 작업이 된다. 활동방법에는 점선 따라 선 긋기, 모형 따라 그리기, 작은 구멍에 막대 끼우기, 종이접기, 구슬 꿰기, 단추 끼우고 빼기, 규칙 없이 가위질하기, 간단한 퍼즐 맞추기, 일정한 형태 내에 색종이 붙이기, 젓가락으로 구슬 집어 올리기, 전화기 버튼 누르기, 못꽂이 놀이하기 등이 있다.

소근육 운동 기능을 발달시키는 것은 학습이나 일상생활 능력의 향상과 밀접한 관계가 있다. 또한 아동의 지적 상태나 주의집중력과 관련이 있으므로, 소근육 운동 기능을 독립시켜 지도하기보다는 다른 학습능력과 함께 자연스럽게 지도하는 것이 좋다.

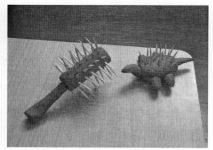

지점토와 이쑤시개를 이용한 소근육 활동

조립과 종이공작

[그림 5-4] 소근육 활동을 통한 작품

4. 직업적 특성

1) 지적장애 아동의 직업적 특성

사람은 누구나 자신의 적성과 흥미에 맞는 일을 선택하고 그 일을 통해서 생계를 유지하기를 희망한다. 지적장애 아동은 그들이 가진 제한성으로 인해서 주변의 도움 없이 자신의 흥미와 적성에 맞는 일을 찾는 것이 매우 어렵다. 따라서 보호자나 교사, 직업재활사 및 관련 기관 종사자들의 역할이 크다.

지적장애 아동의 지적능력과 적응기술은 개인차가 있을 수 있으나 일반적으로 사회적 자립과 직업에 관련된 기술을 학습할 때 비장애인과 비교하여 다음과 같은 특성을 보이는 것으로 나타났다(이채식, 2004).

  첫째, 지적장애 아동이 습득할 수 있는 기술의 수가 제한되어 있다. 둘째, 지적장애 아동은 복잡한 기술을 배우기가 힘들다. 비장애인이 배울 수 있는 수천 가지의 복잡한 기술을 지적장애 아동은 배우기 불가능하거나 혹은 비록 가르친다 하더라도 비용이 많이 들거나 비능률적이다. 셋째, 지적장애 아동은 기술 습득을 위한 시간의 양과 연습 횟수에서 비장애인과 차이를 보인다. 일반적으로 장애 정도가 심할수록 어떤 기술을 의미 있는 기준에 도달하도록 가르치기 위하여 더 많은 횟수를 시도해야 한다. 넷째, 지적장애 아동은 비장애인보다 일정한 시간이 지남에 따라 습득한 기술에 대한 망각의 비율이 높고 망각한 기술을 원래 수준으로 회복하는 데도 더 많은 시간이 걸린다. 다섯째, 지적장애 아동은 비장애인에 비해 학습의 전이

〈표 5-2〉 직업과 지능의 관계

종류＼지능 단계	31 이하	31~50	51~70	71~90	91 이상	불 명	계
1. 농업	1	2	9	4		19	35
2. 기타 농업			2	5		4	11
3. 각종 상점			5	6		11	22
4. 큰 가게		1	1	2		1	5
5. 가공직			3			7	10
6. 가공판매	1	6	7	3	2	3	22
7. 각종 공장		6	11	5		5	27
8. 사무		1				3	4
9. 가사, 가정부	2	6	6	4		34	52
10. 노동						13	13
계	4	22	44	29	2	100	201
%	2	11	22	14	1	50	

출처: 조인수(1999), p. 55.

및 일반화의 정도가 떨어진다. 즉, 학교나 재활시설에서 배운 기술을 다른 환경에 적용하여 사용하는 데 어려움이 있다. 여섯째, 지적장애 아동은 배운 지식을 종합하여 사용하는 데 힘든 경우가 많다.

미국 공립학교의 특수학급 졸업생을 대상으로 직업과 지능의 관계를 조사한 결과에 따르면, 지적장애인의 직무는 단순관계 노동 또는 단순한 기능을 요구하는 것에 한정되어 있다. 〈표 5-2〉는 지적능력에 따른 직무수행 종목을 제시한 것이다.

2) 지적장애 아동의 지원고용 절차

지적장애 아동의 지능과 적응능력의 제한성을 극복하기 위해서는 체계적인 직업 전 훈련이 필요하다. 직무 관련 수행능력 향상을 위한 학교와 사업체의 협력을 위한 모델로 지원고용(supported employment)이 활성화되고 있다. 지원고용의 접근에서는 직무를 수행해야 할 작업환경 내에서 과제 분석을 바탕으로 개인별, 직업별 특수한 훈련을 하는 것이 가장 효과적이다. 지적장애 아동의 직무수행능력 향상을 위해서 수행되고 있는 지원고용 절차는 직업 안내, 진로계획, 직종 개발, 직업의 적합성 비교분석, 지원계획 및 직무조정, 배치, 계속적인 지원 전략, 종결 등의 과정을 거친다.

(1) 직업 안내

직업 안내는 지적장애 아동의 능력과 적성에 맞는 직업 정보를 제공해 주는 일이다.

(2) 진로계획

진로계획은 취업대상자와 관련된 정보를 종합적으로 수집하여 팀을 조직하는 것으로, 수립된 계획은 전 과정에 걸쳐서 직업교사에게 매우 유용한 정보를 제공한다. 진로계획을 수립하는 첫 번째 단계는 계획 팀에 꼭 필요한 핵심적인 사람들을 선정하고 그 사람들의 참여를 확보하는 것이다. 취업대상자가 생활하고 있는 공간을 직접 방문하거나 팀 회의를 통해서 진로계획을 수립하는 데 필요한 정보를 수집한다.

(3) 직종 개발

직종 개발은 팀 회의 등을 통해서 취업대상자에게 적합한 고용의 유형을 확인하고 직종 개발을 위한 기본적인 전략을 수립한다. 노동시장을 분석하고, 지역신문 구인란 탐색, 전화번호부의 활용, 세무서, 구청, 노동부 지역사무소의 주무 부서에 고용 정보의 협조를 의뢰하며, 이미 개발된 업체에 대한 방문을 통하여 잠재적인 고용주의 목록을 작성한다.

지역사회조사 작업이 완료되면 다음 단계로 취업대상자의 능력과 특성, 즉 진로계획에 부합되는 사업장을 선별하는 과정으로 들어간다. 선별한 사업장의 고용주와 최초로 접촉하는 방법으로 기관 안내 팸플릿과 의뢰 편지 보내기, 전화 후 직접 방문하기, 전화로 접촉하기 등이 있다. 고용주와의 면담이 긍정적으로 진행되어 고용 가능성이 확인되면 사업장의 직무 분석을 수행해야 한다. 또한 지적장애인의 직종 선정기준과 작업 강도, 작업 강도에 따른 적합 직종 등을 충분히 고려해야 한다.

직종 선정기준으로는 지적 수준이 높지 않은 것, 단순하며 일관된 반복 효과가 있는 것, 장기간의 경험이나 숙련을 필요로 하지 않는 것, 안전도가 높은 것, 기계·장치·재료·제품 등에서 비교적 변화가 적은 것, 기계·장치·공구 등의 조정이 간단한 것, 매우 기민한 동작을 필요로 하지 않는 것, 장기간의 정신 긴장을 필요로 하지 않는 것, 작업 능률을 높게 요구하지 않는 것, 계산 측정이 필요 없거나 아주 간단한 것, 작업의 정밀도가 높지 않은 것, 작업 공정이 세분화되어 가능한 한 단일 작업으로 취업이 가능한 것, 영속성이 있는 것, 지역사회 산업과 연결되는 것 등을 고려할 필요가 있다.

〈표 5-3〉　작업 강도의 개요

작업 강도	개 요
아주 가벼운 작업	최고 4kg의 물건을 들어 올리고 때때로 장부, 대장, 소도구 등을 들어 올리거나 운반한다. 앉아서 하는 작업이 대부분을 차지하지만 직무수행 상 서거나 걷는 것이 필요할 수도 있다.
가벼운 작업	최고 8kg의 물건을 들어 올리고 4kg 정도의 물건을 빈번히 들어 올리거나 운반한다. 걷거나 서서 하는 작업이 대부분일 때 또는 앉아서 하는 작업일지라도 팔과 다리로 밀고 당기는 작업을 수반할 때에는 무게가 매우 작을지라도 이 작업에 포함된다.
보통 작업	최고 20kg의 물건을 들어 올리고 10kg 정도의 물건을 빈번히 들어 올리거나 운반한다.
힘든 작업	최고 40kg의 물건을 들어 올리고 20kg 정도의 물건을 빈번히 들어 올리거나 운반한다.
아주 힘든 작업	40kg 이상의 물건을 들어 올리고 20kg 이상의 물건을 빈번히 들어 올리거나 운반한다.

출처: 이기업, 이준석(2006).

작업 강도에 따른 작업의 종류를 아주 가벼운 작업, 가벼운 작업, 보통 작업, 힘든 작업, 아주 힘든 작업 등으로 구분하였다. 육체적 힘의 강도에 따라 분류한 5단계의 작업강도 정도는 〈표 5-3〉과 같다.

(4) 직업의 적합성 비교분석

직업의 적합성 비교분석은 직무분석을 마친 후 그 결과를 특정한 취업대상자의 진로계획과 비교분석하여 실제 직업으로서의 연결 가능성 여부를 결정하게 된다.

적합성 분석의 순서는, 첫째 사업체 직무분석에서 적합성을 분석할 중요한 요소를 선정한다. 둘째, 사업체 직무분석에서 선정된 중요한 요소를 취업대상자의 진로계획에서 확인한다. 셋째, 사업체의 요소에 대한 취업대상자의 적합성 여부를 비교한다. 넷째, 부적합할 경우 지원 및 직업조정에 의한 적합성 가능성 여부를 평가한다. 다섯째, 직업조정이 필요한 경우에는 고용주 측에 조정을 의뢰하여 조정이 허락되면 적합자로 판정하고 구체적인 지원계획을 수립한다. 여섯째, 지원 및 직업조정에 의해서도 부적합자로 판정되면 고용계획을 원점으로 돌려서 새로운 직종으로서의 연결을 모색한다.

(5) 지원계획 및 직무조정

지원계획 및 직무조정은 적합성 비교분석 결과 선별요소 중 부적합한 요소를 직업교사나 관계자들이 어떻게 지원해 나갈 것인가를 계획하는 것이다. 지원의 내용과 방법은 명료하고 구체적으로 진술하는 것이 좋다. 직업교사의 지원은 단순히 기술적인 지원을 하는 방법 외에 물리적인 작업환경이나 작업 순서 및 내용을 다소 변경하여 취업대상자의 능력에 적합하도록 직무를 조정하는 직무조정 방법을 시도한다. 직무수행을 위한 직무조정 요소는 〈표 5-4〉와 같다.

직무수행능력을 향상시키기 위해서 어떤 직무조정이 요구되는가를 결정하는 것은 비교적 용이하며 많은 경우 비용이 거의 들지 않는 간단한 조정을 통해 문제해결이 가능하다. 모든 직무조정을 결정하는 기본적인 원리는 장애인 작업자가 대처할 수 없는 작업 요구조건들을 완전히 제거하거나 혹

〈표 5-4〉 직무수행을 위한 직무조정 요소

영 역	기능적 제한점
신 체	균형 잡기, 들기, 당기기, 허리 굽히기, 옮기기, 걷기, 체력, 밀기, 기기, 오르기, 뻗히기, 앉기, 만지기, 웅크리기, 쥐기, 계단 오르기, 쭈그려 앉기, 서기, 쓰기, 상지, 하지, 무릎 꿇기, 방향잡기, 페달 밟기
정 신	주의집중, 전념하기, 협응력, 의식불명, 자료해석, 판단, 학습, 장기기억, 단기기억, 지각, 읽기, 발작, 논리, 사고, 과제분석
감 각	촉각, 부분 청력 상실, 완전 청력 상실, 시력 상실, 완전 시력 상실, 부분 언어 상실, 완전 언어 상실, 의사소통

출처: 이달엽, 노임대(2005), p. 373.

은 상당한 수준까지 감소시키는 것이다. 이 원리와 관련된 일반적 작업원리는 다음과 같다.

첫째, 만약 직무수행을 하는 데 있어서 작업행동에서 자신이 충분히 다루지 못하는 장애에 관련된 신체 부분을 사용해야 하거나 행동장애가 제거될 수 없다면 작업행동을 할 때 대체할 수 있는 신체의 다른 부분으로 바꾸어 사용하거나 작업행동을 취하는 데 있어서 대체방법이 고안되어야 한다.

둘째, 결함이 있는 감각을 통하여 정상적으로 받아들여지는 신호에 반응하여 행동을 취해야 한다면 이것은 다른 방식으로 신호를 전달하거나 시력, 청력 등의 결함을 보상하는 보조기구를 제공하여야 한다.

셋째, 만약 개인의 손상된 능력이 직업적 의사결정을 방해한다면 작업을 어느 정도 단순화하거나 재편성해야 한다.

넷째, 작업환경 자체가 장애인이 극복할 수 없는 스트레스 혹은 위험과 관련되어 있다면 긴장이나 위험으로부터 작업자를 보호하거나 근본적으로 긴장이나 위험을 제거해야 한다. 예를 들어, 세탁소에서 완성된 세탁물을 옷걸이에 걸어서 번호 순으로 구별해야 할 때 숫자를 알아야 하는 작업은 지적장애인에게 큰 스트레스가 될 수 있다. 이를 감소시키기 위해 서로 다른 색지를 이용해서 아주 큰 글씨를 이용하여 50단위로 나눠서 표시해 주면 직무 스트레스를 경감시킬 수 있다.

(6) 배 치

배치는 취업대상자에 대한 지원계획과 직무조정을 토대로 사업체의 작업 현장에서 이루어진다. 일단 사업체 내에서 지원을 실시하기로 합의하고 첫 출근일을 결정한 다음에는 특정한 취업대상자에 관하여 좀 더 구체적으로 세부적인 정보를 고용주와 나눌 필요가 있다. 또한 직업교사는 취업대상자가 담당하게 될 직무 및 과제에 관해서도 더욱 확실하게 분석하고 숙지해야 한다. 그 밖에 사업체의 전반적인 상황을 파악하고 숙지하여 작업

동료들을 포함하여 많은 사람과 원만한 유대관계를 형성해 놓아야 한다. 사업장 배치를 위한 사전 방문에서는 직무분석과 과제분석을 철저하게 한다. 아울러 취업대상자에 대한 사전 오리엔테이션을 통하여 취업대상자가 직무나 사업장의 전반적인 상황에 적절하게 적응하는 데 도움을 준다. 오리엔테이션이 끝나면 직업교사는 작업장에서의 자연스러운 단서에 대하여 어떻게 반응하는지 확인하는 기초선 사정을 해야 한다.

(7) 계속적인 지원 전략

계속적인 지원 전략은 지원고용의 중요한 특징 중의 하나로서 계속적인 사후 서비스를 제공하는 것이다. 계속적인 사후 지원 서비스 제공활동은 취업대상자가 직무를 수행하기 위한 기본적인 기술을 습득한 후에 시작된다. 지원의 형태와 강도, 빈도 등은 취업대상자의 특성과 직무의 난이도 등에 따라서 다양하게 계획되고 수행된다. 취업대상자가 현장에서 적절히 통합을 이루고 성공적인 직업생활을 유지하는 데에 직업교사의 역할 이상으로 중요한 것이 작업동료와 상급자의 역할이다. 계속적인 사후 서비스를 계획하는 단계가 되면 현장에서 계속적으로 지원을 제공하게 될 동료나 상급직원을 2명 이상 선정하고 고용주로부터 동의를 구하는 것이 좋다.

(8) 종 결

지원고용 서비스를 종결하기 위한 결정은 취업대상자, 진로계획 팀, 고용주와 직업교사들의 상호 협의를 통하여 이루어진다. 사례가 종결된 이후에도 문제가 발생할 경우에는 언제든지 연락이 될 수 있도록 비상계획을 수립해 놓아야 한다.

3) 지적장애 아동의 취업을 위한 법적 · 제도적 지원

지적장애 아동의 직무수행능력을 향상시키기 위한 직업 전 훈련 기회를 제공하기 위해 활용할 수 있는 법적인 제도를 살펴보면 지원고용사업과 노동부 신규고용촉진장려금제도를 들 수 있다.

지원고용사업의 경우 15세 이상 중증 장애인에게 일정기간 훈련수당을 지급하면서 직업 전 훈련을 제공하는 것으로, 최저 3주에서 최고 7주간 취업과 관련된 일상생활 훈련, 출 · 퇴근 훈련, 직장 예절, 위생교육, 직무 습득 등을 위해 직무지도원의 직접적인 지도를 받게 된다. 또한 지원고용 현장훈련에 동의하여 현장훈련을 실시한 업체에 대해서는 훈련보조금을 지급하고 있으며 훈련보조금을 신청하기 위해서는 4대 보험(국민연금, 건강보험, 고용보험, 산재보험)이 적용되는 사업장만이 가능하다.

노동부에서 주관하는 신규고용촉진장려금제도는 135만 이상의 국내 실업자 구제정책의 일환으로, 노동부에서 국내 기반 사업자들에게 고용을 창출, 촉진, 안정시키기 위해 시행하는 제도다. 직업안정기관이나 그 밖에 노동부령으로 정하는 기관에 구직등록을 한 날부터 계산하여 한 달 이상의 실업기간을 초과한 중증 장애인의 경우 직업안정기관 등의 알선에 의하여 피보험자로 새로 고용하는 사업주에게 신규고용촉진장려금을 지급한다. 신규고용촉진장려금은 매년 노동부장관이 임금상승률, 노동시장 여건 등을 고려하여 고시하는 금액에 고용된 근로자 수를 곱하여 산정한 금액으로 하며 12개월(근로자의 고용기간이 12개월 미만이면 그 고용기간) 동안 지급한다. 이 경우 노동부장관이 고시하는 금액은 근속기간에 따라 차등을 두어 정할 수 있다.

지적장애인의 취업지도 시 지원고용사업을 통해서 3~7주 정도 현장훈련 기회를 제공하고, 그 기간 동안 현장평가를 통해서 흥미와 적성에 맞는지 평가하는 기회를 갖게 된다. 지원고용 기간 동안 지적장애인이 업체에 잘 적응할 경우 업체는 신규고용촉진장려금의 혜택을 받을 수 있어서 1년 동안 급여에 대한 부담 없이 직장적응 기회를 제공할 수 있다. 이 두 제도는 새로운 일에 적응하는 데 많은 시간이 소요되는 지적장애인의 직장적응 능력을 향상시키고 직무수행능력을 높일 수 있도록 적극적으로 활용해야할 제도라고 할 수 있다.

지적장애 아동이 장애로 인한 제한성을 극복하고 직업인으로 살아가기위해서는 발달기 동안 다양한 직종 탐색의 기회가 제공되어야 한다. 어느정도의 직업능력을 갖춘 후에는 지적장애 아동이 자신에게 맞는 직업을 선택하기 위해 개개인을 위한 지원고용 프로그램이 더욱더 활성화되어야 한다. 직업 선택 후 계속적인 직업 유지를 위해서는 지적장애인 개인의 노력, 부모의 관심, 법적·제도적 지원, 사회적 네트워크 등의 협력과 지원이 필요하다고 할 수 있다.

제6장

지적장애 아동의 생활지도

약 10여 년 전 특수교사로 첫 출근을 하던 날, 새벽에 일찍 나가서 학생들을 학교버스에 태우는 통학보조를 직접 했었다.

아이들을 만난다는 기쁨과 두려움으로 긴장하고 있는데, 첫 번째 정류장에서 주현이(가명)와 다운 증후군 현우(가명)가 탔다. 두 학생이 자리에 앉는 것을 보고 내 자리로 돌아오려는 순간 "떤생님, 떤생님." 하고 부정확한 발음으로 나를 찾는 소리를 들었다. 뒤를 돌아보니, 주현이가 바지와 팬티를 다 내리고 중앙 통로에 서 있었다. 달려가서 바지를 주섬주섬 입히고 돌아섰지만, 첫 출근한 나에게는 너무나 감당하기 어렵고 벅찬 일이었다.

지적장애 아동의 부적응행동과 문제행동을 하나씩 사회적으로 용인되는 행동으로 지도해 주는 것이야말로 그들이 세상 속에서 사람들과 함께 어울려 살아가는 데 가장 기본이 되는 힘을 주는 것이라고 할 수 있을 것이다.

지적장애 아동은 일상생활을 하는 데 여러 가지 영역에서 어려움을 보이거나 사회적으로 수용할 수 없는 문제행동을 나타내기도 한다. 지적장애 아동들 중 나이가 어리고 지능이 낮은 아동일수록 식사하기, 대소변 처리하기 등과 같은 기본생활 훈련을 필요로 한다. 그러나 나이가 들어 감에 따라 기본생활 훈련보다는 사회적응을 위한 적응훈련 또는 성교육 등을 더 많이 필요로 하게 되므로 그들의 발달 정도에 따른 생활지도를 해야 한다.

이 장에서는 지적장애 아동의 생활지도에서 핵심이라고 할 수 있는 신변처리와 관련된 기본생활 훈련과 문제행동 지도, 성교육을 중심으로 살펴보고자 한다.

1. 생활지도의 의미와 목적

생활지도는 다양한 의미를 지니고 있다. 어원적인 측면에서 보면 생활지도는 영어의 'guidance'의 의미다. guidance는 guide에서 유래하며 '안내하다, 인도하다, 조언하다, 이끌다' 등의 뜻을 지니고 있다. 즉, 학생들이 저마다 다양하게 지니고 있는 잠재능력을 최대한으로 이끌어 내고 자신의 문제를 스스로 해결할 수 있도록 돕는 것이 생활지도의 근본적인 의미다.

일반적으로 학교에서의 교육은 교과지도와 생활지도라는 두 분야로 나눌 수 있다. 교과지도 활동이 주로 학생의 인지적 · 기능적 측면의 성장 · 발달을 도와주는 것이라면, 생활지도는 학생들의 인격 완성을 돕는 활동으로 정서적 · 인성적 측면의 성장 · 발달을 도와주는 것이라고 볼 수 있다. 따라서 전인(全人)교육이 이루어지기 위해서는 교과지도 활동과 생활지도 활동이 상호 보완적으로 실천되어야 한다.

생활지도는 교육의 목적을 달성하기 위한 방법의 하나로서 학생 저마다 독특하게 지니고 있는 발달 가능성을 계발해서 개인적으로 행복한 삶을 개척하고, 사회적으로는 현명한 선택과 적응, 가치판단과 자기지도를 할 수 있는 성숙한 인간을 양성하는 데 목적이 있다.

2. 지적장애 아동의 생활지도 특성과 순서

지적장애 아동은 교과교육과 생활지도가 서로 분리되어 있는 일반교육과는 다르게 학습 자체에 생활지도의 영역이 많이 포함되어 있으며, 학습지도가 생활지도이고 생활지도가 학습지도라고 할 만큼 서로 밀접하게 연관되어 있다.

지적장애 아동의 교육은 실제적인 생활을 통하여 생활력을 높이는 교육이기 때문에 교육 그 자체가 곧 생활지도라 할 수 있다. 또한 모든 학습이 학생의 구체적인 생활경험에 기초하지 않으면 교육의 효과를 기대할 수 없기 때문에 모든 학습활동 속에 생활지도의 내용을 조직화해야 한다.

지적장애 아동을 위한 생활지도 내용은 일반교육에서 이루어지는 일반 아동의 생활지도 내용과 다른, 다음과 같은 몇 가지 특성을 가지게 된다.

첫째, 지적장애 아동을 위한 교육은 그들이 가진 제한적 요소들 때문에 교과 중심의 지적 학습보다는 일상생활 능력을 중심으로 하게 되므로 생활지도와 학습지도의 한계를 특별히 구분하지 않고 동시에 이루어진다.

둘째, 지적장애 아동의 생활지도는 올바른 습관을 형성하는 내용들이 주종을 이룬다. 지적장애 아동이 가지는 특징적인 습관으로는 의존적인 태도와 행동, 무절제한 행동의 표현, 무기력한 태도, 반항적이면서 공격적인 행동, 도벽, 고립과 함묵 등 매우 다양하다. 생활지도는 이러한 습관을 그들이 가진 본래의 특성으로 오해하거나 방치하지 않으면서 지속적으로 수정해 나가는 활동이다.

셋째, 지적장애 아동의 생활지도는 독립적인 생활을 하는 데 도움이 되는 내용으로 구성되어야 한다. 이들이 독립적인 생활을 하는 데 제한적으로 작용하는 요소는 대인관계에서의 불안과 공포, 의사소통의 문제, 역할인식의 문제 등 매우 기본적인 것들이며, 생활지도는 이러한 가장 기본적인 내용에 대한 지도로부터 시작되어야 한다.

넷째, 지적장애 아동의 생활지도는 아동의 능력 수준에 맞게 개별화된 생활지도의 내용들을 선택하여 이루어져야 한다. 각 아동에게 적합한 생활지도의 내용들이 선별적으로 적용되어야 하며 이를 위해 충분한 조사활동이 필요하다.

다섯째, 일반적인 생활지도의 내용은 크게 개인의 신변처리와 관련된 내용, 공동시설의 이용, 여가활용, 경제생활, 가사생활, 이동 등의 내용으로 구성되어야 한다.

여섯째, 지적장애 아동의 생활지도는 통합된 사회생활을 준비하는 내용들로 구성되어야 한다(김남순, 2005).

초등학교 특수교사들이 생활지도를 하기 힘든 행동들은 고집, 도벽, 공격적 행동, 기본생활습관, 괴성, 자폐적 행동, 의사소통 문제, 과잉행동, 정서적 문제, 의욕상실, 학습행동, 고립, 도망치는 행동, 그 외 다양한 문제행동 등의 순이며, 총 700개의 사례가 보고되고 있다(김윤옥, 최학주, 1999).

〈표 6-1〉은 생활지도하기 어려운 행동의 사례를 나타낸 것이다.

〈표 6-1〉 생활지도하기 어려운 행동

순위	문제행동(빈도)	행동의 예
1	고집이 셈(57)	골 부릴 때, 떼를 씀, 좋아하는 행동만 하려 함
2	도벽 습관(56)	놀이 기구를 가져감, 슈퍼마켓에서 물건을 가지고 옴
3	공격적 행동(50)	물건 던지기, 돌발적인 행동, 난폭, 욕설, 파괴적 행동
4	기본생활습관(40)	신변자립능력(대소변), 자기 몸을 추스르지 못함, 청결하지 않음
5	괴성을 지름(32)	갑자기 괴성을 지르며 돌아다님, 꾸중하면 고함을 침
6	자폐증(31)	반향어, 침묵, 고착적인 행동 및 말
7	의사소통(29)	말뜻을 알아듣지 못함, 의사 표시를 안함, 조음장애
8	과잉행동(27)	쉴 새 없이 돌아다님, 과격한 행동, 지속적인 행동
8	정서적 문제(27)	위축되어 아무것도 시도하지 않음, 지나치게 내성적임
9	의욕상실(24)	매사에 무관심함, 무조건 하기 싫어함, 아무 의욕 없이 앉아만 있음, 학습에 흥미가 없음

10	학습지도(22)	지도에 진전이 없음, 학습에 임하지 않음, 수업 태도
11	고립(21)	일반 학생과의 소외감, 친구들로부터의 따돌림
	도망치는 행동(21)	무단이탈 행위, 등교 거부, 갑자기 교문 밖으로 뛰어나감, 등교하다가 거리에서 방황함
12	이상한 행동(20)	수업 중 잠시 눈을 떼면 교실 구석에 가서 누워 버림, 침 뱉는 행동, 침 장난
13	친구를 괴롭힘(18)	말없이 남을 괴롭힘, 친구들을 시기, 질투
14	인지능력(16)	자기 행동에 대한 사리 판단을 못함, 잘못에 대한 인지속도 느림, 옳고 그름을 판단 못함, 상황구별 못함
15	교수기기 훼손(15)	교구들을 섞고 찢고 버림, 학습교구를 양보 안 함
	공중도덕(15)	단체생활에서의 도덕, 이기적인 행동
	주의집중력(15)	주의산만
16	규칙준수(13)	규칙준수, 약속위반
	생활 부적응(13)	학교생활 부적응, 원적 학급에서의 부적응
	반복행동(13)	계속 낙서하고 계속 지움, 혼자 중얼거림, 아무거나 두들기는 것, 한 가지 행동만 계속 반복함
	각종 장애(13)	정신착란, 경기, 지체부자유
17	자해행동(12)	흉기를 이용한 자해행동
18	먹을 것만 신경(11)	먹을 것에만 신경을 씀, 많이 먹어서 자주 토함, 쓰레기통을 뒤져서 먹음, 먹어서는 안 될 것을 입에 넣음
19	싸움(11)	싸움
	거짓말(10)	거짓말, 변명으로 일관
	부정적 대인관계(10)	친구들과 어울리지 않음, 대인 접촉 기피, 늘 혼자 있음
20	성적 호기심 표출(9)	여자아이들과 신체적 접촉, 자위행위
21	태만(8)	게으름, 힘든 것은 하지 않음, 태만, 끈기 부족
22	사회성 부족(7)	변화를 싫어함, 사회부적응
	타인에게 의존(7)	혼자 시도하지 않고 늘 의존함
	부모의 이해 부족(7)	가정교육의 부재, 부모의 과보호, 부모의 관심/의욕 저조
23	관심 끌기 행동(6)	매사에 끼어듦, 고자질, 주의 끌기 행동(던지기, 찢기)
24	자신감 결여(4)	눈치를 봄, 자신감 결여, 주저함이 많음
25	집착행동(3)	자기 것에만 집착, 특정 물건에만 집착
26	안전생활 지도(2)	도로에 들어가 자동차 흐름을 방해
27	기타(5)	의미 없는 웃음, 벌레를 잡아서 놂, 조울증, 낭비벽, 딴전 피우기
계	(700)	

이러한 사례들 가운데 일부 교사들은 나름대로의 성공적인 생활지도 방법을 제시하고 있는데, 그 방법에는 모성애, 다정하게 대하기, 관심 가져주기 등이 포함된다. 일부 교사들은 구체적인 방법으로서 행동수정 전략, 직접교수, 또래지원 등의 방법을 사용한 것으로 언급하였다. 성공적인 사례 중 지적장애 아동을 대상으로 한 경우가 압도적으로 많았고, 행동장애 아동이 그다음이며, 자폐 아동이 3위에 해당되었다. 성공적인 사례의 교사들은 장애 영역과 무관하게 사랑과 관심(23/92), 행동수정 전략(16/92), 직접교수 및 반복학습(14/92), 또래지원(9/92), 부모와의 협동(6/92), 친밀한 관계 형성(5/92), 놀이요법(4/92), 친밀감 형성(3/92) 등의 방법을 구사한 것으로 나타났다.

지적장애 아동의 경우 사랑과 관심, 직접교수와 행동수정, 또래지원이 효과적이었던 것으로 나타났다. 행동장애 아동의 경우 역시 사랑과 관심이 많이 사용되었으며 행동수정 전략은 예상과는 달리 비교적 덜 사용되었다. 서양에서는 행동장애의 경우 문제의 초점이 행동장애에 기울어져 행동수정의 기법이 많이 활용되고 있는 반면, 우리나라의 교사들은 외현적인 행동의 수정보다는 내재적인 심리적 갈등 해소와 친밀감 형성을 위하여 사랑과 관심으로 접근하는 것으로 나타났다.

이와 같은 분석에 있어서 몇 가지 공통된 논의점을 도출하면 다음과 같다.

첫째, 흥미 있는 사실은 사랑과 관심의 접근이 전반적으로 많이 사용되었다는 점과 몇몇 교사가 특수아동과의 상담 시 생활지도에서 친밀감 형성을 시도하였다는 점이다. 이러한 두 측면은 문제해결을 위한 인본주의적인 태도를 선호하였음을 나타내는 것이다.

둘째, 교사들은 행동지도에 행동수정 전략을 써서 어느 정도 성공하고 있는 것으로 보고하고 있으나, 그들이 구사한 내용을 보면 칭찬과 보상이 주류를 이루어 행동수정의 과정과 결과 유지에 미흡한 점을 엿볼 수 있다.

셋째, 또래지원 역시 많이 활용되었으나, 상당히 피상적이고 도우미로서의 지원에 머물고 있다. 특수아동의 통합교육을 위해서는 여러 차원에서 적극적인 지원이 필요하며, 그중 또래지원은 대단히 중요한 요인으로 작용하기 때문에 현장 교사들은 이 점을 유의하여 또래지원에 대한 구체적인 노하우를 알고 적극적으로 적용할 필요가 있다(김윤옥, 최학주, 1999).

1) 지적장애 아동의 생활지도 순서

생활지도는 일반적으로 학생조사활동, 진로정보활동, 상담활동, 정치활동, 추수활동 순으로 이루어지고 있다.

(1) 학생조사활동

교육은 학생을 이해하는 것에서부터 시작되어야 한다. 생활지도에도 이 원리가 그대로 적용된다. 따라서 학생조사활동(student inventory service)은 학생을 이해함으로써 생활지도에 대해서만 의의를 갖는 것이 아니라, 교육의 전체 활동과 방법에서 더 큰 의의를 갖는다. 모든 학생은 각 개인에 따라 그들이 지니고 있는 소질, 능력, 문제, 경험 그리고 배경 등에 상당한 차이를 나타내고 있다. 이러한 측면에서 효율적인 생활지도 계획을 수립하기 위해서는 학생 개개인에 관한 정확한 파악이 절실하게 요구된다.

학생조사활동 시 고려해야 할 사항은, 첫째 객관적이고 신뢰도가 높은 것이어야 한다. 둘째, 학생들의 문제해결을 위해 꼭 필요한 사실과 요인을 포함해야 한다. 셋째, 다양한 방법과 기술을 활용해 충분한 정보를 수집해야 한다. 넷째, 얻어진 정보는 정확하게 기록하고 보관해야 한다(이현림, 2007).

학생들을 보다 과학적으로 이해하기 위해 사용되는 조사방법으로는 ① 관찰법, ② 질문지법, ③ 면접법, ④ 검사법, ⑤ 사회성 측정법, ⑥ 투사법, ⑦ 사례연구법, ⑧ 자서전법, ⑨ 누가기록법 등이 있다.

학생 개개인의 개성을 이해하고 이에 따른 지도를 추진하는 것은 매우

중요한 일이나 전체로서 학생 개개인의 개성을 이해하려는 일은 쉬운 일이
아니다. 하지만 바르고 효과적인 생활지도를 하기 위해서는 기본적인 학생
이해가 바탕이 되지 않으면 소기의 성과를 기대할 수 없다.

정확한 학생 이해를 위한 자료로서 생활지도와 교육 현장에 필요한 사항
은 다음과 같다. 학생의 성명, 생년월일, 주소와 같은 기본 자료, 유아기의
병력(病歷), 유아기의 대소변 훈련이나 부모의 양육태도에 관한 자료, 가정
환경에 대한 자료, 정서적인 문제(과민성, 폭발성, 불안과 반항 등의 경험 유
무), 습관, 친구, 신체적 상황, 학생생활에 관한 자료, 각종 지능검사 결과,
현재 당면하고 있는 문제에 대한 자료 등이다.

(2) 진로정보활동

진로정보활동(career information service)은 상급학교 진학에 관한 것,
노동력에 관한 것, 직업구조와 직업군, 취업경향, 노동에 관한 제반 규정,
취업처에 대한 자세한 내용을 포함하고 있으며, 이를 통해 개인이 진로에
대하여 이해하고 적응하도록 도움을 주는 데 목적이 있다. 그러므로 지적
장애 아동의 진로정보활동은 학생 수준에 맞게 적절한 교육 서비스를 받을
수 있는 곳에 배치받도록 하는 내용이 포함된 정보를 제공해야 한다는 차
원에서 중요한 의미를 가진다.

(3) 상담활동

상담(counseling)은 라틴어의 'consulere'라는 말에서 유래되었다. 이
말은 '고려하다, 숙고하다, 조언을 구하다'라는 의미를 가지고 있다. 따라
서 내담자가 가지고 있는 고민을 생각하고 조언해 주는 행위가 바로 상담
이다. 하지만 상담활동(counseling service)은 단순한 조언 이상의 것이며
독특한 인간관계에 의하여 이루어지는 전문적 활동이다.

지적장애 아동의 상담은 주로 부모를 통해서 이루어지고 있으나 앞으로

는 지적장애 아동 스스로 삶의 주체가 되고 문제를 해결할 수 있는 능력을 배양하도록 하는 노력을 경주하는 동시에 그들도 쉽게 상담받을 수 있는 도구들이 많이 개발되어야 한다.

(4) 정치활동

학교를 졸업한 후 또는 재학 시 취업할 수 있도록 학생들을 돕기 위한 노력의 일환인 정치활동(placement service)은 오늘날 일반교육뿐만 아니라 특수교육에서도 수행되어야 할 중대한 책임이다. 그들이 다음 단계의 교육을 받을 수 있도록 계속적인 지도를 조직적으로 하기 위해 학교에서는 배치를 위한 준비를 해야 한다는 점에서 전환교육과 밀접한 연관성을 가진다.

전환교육(transition education)이란 장애학생을 위한 중등학교 이후 교육, 직업훈련, 통합고용(지원고용 포함), 계속적인 성인교육, 성인 서비스, 독립생활이나 지역사회 참여 등을 포함하면 학교에서 사회로의 이동을 촉진시키기 위해 실시되는 통합된 교육활동을 말한다.

(5) 추수활동

추수활동(follow-up service)은 상담을 받은 학생이나 특수교육 수혜기간이 끝난 지적장애 아동을 졸업 후 얼마 동안 사회에 잘 적응하고 있는지 확인하면서 계속 체계적으로 지도하고 조언하는 과정이다. 이는 마치 의사가 환자의 병을 치료한 후 치료의 효과를 검진해 감으로써 보다 효과적인 치료방법을 찾음과 동시에 다른 환자의 진단과 치료에 도움을 얻는 것과 같다. 그러므로 추수활동은 졸업 후 학생에 대한 평가인 동시에 연속적인 지도와 봉사의 활동이다.

3. 지적장애 아동의 생활지도 방법 및 내용

1) 일반적 방법

지적장애 아동의 생활지도는 개인을 중심으로 할 경우와 집단을 중심으로 할 경우로 나눌 수 있다.

(1) 기본생활 훈련을 위한 개별지도

지적장애 아동은 개인차가 심하기 때문에 개별지도가 요구되는 경우가 많다. 따라서 아동의 특성, 장애 정도, 능력, 환경, 욕구 등을 잘 이해하고 그에 알맞은 내용과 방법을 통한 실천적 지도가 되도록 노력해야 한다. 개별지도 시에는 애정을 가지고 허용적 분위기에서 지도해야 하며, 교사에 대한 친밀감과 신뢰감을 형성해야 한다. 또한 개인별 누가기록부의 누가적 활용과 반복 · 연습지도가 이루어져야 하며, 실천적이고 그들이 이해할 수 있는 방법을 사용해야 한다(김정권, 이상춘, 여광응, 조인수, 1995).

기본생활습관이란 좁은 의미로는 식사, 배설, 수면, 의복, 청결 등 생리적 · 신체적인 것에 관한 생활습관을 말하며, 넓은 의미로는 사회생활에 필요한 기본생활습관까지 포함한다. 중증 장애아일수록 기본생활습관의 지도에 더욱 치중해야 하며 이를 학교교육에서 받아들여 계획적으로 반복 훈련시켜야 한다. 신변자립과 관련해서 지도할 구체적인 내용은 〈표 6-2〉와 같다.

(2) 집단지도

집단의 역동적 기능은 인간 형성에 크게 작용한다. 지적장애 아동에 있어서 집단은 매우 좋은 지도자이자 치료자다. 지적장애 아동은 또래의 지

〈표 6-2〉 지적장애 아동의 생활지도 내용

영역	지도 요소	지도 내용
개인 생활	옷 입기	양말 신기 · 벗기, 옷 입기 · 벗기, 신발 신기, 신발 정리, 실내화 사용 등
	몸을 깨끗이 하기	손 · 발 씻기, 세수하기, 머리 감기, 머리 빗기, 이 닦기, 목욕하기, 손톱 깎기, 휴지 · 손수건 사용하기 등
	식사하기	식사도구 사용, 음식 골고루 먹기, 음식 남기지 않기, 식사예절, 남은 음식물 처리, 음료수 컵 사용, 그릇 처리, 식사 자세, 순서 기다리기 등
	아껴 쓰기	용돈 바르게 쓰기, 학용품 아껴 쓰기, 자기 물건 잘 간수하기 등
	화장실 사용	소변기 · 대변기 사용, 화장지 처리, 물 내리기, 생리대 처리, 손 씻기 등
	정리 · 정돈하기	자기 물건 관리, 책가방 정리, 학용품 정리, 교실 정리 · 정돈, 학습자료 정리, 휴지통 관리, 청소용구 사용, 교실 청소, 자기 방 정리 등
	인사하기	상대에 알맞게 인사하기, 때와 장소에 알맞은 인사, 바른 자세로 인사, 인사말 사용, 부모님께 인사, 선생님께 인사, 친구와의 인사 등
	바른 자세	의자에 앉기, 바닥에 앉기, 어른 앞에 앉기, 물건 드리기, 바른 자세로 서기, 바른 자세로 걷기, 복도에서 걷기, 교실에서 걷기 등
	안전생활	놀이시설 이용, 횡단보도 건너기, 도로에서 걷기, 통학차 이용, 교통기관 이용하기, 차내에서의 생활, 정류장에서의 생활 등
가정 생활	집에서의 예절	부모님 말씀 잘 듣기, 착한 일 하기, 형제간에 사이좋게 지내기, 집안일 돕기, 집에 오신 손님 맞기, 손님 보내기 등
	집에서 할 일	아침에 일어나서 할 일, 학교에서 돌아와서 할 일, 저녁에 할 일, 외출할 때 할 일 등
학교 생활	등교할 때	교문에 들어와서(친구와 인사, 선생님께 인사, 정해진 통학로 이용), 신발 정리, 복도에서의 행동, 아침 수업 전 · 공부시간 교실에서의 생활, 쉬는 시간, 중간놀이 시간, 교실 청소, 점심시간, 공부가 끝나고 등
	화장실 사용	화장실에 들어갈 때, 화장실 안에서, 화장실에서 나올 때, 세면기 사용 등
	학교 규칙	복도 · 교실 · 급식실 · 강당에서의 생활, 놀이시설 · 기구 사용, 컴퓨터 사용, 정수기 사용, 도서실 사용, 쓰레기장 이용, 교실 출입구 사용 등

	의식생활	의식 행사에서의 바른 자세, 국기 경례, 애국가 부르기, 묵념, 선생님 말씀 듣기 자세, 국기 바르게 달기 등
	행사활동	현장체험학습, 운동회, 학예회, 발표회 등
사회 생활	교통질서 지키기	인도가 있는 길, 인도가 없는 길, 여럿이 함께, 길을 건널 때(신호등 있는 · 없는 횡단보도, 횡단보도 없는 찻길), 육교나 지하도, 교통기관(버스, 택시, 승용차) 이용(타기, 차 안에서, 내리기) 등
	공공시설 이용	공원, 놀이터, 정류장, 음료수대, 공중화장실, 놀이기구 이용, 휴지통 이용, 환경 깨끗이 하기, 운동경기장, 음식점, 목욕탕 등
	고운 말 바른 말 쓰기	고운 말 쓰기, 바른 말 쓰기, 욕설하지 않기, 상냥한 목소리로 말하기, 어른에게 말하기, 친구에게 말하기 등
	정직한 생활	거짓말하지 않기, 약속 지키기, 정직한 행동 등

적장애 아동 집단에 들어가게 되면 평소 말을 잘 듣지 않던 아이가 말을 잘 듣게 되고, 난폭하고 공격적인 아이는 그 행동이 집단 내에서 잘 수용되지 않기 때문에 자연히 행동이 개선되며, 매사에 소극적인 외톨이도 집단의 자극에 의하여 자발적인 의욕이 싹트게 된다. 그래서 새로운 행동양식을 몸에 배도록 하는 데는 가정에서의 개별지도보다는 학교나 시설에서의 집단적인 지도가 더 효과적이다(김정권 외, 1995). 〈표 6-3〉은 집단생활 참가의 예로 대인관계와 경쟁, 협동에 관한 내용이다.

[그림 6-1] 집단활동 참가 모습

〈표 6-3〉 집단생활의 참가

영 역		항 목
타인과의 관계 이해	자신의 물건 구별	자기 이름을 안다. 타인의 행동에 관심을 갖는다. 두세 명의 친구 이름을 안다. 자기가 해야 할 일과 타인이 해야 할 일을 안다. 자기와 타인의 역할을 알고 설명할 수 있다.
	다른 사람의 것 구별하기	여러 사람이 사용하는 물건에 대해 이해한다. 남의 것을 빌릴 때는 미리 말하고 빌린다. 빌린 것을 돌려주지 않으면 안 된다는 것을 안다. 물건을 다른 사람에게 빌려 준다는 것을 안다.
	다른 사람과의 의사교환	물을 때 '예' '아니요'로 대답할 수 있다. 자기의 의사를 상대방에게 전할 수 있다. 상대방의 말을 들으려는 태도가 되어 있다.
지도자와의 관계		친구와 선생님은 다르게 대해야 한다는 것을 안다. 선생님의 말을 듣고 하고 싶은 것을 말한다. 선생님에게 말을 건넨다. 선생님이 부탁하는 것을 도와준다. 선생님이 말하는 것을 지킨다.
단체행동		'모여라'라는 구령에 따라 모이고 줄 서는 일을 한다. 타인의 행동을 모방하여 여러 사람이 같이 행동한다. 명령과 지시에 따라 단체행동을 한다. 선생님의 명령과 지시를 다른 사람에게 전달한다.
규칙의 이해		집단에서 제멋대로 행동하지 않는다. 차례를 지킬 수 있고 교대로 할 수 있다. 다른 사람을 방해하지 않는다. 약속을 지킨다. 지시나 약속을 지키지 않으면 상대방이 곤란해짐을 안다. 말로써 약속을 하고 그것을 지킨다.
게임 · 경기	게임의 승부와 규칙 이해하기	고리 던지기의 승부를 가릴 수 있다. 공 넣기의 승부를 가릴 수 있다. 달리기의 승부를 가릴 수 있다. 줄다리기의 승부를 가릴 수 있다. 술래잡기를 할 수 있다. 간단한 트럼프 놀이를 할 수 있다.
	경쟁의식	게임은 상대방과 경쟁하는 것임을 안다. 자기가 이기려는 마음을 가지고 있다. 자기가 이기려면 어떻게 해야 하는가를 생각한다. 집단 경기에서 자기가 소속하고 있는 팀을 안다. 상대방의 행동이 무엇을 뜻하는가를 안다.
	협동의식	친구와 함께 협동해야 이길 수 있다는 것을 안다. 경기에서 경쟁해야 하는 사람과 협동해야 하는 사람을 구별한다.

출처: 조인수(1998).

2) 지적장애 아동의 문제행동 지도를 위한 행동수정의 원리

(1) 고전적 조건형성이론

지적장애 아동의 교육이나 문제행동 수정에 있어서 교육적으로 적합한 반응을 이끌어 내기 위해서는 적절한 자극을 제공하는 것이 중요하다. 적절한 자극이 적절한 반응을 이끌어 낼 수 있다는 이론적 근거를 살펴보면 다음과 같다.

① Pavlov의 실험

Pavlov는 개가 음식을 주면 침을 흘린다는 점에 착안하여 고전적 조건형성이론을 창안하였는데, 실험 절차와 주요 연구 결과는 다음과 같다.

아무런 제약이 없는 일반적 상황에서 개에게 음식물을 제공하면 침을 분비한다. 이것은 어떤 학습도 포함되지 않은 무조건 반응(unconditioned response: UR)이며 이런 반응을 야기한 음식물은 무조건 자극(unconditioned stimulus: US)이다.

아무런 제약이 없는 일반적 상황에서 종소리를 듣고 침을 흘리는 개는 없다. 그러나 무조건 자극인 음식물과 함께 반복적으로 종소리를 들려주면

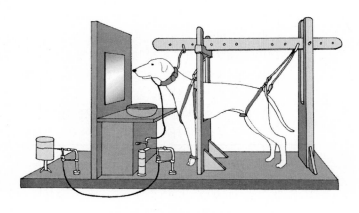

[그림 6-2] Pavlov의 개 실험 장치

개는 음식물이 주어지지 않은 채 종소리만 들어도 침을 흘리도록 조건이 형성된다. 이때 종소리인 중성 자극은 조건 자극(conditioned stimulus: CS)으로, 변하고 침 흘리는 반응은 조건 반응(conditioned response: CR)으로 변하게 된다. 음식과 종소리가 연결되어 종소리만으로도 개가 침을 흘리는 '조건'이 '형성'된다고 하여 '조건형성이론'이라고 한다.

② 기본 개념

- 자극일반화: 처음의 자극과 유사한 다른 자극에 대해서도 동일한 반응을 나타내는 현상(종소리와 유사한 벨소리에도 침을 흘리는 경우)이다.
- 변별: 처음의 자극과 유사한 자극을 구분하는 현상(종소리와 유사한 벨소리를 구분하는 경우. 자극일반화와 변별은 동일한 시기에 진행됨)이다.
- 소거: 일단 획득된 조건 반응도 조건 자극이 무조건 자극과 결합되지 않은 채 중성 자극인 조건 자극만 단독으로 제시되면(즉, 종소리만 들려주고 음식물이 제공되지 않으면) 학습된 조건 반응이 결국 사라져 버리는 현상이다.
- 자발적 회복: 소거되었던 반응이 재훈련 없이 다시 나타나는 현상으로 이를 통해 학습이란 영원히 소멸되는 것이 아님을 시사하고 있다.

(2) 조작적 조건형성이론

조작적 조건형성이론은 학습자의 행동이 우선시되는 이론으로, 학습자의 행위 결과에 대한 '강화'가 핵심이며 그러한 강화를 위하여 학습자가 무엇인가 먼저 행동(조작)해야 하기 때문에 '조건화(conditioning)' 혹은 '조작적 조건화(operant conditioning)'라 부른다.

① Skinner의 실험(스키너의 상자)

Skinner는 배고픈 쥐를 상자 속에 넣고 관찰하였다. 배고픈 쥐는 이리저리 돌아다니며 여러 가지 행동을 하다가 우연히 한쪽 벽면에 있는 지렛대

[그림 6-3] 스키너의 상자

를 건드리게 된다. 이때 쥐가 좋아하는 먹이가 굴러 나오게 되고 쥐는 이것을 먹는다. 그 후 쥐는 이 상자 속에서 여러 번 그와 같은 경험을 하면서 먹이를 먹기 위하여 지렛대를 누르는 데 걸리는 시간이 점점 짧아지게 된다.

이 실험에서는 쥐가 스스로 지렛대를 누르는 행위가 매우 중요하다. 쥐가 지렛대(조건 자극)를 본 후 이를 능동적으로 누름(조건 반응)으로써 음식물(무조건 자극)을 얻었다는 것이다. 또한 지렛대를 누를 때 먹이를 제공함으로써 먹이는 지렛대 누르는 행위(반응)를 '강화'하는 역할을 하게 된다.

② 기본 개념

강화(reinforcement)는 학습자의 반응 다음 제공되는 강화제에 의하여 해당 반응이 영향을 받는 것을 의미한다. 고전적 이론에서 강화는 반응을 일으키는 것 자체를 의미하였다는 점에서 입장이 다르긴 하지만 원하는 반응을 증가시키기 위한 행위라는 점에서는 동일하다. 강화에는 정적 강화와 부적 강화가 있다.

- 정적 강화: 어떤 행동의 결과로 인하여 긍정적인 보상이 뒤따르게 되는 것을 의미한다.
- 부적 강화: 어떤 싫어하는 대상물을 제거함으로써 특정 행동을 증가시키는 것을 의미한다.
- 1차적 벌: 어떤 싫어하는 것(불쾌, 고통)을 주어서 문제행동을 감소시

키는 방법이다.

• 2차적 벌: 어떤 좋아하는 것을 빼앗음으로써 문제행동을 감소시키는
방법이다.

〈프리맥의 원리〉

프리맥(Premack)의 원리란 빈번하게 일어나는 특정한 행동이 상대
적으로 자주 일어나지 않는 행동을 강화하기 위하여 이용되는 것을 말
한다. 이는 개인의 행동을 관찰하여 가장 자주 발생하는 행동을 비교적
적게 발생하는 행동에 대한 보상으로 이용할 수 있음을 의미한다. 다음
의 예를 살펴보자. 편식습관을 지닌 아동에게 프리맥의 원리를 적용시
켜 보자. 아이스크림을 좋아하고 고기를 싫어하는 아동에게 고기 먹기
습관을 들이기 위해서 저녁식사 때마다 고기를 먹으면 후식으로 아이
스크림을 먹을 수 있도록 해 준다. 이로써 아동이 하기 싫어하는 행동
인 고기 먹기의 빈도가 점진적으로 증가된다.

4. 지적장애 아동의 문제행동 지도

일반적으로 지적장애 아동의 문제행동은 한두 가지 혹은 그 이상이 복합
적으로 얽혀서 문제가 되는 경향이 있다. 따라서 엉킨 실타래를 한 가닥씩
풀어 낸다는 자세로 문제행동 지도에 임해야 한다.

문제행동 수정은 아동의 현재 능력 수준을 잘 관찰하여 문제행동이 일어
나는 시간과 상황에 대해 정확한 조사를 실시한 후 치료를 시작해야 한다.
문제행동의 설정이 부정확하면 거기에서 나오는 기록이 모호해지고 모호
한 자료를 근거로 해서 문제행동을 교정할 경우 실패할 가능성이 높다. 그

러므로 문제행동의 설정은 문제행동 치료의 성패를 가름할 정도로 매우 중
요하다. 따라서 문제행동 설정 시 다음과 같은 구성요건을 갖추어야 한다.

1) 문제행동 설정을 위한 구성요건

(1) 문제행동을 조작적으로 정의하기

문제행동을 측정하려고 할 때는 제일 먼저 측정하려고 하는 문제행동을
정확히 정의해야 한다. 누가 측정해도 같은 결과가 나올 수 있도록 관찰 가
능한 단위로 명확히 정의하는 일을 문제행동의 조작적 정의라고 한다.

예를 들면, 공격성을 측정하려고 할 때 막연히 공격성 측정이라고 하지
않고, 문제행동을 정확하게 정의하기 위해서는 옆사람을 때리는 행동 또는
옆사람에게 욕을 하는 행동이라고 구체적으로 정의해야 한다.

(2) 보상기준 설정

대상아동이 지금 하고 있는 행동이 잘하고 있는 것인지 아닌지 정확히
알 수 있도록 보상기준을 설정해야 한다. 보상기준은 구체적이고 관찰 가
능한 방법으로 표현해야 한다. 예를 들면, '5분 동안 자리에 앉아 있는다.'
'9시까지 학교에 등교한다.' 등이다.

(3) 행동이 일어나는 조건 명시

목표행동 설정 시에는 평가기준과 함께 '어떤 상황'에서 목표행동을 해
야 하는지 구체적으로 명시하는 것이 좋다. 〈표 6-4〉는 목표행동 설정의
예다.

〈표 6-4〉 목표행동 설정(예)

구체적인 행동	평가기준	행동이 일어나는 조건
세수를 한다.	5분 안에	학교에서 집으로 돌아온 후
산수 문제를 올바르게 푼다.	80% 이상 성공적으로	도움 없이 혼자서
귀가 시간을 지킨다.	저녁 6시 전	월요일~금요일
소리를 흉내 낸다.	4개 이상 정확히 흉내 냄	의태어 5개를 들려 주면
친구와 장난감을 가지고 논다.	20분 동안 서로 싸우지 않고	한 개의 장난감을 번갈아 가면서

2) 문제행동의 기능

지적장애 아동의 문제행동을 조작적으로 정의한 후 문제발생동기 사정 척도(Motivation Assessment Scale: MAS)에 기록해 보면 문제행동의 기능을 알 수 있다. 그 문제행동의 기능이 감각자극을 즐기기 위한 것인지 아니면 어떤 일을 회피하고 싶어서 발생하는 것인지, 관심을 받고 싶어서인지 아니면 물질적인 보상을 얻기 위해서인지 알 수 있다.

감각자극을 즐기기 위해서 문제행동이 발생하면 적절한 감각통합 훈련을 제공해야 하며, 회피변인의 경우 과제의 난이도를 조절해야 한다. 관심변인의 경우 적절한 의사소통 중재기술을 가르쳐 주고, 물질적인 보상변인의 경우 행동계약을 작성해서 문제행동을 중재할 수 있다.

〈표 6-5〉 문제발생동기 사정척도(MAS)

질 문	응 답						
	결코	거의 일어나지 않음	가끔	과제시간의 절반쯤	대부분	거의	언제나
1. 흔히 아동을 혼자 둔다면 표적행동이 계속해서 일어나는가?	0	1	2	3	4	5	6
2. 어려운 과제 수행을 요구할 때 표적행동이 나타나는가?							

3. 아동이 보는 앞에서 다른 사람과 이야기 할 때 그에 대한 반응으로 표적행동이 일어나는 것처럼 보이는가?							
4. 아동이 가지고 있지 않은 장난감, 음식 혹은 활동을 갖기 위해 그런 반응이 일어나는가?							
5. 주변에 사람이 없을 때 오랫동안 같은 방식으로 표적행동이 반복되어 일어나는가?(예를 들면, 한 시간 이상 앞뒤로 흔드는 행동)							
6. 아동이 어떤 과제 요청을 받을 때 표적행동이 일어나는가?							
7. 아동에게 관심을 기울이지 않을 때 표적행동이 일어나는가?							
8. 좋아하는 장난감, 음식물 혹은 활동 등을 멈출 때 표적행동이 일어나는가?							
9. 표적행동의 수행을 즐기는 것처럼 보이는가?							
10. 요구한 것을 아동에게 시키려고 할 때 뒤집거나 괴롭히는 행동을 하는 것처럼 보이는가?							
11. 아동에게 관심을 보이지 않을 때 타인을 괴롭히기 위해 표적행동을 하는 것처럼 보이는가?							
12. 아동이 요구한 장난감, 음식 혹은 활동 등을 제공한 후 곧 표적행동이 멈추었는가?							
13. 표적행동이 일어날 때 아동은 주변을 인식하지 못하는 것처럼 보이는가?							
14. 아동에게 주어진 결정이나 과제를 멈춘 후 잠깐(1~5분) 표적행동의 발생이 멈추었는가?							

15. 아동은 교사와 시간을 보내기 위해 표적행동을 하는 것처럼 보였는가?						
16. 아동이 원했던 것을 갖지 못하게 된다는 것을 알았을 때 표적행동이 일어나는가?						

감각변인	회피변인	관심변인	보상변인(물질적)
1	2	3	4
5	6	7	8
9	10	11	12
13	14	15	16

전체점수 _____ _____ _____ _____
평균점수 _____ _____ _____ _____
상관 순위 _____ _____ _____ _____

각 질문에 동그라미 표시된 번호를 척도 마지막에 있는 빈칸에 써 넣는다. 번호들은 각 변인별로 합하여 그 평균을 계산한다. 첫 번째 변인군에 해당하면 감각적 변인이 지속변인이고, 두 번째 부분은 불유쾌한 상황들에서 도망하기 위한 것이며, 세 번째 부분은 사회적 관심을 얻기 위해서이고, 네 번째 부분은 물질적 보상을 얻기 위한 것이다.

출처: 이상복, 이상훈(1997), pp. 79-81.

3) 문제행동 지도의 실제

일반 아동의 경우도 어른의 말을 안 듣거나 반항하고 거짓말, 도벽, 기물 파괴, 공격, 방화 등의 문제행동을 일으키듯이, 지적장애 아동도 몸을 해치는 자해행위, 공격행위, 하루 종일 몸을 흔드는 자기자극행위, 이물질을 먹는 행위, 구토행위 등 한 가지 또는 여러 가지 문제행동을 일으킨다(정보인, 1992).

지적장애 아동의 문제행동을 지도하기 위해서는 [그림 6-4]와 같은 원칙을 가지고 문제행동 지도를 시작한다.

장애가 심할수록 문제행동이 더 복잡하고 다양하며 지도하기도 더 어려

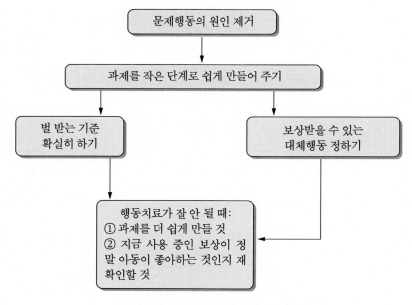

[그림 6-4] 문제행동 지도의 원칙

출처: 정보인(1992), p. 137.

운 경향이 있다. 다음은 『행동수정을 통한 어린이 문제행동 지도』(정보인, 1992)에서 소개하고 있는 내용 중 학교와 치료실에서 주로 접하게 되는 문제행동 네 가지를 선정해서 소개하고자 한다.

(1) 자해행위

자해행위는 자신의 몸이나 주변의 물건 등을 사용해서 자신의 신체 일부분에 손상을 입히는 행위를 말하며 주로 중증 지적장애 아동이나 자폐 아동에게서 나타난다. 일반적으로 쉽게 볼 수 있는 자해행위의 형태는 손톱으로 작은 상처부위를 지속적으로 긁는 행위, 머리를 책상이나 벽에 규칙적으로 박는 행위, 이물질을 씹거나 먹는 행위, 반복적으로 음식물을 구토하는 행위 등이다. 신체에 손상을 입히는 행위는 개인차가 심한데, 규칙적인 리듬에 따라 감각을 즐기면서 자신의 몸을 가볍게 쳐서 신체적 손상은 적게 입히면서 자기 자극을 즐기는 행위와, 자해행위 빈도는 낮지만 창문 밖으로 뛰어내리려고 한다든지, 바닥에 머리를 심하게 부딪히는 등 강도가 심하여 한두 번의 행위로 인해 생명에 위협이 되는 경우도 있다.

자해행위의 원인을 살펴보면, 주변의 상황이 지루해서 자극을 찾기 위한 자기자극의 수단일 수도 있고, 주변 사람들로부터 관심을 받고 싶거나, 하기 싫은 일이나 잘 못하는 일에 대한 회피의 수단으로 사용되는 경우도 많다.

자기자극을 찾기 위한 자해행위의 경우 풍부한 자극을 주기 위해 주변 환경에 장난감을 많이 놓고 놀이기구 등을 설치하여 다양한 놀이를 하도록 유도해야 한다. 주변 사람들로부터 관심을 받기 위한 자해행위의 경우는 차등 보상법을 사용하면서 아동에게 많은 관심과 보상을 주다가, 자해행위가 발생하면 즉각적으로 관심을 거두고 모른 체하는 방법을 사용하면 된다. 마지막으로 어떤 일을 회피하는 수단으로 자해행위를 사용할 때는 자해행위 자체에 대해서는 전혀 관심을 보이지 말고 그 과제를 끝까지 수행시키는 방향으로 이끌어 나간다.

(2) 옷이나 종이를 찢는 행위

중증 지적장애 아동이나 자폐 아동 중에서 옷이나 종이를 닥치는 대로 찢는 아동들이 있다. 이것은 욕구불만에 대한 자기표현의 일부일 가능성이 높다.

이 경우 상자에 종이나 헝겊을 가득 넣은 후 일정한 장소에 놓아 둔다. 찢기 쉬운 것을 맨 위에 올려놓고 찢기 힘든 것은 상자 바닥에 둔다. 일정한 장소에서는 아동이 상자 안에 둔 종이나 헝겊을 마음대로 찢도록 내버려 둔다. 그 대신 다른 장소에서 찢을 때는 벌을 준다. 보통 1~2주 정도 실시하면 찢는 행동은 더 이상 일어나지 않는다. 이때도 차등보상을 통해서 좀 더 바람직한 행동을 집중적으로 보상해 주고 지도해 주는 것이 중요하다.

(3) 물건을 집어던지는 행위

물건을 닥치는 대로 집어던지고 주위의 기물을 발로 걷어차거나 넘어뜨리는 등 파괴적인 행위를 하는 아동들이 있다. 주위의 관심을 끌기 위해서 그러한 행동을 할 수도 있고, 화를 조절하는 법을 알지 못해서 그런 경우도 있다.

이런 경우 일정한 공간에 던질 수 있는 물건을 몇 개만 남기고 모두 치운다. 차등보상법을 실시하면서 좋은 행동을 집중적으로 보상해 주고 아동이 좋아하는 게임을 하거나 간단한 지시를 따를 때 보상을 한다. 이 공간에서 물건을 집어던지는 행위가 나오면 즉각적으로 고립이나 동작억압 고립을 시킨다. 15초 내외로 고립을 끝낸 다음에는 원상회복법을 사용하여 던진 물건을 제자리에 놓게 한다.

(4) 손 물어뜯기 행동

지적장애 아동 중에는 지속적으로 손을 물어뜯어서 손에 상처가 난 경우를 흔히 볼 수 있다.

이런 경우 과잉 자극을 통해서 행동을 수정할 수 있다. 아동이 손을 물어뜯는 순간 교사가 아동의 손을 잡고 화장실로 가서 물어뜯긴 부분을 2분간 물에 담근다. 그 후에 2분간 구강 소독제로 입을 헹구어 내고, 2분간 치약으로 이를 닦게 한 다음, 2분간 손을 씻고 닦는다. 아동이 손을 물어뜯는 행위를 할 때마다 곧바로 실시하면 효과적이다.

5. 지적장애 아동의 성교육

지적장애 아동의 성적 특징은 일반 아동에 비해 2차 성징의 발달이 늦을 수 있고, 사회생활을 익히고 자연스럽게 이성교제를 할 기회가 부족하여

성적 활동이 부적절한 것이 되기 쉽다. 또한 왕성한 에너지를 적절하게 사용하지 못하고 본능적인 요구인 성에 강한 집착과 관심을 보이는 아동들도 더러 있다.

지적장애 아동은 성교육 시 의학적, 언어적 지시를 이해하기 어렵고 인쇄물을 읽을 수 없거나 접근하기 어려워 성에 대한 일반적인 정보가 부족하다. 성교육에 있어 지적장애 아동이 보이는 전반적인 특성은 다음과 같다. ① 미숙한 사회적 행동, ② 충동적 행위, ③ 관찰한 사물에 대한 판단이나 이해 부족, ④ 집중력 부족과 짧은 집중력, ⑤ 참고 견디는 소양 부족, ⑥ 어려움에 당면하였을 때의 처리능력 부족, ⑦ 신체적 조정능력의 부족, ⑧ 과도하게 산만하거나 위축된 행동 등이다(김한경, 박용숙, 2005).

경도 지적장애 아동을 위해서 초등학교 저학년 수준에서는 주로 자신의 몸에 대한 것, 위생과 건강에 대한 요소를 중요시하며, 부모와 가족 그리고 생명의 소중함을 강조해야 한다. 초등학교 고학년 수준에서는 친구의 소중함, 신체 발달에 따른 남녀의 신체적 차이, 생식기에 대한 것을 교육해야 한다. 중학교 수준에서는 몸의 성장과 변화, 남녀의 차이와 역할, 유혹이나 유괴에 대한 대응책, 생리현상의 차이, 특히 남학생의 몽정과 여학생의 월경에 대해 실제적인 생리 처리를 반복 지도해야 한다. 또한 성 차이와 실제적인 성 문제를 중심으로 남녀 교제, 성폭행, 성 비행, 유괴, 임신, 출산, 생리, 결혼, 가정, 가족관계 등을 반복 교육해야 한다(최중옥, 1996).

중등도 지적장애 아동의 경우는 2차 성징이 지연될 수도 있고, 장소를 가리지 않는 무분별한 성기노출, 자기자극, 자위행위, 동성 또는 이성 간의 성교 문제 등을 잘 일으킬 수 있다. 주로 행동수정의 방법을 사용하여 보다 적절한 적응행동을 발달시키기 위해 성교육, 성상담을 하면 어느 정도 반응을 기대할 수 있고 환경을 보다 구조적이고 보호적으로 만들어 주어야 한다.

중도 지적장애 아동과 최중도의 지적장애 아동의 경우 성적 충동에 대한 조절이 어렵고, 신체적 · 언어적 장애 등이 동반되며, 심리사회적 · 성적 행동의 발달이 부족하다. 주로 자기자극의 방법으로 자위행위를 하며 종종 지나친 자기자극행위로 성기에 염증이 생기는 일이 발생할 수 있다. 따라서 손톱을 짧게 깎아 주고 만약 필요하다면 로션과 약을 사용하여 성기를 보호하도록 하고 자위 시 해로운 도구의 사용을 막는다.

지적장애 아동이 안고 있는 성 문제에 비해서 학교에서나 가정에서 이루어지고 있는 성교육의 내용은 체계적이지 못하고 그들의 인지 수준에 맞게 교육 내용이 수정되지 못하고 있는 실정이다. 성교육에 기본적으로 포함되어야 할 내용은 해부학과 생리학, 성숙과 신체 변화, 피임법, 성병, 자위, 성 행동에 대한 책임, 동성과 이성 행동, 성적 행동, 친자관계와 결혼 등이다.

지적장애 아동의 일반적인 특징들을 염두에 두고 효과적인 성교육을 실시하기 위해서는 다음의 네 가지 원칙을 명심해야 한다.

- 과제 분석: 교사가 특정 수업목적을 달성하기 위해 각 단계별 기술과 하위 기술을 나누어 가르쳐야 한다.
- 다감각적이고 구체적인 자료: 인형, 생리대, 탐폰, 콘돔과 같은 실물 자료, 책, 잡지, 그림과 슬라이드, 영화 등을 포함하는 시청각 자료를 사용해야 한다.
- 정보의 반복: 지적장애 아동의 인지적인 특성을 고려하여 반복적으로 가르쳐야 한다.
- 기능적인 기술 연습: 역할놀이, 실제 상황에서의 극적인 경험, 기능적인 과제, 게임, 흥미 있는 활동 등을 통하여 기술을 가르쳐야 한다.

이러한 내용을 기초로 하여 아동의 장애 정도와 성에 대한 관심 그리고 흥미의 다양성을 고려하여야 한다. 그다음 다양한 매체를 이용하여 쉬운 내용에서부터 어려운 내용으로 단계화하고 반복적으로 지도해야 한다.

〈자위행위〉

정신연령은 어리더라도 생활연령이 있기 때문에 십대 지적장애 아동은 일반 청소년과 같은 성적인 욕구를 가지고 있다. 그들은 욕구를 바람직하게 충족시키는 법을 알지 못하고 여러 가지 문제점을 야기한다. 그중 다른 사람을 난처하게 하는 것 중 하나가 성적인 욕구를 공공장소에서 해결하려고 하는 것이다. 이들의 정신연령 수준은 구체적 사물만 이해하고 눈에 보이지 않는 규칙이나 체면은 이해하지 못하기 때문에 자기욕구를 발산하는 일에만 몰두하게 된다.

지적장애 아동을 위한 성교육에서 하지 말라고 가르치는 것은 그들의 욕구를 무시하는 바람직하지 못한 방법이다. 그러므로 '특정 장소에서만 하라'고 가르치는 것이 더 설득력이 있는 방법이다.

지적장애 성인이라도 성적인 욕구가 있다는 것을 인정하고, 자위행위를 할 수 있는 은밀한 장소를 미리 정해 둔 다음, 자위행위를 하려고 하면 즉시 그곳으로 데리고 가서 자위행위를 할 수 있도록 장소를 제공해 주고, 뒤처리하는 법도 알려 준다.

일정한 장소에서 자위행위를 할 때는 그대로 내버려 두거나 칭찬을 하고 다른 장소에서 할 때는 벌을 준다. 일단 자위행위를 통제할 때는 일정한 장소 이외에서 하는 자위행위를 놓치지 말고 벌을 주는 것이 중요하다. 그리고 평소 자연스럽게 이성 간의 만남을 가질 수 있도록 일주일 중 특정한 요일을 정해 산책이나 게임, 야유회 등을 주선하여 이들이 성적인 그리고 이성에 대한 욕구를 건전한 방법으로 해소하는 데 도움을 주도록 한다.

제2부

지적장애 아동의 언어

앞 에서 지적장애라는 용어가 생겨나기까지 어떠한 역사적인 배경이 있었는지, 어떠한 원인으로 인하여 지적장애가 야기되는지, 지적장애를 가진 아동들은 어떠한 인지적, 사회 · 정서적, 감각 · 운동적 특징을 보이는지 살펴보았다.

많은 지적장애 아동이나 성인이 언어, 특히 말을 통하여 의사소통하는 데 어려움을 보인다. 일반적으로 자신들이 알고 있는 것보다 표현하는 능력이 더 떨어지며 표현을 한다고 하더라도 발음상의 문제 때문에 타인이 잘 알아듣지 못하여 의사소통이 좌절되기도 한다. 제2부에서는 지적장애 아동이 어떠한 언어 특징을 보이는지 언어학적 영역에 따라 구체적으로 살펴봄으로써 이들의 의사소통능력 평가와 치료에 도움을 얻고자 한다.

제7장

언어의 형식적 특징

언어(language)는 세상의 사물, 사건, 생각 등을 표현하기 위하여 임의적으로 사용하는 기호로서 말(auditory), 문자(graphic) 또는 몸짓(gestured)에 의한 상징체계다. Bloom과 Lahey(1978), Lahey(1988)는 다음의 세 가지 주요한 측면이 언어에 포함된다고 하였다.

- 형식(form): 주로 구문론, 형태론, 음운론을 포함한다.
- 내용(content): 언어의 의미론적 구성요소를 형성한다—어휘에 대한 지식 및 사물과 사건에 관한 지식.
- 기능(use): 화용론의 영역으로 언어의 목표 혹은 기능, 이러한 목표를 성취하기 위하여 어떤 형태를 결정하기 위한 문맥의 사용 그리고 협력적인 대화를 수행하기 위한 규칙으로 구성된다.

언어는 전달하고자 하는 의미를 특정 문맥에서의 목적에 맞게 언어학적인 틀에 담은 것으로 형식, 내용, 기능이 잘 조화되어야 한다(김영태, 2002).

그러나 이러한 언어의 각 구성요소에 결함이 있을 경우에는 언어장애가 발생한다. 미국 말–언어–청각협회(American Speech-Language-Hearing Association: ASHA, 1993)에서는 언어장애를 "구어, 문어 그리고/혹은 기타 상징체계의 이해 그리고/혹은 사용에서의 장애이며, 의사소통에서 ① 언어의 형식(음운론, 형태론, 구문론 체계), ② 언어의 내용(의미론 체계), ③ 언어의 기능(화용론 체계)과 관련이 있다."라고 하였다. 또한 Fey(1986)는 언어장애를 "언어의 형식, 내용, 기능 발달 수준에 있어서의 유의한 결함"이라고 정의하였다. 이 장에서는 언어의 형식에 해당하는 음운론, 형태론·구문론적 특징에 대하여 살펴보도록 한다.

1. 음운론적 특징

음운론(phonology)은 한 언어에서 음소(phoneme)들이 결합하는 체계 또는 규칙으로, 음소를 그 기본 단위로 한다.

아동은 성인의 음운체계를 습득해 나가는 과정에서 다양한 음운변동[1] (phonological process)을 나타낸다. 이러한 현상은 아동의 구어 발달에 나타나는 보편적인 현상으로, 아동이 성인들의 복잡한 구어를 자신의 능력에 맞추어 단순화시키는 것이라고 해석할 수 있다. 모국어의 표준 음운체계를 습득하는 과정은 만 6~8세경에 이르러서야 거의 완성되는 비교적 오랜 기간에 걸쳐 일어나는 점진적인 과정이다. 이러한 발달과정은 어느 정도의 규칙성과 예측 가능한 순서를 지닌다. 그러나 아동의 음운 습득 과정은 아동에 따라서 다양한 차이를 보이는데, 발달상 약간의 차이를 나타내는 아

---

1) Hodson(1989)은 음운변동을 "개별 음소에서만이 아니라 음의 종류나 음의 위치에서 규칙적으로 발생하는 구어에서의 음성적 혹은 음소적 변화"라고 정의하였다.

동이 있는 반면, 전문가의 중재를 요할 정도로 유의하게 편차되거나 지체를 보이는 경우도 있다.

언어치료사는 아동의 음운 발달을 평가하고 적절한 치료 프로그램을 계획하기 위하여 아동 음운 발달과 관련한 여러 이론뿐만 아니라 연령에 따른 음운 습득의 순서와 규준 또한 잘 알고 있어야 한다.

1) 음운의 발달

아동이 어떻게 말소리를 내게 되는지 그 기전에 대한 질문에 많은 학자가 여러 이론을 제시하였다. 그러나 여기에서는 그러한 다양한 이론을 언급하기보다는 일반적으로 음운 발달이 어떻게 이루어지는지 그 단계를 살펴봄으로써 지적장애 아동의 조음 음운 수준을 파악하고 치료에 도움을 주고자 한다.

(1) 옹알이 단계

신생아는 울음을 통하여 배가 고픈지, 어디가 불편한지 의사소통한다. 물론 이때의 의사소통은 아기들이 의도한 것이라기보다는 가장 가까운 의사소통자인 어머니에 의해서 이와 같이 해석되는 경우가 많다.

갓 태어난 아기는 개월 수가 지남에 따라 발성이 조금씩 다르게 들리기 시작한다. Oller(1980)는 아직 구어를 산출하기 전인 언어 이전기의 아기들이 내는 소리를 그 특징과 시기에 따라 5단계로 나누어 설명하였다.

① 발성 단계(phonation stage, 0~1개월)

성인의 소리와는 다르지만 음절적인 특징을 보이며 마치 비음처럼 들린다. 모음과 같은 소리를 내며 자음 성분이 매우 짧다.

② 쿠잉 단계(cooing stage, 2~3개월)

연구개음과 같은 소리나 /u/와 비슷한 목울림 소리를 낸다.

③ 확장 단계(expansion stage, 4~6개월)

트레질(물푸레질)이라고 하여 입술을 떠는 소리를 내기도 하고 비명 소리를 지르거나 혀를 굴리는 소리를 내기도 하는 등 여러 가지의 발성 형태를 보인다.

④ 반복적 옹알이 단계(reduplicated babbling, canonical babbling, 6~8개월)

대부분 '바바바' '마마마'와 같이 동일한 자음을 반복하는데, 이전의 단계에 비하여 공명이 어느 정도는 완전해지며 성인의 억양과도 비슷해진다.

⑤ 음절성 옹알이 단계(variegated babbling, 9~12개월)

자음과 비슷한 소리와 모음과 비슷한 소리들이 조합되어 소위 '말'이 시작되는 것으로 보이는 단계다. 잘 알아들을 수 없기도 하지만 마치 말을 하는 것과 같이 들리며 다양한 형태의 음절 유형을 보이기 시작한다.

(2) 초기 음운 발달 단계

1~2세 정도의 유아들은 단어를 분화시키지 못하고 통단어로 습득하기 때문에 어휘들 간에 음운론적인 관련성을 알지 못한다(김수진, 신지영, 2007). 다만 자신의 음소 목록에 있는 소리들로만 단어를 선택하여 말하고 단어의 음절을 생략하거나 자신의 역량에 맞추어 말한다.

예를 들면, 18개월경의 유아는 '할아버지'를 '버지', '할머니'를 '머니'라고 하여 음절생략을 보였다. 또한 조음 위치상 대부분 양순음('맘마')과 치조음('대따/뒀다'), 조음 방법상 파열음('아빠' '까까' '빼')과 비음('엄마' '무/물')을 산출하였다.

〈표 7-1〉 우리말 자음 발달 단계

연 령＼발달 단계	출현연령	관습적 연령	숙달연령	완전습득연령
2세~2세 11개월	ㅅ, ㅆ	ㅈ, ㅉ, ㅊ	ㅂ, ㅃ, ㄴ, ㄷ, ㄸ, ㅌ, ㄱ, ㄲ, ㅋ, ㅎ	ㅍ, ㅁ, ㅇ
3세~3세 11개월		ㅅ	ㅈ, ㅉ, ㅊ, ㅆ	ㅂ, ㅃ, ㄸ, ㅌ
4세~4세 11개월			ㅅ	ㄴ, ㄲ, ㄷ
5세~5세 11개월				ㄱ, ㅋ, ㅈ, ㅉ
6세~6세 11개월				ㅅ

출처: 김영태(1996).

(3) 후기 음운 발달 단계

2~7세까지를 후기 음운 발달 단계로 구분하는데, 4세 정도가 되면 우리나라 아동들은 종성도 산출하여 대부분의 음절구조를 자유롭게 사용할 수 있게 되고 4~7세까지는 우리 말소리 습득의 안정기라고 할 수 있다(김수진, 신지영, 2007). 김영태(1996)는 우리말 자음 발달 단계를 해당 연령의 아동이 나타내는 비율에 따라 출현연령(25~49%), 관습적 연령(50~74%), 숙달연령(75~94%), 완전습득연령(95~100%)으로 제시하였다.

2) 지적장애 아동의 음운론적 특징

지적장애 분류에서 하위 그룹일수록 말에 더 많은 문제를 가질 수 있는데, Fristoe와 Lloyd(1979)는 지적장애의 약 70%가 말 산출에 문제를 보인다고 하였다.

Shriberg와 Widder(1990)는 지적장애 아동이 보이는 음운론적 특징을 다음과 같이 요약하였다.

• 장애가 없는 집단보다 구어음 오류를 더 흔히 보인다.

- 가장 흔한 오류는 자음 생략이다.
- 오류가 대개 비일관적이다.
- 오류 패턴은 지적장애가 없는 일반 아동과 유사하지만 기능적인 지체를 보인다.

지적장애 아동은 일반 아동과 대게 동일한 음운변동을 보이지만 그 발생 빈도가 더 높다. Klink 등(1986)과 Sommers, Patterson 그리고 Wildgen(1988)은 지적장애 아동이 흔히 보이는 음운변동은 자음군 생략과 종성 생략이라고 하였다. 또한 이러한 변동이 잘 변한다고 하였다.

지적장애 아동은 그들의 구어를 단순화시키기 위해서라기보다는 다른 이유로 이러한 변동을 사용하는 것이 아닐까 하는 가설이 있어 왔다. 예를 들면, Shriberger와 Widder(1990)는 지적장애 아동에게 자음군 생략이 나타나는 것은 구어 산출의 운동 조합 단계(motor assembly stage)를 마지못해서 억지로 하는 인지과정(cognitive processing)을 반영하는 것이 아닐까 하고 제안하였다.

Fitzgerald 등(1979)은 지적장애 아동은 일반 아동에게서 늦게 발달하는 /r/ 혹은 /dz/ 음이 오히려 빨리 발달하고, IQ 25 이하의 지적장애 아동은 모음 획득이 늦는 등 일반 아동의 조음 발달과는 아주 다른 패턴을 나타내는 경우도 있는데, 그 이유는 중추신경계의 결함 때문이라고 하였다.

Schlanger와 Gottsleben(1957)은 가족성 지적장애 아동보다 다운 증후군 아동에게서 언어장애 빈도가 높게 나타난다고 하였다. 또한 다운 증후군 아동은 95%가 조음장애, 72%가 음성장애, 45%가 말더듬을 보이며, 가족성 지적장애 아동은 66%가 조음장애, 22%가 음성장애, 10%가 말더듬을 보인다고 하였다. 그리고 가족성 지적장애 아동의 시어기는 3~4세인데, 다운 증후군 아동은 4~5세로 1, 2세 정도 뒤떨어진다고 하였다. 즉, 다운 증후군 아동은 매우 다양한 언어장애를 가지고 있는데, 첫째 시어기가 늦고, 둘째 다른 사람들이 그들의 말을 이해하기가 어려우며, 셋째 말더 듬이 심하고, 넷째 조음기관의 기능이 열악하며 이해능력에 비하여 표현능 력이 열악하다고 할 수 있다.

일반 아동은 자음의 위치(어두 · 어중 · 어말)에 따라 차이가 나지만 대체 로 6~8세에 이르면 어느 음이나 발음할 수 있는 능력이 생긴다. 그러나 지 적장애 아동은 6~8세에 이르러서도 정확하게 발음할 수 없는 자음이 있 다. 더 나이가 많은 지적장애 아동이더라도 더 어린 아동들이 보이는 음운 변동을 계속해서 사용한다(Klink et al., 1986; Moran, Money, & Leonard, 1984). 다른 말로 하면, 지적장애 아동은 어떤 단어를 정확하게 발음할 수 있을 때조차도 그 단어를 단순화하는 것으로 음운변동을 사용한다고 할 수 있다.

국내에서 이루어진 지적장애 아동의 조음 발달에 관한 연구를 살펴보면 다음과 같다.

손일수, 권도하 그리고 이규식(1985)은 지적장애인의 90% 이상이 조음 및 음운장애를 보이며, 오류 형태는 자신의 구어를 단순화시키는 경향과 구어 산출을 위한 음운운동 단계의 인지과정에 대한 습득 제한으로 인하여 자음 생략이 가장 높은 빈도로 나타난다고 하였다.

장인석(1987)은 지적장애 아동이 가장 높은 오조음률을 보이는 음소는 치 조음이며 가장 적은 오조음률을 보이는 음소는 양순음이라고 하였다.

김영환(1985)은 지적장애 아동의 조음 발달이 일반 아동과 유사한 유형 을 가지고 있으나 정상적인 발달 단계를 이루지 못한다고 하였다. 발달의 속도는 3~4세 사이가 가장 빠르고, 그 이상의 연령에서는 아주 느리게 발 달하고 있으며, 조음 발달 수준은 정신연령 6세의 지적장애 아동과 3세의 일반 아동이 같은 수준으로서 3세 이상 지체된다고 하였다. 또한 조음 위 치에 대한 조음 발달은 어두음이 가장 먼저 발달하고 어중음이 가장 늦게 발달한다고 하였다. 조음 방법에 대한 조음 발달은 비음이 가장 먼저 발달하고 경구개음이나 치조음이 늦게 발달한다고 하였다.

정익진(1988)은 지적장애 아동의 조음능력 발달에 관한 연구에서 모음 /ㅏ/, /ㅗ/, /ㅣ/는 정신연령 3세, /ㅓ/는 정신연령 4세, /ㅐ/, /ㅑ/, /ㅕ/, /ㅛ/는 생활연령 8세, 정신연령 4세, /ㅜ/는 생활연령 9세, 정신연령 5세, /ㅡ/는 생활연령 11세, 정신연령 6세, /ㅠ/는 생활연령 11세, 정신연령 7세에서 정확히 조음할 수 있다고 하였다. 또한 자음 /ㄱ/은 정신연령 4세, /ㅇ/은 정신연령 6세, /ㅂ/, /ㄷ/, /ㅅ/, /ㅎ/, /ㄴ/은 정신연령 7세에서 정확히 조음한다고 하였다.

지적장애가 다소 포함된 조음장애 집단과 정상 집단의 음운변동 패턴에 관하여 연구한 김영태(1995)는 정상 집단에서 흔히 나타나는 변동이면서 조음장애 집단에서 더욱 많이 나타나 유의한 차이를 보이는 변동들로 종성 생략, 비음 생략, 유음 생략, 연구개음 생략, 연구개음의 전설음화, 경구개음의 전설음화, 치조음화, 이완음화, 모음변이를 제시하였다. 그리고 이러한 기초적인 변동들이 15% 이상 나타나면 이에 대한 중재가 고려되어야 한다고 하였다. 또한 정상 집단에서는 5% 이하로 나타나지만 조음장애 집단에서 많이 나타나 유의한 차이를 보이는 변동들로 탈기식음화, 폐쇄음 생략, 양순음 생략, 치조음 생략, 긴장음화 등이라고 하였다. 그리고 이러한 변동들이 10% 이상 나타나면 이에 대한 중재가 고려되어야 한다고 하였다.

조인수 등(1999)은 생활연령이 8~18세이고 정신연령이 4~8세인 지적장애 아동 75명을 대상으로 오류 형태별, 조음 위치별, 조음 방법별 조음 발달 경향을 살펴보았다. 조음 위치별 조음 발달 경향에서 각 연령선에 다소의 차이가 있었지만, 전체적으로 오조음이 많은 것에서 적은 것으로의 순서는 연구개음, 치조음, 경구개음, 양순음, 성문음으로 나타난다고 하였다. 그리고 조음 방법별 오조음 경향이 많은 것에서 적은 것으로의 순서는 유음, 비음, 폐쇄음, 폐찰음, 마찰음으로 나타난다고 하였다. 그리고 지적장애 아동의 전체 자음의 조음정확도는 정신연령의 증가와 더불어 증가하며 정신연령이 4~8세로 발달해 감에 따라 조음 발달이 거의 완전하게 이루어지며, 이것은 일반 아동의 연령 증가와 더불어 조음이 발달한다는 사실과 일치한다고 하였다. 오류 형태별 조음 경향에서는 대치가 전체 오류에서 차지하는 비율이 가장 높고, 그다음이 생략으로 나타났으나 왜곡은 극히 적게 일어났다고 하였다. 단어 내 위치에서 목표 자음의 조음 발달 경향을 전체적으로 오조음률이 높은 것에서 낮은 순서로 나열하면, 어말-종성, 어중-초성, 어두-초성이다. 이와 같은 결과는 일반 아동의 발달 순서가 어두-초성, 어말-종성, 어중-초성의 관계를 거친다는 것과는 다소 차이가 있다. 이 연구에서 알 수 있듯이 지적장애 아동의 단어 내 위치에서의 조음 발달은 일반 아동과 다르다고 할 수 있다.

여광응, 조인수 그리고 백은희(2000)는 지적장애 아동 중 다운 증후군 아동 45명과 비다운 증후군 아동 45명을 대상으로 조음능력을 살펴보았다. 그 결과는 다음과 같다. ① 다운 증후군 아동의 조음능력 수준은 비다운 증후군 아동보다 지체될 뿐만 아니라 연령이 증가할수록 더욱 지체되며, 발달 속도에 있어서도 비다운 증후군 아동과 상이한 양상을 나타내고 있다. ② 다운 증후군 아동의 조음 발달 특징에서 자음 위치별 조음 발달 특징은 비다운 증후군 아동과 마찬가지로 어두음이 먼저 발달되나 어말음은 지체되어 있다. ③ 조음 방법별 특징은 다운 증후군 아동이나 비다운 증후군 아동 모두 파열음의 발달 속도가 빨랐으며, 바르게 조음되는 순서는 다운 증후군의 경우 비음-파찰음-파열음-유음-마찰음의 순으로 나타났다.

황보명, 신명선 그리고 석동일(2001)은 지적장애 아동 50명을 대상으로 자음정확도와 음운변동 특성을 살펴본 결과, 지적장애 아동의 자음정확도는 평균 69.27%로 나이가 어린 일반 아동이나 기능적인 조음장애 아동보다도 훨씬 낮은 자음정확도를 보인다고 하였다. 그리고 모든 음운변동의 출현율이 5%가 넘게 나타났으며, 성문음 생략이 58.82%로 가장 높게 나타났고, 그다음으로는 종성 생략, 유음 생략, 성문음의 전설음화, 경구개음의 전설음화, 연구개음 생략, 비음 생략, 파찰음 생략 등으로 나타났다고 하였다.

3) 음운 인식 능력의 발달

Wagner와 Torgesen(1987)은 음운 인식이 음운처리(phonological processing)의 한 요소로 언급되는데 음운처리는 구어와 문어를 포함한 언어적 정보처리를 위하여 음운적 혹은 말소리 정보를 활용하는 것을 말한다고 하였다. 음운처리의 요소에는 ① 음운 인식(phonological awareness, Bruck, 1992; Torgesen et al., 1997), ② 음운 단기기억(phonological short-term memory, Brady et al., 1997; Gathercole & Baddeley, 1993), ③ 음운 이름 대기 혹은 빠른 자동화된 이름 대기(phonological naming 혹은 rapid automatized naming, Bowers & Swanson, 1991; Wolf, 1991) 등 세 가지가 언급된다.

음운 인식은 단어가 별도의 소리 조각으로 이루어져 있음을 깨닫는 것(이승복 역, 2001)으로, Wagner와 Torgesen(1987)은 자신의 말에서 단어의 소리구조를 감지하고 인식하는 것이라고 하였다. 또한 이차숙(1999)은 단어를 이루는 낱자의 소리들을 식별할 수 있고, 또 그런 소리들이 결합되어 낱말이 된다는 사실을 알며, 말소리의 최소 단위인 음소들을 합치고, 분절하고, 빼고, 삽입하고, 대체할 줄 아는 것이라고 하였다.

음운 인식의 발달 수준은 학자마다 다소 차이가 있기는 하지만 일반적으로 ① 문장 내 단어 인식, ② 음절 인식, ③ 초성-라임(onset-rime) 인식 혹은 음절체-종성(body-coda) 인식, ④ 음소 인식 순으로 발달한다(Cassady & Smith, 2004; Goswami, 2000; Torgesen, 1999). Adams(1990)와 Yopp (1988)은 음소 인식을 과제 난이도에 따라 더 구체화하였는데, 음소 변별,

합성, 분절이 음소 탈락과 대치보다 더 먼저 발달한다고 하였다. Libermann 등(1974)은 음절과 음소 분절 과제를 4, 5, 6세 아동들에게 실시한 결과 4, 5세 아동의 50%와 6세 아동의 90%가 음절 분석 과제를 할 수 있었으며, 4세 아동은 음소 분절이 불가능하였으나, 5세 아동의 17%, 6세 아동의 70%가 음소 분절이 가능하다고 하였다. 이러한 음운 인식은 읽기 능력이 습득되기 이전에 말놀이나 운율 맞추기 등을 통해 시작되며, 점차 말소리의 음절 인식으로 발달되어 가고, 이후 읽기에서의 단어 재인(word recognition)에도 영향을 미친다(Swank & Catts, 1994). 요약하면, 음운 인식은 생활연령이 증가함에 따라 발달하게 되고 단어 분석에서 음절 분석, 음소 분석으로 발전한다고 할 수 있다.

음운 인식 능력을 평가하기 위하여 외국의 경우에는 표준화된 음운 인식 검사가 개발 · 보급되어 있으며 최근 국내에서도 개발 중에 있다(김영태, Lombardino, 2006). 〈표 7-2〉에는 국내에 발표된 음운 인식 평가와 관련된 논문들을 참고하여 필자가 보완한 음운 인식 평가 자료를 제시하였다.

〈표 7-2〉 음운 인식 평가

음운 단위	평가 내용	평가의 예
단어 수준	단어 탈락	'여왕'과 '벌' 그림을 각각 보여 준 다음 "이 그림을 보면 여왕벌이 될 수 있는데, 여기에서 '여왕' 그림을 빼면 무슨 소리가 남을까요?"라고 질문한다.
	단어 합성	'종이'와 '컵' 그림을 각각 보여 준 다음 "'종이'와 '컵'을 합하면 무슨 소리가 될까요?"라고 질문한다.
	단어 변별	'배(탈 것)' '새' '배(과일)' 그림을 보여 준 다음 "이 그림 중에서 다르게 소리가 나는 것은 무엇일까요?"라고 질문한다.
음절 수준	음절 수 세기	"'돌고래'는 몇 음절일까요? 네, 3음절이에요. 그럼 '바지'는 몇 음절일까요?"라고 질문한다.
	음절 변별	'사과' '사자' '과자' 그림을 보여 준 다음 "이 그림 중에서 시작하는 말이 다른 것은 무엇일까요?"라고 질문한다.

음절 수준	음절 변별		"'나비', '가방', '나무' 중에서 시작하는 말이 다른 것은 무엇일까요?"라고 질문한다.
	음절 합성		"'나' 소리에 '비' 소리를 더하면 무슨 소리가 될까요?"라고 질문한다.
	음절 탈락		"'안경'에서 '안' 소리를 빼면 무슨 소리가 될까요?"라고 질문한다.
	음절 분절		"'아기'를 각각의 소리로 나누어 말하면 어떻게 될까요?"라고 질문한다.
	음절 대치		"'오리'에서 '오' 대신에 '머' 소리로 바꾸어 말하면 어떻게 될까요?"라고 질문한다.
운모 수준	초성+중성 변별		"'강' '공' '간' 중에서 시작하는 말이 같은 것은 무엇일까요?"라고 질문한다.
	중성+종성 변별		"'강' '상' '손' 중에서 끝나는 말이 같은 것은 무엇일까요?"라고 질문한다.
음소 수준	음소 탈락		"'새'에서 /ㅅ/(스)를 빼면 무슨 소리가 남을까요?"라고 질문한다.
	음소 합성		"/ㅅ/(스) 소리에 /ㄴ/ 소리를 더하면 무슨 소리가 될까요?"라고 질문한다.
	음소 변별	두운 변별	'사자' '수건' '나비' 그림을 보여 준 다음 "이 그림 중에서 시작하는 말이 같은 것은 무엇일까요?"라고 질문한다.
		각운 변별	'사진' '창문' '나팔' 그림을 보여 준 다음 "이 그림 중에서 끝나는 말이 같은 것은 무엇일까요?"라고 질문한다.
	음소 분절		"'발'을 만드는 세 개의 소리를 따로따로 말해 볼까요?"라고 질문한다.
	음소 대치		"'감'에서 /ㄱ/ 대신 /ㅅ/를 넣으면 무슨 소리가 될까요?"라고 질문한다.
	음소 첨가		"'다'에 /ㄹ/ 소리를 넣으면 무슨 소리가 될까요?"라고 질문한다.
	음소 수 세기		"'손'은 몇 개의 소리로 만들어진 것일까요?"라고 질문한다.

4) 지적장애 아동의 음운 인식 능력

지적장애 아동의 음운 인식 능력을 조사한 연구들을 살펴보면, 서은영 (2005)은 지적장애 아동 40명(정신연령 4, 5, 6, 7세)을 대상으로 음운 인식 능력을 조사하여 지적장애 아동의 정신연령이 증가하면서 음운 인식 점수도 증가하고 읽기 능력도 개선된다고 하였다. 이러한 결과는 일반 아동의 음운 인식 능력도 생활연령이 증가하면서 발달하고, 단어분석에서 점차 음절분석, 음소분석으로 발달해 나간다(Libermann et al., 1974; 홍성인, 2002)는 결과와 동일하며, 지적장애 아동의 음운 인식 발달이 일반 아동과 유사하다고 할 수 있겠다.

그러나 김미인, 안성우 그리고 최상배(2006)는 초·중·고등학교 지적장애 학생의 음운 인식 능력을 살펴본 결과, 학교급별 음운 인식에 차이가 없음을 밝혔다. 그리고 이렇게 되는 원인을 지적장애 학생의 생활연령이 증가할수록 사회연령은 증가하지만 평균 지능지수가 모든 학교급 간에서 정상보다 유의미하게 낮아 음운 인식 능력의 결손이 지속되는 것으로 보았다. 또한 과제 유형에 따른 지적장애 학생의 음운 인식 특성을 살펴본 결과, 정반응률이 가장 높은 것은 음절 수 세기 과제였으며, 그다음은 탈락과제, 합성과제, 변별과제 순으로 나타났다고 하였다. 그러나 모든 과제에서 지적장애 학생은 전반적으로 어려움을 보였다고 하였다. 또한 과제 수준에 따라 지적장애 학생은 단어 수준에서 가장 높은 정반응률을 보였고 음절, 음소 수준으로 정반응률이 나타났다고 하였다. 하지만 일반 아동이 단어와 음절 수준보다 음소 수준에서 정반응률이 눈에 띄게 낮게 나타나는 것과는 달리 지적장애 학생은 단어, 음절, 음소 수준에서의 차이가 비교적 적게 나타났다고 하였다. 이와 같은 결과를 종합하여 볼 때 지적장애 학생은 생활연령과는 상관없이 음운 인식에 전반적인 어려움을 보이는 것을 알 수 있다.

양진희 등(2007)도 초·중·고등부 학교급별 지적장애 학생의 음운 인식 능력을 살펴보았는데, 이 연구에서도 학년이 증가한다고 하여 음운 인식 능력이 향상되지는 않는다고 하였으며, 다만 음절 수준에서의 수 세기, 합성, 탈락의 경우에는 초등부보다는 중등부로 올라가면서 향상되는 것으로 나타났다고 하였다. 따라서 지적장애 학생의 음운 인식 능력은 생활연령이 증가한다고 하여 큰 변화가 있는 것이 아니라 결함이 지속되는 것으로 보인다.

황보명과 강수균(2002)은 경도 지적장애 아동에게 동일 음절로 끝나는 단어 찾기, 초성 동일 음소 확인하기, 어말 종성 동일 음소 확인하기, 초성이 다른 어휘 판별하기, 음소 분절하기(색깔 블록을 이용), 구어와 문자를 연결하기 활동을 실시하여 음운 인식 능력의 개선, 자음정확도의 증가 및 부적절한 음운변동 패턴 사용의 감소를 보고하였다.

그러나 이러한 연구들의 대부분은 아직 국내에 표준화된 음운 인식 검사가 개발되지 않은 상태에서 연구자들마다 임의로 제작한 음운 인식 평가도구를 활용하였다는 점에서 연구 결과들을 일반화하여 생각하기에는 다소 어려움이 따른다.

지적장애 학생의 읽기 능력과 관련된 변인들을 살펴본 Ellis와 Large (1987)의 연구에서는 음운처리 능력이 가장 중요한 상관관계를 보인다고 하였는데, 국내에서도 지적장애 아동의 음운처리 능력과 읽기 능력에 관한 연구들이 이루어지고 있다. 지적장애 아동의 읽기 학습은 정신연령이 6.5세 이상이 되어야 가능하며(강옥려, 1989), 정신연령이 7세가 되어야 음운 부호화가 이루어지므로 읽을 수 있다(이혜원, 1991). 또한 정신연령이 7세일 때 문자−음 대응규칙을 알게 되므로 읽기가 가능해진다(이경옥, 1990)는 선행 연구들을 살펴보았을 때, 지적장애 아동의 정신연령이 최소한 6세 혹은 7세에 가까워져야 음운 인식 능력이 발달하여 잘 읽을 수 있게 되는 것으로 보인다. 따라서 최소한 정신연령 6세부터는 음운 중심의 글자 지도가 적절한 것으로 보인다(서은영, 2005).

지적장애 학생을 대상으로 음운 인식 훈련을 실시한 선행 연구들(강수균 등, 2006; 김혜원, 2006; 정휘순, 2005; 최영미, 2006)을 살펴보았을 때 초등학교부터 음운 인식, 특히 수 세기, 합성, 탈락을 중심으로 음운 인식 훈련이 지속적으로 이루어진다면 지적장애 학생의 음운 인식 능력의 향상을 기대해 볼 수 있을 것이다(양진희 등, 2007).

2. 형태론 · 구문론적 특징

형태론(morphology)은 한 언어에서 형태소들이 결합하여 낱말을 형성하는 체계 또는 규칙으로 형태소(morpheme) 및 낱말(words)을 그 기본 단위로 한다. 구문론(syntax)은 낱말의 배열에 의하여 구, 절, 문장을 형성하는 체계 또는 규칙이다.

1) 형태론 · 구문론 측면의 발달

유아는 첫돌을 기점으로 단어를 말하기 시작하여 점차 연령이 증가함에 따라 두세 단어를 결합하여 문장으로 발화할 수 있다. 대략 16~18개월 정도가 되면 단일단어 이해능력에서 점차 다단어 문장을 이해할 수 있게 되어 간단한 지시도 수행할 수 있고 문장 속의 의미관계도 이해하게 된다. 그리고 18개월 이상이 되면 전보문식의 두 단어로 된 문장을 발화하기 시작하고 점차적으로 단어의 기능을 두드러지게 하는 조사나 어미 등을 사용하게 된다. 그리고 30~36개월 정도가 되면 문장 속에 포함된 문법형태소나 구문 구조, 낱말 배열 순서 등에 의존하여 문장을 이해하게 된다.

학령 전 아동의 언어복잡성을 살펴보는 데 평균발화길이(mean length of utterance: MLU)를 활용할 수 있는데, 평균발화길이는 나이와 상관이 높고 신뢰성이 있으며 언어 발달, 특히 절 복잡성에 대한 좋은 예언치가 될 수 있다(Blake, Quartaro, & Onorati, 1993; Rondal, Ghiotto, Bredart, & Bachelet, 1987). 평균발화길이는 언어 발달 단계에 따라 다르게 나타날 수 있는데, 대표적으로 Brown(1973)과 Miller(1981)의 연구 결과를 〈표 7-3〉과 〈표 7-4〉에 제시하였다. 일반적으로 평균발화길이가 4.0이 될 때까지는 평균발화길이의 증가가 발화복잡성의 증가와 상응하지만, 평균발화

〈표 7-3〉 Brown의 언어 발달 단계의 특성

단 계	평균발화길이	추정 생활연령(개월)	특 성
I	1.0~2.0	12~26	직선적인 의미론 규칙
II	2.0~2.5	27~30	형태론적 발달
III	2.5~3.0	31~34	문장 형식 발달
IV	3.0~3.75	35~40	문장 요소의 내포
V	3.75~4.5	41~46	절의 접속
V+	4.5+	47+	

출처: Brown(1973); 이승복 역(2002) 재인용.

〈표 7-4〉 Miller의 평균발화길이와 추정 연령

평균발화길이	추정 생활연령(개월)	추정 연령(개월) ± 1 S.D.
1.5	23.0	18.5~27.5
2.0	26.9	21.5~32.3
2.5	30.8	23.9~37.7
3.0	34.8	28.0~41.6
3.5	38.7	30.8~46.6
4.0	42.6	36.7~48.5
4.5	46.6	40.3~52.9
5.0	50.5	42.1~58.9
5.5	54.4	46.0~62.8
6.0	58.3	49.9~66.7

출처: Miller(1981).

〈표 7-5〉 일반 아동의 평균단어길이와 평균형태소길이

연 령	평균단어길이	평균형태소길이
2세~2세 5개월	2.27	3.01
2세 6개월~2세 11개월	2.67	3.75
3세~3세 5개월	2.99	4.20
3세 6개월~3세 11개월	3.35	4.95
4세~4세 5개월	3.84	5.46
4세 6개월~4세 11개월	4.39	6.31

출처: 김영태(1997)

길이가 4.0이 넘으면 맥락에 따라 발화의 복잡성이 달라지기는 하나 발화 길이가 꼭 증가하는 것은 아니다(D'Odorico & Franco, 1985).

국내 2~4세 아동의 평균발화길이를 조사한 김영태(1997)는 그 단위를 형태소, 낱말, 어절로 사용한 것과 관계없이 평균발화길이와 최장발화길이는 생활연령이 증가함에 따라 언어 발달의 민감한 척도가 된다고 하였다(〈표 7-5〉 참고). 그러나 문법형태소를 많이 포함하고 있는 한국어의 특징상 영어권 아동과의 직접적인 비교는 의미가 없을 수 있으므로 유의할 것을 당부하였으며, 영어권 아동은 한국 아동의 평균어절길이와 유사한 수준을 보인다고 하였다.

아동은 단어들을 조합하여 문장을 만들어 가면서 문법적인 기능을 표현하기 위하여 문법형태소를 발달시킨다. 형태소는 단계 II에서부터 출현하기 시작하여(Brown, 1973) 학령기까지 계속 진행되며 4~7세 사이에 사실상 가장 많이 습득하게 된다(Owens, 2001). 이러한 문법형태소는 언어의 사회적 의사소통 기능, 인지 발달 요인, 단어 끝 부분에 문법형태소가 오는 것과 같은 지각적 현저성 요인, 문법적 복잡성 요인 등으로 인하여 언어권에 따라 출현 시기에 차이가 있을 수 있다. 〈표 7-6〉에는 한국 아동의 문법형태소 출현 순위를 제시하였다.

〈표 7-6〉 문법형태소의 출현 순위

출현 순위	문법형태소		예
1	문장어미		아, 라, 자동
2	공존격 조사		랑, 하고, 도, 같이
3	장소격 조사	목표격	에, 한테, 으(에)로
		처소격	에
4	과거 시제		었
5	미래 시제		ㄹ
6	주격 조사		가
7	진행 시제		ㄴ, ㄴ다
8	수동		이, 히
9	주격 조사		는
10	목적격 조사		을, 를
11	도구격 조사		로
그 외	한정격 조사		도, 만
	수여격 조사		에게, (한테)

출처: 조명한(1982); 김영태(2002)에서 재인용

　　문장 구조의 발달을 조사한 국내 연구들을 살펴보면, 1~2세에는 주로
명사구로 된 한 낱말 문장이 나타나고 동사구는 처음에는 의미론적으로는
동사구의 역할을 하나 명사구의 형태로 나타난다. 2세경이 되면 통사론적인
동사구가 나타나 이때부터 두 낱말 문장이 나타나며, 2세~2세 4개월에는
명사구와 동사구 외에 호격어를 사용하기 시작하고 형용사도 나타나기 시
작한다. 2세 9개월~3세 사이에는 부정어, 과거시제, 부사, 감탄어, 청유형
의 말, 문장 종결 등이 나타난다. 3세 1개월~3세 6개월에는 주격 조사, 시
제동사의 사용이 다양하게 나타난다.

　　의문사 질문의 이해는 '무엇' '어디' '예/아니요' 대답의 형식을 가장
먼저 이해하고, 그다음으로 '누구' '왜' '어떻게' '언제'가 포함된 질문을
이해한다(Lindfors, 1981). '무엇' '어디' '누구'와 같은 의문사 의문문은
아동의 즉각적인 환경과 관련되어 문장 내의 요소들을 대신해 주는 대명사

의 형태를 취할 수 있어서 초기에 습득되는 편이다. 그러나 행위의 도구 혹은 수단에 대한 의문사인 '어떻게'와 '언제'는 문장 내의 의미관계를 묻기 때문에 단순한 명사 대치보다 어려우므로 늦게 습득된다. 의문사 '왜' 또한 인과관계 및 원인에 대한 개념 발달이 보다 늦게 이루어지고 이 의문사가 문장 내 요소의 관계에 대해서가 아니라 전체 절에 영향을 미치기 때문에 늦게 습득된다(Owens, 1996).

한국 아동은 접속사보다는 연결어미를 보다 빨리 나타내며, 한정 조건을 일찍 산출한다. 또한 접속에 의한 복문과 내포에 의한 복문은 거의 같은 시기에 출현하나, 산출 빈도로 보아 시간이 경과할수록 내포에 의한 복문의 산출량이 많아지는 추세다. 5~6세 아동은 주어에 관계절이 오는 구문을 주로 사용하며 차츰 목적어에 관계절을 사용하는 비율이 높아져 11세 아동의 79%가 이러한 구문을 사용한다.

2) 지적장애 아동의 형태론·구문론적 특징

지적장애 아동의 언어 발달을 연구한 많은 논문에서 일반 아동과의 양적, 질적 차이에 관하여 살펴보았다. 전반적인 연구 결과를 종합해 보면, 지적장애 아동의 언어는 언어의 모든 측면에서 진전 속도가 느리나 일반 아동과 유사한 발달 순서를 보이는 등 발달상에 양적인 차이는 있지만 질적인 차이는 없다는 견해가 지배적이라 할 수 있다. 그렇다면 지적장애 아동은 언어의 형식적인 측면 중 형태론 및 구문론적으로는 어떠한 특징을 보이는지 구체적으로 살펴보도록 하자.

여러 연구자(Paul, 1987; Swisher & Demetras, 1985; Tager-Flusberg, 1985)에 의하면, 지적장애 아동은 일반 아동보다 다소 짧은 발화, 간단한 문장 구조, 제한된 문장 형태를 사용하는 경향이 있다. 그러나 지적장애 아동의 구문론적 특성은 의미론이나 화용론에 비하여 특이한 결함을 보이지는 않아 상대적으로 다른 언어 영역보다는 그 결함의 정도가 심하지 않은 것으로 보인다. 전병운(1988)에 의하면, 지적장애 아동의 평균발화길이가 일반 아동에 비하여 2년 이상의 지체를 보이며 정신연령이 증가할수록 그 차이 또한 증가한다. 그리고 발화의 표현 구조는 정신연령이 증가함에 따라 1어문과 2어문은 점차 감소하고 3어문 이상의 복문 사용 빈도가 증가하는데, 정신연령이 7세경에 가장 큰 변화를 보인다.

하지만 이러한 연구 결과들을 해석할 때에는 연구 대상의 선정이나 연구 방법상의 차이로 인하여 지적장애 아동의 형태론·구문론적 특징이 다소 차이가 있을 수 있음을 염두에 둘 필요가 있다.

Tager-Flusberg와 Baumberger(1987)는 지적장애 아동의 문법형태소 발달을 살펴본 종단 연구에서 지적장애 아동과 일반 아동 사이의 특이할 만한 차이점을 발견하지는 못하였지만 개인 간 차이가 매우 심하였기 때문에 집단의 특성을 논하기란 쉽지 않다고 하였다. 또한 이들의 연구에 의하면, 지적장애 아동은 현재 일어나고 있는 일이나 사건에 대하여 이야기할 때는 과거형 형태소를 잘 사용하였으나, 현재의 활동 문맥이 아닌 상황이나 사건에 대하여 이야기할 때는 시제 형태소의 사용에 많은 결함을 보였다.

지적장애 아동은 일반 아동에 비하여 형태소 사용이 매우 제한적이기는 하지만 형태론·구문론적 특성에서 다소 지체되어 있을 뿐, 비정상적인 패턴이나 특징을 나타내지 않는다(Bartolucci, Pierce, & Steiner, 1980; Cantwell et al., 1987; Owens, 2002).

일반 아동에 비하여 지적장애 아동은 새로운 형태의 구문을 학습하는 데 오랜 시간이 걸리며(McLeavey, Toomey, & Dempsey, 1982) 복잡한 형태의 구문 학습이 가능하다 하더라도 그것을 자발적으로 잘 사용하지는 않는다. 또한 지적장애 아동은 정신연령이 동일한 일반 아동보다 문장을 따라 말하는 능력이 열악하다(Merrill & Bilsky, 1990).

즉, 경도 지적장애 아동과 일반 아동은 구문 구조의 전반적인 발달과정에서 일반적으로 유사하지만, 그 발달 비율은 지적장애 아동에게서 더 느리게 나타난다(McLeavey et al., 1982; Naremore & Dever, 1975)고 할 수 있다. 문장의 길이와 복잡성 발달에서도 지적장애 아동은 일반 아동과 동일한 발달 순서를 보인다(Graham & Graham, 1971).

그러나 경도 지적장애 아동은 주제 설명하기와 비교절 같은 복잡한 구조를 덜 사용하며(Naremore & Dever, 1975), 동일한 정신연령의 일반 아동보다도 더 짧고 덜 복잡한 문장을 사용하는 것으로 보인다(McLeavey et al., 1982; Naremore & Dever, 1975). 또한 여러 연구에서 지적장애 아동의 구문 발달이 정신연령보다 뒤처진다고 결론내린 경우가 많다(Bartel, Bryen, & Keehn, 1973; Lovell, 1968; McLeavey et al., 1982; Semmel, Barritt, & Bennett, 1970).

이상의 선행 연구 결과들을 요약해 보면, 지적장애 아동의 경우 전반적인 구문 구조의 발달 순서는 일반 아동과 유사하지만 발달 속도가 더 느린 경향을 보인다는 것을 알 수 있다. 그리고 생활연령이 증가할수록 문장의 길이도 길어지고 문장의 복잡성도 증가하는 것을 알 수 있다. 그러나 정신연령이 동일한 일반 아동과 비교하였을 때에는 문장의 길이가 짧고 단순한 문장을 사용하는 경향이 있다.

지적장애 아동은 언어 규칙을 일반화하는 데 어려움이 있으므로 일반 아동에 비하여 융통성이 부족한 언어 구조를 보인다(McLeavey et al., 1982). 따라서 구문론적 특성이 심하게 지체되거나 결함을 보이지는 않지만 고정적이고 상투적인 형태의 언어 사용이 많이 나타나는 등 다양하지 못하고 매우 제한적인 언어 구조를 보인다. McLeavey 등(1982)은 "구문 발달에서 일반 아동과 경도 지적장애 아동 사이의 차이점은 본질적으로 질적이기보다는 양적이다."라는 말로 지적장애 아동의 구문 특성을 요약하였다.

언어의 내용적 특징

의미론(semantics)은 말의 의미(내용)나 이해와 관련된 언어 영역이다. 따라서 아동이 어떻게 낱말의 의미를 이해하고 그러한 낱말들을 어떻게 의미 있게 연결하느냐를 살펴볼 수 있다. 이 장에서는 일반 아동의 어휘 및 의미관계 발달에 대하여 알아보고 또한 지적장애 아동이 어떠한 특징을 보이는지 알아볼 것이다.

1. 의미론 측면의 발달

1) 한 낱말 시기

일반 아동은 대개 생후 10~12개월 사이에 첫 낱말을 나타내기 시작하는데, 대부분 가족 구성원(예: 엄마, 아빠, 아기, 할머니)과 일상적인 사물(예: 맘마, 우유, 물) 등 아동이 흔히 접하고 필요로 하는 것들 중에서 선택하여 말한다.

이와 같이 첫 낱말은 대개 아동의 일상생활에서 중심적인 사람이나 사물을 언급하게 된다. 하나의 발생이 진정한 단어(true word)가 되기 위해서는 세 가지 기준을 충족해야 한다. 첫째, 분명한 목적을 가지고 단어를 산출해야 한다. 예를 들면, '우유'라는 단어를 우유를 가리키며 말한다면 우유를 언급하거나 요구하는 분명한 목적이 있는 것이며, 엄마가 말하는 '우유'라는 단어를 그냥 따라서 발화한다면 이것은 단순한 반복이나 모방이라고 할 수 있을 것이다. 둘째, 성인의 단어 형태와 같이 인식할 수 있는 발음이어야 진정한 단어라고 할 수 있다. 셋째, 아동이 그 단어를 사용하는 본래의 맥락을 넘어서 확장하는 단어를 진정한 단어라고 할 수 있다. 즉, 물을 마시고 싶을 때 '무'라고 말한 아동이 목욕하면서 욕조에 담긴 물을 보고도 혹은 아빠가 물을 마시는 것을 보았을때에도 '무'라고 말할 것으로 기대되어야 한다.

아동은 몇 개의 낱말로 다른 사람과 의사소통하기 시작하다가, 자신의 요구를 나타내기 위하여 점차 새로운 낱말들을 표현하고, 의문의 의미로 낱말의 끝을 올리기도 한다. 첫 낱말이 나타난 이후에도 아동 개인차에 따라 10개 정도의 낱말을 말할 때까지 몇 주 혹은 몇 개월이 걸리기도 한다. 대략 15개월 정도가 되면 10개의 낱말을 표현하게 되는데, 이 시기에는 아동이 선호하는 의미개념 위주로 어휘 발달이 이루어지며 아동에 따라 어휘 습득 유형에 차이를 보이기도 한다. 아동의 어휘 습득 유형은 다음과 같이 설명할 수 있다.

- 참조적 유형/표현적 유형: 참조적 유형의 아동은 '컵' '물' '빵'과 같이 주로 사물의 이름에 관심을 보이는 반면, 표현적 유형의 아동은 사물의 이름보다는 '안녕' '아빠' '또 와' 등을 먼저 습득하고 사용한다.
- 분석적 유형/전체적 유형: 분석적 유형의 아동은 어휘를 하나씩 하나

씩 증가시키고 표현하는 반면, 전체적 유형의 아동은 알아들을 수 있는 말과 그렇지 않은 말을 온통 섞어서 웅얼거리는 동안 점차 실제 어휘의 수가 증가하는 것으로 보인다.

- 낱말 폭발 유형/점진적 추가 유형: 한꺼번에 폭발적으로 어휘 수가 증가하는 유형의 아동과 점진적으로 습득해 가는 유형의 아동도 볼 수 있다.

이 시기의 아동은 자기 나름대로의 어휘집(lexicon)이나 자신의 환경을 반영하는 낱말들로 이루어진 개인 사전(personal dictionary)을 갖게 되므로(Owens, Metz, & Haas, 2007), 아동의 의미 습득 유형을 잘 관찰하여 선호하는 의미개념 위주로 함께 탐색하고 놀이하는 것이 어휘 발달에 많은 도움을 줄 수 있다.

표현어휘의 양적 발달에 대하여 Reich(1986)는 〈표 8-1〉과 같이 제시하였다.

수용어휘는 표현어휘의 수보다 훨씬 더 많아 13개월경에 약 50개 단어를 이해하고, 6세경에는 약 20,000~24,000개, 12세경에는 약 50,000개가 넘는 단어를 이해한다(Benedict, 1979).

어휘 발달에는 개인차가 있을 수 있는데, 어휘 발달 속도에 영향을 미치

〈표 8-1〉 표현어휘의 양적 발달

연 령	표현어휘 수
18개월	약 50개
20개월	약 150개
24개월	약 200~300개
3세	약 1,000개
4세	약 1,500~1,600개
5세	약 2,100~2,200개
6세	약 2,600~2,700개

는 요인은 크게 환경 요인과 아동 요인으로 나눌 수 있다. 환경 요인에는 아동이 들은 말의 양, 사회경제적 지위, 어머니의 교육 수준 등이 해당되며, 아동 요인에는 아동의 함께 주의하기(joint attention) 능력, 성격, 음운 기억 능력, 성별 등이 해당될 수 있다.

2) 낱말 조합 시기

첫 두 낱말 발화는 일반적으로 약 18~26개월 사이에 발생한다. Dale과 Thal(1989), Reich(1986)는 18개월경에 약 50개 어휘를 표현하기 시작하여, 24개월까지 갑작스러운 어휘 성장을 경험하며, 24개월이 넘어서면서 200~300개의 어휘를 가지게 된다고 하였다. 아동이 말하는 첫 50개 어휘들을 분석해 보면, 구체적인 참조물이 있는 명사가 많으며 동작이나 상태를 서술하는 말이나 사회적 표현도 나타난다(〈표 8-2〉 참고).

생후 18~24개월 사이 또는 50개 낱말을 산출해 낼 수 있을 때 즈음, 아동은 단어 학습에 있어서 폭발적인 시기로 진입한다. 이 어휘 폭발기 동안 아동은 날마다 7~9개 정도의 새로운 낱말을 배운다(Pence & Justice, 2008). 이와 같이 새로운 단어를 하루 동안 많이 배우더라도 이 시기의 아동은 성인과 동일한 방식으로 단어를 사용하지 않으며, 종종 단어를 과대

〈표 8-2〉 수용어휘와 표현어휘의 통사적 분류   (단위: %)

통사 범주	어휘	수용어휘(처음 100개 단어)	표현어휘(처음 50개 단어)
명사	일반명사	39	50
	특수명사	17	11
행위어		36	19
수식어		3	10
개인-사회어		5	10

출처: Benedict(1979).

확장, 과소확장 그리고 중복하여 사용하는 경향을 보인다.

과대확장(overextension)은, 예를 들면 성인 남자를 보고 모두 다 '아빠'라고 말하는 것처럼 그 단어가 의미하는 것보다 훨씬 광범위하게 사용하는 경우를 뜻한다. 과대확장은 특정한 단어가 뜻하는 의미자질을 완전하게 알지 못함으로써 발생할 수 있으며, 정상 언어 발달을 보이는 2~3세 아동에게서 이러한 실수가 나타난다. 과대확장은 아동이 새로운 단어를 학습하더라도 그 단어의 모양, 동작, 크기, 소리, 촉감, 맛 등과 같은 특별한 측면만 인지하기 때문에 발생하며, 이 때문에 아동은 비슷한 사물을 볼 때마다 매번 동일한 명칭을 사용하게 되는 것이다. 그러나 과대확장이라는 용어는 성인의 의미를 참조하여 쓰이는 것이지, 아동은 대부분 자신이 이해하는 단어 안에서는 과대확장이나 과대일반화를 사용하지 않는다(Fremgen & Fay, 1980). 이와 같이 과대확장은 아동이 단어를 지나치게 일반적인 방법으로 사용하는 과정으로 범주적, 유추적, 관계적 과대확장으로 나눌 수 있다. 범주적 과대확장은, 예를 들면 '개'라는 단어를 배운 아동이 네 발 달린 모든 동물을 보고 '개'라고 말하는 경우다. 유추적 과대확장은 아동이 자신이 알고 있는 한 단어를 지각적으로 유사한 다른 단어로 확장하는 것이다. 예를 들면, '공'이라는 단어를 배운 아동이 다른 원형의 사물들, 즉 귤이나 달을 보고도 '공'이라고 말하는 경우다. 관계적 과대확장은 아동이 자신이 알고 있는 단어를 의미론적으로 혹은 주제론적으로 관계가 있는 다른 단어로 확장하는 것이다. 예를 들면, '꽃'이라는 단어를 꽃에 물을 줄 때 사용하는 물뿌리개나 꽃을 꽂아 두는 꽃병을 언급하는 데 사용하는 경우다.

과소확장(underextension)은 성인의 의미에 비하여 지나치게 제한된 의미를 가지고 있는 것이다. 예를 들면, '신발'이라는 단어를 자신의 나이키 신발에만 사용하는 경우다. 과소확장은 수용어휘와 표현어휘 모두에 공통적으로 나타나는 반면 과대확장은 대개 표현어휘에 한정되는데, 여기에는 개인차가 상당히 있다(Rescorla, 1980). 초기 어휘 습득 단계에 있는 아동은 자기가 말할 수 있는 단어보다 더 많은 단어를 이해한다. '오토바이' '자전거' '비행기' 등의 이름을 듣고 해당하는 사물을 모두 바르게 지적할 수 있는 아동도 이러한 모든 것을 '차'라고 말하기도 한다. 과대확장이 이해에서 일어나는 경우는 대개 지각적 유사성에 근거한 것이다(Behrend, 1988).

중복은 아동이 한 단어를 어떤 상황에서는 과대확장하고 어떤 상황에서는 과소확장하는 것을 말한다. 예를 들면, 동그란 모양의 사탕이나 알약을 보고는 '사탕'이라고 말하지만, 막대사탕을 보고는 '사탕'이라고 말하지 않는 경우다.

50개 정도의 단어를 표현하기 시작하면(〈표 8-2〉 참고) 아동은 자신의 주위 환경, 감정, 요구를 표현하기 위하여 두 낱말을 결합하여 문장을 만들기 시작한다(예: "빵빵 줘." 또는 "빵빵 타."). 2세경의 아동은 알고 있는 것이나 원하는 것을 표현할 때 두 단어로 된 문장 형태를 보편적으로 사용한다. 두 단어 조합을 시작한 아동의 의미 유형을 분석해 보면 행위자, 대상, 실체, 수식, 소유자, 소유물, 장소, 부정(이승복, 1994)과 같은 의미 범주를 중심으로 두 단어 조합을 나타낸다. 국내 아동에게서 빈번하게 나타나는 두 단어 의미관계는 〈표 8-3〉과 같다.

〈표 8-3〉 많이 나타나는 두 단어 의미관계

번 호	조명한(1982)	김영태(1998)*
1	행위자-장소	실체-서술
2	소유자-소유	대상-행위
3	행위자-목적	배경-행위
4	목적-행위	배경-서술
5	실체-수식	행위자-행위
6	공존자-행위	용언수식-행위
7	행위자-행위	소유자-실체
8	장소-행위	경험자-서술
9	실체-서술	소유자-서술
10	수여자-행위	체언수식-실체

* 김영태(1998)에서 배경은 대부분 '장소'나 '도구'라고 함.

2. 지적장애 아동의 의미론적 특징

지적장애 아동의 언어 발달에 관한 연구들을 살펴보면, 지적장애 아동은 일반 아동에 비하여 언어 발달이 크게 지체되고 있음을 알 수 있다(전병운, 1986; Grohnfeldt, 2001; Hegde, 1995; Nussbeck, 2000). 지적장애 아동은 인지능력의 결함으로 인한 가장 심각한 적응행동 문제로 언어 문제를 보이며(김영태, 2002), 지적장애 아동의 언어 발달에 정신연령(지적 발달)이 생활연령보다 더 큰 영향을 미친다(전병운, 1988).

일반적으로 지적장애 아동의 언어 발달은 일반 아동과 유사한 단계를 거치지만 그 발달 속도 면에서 지체되어 있다. 첫 낱말을 말하는 시기에 대하여 McCarthy(1954)는 일반 아동보다 지적장애 아동이 1년 이상 지체된다고 하였고, Karlin과 Strazzulla(1972)는 일반 아동이 1.7세 때 구사하는 단어를 지적장애 아동은 평균 3세가 되어야 구사한다고 하였다.

1) 수용어휘 및 표현어휘

지적장애 아동은 정신연령이 동일한 일반 아동에 비하여 수용어휘 능력이 낮은 편이며 낱말의 의미를 고정적으로 사용하는 경향이 있다(Owens, 2002). 따라서 동음이의어와 같은 단어는 잘 이해하거나 표현하지 못하고, 추상적이거나 비유적인 언어를 이해하거나 표현하는 데에도 어려움을 보인다.

지적장애 학생의 지능 정도가 어휘이해 능력과 상관이 있는지 알아본 국내의 연구 결과는 다양하게 나타났다. 고은과 조홍중(2006)에 의하면, 지적장애 학생의 수용어휘 능력은 연령이 증가함에 따라 향상되는 경향을 보이기는 하지만, 통계적으로 유의한 차이를 보이지 않았다. 그러므로 지적장애 학생의 지능 정도로 그들의 수용어휘 발달에 대하여 설명하기에는 설득력이 매우 낮다고 지적하고 있다. 물론 이 연구에서는 수용어휘 능력을 어휘이해 능력으로 제한하여 살펴보았으므로 일반화하여 해석하는 것은 무리가 있겠다. 그러나 이를 통하여 지적능력과 언어능력 간에 항상 높은 상관관계가 성립하는 것은 아니며(이한규, 2002), 지능의 결함은 언어 문제를 동반할 수 있으나 그것이 바로 인과적 관계를 의미하는 것은 아닐 수도 있다는 것을 알 수 있다(고은, 조홍중, 2006).

하지만 최성규(2004)는 지적장애 아동의 수용어휘 능력은 정신연령이 증가함에 따라 비례적으로 의미 있는 발달을 보이므로 지적장애 아동의 정신연령이 수용어휘 능력 발달을 예견할 수 있는 요인이 될 수 있지만, 생활연령은 예견 요인이 될 수 없다고 하였다. 그리고 정신연령과 생활연령의 차이가 적을수록 수용어휘 능력은 빨리 발달하지만 그 차이가 클수록 수용어휘 능력은 떨어진다고 하였다.

지적장애 아동은 일반 아동에 비하여 낱말 습득이 느리고 다양한 의미적 단위를 사용하는 데 어려움을 보인다(Owens, 2002). 또한 학령기가 되어도 어휘가 부족하여 표현력이 미숙한 경우가 많다(김영환, 1991). 지적장애 아동의 의미 수준은 일반 아동에 비하여 확실하게 지체되며, 명사에 대한 의미가 필요 이상으로 구체적이고 의미의 사용이 제한적이며 한정적이다(최성규, 2002).

Miller, Sedey 그리고 Miolo(1995)는 정신연령이 동일한 다운 증후군 아동과 일반 아동의 부모 보고에 기초한 어휘 조사에서 다운 증후군 아동이 일반 아동에 비하여 낮은 점수를 얻었다고 하였다. 생활연령을 기준으로 하였을 때 지적장애 아동의 기초 어휘는 일반 아동에 비하여 약 4년 이상 지체되는데(김영환, 2003), 일상생활 경험과 관련된 구체물일수록 일반 아동과 비슷한 어휘 발달을 보이나 추상적 개념일수록 늦게 습득 되는 등 어휘 습득 수준은 친숙도에 따라 차이를 보인다(전병운, 1988).

이와 같이 지적장애 아동은 추상적인 사고능력이 부족하기 때문에 단어, 특히 명사만을 사용하려는 경향이 있고 다양한 단어를 사용하기보다는 몇 가지 단어만을 계속해서 사용하려는 경향을 보인다. 따라서 지적장애 아동에게는 다양한 경험을 제공하고 지속적으로 어휘를 학습하도록 지도할 필요가 있다.

2) 의미관계

지적장애 아동은 정신연령이 동일한 다른 아동들과 유사한 의미관계를 표현한다(Coggins, 1979: Kamhi & Johnston, 1982). 그러나 지적장애 아동이 많이 사용하는 두 낱말 의미관계는 '목적-행위' '행위자-목적'이며, 세 낱말 의미관계는 '행위자-목적-행위'가 가장 높은 빈도를 보여 행위 참조적 언어 사용이 주류를 이루고 있다(전병운, 1988).

일반 아동도 이러한 의미관계들을 빈번하게 사용하여 의사소통하지만 점차 의미관계 유형이 다양해지며 세 낱말, 네 낱말 이상의 의미관계를 표현하는 데 반해, 지적장애 아동은 두세 낱말 의미관계 수준에 머물러 있거나 특정한 의미관계 유형만을 과도하게 사용하기도 한다.

3) 단어 의미 추론

많은 연구자가 아동이 새로운 단어를 듣고 그 단어의 의미를 이해해 가는 과정에 대하여 각기 다른 가능성을 제안하고 있다.

Clark(1973)는 아동의 산출 자료에서 아동이 처음 발화하는 단어는 가장 특징적인 지각적 속성을 가리킨다고 하였고, Landau, Smith 그리고 Jones(1988)는 여러 가지 지각적 특성 가운데 특히 형태(shape)가 가장 결정적인 역할을 한다고 하였다. 즉, 이들은 단어 의미 추론에서 형태의 중요성을 시사하였으며 이러한 형태 유사성의 역할은 명사 습득과 관련되는 특성이라고 밝혔다. 하지만 단어 의미 추론에서 기능의 역할을 보고하는 연구들도 있는데(Cramer & Gathercole, 1995), 이들은 단어 의미 추론에서 기능이 형태와 연결되었을 때 형태의 중요성을 더욱 강화시킬 수 있다고 하였다. 다시 말하면, 기능만이 단어 의미 추론에 중요한 단서가 되는 것은 아니지만 기능이 어느 정도의 역할을 수행한다고 할 수 있다.

단어 의미 추론은 초기에는 형태 편중성에 의존하다가 점차 아동의 연령이 증가하면서 범주적 관계에 의존하게 된다(Imai, Gentner, & Uchida, 1994). 이러한 경향은 어떤 언어 문화권에서도 흔히 나타나는 보편적인 현상으로 보인다. 국내 아동을 대상으로 살펴본 김유정과 이현진(1995)의 연구에 의하면, 3세와 5세 아동은 새로운 단어의 의미를 형태가 유사한 대상에 일반화시켰으나, 7세 아동은 형태보다는 범주적 관계에 근거하는 반응을 보였다. 이러한 발달 경향은 성인에게서 더욱 뚜렷하게 나타나며, 성인은 새로운 이름을 대부분 형태보다는 범주적 관계의 검사자극에 적용시켰다.

이러한 단어 의미를 추론하는 과정에서 지적장애 아동이 일반 아동과 어떠한 차이를 보이는지 살펴본 연구들은 대개 질적 차이가 아니라 양적 차이라고 보고하고 있다(김유정, 1995; Hong & Lee, 1995; Owens, 1989). 즉, 지적장애 아동은 정신연령이 동일한 일반 아동과 동일한 방식으로 단어 의미를 제약한다는 것이다. 다른 말로 하면, 지적장애 아동도 생활연령이 어릴수록 형태에 근거하여 단어의 의미를 습득하지만, 연령이 증가할수록 형태보다는 범주적 관계에 근거하여 반응한다는 것이다. 이와 같은 연구들은 지적장애 아동의 단어 의미 추론은 일반 아동에 비하여 단지 양적으로 지체될 뿐이라는 발달론적 입장을 지지해 준다(김현주, 이현진, 채민아, 1998).

4) 추론하기 능력

아동은 이야기를 듣거나 읽을 때 그 이야기를 이해하고 기억하며 이야기가 포함하고 있는 문장들의 의미를 통합하는 추론(inference)과정을 거치게 된다(Suh & Trabasso, 1993). 언어 이해 과정인 추론은 단순히 앞 문장의 내용을 기억하는 것뿐만 아니라 읽거나 듣고 있는 문장에 대한 처리과정까지를 포함하므로, 언어 이해와 같은 고차원적 정보처리, 즉 인지적 처리과정인 작업기억(working memory)을 통하여 이루어진다(이병택, 1995). 따라서 추론 수행을 위하여 청자나 독자는 이야기를 듣거나 읽으면서 행간의 의미를 알아야 하고, 이야기 전체의 통일성(coherence)을 알기 위하여 새로 입력된 정보를 자신이 가지고 있는 지식과 통합하여 파악하여야 한다(윤혜련, 2005).

이러한 추론과정에서 지적장애 아동은 일반 아동에 비하여 문장의 정보를 통합하는 능력이 부족하고 또한 융통성 있게 표상하는 능력이 제한되어 있다. 추론은 표현되지 않은 내용을 자신의 배경지식과 경험을 바탕으로 추리, 예측, 예상하는 과정으로 이야기 이해에서 가장 핵심적인 과정이다. 지적장애 아동은 특히 듣기 추론 수행에서 일반 아동에 비하여 지체되는데, 이는 제한된 작업기억으로 인하여 정보 투입에 많은 시간이 소요되기 때문이다.

한편, 지적장애 아동은 이야기 추론 이해에서 양적 차이, 즉 발달 속도의 차이를 보일 뿐 질적 차이는 크게 보이지 않는다고 보고한 연구들도 있다. 최경주(2006)에 의하면, 지적장애 아동은 인물의 행동 추론, 사건의 원인 추론, 결과 예측 추론 등의 과제 중 사건의 원인 추론 과제에서만 일반 아동에 비하여 유의미하게 낮은 수행을 보였다. 반면, 인물의 행동 추론에서는 낮은 수행을 보이기는 했지만, 통계적으로 유의미한 차이를 나타내지는 않았으며, 결과 예측 추론에서는 통계적으로 유의미한 차이는 없으나 오히려 일반 아동에 비하여 높은 수행을 보였다. 즉, 생활연령이 증가함에 따른 경험의 획득을 통해 지적장애 아동은 지속적으로 추론능력을 개발하였으며, 듣기 과제를 통한 추론을 조기에 지도하여 언어 이해 능력을 향상시킬 수 있다고 제안하였다.

Leshowitz 등(1993)은 경도 지적장애 아동을 포함하여 경도 장애 아동을 대상으로 일상생활에서 접하게 되는 정보나 사건에 대한 비판적 사고능력을 개발하기 위하여 추론기술을 지도한 결과, 지도하고 난 후가 지도하기 전보다 다른 사람의 주장에 대한 이해 및 주장을 뒷받침하는 자료의 타당성을 평가하는 데 있어서 상당히 향상되었음을 보고하였다.

이러한 선행 연구들을 종합해 볼 때, 지적장애 아동은 추론 과제를 수행할 때 일반 아동에 비하여 발달 속도가 느려서 양적 차이가 존재하기는 하지만, 생활연령이 증가함에 따른 경험의 증가로 추론 수행 수준이 향상되어 질적 발달을 이루는 것을 알 수 있다(방귀옥, 1995; 최경주, 2006).

제9장

언어의 기능적 특징

화용론(pragmatics)은 실제 상황적 맥락에서 화자와 상대방에 의하여 쓰이는 말의 기능(사용)과 관계 있는 영역이다. 언어는 사회적 문맥 속에서 어떤 의도나 목적을 가지고 사용되는 것이므로 이러한 의도나 목적을 전달하고 이해해야만 원활한 의사소통을 할 수 있다. 화용론은 의도적 의사소통, 문법에 대한 화맥, 화행, 적절성, 대화의 격률, 의미의 화용론적인 측면, 담화의 구조 등 언어적 영역뿐만 아니라 음질, 운율, 유창성 등의 준언어적 영역 그리고 얼굴표정, 시각적 반응, 신체 움직임, 근접성 등의 비언어적 영역까지 다룬다(배전자, 2005).

즉, 화용론은 신체 동작(kinesics), 공간학(proxemics), 의도(intent), 눈맞추기(eye contact), 얼굴표정(facial expression), 대화 기술(conversational skills), 대화체 변화(stylistic variation), 전제 기술(presupposition), 말차례 주고받기(turn talking), 주제화(topicalization), 요구(request), 명료화 요구하기와 명료화하기(clarification and repairs) 등 여러 분야를 포함한다 (Kumin, 1994). 이 장에서는 우선 화용론 측면이 어떻게 발달하는지 살펴

본 후에 지적장애 아동이 화용론 측면에서 어떠한 양상을 보이는지 알아보
도록 하자.

1. 화용론 측면의 발달

1) 의사소통 의도

아기가 울거나 웃거나 움직이거나 하는 모든 행동은 우리의 관심을 끌게
되는데, 이러한 행동을 우리는 의사소통적인 표현으로 해석하기도 한다.
실제 아기가 어떤 의도를 갖고 하는 행동은 아닐지라도 이러한 행동은 어
머니나 양육자에게 강력한 영향을 미치게 된다. 어떻게 의사소통 의도가
발달하는가에 대하여 학자 간에 다소 차이가 있기는 하나 여기에서는
Bates(1974)의 의사소통 의도 발달 단계를 중심으로 살펴보기로 한다(〈표
9-1〉 참고).

〈표 9-1〉 의사소통 의도 발달 단계

의사소통 행동 단계	시 기	특 징
초보적 의사소통 행동 (primitive communicative behaviors)	0~3개월	• 울기, 미소 짓기, 눈 맞추기 등이 반사적으로 일어난다. • 의사소통의 영향력을 인식하거나 의도를 가지지는 못한다.
목표지향적 의사소통 행동 (perlocutionary communicative behaviors)	4~7개월	• 자신의 행동이 타인의 행동이나 환경에 영향력이 있다는 것을 인식한다. • 즉각적인 목표 성취에 제한된 의사소통 행동을 보인다.
전환적/도구적 의사소통 행동 (transitional/instrumental communicative behaviors)	8~11개월	• 의도적인 의사소통 단계로 넘어가기 위한 전환기적인 단계다. • 계획된 의사소통 목적을 이루기 위하여 분명한 신호를 보낸다.

언어 이전 의도적 의사소통 행동 (illocutionary communicative behaviors)	11~14개월	• 자신이 하는 행동이 타인에게 어떠한 영향을 미치는지에 대한 인과관계를 충분히 이해한다. • 목적을 이루기 위하여 다양한 방법을 활용한다. • 관습적인 제스처를 많이 사용하며 억양이 변화된 발성 패턴을 동반한다.
언어적 의사소통 행동 (locutionary communicative behaviors)	14~16개월	• 말을 이용하여 자신의 의사소통 목적을 달성한다.

아동이 초기에 보이는 의사소통 의도에 대하여 Owens(2001)는 〈표 9-2〉와 같이 요구하기, 저항하기, 질문하기, 행동에 수반되는 말, 인사하기를 제시하였다.

일반 아동이 높은 사용률을 보이는 의사소통 기능을 순서대로 나열하면 기술하기, 질문하기, 반응하기, 지시하기, 평가하기, 표시하기, 실행하기의 순이다(정현경, 배소영, 2002). 언어 발달 초기에 일반 아동은 정보적 의사소통 기능보다는 요구하기나 모방하기, 표시하기와 같은 기능을 보다 많이 나타내지만, 3세 이후가 되면서 기술하기, 질문하기, 반응하기와 같은

〈표 9-2〉 아동이 나타내는 초기 의사소통 의도와 그 예

의 도	예
요구하기	조르는 목소리로 요구하는 사물의 이름을 말한다. 때로는 손을 뻗치는 몸짓을 동반한다.
저항하기	물건을 밀치거나, 외면하고, 얼굴을 찡그리면서 "아니야." 또는 "싫어."라고 말하거나 그 물건의 이름을 말한다.
질문하기	물건을 가리키거나 바라보면서 "뭐야?" "이거?" 또는 "뭐?"라고 묻는다.
행동에 수반되는 말	그네를 타거나 빙그르르 돌 때 "휘이" 소리를 낸다든가, 무엇인가가 넘칠 때 "어어" 소리를 내는 것과 같은 말소리가 행동에 수반된다.
인사하기	"안녕"이라고 하면서 손을 흔든다.

출처: Owens(2001); 김화수 외(2007)에서 재인용.

정보적 기능의 산출 비율이 높아진다.

연령이 증가함에 따라 의사소통 의도가 어떻게 발달하는지에 대한 객관적인 자료는 거의 없는 편이다(홍경훈, 김영태, 2001). 왜냐하면 의사소통 의도는 대화적 맥락에 크게 영향을 줄 뿐만 아니라 대화적 맥락에 따라서 크게 달라지기 때문이다(김영태, 2002). 그러나 의사소통 의도 분류체계가 연구자들에 따라 차이가 있긴 하지만, 연령이 증가함에 따라 의사소통 의도의 종류와 범위가 증가하고 산출 형태 또한 점차 몸짓이나 발성 형태에서 구어 형태로 변화한다는 점에는 이견이 없다(Ninio & Snow, 1996; Owens, 1999).

학자마다 다양하게 분류한 의사소통 의도에 대하여 살펴보면, Dore(1974)는 초기 화행에 대하여 명명, 반복, 대답, 행동 요구, 대답 요구, 부르기, 인사, 저항, 연습으로 분류하였다. Halliday(1975)는 10~18개월 사이에 나타나는 의사소통 행위를 기능에 따라 도구적 기능(instrumental function), 조정적 기능(regulatory function), 상호작용적 기능(interactional function), 개인적 기능(personal function), 발견적 기능(heuristic function), 가상적 기능(imaginative function)으로 분류하였다. Roth와 Speakman(1984)은 초기 언어 발달 단계에 있는 아동이 산출하는 의사소통 기능으로 이름 대기, 반복하기, 대답하기, 행위 요구하기, 대답 요구하기, 부르기, 인사하기, 저항하기, 연습하기가 있다고 하였고, Coggins와 Carpenter(1981)는 행위 및 사물에 대하여 언급하기, 행위 요구하기, 사물 요구하기, 정보 요구하기, 저항하기, 대답하기를 제시하였다. Wetherby와 Pruttig(1984)는 의사소통 기능을 대상 요구, 행동 요구, 사회적 관습의 요구, 허락 요구, 정보 요구, 저항, 다른 것에 대한 승인, 자랑, 설명, 자기조정, 명명, 수행문, 감탄, 반동, 무미어 등 15가지로 분류하였고, 황보명(2003)은 Dore(1978), 장선아(1996) 그리고 홍경훈과 김영태(2001)의 의사소통 의도를 참고하여 의사소통 의도 유형을 다음과 같이 상호작용적 기능과 비상호작용적 기능으로 분류하였다.

- 상호작용적 기능
  - 요구하기: 관심 요구, 사회적 상호작용 요구, 놀이 상호작용 요구, 애정 요구, 허가 요구, 사물 요구, 행동 요구, 제안하기, 정보 요구 (예/아니요 질문, 의문사 질문, 명료화 질문, 확인 질문)
  - 경쟁하기: 주장하기, 항의하기, 놀리기, 농담하기, 경고하기
  - 조정하기: 주의집중(사람에 주의 끌기, 사물에 주의 끌기, 사건·상태에 주의 끌기), 확인하기, 대화 구분, 인사하기
  - 응답하기: 질문에 대한 반응(예/수용, 아니요/저항/부정, 의문사 대답), 요구에 대한 반응(명료화하기, 허락하기, 거절하기), 동의하기, 반복, 의례적 반응
  - 표현하기: 감탄하기, 호응하기, 반복하기
  - 단정하기: 명명하기, 사건이나 활동에 대해 기술하기, 사물이나 사람에 대해 기술하기, 내적 표현, 귀속하기, 설명하기, 속성, 평가
- 비상호작용적인 기능
  - 자기통제
  - 연습
  - 습관적 행동
  - 이완/긴장 방출

2) 명료화 요구하기와 명료화하기

　중요한 의사소통 기술 가운데 하나는 의사소통에 실패했을 때 청자가 메시지를 이해할 수 있도록 반복하거나 수정하여 반응하는 능력이다. 즉, 대화 중 청자가 화자의 말을 잘 듣지 못하였거나 말의 뜻 또는 의도를 파악하지 못하여 의사소통이 깨지게 되면, 청자는 화자에게 명료화를 요구하게 되고 화자는 이 신호에 반응하여 명료화를 하게 된다. 이와 같이 명료화 행

위는 청자가 화자에게 명료화를 요구하는 행위와 청자의 명료화 요구에 대한 반응으로 화자가 이전 발화를 수정하는 명료화하기 행위라는 두 가지 기본 요소로 구성된다(McTear & Conti-Ramsden, 1992). 대개 명료화 요구 시에는 중립적인 방법을 사용하거나(예: "응?" 또는 "뭐라고?") 구체적인 요구(예: "무엇을 달라고?" 또는 "무슨 장난감?")를 할 수 있다(백유순, 2000).

김성일과 황민아(2006)에 의하면, 화자가 말한 내용을 청자가 잘 알아듣지 못하거나 잘 이해하지 못하여 명료화를 요구하게 되면, 화자는 이전의 자신의 말을 반복(repetition)하거나 개정(revision)하거나 첨가(addition)하는 등의 반응을 하게 된다.

이와 같이 잘못 이해된 신호를 고치려는 노력은 언어 이전기의 아동에게서도 나타난다. 성인이 아동의 소리와 제스처를 이해하지 못할 때 아동은 종종 원하는 목적이 달성될 때까지 신호를 계속 반복하거나 수정한다. 또한 말을 하기 시작하면서 의사소통 중단을 회복하기 위하여 여러 가지 수정 전략을 쓰게 되는데, 대부분은 자신이 이전에 한 말의 전체나 부분을 반복하는 경우가 많다. 또한 처음 한 말과 의미는 같지만 문장 구조를 바꾸어 말하거나 새로운 정보를 덧붙여 청자의 이해를 도우려는 시도를 하기도 한다. 이 외에도 특정 단어의 뜻을 설명하거나 이야기 또는 사건의 배경을 설명하기도 한다. 즉, 아동이 언어를 습득함에 따라 그들의 메시지와 메시지에 대한 수정은 점점 더 언어적인 것이 되며 메시지 수정방법에도 발달적인 변화가 나타난다(Anselmi, Tomasello, & Acunzo, 1986; Brinton, Fujiki, Loeb, & Winkler, 1986).

참조적 의사소통(referential communication)에서 5~6세 정도의 아동은 자신에게 전달된 애매모호한 표현을 인지하여 화자의 의도를 명확하게 하기 위하여 명료화 요구하기를 한다. 그러나 3~4세 정도의 아동은 부적절하거나 명확하지 않은 말(예: 너무 긴 발화를 듣거나, 있지도 않은 사물을 선택하라는 요구를 받거나, 너무 많은 요구를 받을 경우 등)을 인식할 수는 있으나 애매모호한 말(예: 너무 많은 빨간 블록 중에서 빨간 블록을 찾아보라고 하는 경우)은 인식하지 못하는 경우가 많다(Beal & Belgrad, 1990; Shatz & O'Reilly, 1990; Surian, 1995). 이러한 경우 아동들은 화자의 의도를 확인하는 대신 자신이 판단하기에 화자가 원한다고 생각되는 것을 선택한다. 즉, 화자의 말이 애매모호하더라도 자신이 화자의 의도를 안다고 생각할 때에는 화자의 말이 명확하게 전달되었다고 생각한다. 또한 화자가 애매모호하게 말했을 것이라는 가능성에 대해 인지하지 못한다.

아동은 3세경부터 청자의 명료화 요구에 대하여 다양한 전략을 사용하여 자신의 발화를 조절할 수 있는 능력이 있지만, 명료화 요구가 계속되면 이야기의 주제를 바꾸거나 대답을 하지 않는 등의 부적절한 반응을 보이는 횟수가 증가한다. 하지만 연령이 높아짐에 따라 보다 다양한 수정 전략을 사용하여 명료화 요구에 반응하며 계속적으로 명료화 요구를 하더라도 청자의 이해를 도우려는 태도를 지속적으로 보인다(Brinton, Fujiki, Loeb, & Winkler, 1986).

2. 지적장애 아동의 화용론적 특징

지적장애 아동의 의사소통능력은 일반 아동과 유사하게 발달하나, 일반 아동의 발달 속도보다 느리며 대화 시 주도적인 역할을 하지 못하는 것으로 나타났다(Kamhi & Masterson, 1989). 전병운(1995, 1996)은 지적장애 아동의 화용능력이 생활연령, 사회연령, 정신연령의 3개 변인과 어느 정도 관계가 있으며 화용의 언어적, 준언어적, 비언어적 영역 중 어느 영역과 더 깊은 관계가 있는지를 연구하였다. 그 결과, 화용능력은 생활연령이나 정신연령보다 사회연령과 더 깊은 관계가 있었으며, 준언어적 영역이나 비언어적 영역보다 언어적 영역이 사회연령과 더 깊은 관계가 있는 것으로 나타났다.

그렇다면 화용론이 포함하는 여러 요소에 대하여 지적장애 아동이 어떠한 특징을 보이는지 구체적으로 살펴보도록 하자.

1) 의사소통 의도

대부분의 지적장애 아동은 언어의 사회적 사용과 관련된 화용 측면에서도 문제를 보인다. 지적장애 아동을 대상으로 Searle이 제시한 화행(speech acts)의 분류에 기초하여 장애 정도별, 평균발화길이별 비율과 특성을 알아본 배전자(2000)는 지적장애 아동이 '요구하기' 의도를 가장 많이 사용한다고 밝혔다. 또한 지적장애 아동의 평균발화길이는 사회성 지수(SQ)와도 유의한 관련이 있다고 하였다. 전병운과 조유진(2001)은 대상 요구, 행위 요구, 주장, 부정, 정보 요구, 정보 진술, 부름, 규칙 순서의 8개 화행에 대하여 지적장애 아동이 대체적으로 절반 정도의 규칙을 수행하지 못한다고 하였다. 또한 전체적으로 소극적인 의사소통 형태를 보이며 좀 더 진지하고 논리적으로 조리 있게 대화하는 데 어려움이 있다고 하였다.

지적장애 아동의 의사소통 의도를 살펴본 나수화와 정은희(2006)는 '대답하기' 의도가 가장 높은 빈도로 나타나며, 그다음으로는 '모방하기' '혼잣말' '행동 요구' '정보 요구하기' '진술하기' '부정하기' '감정표현하기' 순으로 나타났다고 하였다. '명료화 요구하기' '인사하기' '설명하기' '농담하기' '반복하기' '강조하기' '주의집중 요구하기' 등은 드물게 사용하며, '의도 및 의지 · 경고하기' '사건이나 사물 진술하기' '놀리기' 등은 거의 사용하지 않는다고 하였다.

아동의 의사소통 의도를 살펴보기 위하여 자발화 표본을 수집하여 분석할 때에는 어떠한 의사소통 상황에서 어떠한 의사소통자와 어떠한 내용과 활동으로 의사소통하고 있느냐가 매우 중요한데, 만약 아동의 발화를 유도하기 위하여 질문을 많이 한다면 '대답하기' 의도가 높게 나타날 수 있을 것이다. 따라서 의사소통 의도와 관련된 연구 결과들을 살펴볼 때 자발화 표본 수집과정에 대한 비교가 선행된 후 산출된 의사소통 의도에 대하여 조심스럽게 해석해야 할 것으로 보인다.

일반 아동은 첫 낱말을 산출한 이후에 점차적으로 자신의 주장이나 요구를 말로 표현하고 자발적인 모방과 연습의 과정을 거친다. 하지만 이들은 구문이 발달하기 시작하면서 모방이 현저하게 감소하는 반면, 다운 증후군 아동은 그 감소의 비율이 매우 낮게 나타난다(Owens & MacDonald, 1982).

지적장애 아동의 의사소통능력을 조사한 선행 연구들은 지적장애 아동이 대부분 의사소통 시도보다는 반응의 비율을 높게 나타내는 등 의사소통에 수동적이며(정선희, 2004), 의사소통능력이 있다 하더라도 대화 참여에 소극적인 경향을 보인다고 지적한다(Marcell & Jett, 1985). 또한 주로 요구, 수행, 거절, 설명과 같은 의사소통 기능을 사용한다고 밝혔다(정선희, 2004).

McTear와 Conti-Ramsden(1992)은 인지적 결함, 사회인지적 장애, 정의적 · 정서적 요인 등이 화용능력과 관련이 있는 구성 요인이라고 하였는데, 지적장애 아동은 지적장애의 정도가 심할수록 화용 측면에서도 심한 결함을 보이는 것을 알 수 있다.

여러 연구 결과를 요약하면, 지적장애 아동은 일반 아동과 유사한 의사소통 의도 발달 양상을 보이지만, 더 나중에 발달하는 발전된 의사소통 의도를 잘 나타내지 못하거나 다양한 의사소통 의도를 보이지 못하는 것을 알 수 있다.

2) 명료화 요구하기와 명료화하기

지적장애 아동은 상황적인 정보가 부족할 때 상대방에게 명확한 정보를 요구하는 명료화 능력이 상대적으로 많이 결여되어 있다(Abbeduto,

Davies, Solesby, & Furman, 1991). 그리고 이미 언급하였던 한 가지 주제를 지나치게 반복적으로 이야기하는 구어적 고착 현상을 나타내는 경향을 보인다(Owens, 2002). 일반적으로 지적장애 아동의 말은 명료도가 떨어지며 문장의 길이가 짧고 단순한 문제를 보이기 때문에 또래나 성인과의 대화에서 잦은 대화 단절이 일어나게 된다. 따라서 오히려 대화 상대자로부터 일반 아동보다 더 많은 명료화 요구를 받게 된다(김성은, 1991).

언어장애 아동은 일반 아동과 유사한 패턴의 명료화하기 능력을 보이지만, 청자의 첫 번째 명료화 요구에 대해서는 자신의 이전 발화를 반복하였고 2차, 3차 명료화 요구에 대해서는 문장 구조를 바꾸거나 새로운 정보를 첨가하는 등 다른 전략을 사용하였다(Brinton, Fujiki, Winkler, & Loeb, 1986b). 그러나 지속적으로 명료화 요구를 할수록 부적절한 반응도 증가하였다. 11~13세의 경도 지적장애 아동의 명료화하기를 조사한 Tremain과 Scudder(1989)는 지적장애 아동도 주로 반복과 수정의 방법으로 명료화 요구에 반응하였으며 명료화 요구가 지속됨에 따라 부적절한 반응의 빈도도 증가한다고 하였다.

김성일과 황민아(2006)는 지적장애 아동의 명료화 요구에 대한 반응을 언어연령에 따라 알아보기 위하여 언어연령이 3세와 6세인 지적장애 아동을 대상으로 명료화 요구 차수에 따른 연구를 실시하였다. 그 결과, 지적장애 아동이 일반 아동에 비하여 명료화 요구에 대한 적절한 반응의 빈도가 낮으며, 이러한 경향은 언어연령이 3세나 6세인 아동에게서 공통적으로 나타났다. 하지만 명료화 요구에 대하여 언어연령이 3세인 지적장애 아동은 반복이나 첨가, 개정과 같이 이전 발화를 의미적으로나 구문적으로 변화시키는 반응을 보였으며, 두 연령대 모두 명료화 요구가 거듭될수록 반복 반응은 줄어들고 개정이나 첨가 반응이 증가하는 양상을 보인다고 하였다. 즉, 언어연령에 비하여 상대적으로 높은 생활연령으로 인한 경험의 작용 때문에 지적장애 아동은 언어연령이 동일한 일반 아동에 비하여 연속적인 명료화 요구에 더 다양하게 반응할 수 있다. 하지만 언어연령이 증가하더라도 더 어린 연령의 아동에게서만 나타나는 부적절한 반응도 증가하는 것으로 나타났다고 하였다. 따라서 명료화 요구를 지속적으로 받게 되는 상황에 적응하고 대화 유지를 위하여 적절한 반응을 지속적으로 산출하는 능력은 언어연령의 증가에도 불구하고 여전히 어려움이 있다고 하겠다.

결론적으로 지적장애 아동은 대화가 중단되고 청자가 명료화 요구를 할 때 청자의 필요를 인식하며 몇 가지의 전략을 가지고 이에 반응할 수 있다. 그러나 명료화 요구가 지속될 때 보다 효과적이고 청자의 요구를 충족시킬 만한 새로운 전략을 찾아 사용하는 데에는 미숙하며 청자의 필요를 채우려는 지속적인 노력도 부족하다(백유순, 2000).

3) 전제 기술

전제 기술(presuppositional skills)은 대화 상대자와의 의사소통 시 현재 상황에서 불필요하거나 이미 알고 있는 정보가 무엇이며 변화되거나 새로운 정보가 무엇인지를 깨닫고 적절하게 정보를 사용할 수 있는 능력을 말한다(김영태, 2002). 이러한 전제 기술은 듣는 사람의 수준에 맞추어 말하기 위하여 갖추어야 할 중요한 기술이다.

일반 아동은 초기 두 낱말 단계가 될 때 전제 기술을 습득하기 시작하지만 지적장애 아동은 훨씬 더 늦게 전제 기술을 보인다. 보다 어린 연령대의 아동은 자기중심적인 단계에 있으므로 전제에 익숙하지 못하며 다운 증후군 아동도 전제 기술을 익히는 데 어려움을 보인다(Kumin, 1994).

4) 말차례 주고받기

말차례 주고받기(turn-taking) 능력은 이후에 대화 기술을 발달시키는 데 필수적인 능력이다. 3~6개월 정도의 영아는 시선, 얼굴표정, 몸의 움직임, 소리내기 모두에서 차례를 주고받을 수 있다. 이렇게 차례를 채우는 행동들은 대화 행동으로 발전해 나가, 이후에는 대화에서 차례를 주고받기 위하여 단어를 사용하게 된다(Owens, 2001).

말차례 주고받기 능력은 나이가 어린 아동뿐만 아니라 보다 나이가 더 많은 아동들에게도 매우 중요한 대화 기술이다. 그러나 지적장애 아동은 대부분 매우 짧게 말하는 경우가 많으며 질문에는 대답을 잘하지만 대화를 계속 이끌어 가기 위해서 질문을 하는 경우는 많지 않은 편이다. 또한 대화를 유지하기 위해서는 계속 말차례를 주고받아야 하는데, 이러한 것을 어렵게 느낀다.

선행 연구들을 살펴보면, 지적장애 아동은 대화를 적절하게 시작하지 못하며(배전자, 2005), 대화 시 소극적인 형태를 보인다고 하였다(Kamhi & Masterson, 1989; Marcell & Jett, 1985). 지적장애 아동은 지적 수준이 낮을 뿐만 아니라 경험의 제한성, 누적된 실패 경험 등으로 인하여 말차례를 잘 주고받지 못하며 대화에 소극적인 것으로 보인다.

5) 주제 다루기

대화 시 주제를 정하여 다른 사람에게 주제를 소개하고, 그 주제에서 벗어나지 않으면서 대화를 이어 나가며, 필요하면 주제를 바꾸는 것은 대화에서 매우 중요한 기술이다. 아동은 나이가 들어 가면서 더 많은 주제를 성공적으로 시작하게 되는데, 주제를 시작하는 방식은 비언어적인 것에서 언어적인 것으로 점차 변하게 된다. 또한 가장 먼저 시작하게 되는 주제는 자기 자신에 대한 것이지만 점차 주변에 있는 물체, 눈앞에 없는 사물 등으로 주제가 변하게 된다(Foster, 1986).

그러나 지적장애 아동은 열악한 인지능력과 경험 부족으로 인하여 특정

한 주제로 대화를 시작하거나 주제를 지속적으로 유지하기가 어렵다. 이들
은 대화에서 주제를 변화시키지 않고 유지할 수도 있지만, 주로 "음-"
"예" "으흠"과 같은 표시로 주제를 유지한다. 또한 지적장애 아동은 주제
유지가 사회적으로 가치 있다는 것을 알지 못하며 현재의 주제와 정보를
유용하게 연결할 수 있는 인지능력이 부족하여 이러한 결함을 보일 수도
있다. 주제 유지가 되지 않으면 더 이상 할 말이 없어지게 되므로 대화가
짧아질 수밖에 없고, 주제에서 벗어나게 되면 두서없는 대화가 진행되어
흥미를 잃어버리게 된다.

6) 신체 동작

신체 동작은 대화 도중에 제스처를 사용하는 것을 의미한다. 일반 아동
은 어떠한 사물을 요구하거나 행동을 요구하기 위하여, 혹은 타인의 주의
를 끌기 위하여 생후 8~12개월 사이에 의사소통 제스처를 나타낸다. 그러
나 지적장애 아동은 이러한 발달 초기의 제스처 사용이 일반 아동보다 늦
게 나타난다.

Greenwald와 Leonard(1979)는 다운 증후군을 포함한 경도 및 중등도
지적장애 아동은 의사소통 제스처 산출이 생활연령이 동일한 일반 아동보
다는 지체되어 나타나지만, 정신연령이 동일한 일반 아동과는 유사한 수준
으로 나타난다고 하였다. 그러나 이러한 제스처 사용도 아동의 인지능력
의 영향을 많이 받으므로 중도 이상의 지적장애 아동은 나이가 들어도 제
스처 산출이 나타나지 않거나(Lobato, Barrera, & Feldman, 1981), 나타나는
제스처의 유형도 매우 제한적이다(Ogletree, Wetherby, & Westling, 1992).

한편, 자신들의 정신연령이나 수용언어 능력 수준보다 낮은 표현언어 수
준을 보이는 지적장애 아동은 제스처를 사용하여 의사소통을 보충하기도
하고 아예 말보다는 제스처로 의사소통을 하려고 하기도 한다. 경도 지적

장애 아동은 첫 낱말을 산출하기 전까지 일반 아동처럼 제스처를 사용하여 의사소통한다. 특히 다운 증후군 아동은 신체모방 능력이 다른 지적장애 아동보다 뛰어난 경우가 많아 제스처를 많이 사용하고 쉽게 학습하기도 한다. 따라서 아동이 속한 의사소통 환경을 잘 파악하고 그 환경 안에서 통용 가능한 제스처를 활용하도록 하여 지적장애 아동의 의사소통에 도움을 주는 것이 바람직하다.

7) 공간학

공간학(proxemics)은 사람 간의 공간이나 거리를 사용하는 방법에 관한 것으로, 사람의 자세나 다른 사람과의 거리 유지 정도, 신체적인 접촉 등을 포함한다. 이것은 문화마다 다르며 같은 문화 안에서도 지역적인 차이를 보일 수 있다.

지적장애 아동은 낯선 사람과 어느 정도의 거리를 유지해야 하는지, 잘 알고 있는 사람과의 적절한 거리는 어느 정도인지를 잘 알지 못하는 경우가 많다. 다운 증후군 아동은 대개 신체적으로 가까이 하는 것을 좋아하여 다른 사람을 끌어안기도 하는데, 이것은 장점이 되기도 하지만 아동이 더 자라서 사춘기에 도달하면 문제를 야기할 수도 있다.

지금까지 살펴본 지적장애 아동의 언어 특징은 〈표 9-3〉과 같이 요약할 수 있다.

〈표 9-3〉 지적장애 아동의 언어 특징 요약

화용론	• 요구하기 제스처의 지체 • 제스처 발달과 의도 발달 양상은 일반 아동과 유사 • 명료화 기술은 정신연령이 동일한 일반 아동과 비교하여 차이가 없음 • 대화 역할이 주도적이지 않음
의미론	• 더 구체적인 의미의 단어를 사용함 • 어휘 증가량이 적음 • 다양한 의미론적 단위를 잘 사용하지 못함 • 다운 증후군 아동은 정신연령이 동일한 일반 아동처럼 문맥에서의 노출에 따라 단어 의미를 학습할 수 있음
구문론/형태론	• 학령 전 일반 아동과 유사한 문장 길이와 복잡성 • 일반 아동과 동일한 문장 발달 과정 • 정신연령이 동일한 일반 아동보다 주어를 정교화하거나 비교하는 절이 더 적고 더 짧으며 덜 복잡한 문장 • 단어 관계보다 문장 내 단어 순서를 우선시함 • 자신의 가능성보다도 더 낮은 수준의 형태에 의존 • 학령 전 일반 아동과 동일한 순서의 형태소 발달 • 더 초기에 나타나는 형태에 의지함
음운론	• 학령 전 일반 아동과 유사한 음운 규칙을 보임 • 자신의 가능성보다 더 낮고 덜 성숙한 형태에 의존
이해	• 다운 증후군 아동은 정신연령이 동일한 일반 아동보다 수용언어 기술이 더욱 열악함 • 정신연령이 동일한 또래보다 문장 상기 능력이 열악함 • 의미를 추출하기 위하여 문맥에 더 많이 의존

출처: Owens(1999).

제10장

지적장애의 흔한 임상적 유형

제1부에서 살펴보았듯이 지적장애를 야기할 수 있는 원인은 매우 다양하며 몇 가지 원인이 복합적으로 작용하여 나타날 수도 있다. 이 장에서는 지적장애를 보이는 흔한 임상적 유형에 해당하는 다운 증후군을 중심으로 지적장애의 특징과 치료방법에 대하여 자세히 살펴보고, 그 외에 취약 X 증후군, 태아 알코올 증후군, 윌리엄스 증후군에 대하여 살펴보고자 한다.

1. 다운 증후군

1) 원 인

다운 증후군(Down's syndrome)은 지적장애를 야기할 수 있는 원인으로 가장 잘 알려져 있으며, 1866년에 John Langdon Down 박사가 처음 기술하였다. 이 증후군을 야기할 수 있는 원인들 중 가장 일반적인 것은 21번 염

색체의 삼체성(trisomy 21)으로 다운 증후군의 96%가 이러한 특징을 보인
다(Miller & Leddy, 1998). 출현율은 인구 1,000명당 1명 정도(Cate & Ball,
1999), 신생아 700~800명당 1명 정도(Mervis et al., 1998; Miller & Leddy,
1998)로 보고된다. 다운 증후군은 지적장애 이외에도 여러 의학적 문제점
을 보인다.

2) 전반적 특징

다운 증후군의 지능지수는 30~60 사이로 보고된다(Batshaw, 1997; Jung,
1989). 이들은 수초화가 지연되고, 신경원의 수가 더 적으며, 말초 및 중추
신경계 모두의 신경전달체계에 신경화학적 이상이 있기 때문에 시냅스 전
달에 손상이 야기되는 등 복합적인 발달성 뇌 이상이 보고된다.

다운 증후군과 관련된 신체적 특성([그림 10-1] 참고)을 살펴보면, 평평
하고 넓적한 얼굴, 작은 키, 올라간 눈꼬리와 내안각주름, 혀를 내밀고 있
거나 작은 입과 짧은 구개, 손바닥을 가로지르는 한 개의 손금, 편측 또는
양측성 청각장애 등을 보인다. 또한 전반적인 저긴장성(hypotonia)을 나타

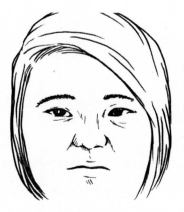

[그림 10-1] 다운 증후군

내며 굴절 오류, 눈물관 폐색, 사시, 안구진탕증, 백내장, 늘어진 눈꺼풀과 눈꺼풀 염증을 포함한 시각문제들을 보이기도 한다. 뿐만 아니라 광범위한 치아 문제가 나타나기도 하는데, 치은염, 치조 뼈 소실, 소치증, 치아가 녹거나 빠짐, 영구치가 늦게 나는 특징 등을 보인다. 개구교합 및 상악전돌을 포함한 부정교합이 매우 흔하며 이러한 치아 비정상이 말 산출에 심각한 영향을 미치기도 한다.

이와 같이 다운 증후군 아동은 기타 합병증의 위험도 높으므로 심장검사, 갑상선 호르몬 검사, 청력검사, 안과검사 등 정기적인 검진과 예방접종 실시가 필요하다. 미국유전학회(1993~1994)와 여러 학자(Cooley & Graham, 1991; Cruz, 1977)가 제시한 다운 증후군 아동의 의학적 관리 사항을 연령군에 따라 〈표 10-1〉, 〈표 10-2〉에 요약하였다.

3) 말-언어 특징

다운 증후군 아동은 특징적인 구강 구조를 보이는데, 개구교합(open bite), 후치부 교차교합(posterior cross bite), 기타 부정교합을 나타낸다. 큰 혀를 내밀고 있고, 입을 작게 벌리며, 턱도 작다. 구강이 작고, 좁은 구개로 인하여 혀 움직임이 제한되며, 조음에도 영향을 받는다. 전반적인 저긴장성도 구강 운동과 조음에 영향을 미친다. 일반적으로 옹알이 시작이 일반 또래보다도 2개월 가량 늦으며 이후의 음운 발달도 상당히 늦는 편이다.

다운 증후군 아동은 의미 있는 구어 발달이 지연되고, 조음 시 힘들여 말하는 경향이 있으며, 조음 오류 패턴도 비일관적이다. 구조적인 이상과 저긴장성으로 인하여 구어명료도가 매우 열악하다. 음질장애와 비유창성으로 인하여 친숙하게 상호작용하는 대화 상대자들조차도 이들이 하는 말을 잘 이해하지 못하기도 한다. 마비말장애(dysarthria)나 말실행증(verbal apraxia)이 보고되기도 한다(Kumin, 1994).

〈표 10-1〉 산전과 영아기 다운 증후군 아동의 의학적 관리

의학적 관리 사항	산 전	영아기(1개월~1년)				
		신생아	2개월	4개월	6개월	9개월
진단						
염색체형 고찰＋	•	•				
표현형 고찰	•	•				
재발의 위험성	•	•				
바람직한 지침						
조기 치료 프로그램	•	•	•	•	•	•
임신 및 분만에 관한 선택	•‡	•‡	•‡			
가족에 대한 지지	•	•	•	•	•	•
지원단체	•	•	•			
장기적 계획	•					
성문제						
의학적 평가						
성장		°	°	°	°	°
갑상선 선별검사		°∫∫			°	
청력 선별검사			S/°	S/°	S/°	S/° ‡
시력 선별검사		S/°	S/°	S/°	S/° ‡	S/°
경추부 단순방사선						
심장초음파	•	°				
정신, 사회적 문제						
발달 및 행동문제	S/°	S/°	S/°	S/°	S/°	S/°
학업 수행						
사회화 문제						

• = 시행되어야만 하는 항목
S = 기왕력 청취에 의하여 주관적으로 시행
° = 표준화된 검사방법을 사용하여 객관적으로 시행
＋ = 진단시기에 시행
‡ = 전문의에게 의뢰할지를 의논
∫∫ = 주법에 따라 시행

〈표 10-2〉 아동기와 사춘기 다운 증후군의 의학적 관리

의학적 관리 사항	아동 전기(1~5세)						아동 후기(5~13세) 매년	사춘기(13~21세) 매년
	12개월	15개월	18개월	24개월	3세	4세		
진단								
염색체형 고찰+								
표현형 고찰								
재발의 위험성								
바람직한 지침								
조기 치료 프로그램	•	•	•	•	•			
임신 및 분만에 관한 선택	•				•			
가족에 대한 지지	•	•	•	•	•	•	•	•
지원단체	•							
장기적 계획	•						•ƒ	•ƒ
성문제	•						•∥	•
의학적 평가								
성장	○	○	○	○	○	○	○	○
갑상선 선별검사	○			○	○	○		
청력 선별검사	S/○			S/○ ‡	S/○ ‡	S/○ ‡	S/○	S/○
시력 선별검사	S/○			S/○	S/○	S/○	S/○	S/○
경추부 단순방사선					○			
심장초음파								
정신, 사회적 문제								
발달 및 행동문제	S/○	S/○	S/○	S/○	S/○	S/○	S/○	S/○
학업 수행				○	○	○	○	○
사회화 문제	S						S	S

• = 시행되어야만 하는 항목

S = 기왕력 청취에 의하여 주관적으로 시행

○ = 표준화된 검사방법을 사용하여 객관적으로 시행

† = 진단시기에 시행

‡ = 전문의에게 의뢰할지를 의논

ƒ = 이 연령군에서 1회 시행

∥ = 필요에 따라 시행

다운 증후군 아동의 75% 이상이 청각장애를 가지는데, 전음성 청각장애가 가장 흔하게 나타나며 이는 양측성이거나 편측성일 수 있다. 비인두가 좁고 유스타키오관의 기형과 상호흡기 감염 등으로 인하여 중이염이 발생할 수도 있다. 또한 이들은 감각신경성 난청을 보이기도 하는데, 이것 또한 양측성이거나 편측성일 수 있다. 청각장애는 조기발견이 필수적이므로 생후 6개월 이전에 청력검사를 실시해야 한다.

다운 증후군 아동은 때때로 구어 속도가 빠르거나 비유창한 특징을 보이기도 하며, 낮은 음도의 기식화된 목쉰 음성을 산출하기도 한다. 또한 콧김 방출이 동반된 과대비성이 나타날 수도 있는데, 이러한 음성 문제의 일부는 다운 증후군 아동에게 일반화되어 나타나는 저긴장성으로 인하여 발생할 수도 있다.

다운 증후군 아동은 일반적으로 인지 기능보다도 언어능력이 더 많이 손상되었으며 정신연령이 동일한 일반 아동보다 구어 보속 현상[1](verbal perseveration)을 더 많이 보인다(Rein & Kerman, 1989).

이들은 특히 문법적인 부분에서의 결함을 보이고 수용언어 능력보다 표현언어 능력에서의 결함이 더 크다(Abbeduto et al., 2003; Beehgly & Chicchetti, 1987; Singer Harris et al., 1997; Miller, 1992). 수용언어 문제는 다운 증후군 아동의 열악한 구어 단기기억 기술에 기인하여 나타나며 이는 지시를 이해하는 능력에 영향을 미친다.

다운 증후군 아동은 대개 일반 아동보다 약 1년 늦은 24개월경에 첫 낱말을 말하며 이후 다단어 발화의 시작과 구문 발달도 계속적으로 지체된다. 이들은 어휘가 부족한 것을 보상하기 위하여 일반 아동에 비하여 제스처를 더 빈번하게 사용한다(Singer Harris et al., 1997). 또한 새로운 단어의 의미를 추론하고 표현하는 능력에 있어서 정신연령이 동일한 일반 아동과

---

1) 현재 문맥에서 어떤 주제가 부적절하거나 그 내용을 이전에 이미 강조하였음에도 불구하고 그것에 대하여 과도하게 이야기하는 것.

유사한 경향을 보인다(Chapman et al., 1990).

　구문 발달은 어휘 발달보다 더 심하게 손상되는데, 이들은 일반 아동과 동일한 문법 발달 단계를 거치지만 일반 아동이 대부분 30개월경이면 달성할 수 있는 것을 12년에 걸쳐서 달성한다(Fowler, Gelman, & Gleitman, 1994).

　다운 증후군은 화용론적 측면에서는 특별히 강점을 가진다. 언어 발달 수준이 동일한 일반 아동에 비하여 다운 증후군 아동은 환경에 대한 언급이 더 적은 반면, 다른 사람과 상호작용하는 것에 대해서는 더 많이 언급한다. 하지만 이러한 다정다감한 특성은 오히려 화용론적으로 다른 사람과 적절하게 상호작용하는 데 어려움을 야기하기도 한다. 특히 사람들 사이의 공간과 같은 비구어적인 화용론적 행동들은 다소 부적절한 것으로 보인다. 다운 증후군 아동은 보다 공손하게 말하기 위해서 말하는 방식을 조절하지 못하며 지시적인 의사소통 과제를 잘하지 못한다(Rosenberg & Abbeduto, 1993).

4) 치 료

　다운 증후군 아동은 출생에서부터 조기중재를 하는 것이 바람직하다. 임신 중이나 출생 시에 다운 증후군임을 확인할 수 있으므로 치료의 초기 목표는 보호자와의 상호작용을 발달시키는 데 둔다. 언어치료사는 아기의 보호자들에게 함께 주의집중하고 함께 활동하며 의도를 나타내도록 하는 것과 같은 초기 기술들의 모델을 제공해야 한다. 이러한 목표는 아기가 가정에서 하는 매일의 일과 안에서 강조해야 한다. 목욕하고 먹고 놀고 기저귀를 착용하는 것과 같은 일과가 의사소통 상호작용에 도움을 줄 수 있다. 시선 맞추기와 차례 지키기를 가르치기 위하여 아기와 초기 사회적 의사소통 게임을 하는 것도 좋다. 짝짜꿍 또는 다른 초기 게임이나 노래, 손가락놀이 등이 아기와 보호자의 상호작용을 자극할 수 있다.

평행적 발화 기법(parallel talk), 혼잣말 기법(self-talk), 확장(expansion)과 같은 간접적인 구어 자극을 제공하는 것도 매우 좋은데, 이러한 활동은 모든 것에 이름이 있음을 인식하고 인지적으로 그러한 것을 추측할 수 있도록 도와줄 수 있다. 직접적인 말-언어 모델을 제공하는 것 또한 아동의 언어 발달에 도움이 되는 기법이다. 읽기 자료와 말 사이에 관련이 있다는 것을 아동이 알도록 읽기 자료에 아동을 노출시키는 것도 좋은 방법이다.

또한 대근육 운동과 소근육 운동, 구강 운동 등의 기술을 모방하도록 한다. 혀, 입술, 턱 운동을 모방하도록 하고 구강 근육과 구강 기류 통제를 위하여 불기 훈련을 시킬 수 있다. 면봉 불기, 빨대를 사용하여 물 불기, 빨대 없이 물 불기, 호루라기 불기, 바람개비 불기, 비누방울 불기 등을 활용할 수 있다. 구강 운동을 위하여 작업치료를 병행하는 것도 도움이 된다.

이비인후과 의사가 연인두나 성대를 검진하고 필요에 따라 편도나 아데노이드(adenoid)를 제거하는 수술을 한 후에 음성치료를 할 수도 있다. 조음치료 방법으로는 전통적인 기법이나 음운변동 접근법 등을 활용할 수 있는데, 어떠한 치료라도 전반적인 구어명료도 향상을 목표로 한다. 예전에는 다운 증후군 아동의 구어명료도를 향상시킬 의도로 혀 절제 수술을 실시하기도 하였지만 이것으로 인하여 조음능력이 유의미하게 향상되지는 않는다(Miller & Leddy, 1998).

다운 증후군 아동은 생애 전반에 걸쳐 화용론 기술 훈련이 필요하다. 사회적 언어 사용은 연령에 따라 변하므로 생활연령에 적절하게 화용론적 기술을 훈련해야 한다. 공간학, 제스처, 얼굴표정, 시선 맞추기, 몸짓언어, 적절한 신체적 접촉과 같은 비구어적인 기술을 지도할 수 있다. 예를 들면, "다른 사람과 대화할 때에는 적어도 팔 길이만큼은 떨어져서 이야기해야 합니다."라고 말하여 팔을 신체적인 단서로 사용하도록 지도해야 한다. 또한 구어적인 화용론적 기술도 지도해야 하는데, 차례 바꾸기, 주제 선택과 유지, 다양한 장소와 의사소통 상황에서의 적절한 언어를 역할놀이나 비디오 녹화를 통해서 혹은 비평하기 등을 활용하여 지도할 수 있다.

의학적인 팀 구성원으로는 심장과 의사, 이비인후과 의사, 신경학과 의사, 소아과 의사 등이 포함될 수 있고 물리치료사, 청능사, 작업치료사, 심리학자 그리고 가족 구성원 등이 참여하여 팀 접근을 하는 것이 바람직하다.

다음은 출생 후 약 6개월까지 다운 증후군 아동의 의사소통 발달을 촉진하기 위하여 가정에서 할 수 있는 활동에 대하여 Kumin(1994)이 제시한 것을 요약하였다. 이것은 다운 증후군 아동이 아닌 다른 지적장애 아동의 언어 발달을 촉진하기 위해서도 활용 가능하다.

(1) 감각 경험 제공하기

① 시각 경험 제공하기
- 아기의 옆에 밝은 색깔의 물건들을 놓아 두기
- 아기가 부모의 얼굴을 잘 볼 수 있도록 안아 주기
- 아기가 부모의 얼굴에 관심을 갖도록 하기(미소 짓기, 큰 소리로 웃기, 말하거나 노래하기)
- 아기가 부모의 얼굴을 보기 시작하면 부모의 얼굴에 집중하는 시간을 늘리기(재미있는 소리 내기, 우스운 표정 짓기, 아기가 하는 행동을 흉내 내기, 아기가 얼굴을 볼 때 밝은 표정 지어 주기)
- 아기 주변이 시각적으로 자극될 수 있도록 하기(다양한 색깔의 모빌이나 그림을 주변에 걸어 두기, 인형이나 풍선 등을 아기와 함께 바라보며 말하기)
- 근육의 긴장 부족 등으로 인하여 고개 가누기가 힘들 수도 있으므로 아기의 목을 받쳐 주어 부모의 얼굴을 보도록 도와주기
- 아기가 반응을 보이지 않더라도 자주 얼굴을 보고 자극 주기

② 청각 경험 제공하기

- 음악을 들려주고 노래를 불러 주어 아기가 소리에 집중하도록 하기
- 한 번에 너무 많은 소리를 들려주어 주변의 여러 소리에 아기가 휩쓸리지 않도록 한 번에 한 가지 소리만 들려주기
- 소리놀이 하기(아기의 옹알이를 똑같이 흉내 내기, 아기가 내는 소리를 높은 음도나 낮은 음도로 반복해 주기)
- 아기의 이름을 자주 불러 주기
- 여러 종류의 소리 자극(딸랑이, 종이, 기타 여러 가지 소리 나는 것)을 들려주고 방향을 찾도록 하기
- 청각장애로 인하여 잘 듣지 못할 수도 있으므로 얼굴을 가까이 하고 더 큰 소리로 아기를 불러 소리를 듣도록 하기

③ 촉각 경험 제공하기

- 입으로 모든 것을 가져가는 시기에 다양한 촉각 경험(부드러운 것/딱딱한 것, 물렁한 것/속이 꽉 찬 것 등)을 하도록 하기
- 다양한 감촉의 사물을 이용하여 얼굴, 뺨, 혀 등을 가볍게 문지르기
- 다양한 신체 부위별로 로션을 발라 주면서 문지르기
- 다양한 질감의 장난감을 만지도록 하기

(2) 의사소통 경험 제공하기

① 차례 지키기

- 놀이를 통하여 차례 지키기(아기가 손으로 바닥을 두드리면 그 행동이 멈출 때까지 기다렸다가 아기가 한 것과 똑같은 방법으로 바닥을 두드린다.)
- 소리 내기를 통하여 차례 지키기(아기가 울거나 옹알이를 하면 아기의 소리를 모방한다. 아기가 또 소리를 낼 때까지 기다리다가 소리를 내면 다시 모방한다.)

② 아기가 내는 소리에 의미 있는 것처럼 반응하기

- 아기와 대화하기(아기가 내는 소리를 잘 듣고 있다가 멈추면 "응, 우유가 먹고 싶다고?" "그래, 조금 더 말해 볼까?" "다 말했어?"라고 말한다.)
- 아기와 대화하는 동안 음도는 약간 높게, 단순한 문장으로 천천히 여러 번 반복해서 말하기
- 아기가 울거나 소리를 낼 때 빨리 반응하기(아기가 울 때 안아 주거나, 우유를 주거나, 기저귀를 갈아 주거나, 아기가 필요로 하는 것에 대해 반응해 주면 소리를 내는 것이 필요하다는 것을 아기가 인식할 수 있다.)
- 아기가 관심을 가지는 사물에 대하여 말해 주기

(3) 먹이기

- 잘 먹을 수 있도록 돕기(다운 증후군 아기는 저긴장 그리고 머리와 목 가누기에 어려움을 가지고 있어 빨거나 삼키는 데 어려움을 보일 수 있다. 영양 공급적인 측면 이외에도 말 산출 기관의 움직임을 발달시키기 위해서 젖병 꼭지를 조산아용 꼭지로 바꾸어 준다.)
- 혀 운동시키기(혀를 손가락이나 고무 꼭지, 치아 발육기 등으로 리듬에 맞추어 가볍게 두드려 주거나, 혀를 동그랗게 말거나 좌우상하로 움직여 준다.)
- 이유식하기(다양한 맛과 감촉의 음식을 제공한다. 씹거나 혀 운동하기에 좋은 음식들로는 달걀 프라이, 잘게 다진 고기, 과일, 생야채, 말린 과일 등이 있다.)
- 컵 사용 가르치기(다운 증후군 아기는 젖병 빨기보다 정교한 근육 조절 능력을 필요로 하는 컵 사용이 어려울 수 있다. 깊이가 얕은 컵의 한쪽을 반원형으로 잘라 사용한다.)

(4) 학습 스타일 살펴보기

- 아기가 좋아하는 것들을 살펴보기(좋아하는 사물, 좋아하는 활동, 좋아하

는 감각, 좋아하는 촉감, 좋아하는 음식 등을 살펴보고 하루 중 언제 가장 활동적인지, 언제 소리 내기를 좋아하는지 살펴본다.)
- 아기가 좋아하는 것을 활용하여 의사소통하기(아기가 음악을 좋아하면 노래를 불러 주고 인형을 좋아하면 다양한 인형을 사용한다. 아기와 의사소통하면서 매 순간을 즐기는 것이 중요하다.)

2. 취약 X 증후군

1) 원 인

취약 X 증후군(Fragile X syndrome)은 지적장애의 임상적 유형 중 다운 증후군 다음으로 가장 많이 나타나는 증후군이다. 이 증후군은 X 염색체의 하단 부분이 접혀져 있거나 좁은 모양으로 나타나며(Barker, 1990), 취약 X 유전자를 포함하고 있는 부위가 끊어져 나타나기도 한다. 이와 같이 취약 X 증후군은 X 염색체와 관련된 유전적 장애이며(Schoenbrodt & Smith, 1995), 주로 남성이 취약 X 증후군의 영향을 받지만 여성도 이 증후군을 보인다. 출현율에 대하여 Sharfenaker(1990)는 남성 약 1,000명 중 1명, 여성 약 2,000명 중 1명의 비율로 발생한다고 하였다. Pore와 Reed(1999)도 남아는 신생아 1,000명 중 1명, 여아는 신생아 2,000명 중 1명의 출현율을 보고하였다. Love와 Webb(1986)은 미국에서 태어나는 남자 신생아 1,350명 중 1명, 여자 신생아 2,033명 중 1명의 비율로 발생한다고 보고하였다.

2) 전반적 특징

취약 X 증후군이 보편적으로 보이는 안면 특징으로는 길고 갸름한 얼굴, 두드러지게 긴 턱, 돌출된 이마, 큰 머리, 안검하수증 등이 있다. 또한 콧등이 평평하고 높은 궁형 모양의 구개를 보인다. 이러한 안면 특징은 취약 X 증후군 여성에게서는 덜 나타난다. 이들의 안면 특징은 [그림 10-2]에 나타나 있다. 이 외에도 신체적으로 저긴장성, 손가락 관절이 지나치게 늘어남, 탈장 발병률이 높음, 작은 손과 발, 거대 고환증, 사시, 원시, 안구진탕증 등의 특징을 보인다.

취약 X 증후군 중 지적장애 비율은 아동의 경우 6.59%가 최중도, 29.9%가 중도, 21%가 중등도이며, 성인의 경우에는 14%가 최중도, 71%가 중도, 21%가 중등도로 나타났다(Maes et al., 2000). Alanay 등(2007)은 취약 X 증후군 소년 24명을 연구한 결과, 이들의 평균 지능지수 점수는 49.8(범위 25~90)이며 이 중 17%는 70 이상의 지능지수를 가졌다고 보고하였다. 이들은 주의집중장애, 반복적인 행동, 반향어, 발화의 보속적인 사용, 동일한 말을 속도와 크기를 증가시키면서 반복하기 등을 보이기도 한다.

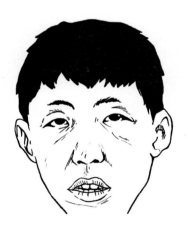

[그림 10-2] 취약 X 증후군

취약 X 염색체를 가지고 있는 여성은 종종 임상적으로는 보인자로 볼 수 있으나 낮은 발현도로 인하여 판별이 안 되는 경우도 있다(Barker, 1990). 그러나 취약 X 염색체가 있는 여성의 경우 지적장애는 아니지만 종종 학습 장애를 보이기도 한다. 취약 X 증후군 남성의 5~46%가 자폐 혹은 유사 자폐를 보이기도 하며 자폐 아동 중 약 15%가 취약 X 증후군의 행동 패턴을 보이기도 한다. 이와 같이 취약 X 증후군 남성이 종종 자폐 유형의 행동을 보이기는 하지만, 임상적인 자폐로 진단된 이들의 행동보다는 일반적으로 덜 심각하다. 그러나 행동 패턴의 유사성으로 인하여 전형적인 유사 자폐 행동과 임상적 자폐 행동을 진단하는 데에는 어려움이 있다(Bellinger et al., 1997).

3) 말-언어 특징

취약 X 증후군은 다양한 말-언어 특징을 보인다. 취약 X 증후군 아동은 과다긴장성과 민감성 등 감각적인 문제들로 인하여 음식을 먹거나 초기 말 운동 발달에 영향을 받을 수 있다. 이로 인하여 침을 흘리거나, 입을 벌린 채로 있거나, 물거나, 이식행동(pica behaviors) 등을 나타낼 수 있고, 조음 발달이 지체될 수도 있다. 물론 이러한 말 운동 결함과 함께 개개인의 지적 장애 수준이 조음문제에 영향을 미친다. 또한 취약 X 증후군 아동은 말을 빠르게 하고 음절 반복을 빈번하게 보이는 등 말더듬과 속화의 특징을 나타내기도 하며 억양, 리듬, 강세 패턴에 이상을 보이기도 한다. 취약 X 증후군이 있는 남성은 일반 남성보다 목소리가 더 낮거나 여성은 일반 여성보다 목소리가 더 높은 음도장애를 보이기도 한다.

언어능력은 인지적인 기능 수준, 주의집중 능력, 감각 문제 등에 의해 영향을 받을 수 있다. 일반적으로 취약 X 증후군은 표현언어 발달이 느리거나 혹은 전혀 이루어지지 않아 보완대체 의사소통을 고려해야 할 경우도 있다. 또한 말을 반복하거나 반향어를 보이기도 하며, 대명사 사용의 오류, 단어 수정의 어려움, 구문 문제 등을 보이기도 하지만, 말을 모방하는 것은 비교적 잘하는 편이다. 취약 X 증후군 아동은 사회적으로 사용되는 화용론적 행동 측면에서 매우 부적절한 패턴을 보인다. 의사소통하는 상대방과 눈 마주치기가 잘 이루어지지 않고, 적절한 거리를 유지하지 못하며, 제스처 사용 빈도가 낮고 대화 주제를 잘 유지하지 못하여 타인과의 의사소통에 어려움을 보인다. 그러나 비구어적 상황에서의 대화 순서 지키기는 잘되는 편이다.

　X 염색체와 관련된 취약 X 증후군이나 마틴벨(Martin-Bell) 증후군 남성은 다운 증후군 아동보다 보속 현상, 자곤(jargon), 의미 없는 불명료한 구어, 반향어를 더 많이 보이며 대화 상대방의 말을 더 많이 반복하기도 한다.

4) 치 료

　앞에서 살펴본 바에 따르면, 취약 X 증후군의 경우 초기 발견과 초기 중재가 매우 중요하며 팀 접근을 통하여 모든 발달 영역에서 아동의 발달을 촉진해 줄 필요가 있다.

　취약 X 증후군의 정보처리를 돕기 위하여 청각, 시각, 촉각 등 다양한 감각 양식 중 가장 최고의 입력 양식이 무엇인지 선택하고 감각 제공을 방해하는 요소들을 최소화하는 것이 중요하다. 이러한 감각통합 훈련뿐만 아니라 안과적인 문제를 해결하기 위하여 안과 전문의와의 상담도 실시하도록 한다.

　특징적인 안면 특성으로 인하여 턱이 고정되거나 말 산출을 위한 적절한 운동 기술이 발달하지 않을 수 있으므로 입술 근육을 강화시키는 등 말 산출 기관 훈련을 실시하여 침 흘리기를 감소시키고 조음 발달을 촉진해야 한다.

　또한 주의집중 능력을 향상시키고 부적절한 행동을 감소시키기 위하여 다양한 강화 기법을 활용한 행동치료를 실시하여 바람직한 행동을 증가시켜야 한다. 이들이 하는 부적절한 말 산출과 행동은 무시하고, 강한 동기부여가 되는 사물들을 잘 활용하는 것이 좋다. 열악한 화용론적 기술을 향상시키기 위하여 기능적 상황에서의 역할놀이를 실시하여 적절히 주제를 선택하고 유지하며 대화 차례를 지키거나 인사하기를 하도록 지도하여야 한다. 그리고 눈 맞추기, 행동, 얼굴표정, 신체적 움직임 등 적절한 비구어적 메시지 표현을 증가시킬 필요가 있다. 일반적으로 모방 기술은 양호한 편이므로 모방훈련으로 평균발화길이를 증가시키는 것도 좋은 방법이다. 그러나 표현언어 발달이 어려운 아동들에게는 보완대체 의사소통 도구들을 사용하여 의사소통을 촉진할 수도 있다.

3. 태아 알코올 증후군

1) 원 인

태아 알코올 증후군은 임신기간 중 어머니의 알코올 섭취가 원인으로 추정된다. Sparks(1993)는 확실하게 진단하기 위한 여러 유용한 실험 없이 임상적 판단으로 태아 알코올 증후군을 진단하였다. 임신 중 알코올을 섭취한 시기와 기간, 섭취량에 따라 그 영향은 다양하게 나타날 수 있다. 그러나 사례 수집 시 어머니들이 알코올 섭취에 대하여 설명해 주지 않는 경우도 많아서 어린 아동만 보고는 진단이 어려울 수 있다. 이러한 진단의 어려움으로 인하여 출현율의 한계를 정하기 어려운데, Batshaw(1997)는 전 세계적으로 신생아 1,000명당 1~2명 정도라고 보고하였으며, Jung(1989)은 신생아 중 0.4% 정도 혹은 임산부 2,423명 중 1명에게서 발생한다고 보고하였다.

2) 전반적 특징

태아 알코올 증후군이 보이는 전반적 특징들의 심한 정도는 매우 광범위
하지만 여기에서는 성장의 지연, 중추신경계 기능장애, 두개 안면 기형을
중심으로 살펴보기로 한다.

태아기에 알코올에 노출되어 태어나는 아기의 약 80%는 저체중이다
(Batshaw, 1997). 이 아기들의 상당수는 심각한 섭식장애와 성장지체를 보
인다. 특히 눈과 머리, 얼굴 부분의 골격 성장에 많은 문제를 보일 수 있으
며 소두증, 작은 팔과 다리, 관절의 이상도 나타난다. 이처럼 어릴 때 키가
작고 마른 체구를 가져서 정상적인 키와 체중을 갖는 것이 지연된다.

알코올이 중추신경계에 미치는 영향은 매우 광범위하며 다양하다. 일부
아동은 평균 이하의 지능지수와 함께 학습장애를 보이기도 하고, 어떤 아동
은 지적장애나 발달상의 지체를 보이기도 한다. 태아 알코올 증후군의
1/2~1/3 정도의 아동은 상당한 정서·행동장애를 보인다(Batshaw, 1997).
이 증후군 아동은 종종 영유아기 때 예민하며 우는 시간이 많다. 떼쓰기 행
동이 일찍부터 나타나며 비정상적으로 길고 과도하게 되풀이되어 나타나

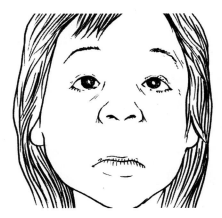

[그림 10-3] 태아 알코올 증후군

기도 한다. 아동이 성장함에 따라 더 많은 부가적인 행동이 나타날 수 있는데, 반항적이거나 충동적인 행동을 보이기도 하고 위험에 대하여 잘 인식하지 못하거나 불안정한 기분, 거짓말 등을 나타내기도 한다. 이러한 아동은 전형적으로 신체적 접촉을 원하고 친근하며 사교적이기도 하지만, 사회적 언어능력의 열악함으로 인하여 어려움이 발생하기도 한다.

또한 태아 알코올 증후군에서는 두개 안면 기형이 나타날 수 있는데, 소두증, 안검열[2](눈꺼풀균열)이 짧음, 작고 위로 향한 코, 앞으로 들린 콧구멍, 얇은 윗입술, 하악후퇴증(턱의 미발달), 구순열, 구개열 등이 나타난다. 또한 인중이나 입술 중앙의 구는 평평하고 넓게 나타난다. 위턱이 납작하고 아래턱은 짧으며 얼굴 중앙이 잘 발달되지 않고 부정교합 등을 보이므로 말-언어 발달에 좋지 않은 영향을 미치게 된다.

태아 알코올 증후군 아동은 양쪽 귓바퀴와 중이에 기형이 있거나 감각신경성 난청과 중이염의 출현율도 높다. 이 외에도 선천적 심장기형, 사시, 안구진탕증, 난시, 근시 등 시각적 문제도 보이며 신장기형인 탈장과 비뇨생식기의 기형을 보인다. 혈압이 낮거나 운동 발달이 지연되며, 한 개의 손금이 손바닥을 가로질러 검지와 중지 사이에 있는 독특한 손금을 보이기도 한다(Shprintzen, 1997).

3) 말-언어 특징

태아 알코올 증후군 아동의 대다수는 두개 안면 기형과 구개 인두 결함을 가지므로 공명 문제를 나타낸다. 과대 비성을 나타내며 목쉰 음성이나 높은 음도로 발화하는 경향이 있다. 또한 구개 인두 결함으로 인하여 섭식 기술이 열악하며 이것은 말 산출기관의 정상적인 움직임을 어렵게 한다.

---

2) 윗눈꺼풀과 아랫눈꺼풀 사이의 열.

따라서 말 발달이 지연되고, 조음 오류가 나타나며, 부정교합과 아래턱의 미발달 등이 어려움을 지속시킨다.

이 증후군의 아동은 영아기부터 매우 민감하고 많이 우는 등 아동과 주 양육자 간의 관계 형성에 어려움이 있을 수 있으므로 언어적인 상호작용 기술이 발달될 수 있도록 유의해야 한다. 대개 태아 알코올 증후군 아동은 수용언어와 표현언어 모두에 결함을 보이는데, 첫 낱말 산출연령이 늦고 두 낱말로 연결된 발화를 하는 시기도 늦다. 평균발화길이도 생활연령에 비하여 떨어지며 읽기나 쓰기 등에도 열악한 기술을 보인다. 또한 주제를 선택하고 유지하는 데 어려움을 보이며 반향어를 보이는 등 화용론적인 측면에도 결함이 나타난다.

4) 치 료

태아 알코올 증후군 아동은 주 양육자와 긍정적인 상호작용을 할 수 있 도록 지도하는 것이 중요하다. 이들은 잠에서 깰 때마다 운다거나 상호작용을 하기가 어려운 경우가 많은데, 영아기 때에는 아기의 몸을 꼭 감싸 주어 안정감을 느끼도록 해 주고 지속적으로 신체적인 접촉을 해 주며 눈 맞추기 등을 지도해야 한다. 또한 중이염이나 기타 청각적인 문제를 해결하기 위하여 청능사, 이비인후과 의사와의 협력이 요구된다.

구개열이나 연인두폐쇄 기능부전에 대하여 수술적인 처치가 필요할 수도 있으며 음성을 남용하거나 오용하지 않도록 지도해야 한다. 또한 두개 안면 기형으로 인한 조음 오류에 대한 지속적인 치료가 필요하다.

4. 윌리엄스 증후군

1) 원 인

윌리엄스 증후군(Williams syndrome)은 일반적으로 다운 증후군처럼 지능지수가 지체된 것으로 보이지만(Bellugi, Wang, & Jernigan, 1994), 다운 증후군과는 달리 길고 문법적으로 복잡한 문장을 말하거나 풍부한 어휘를 사용하며 전체적으로 통합되고 복잡한 이야기도 말할 수 있다. 이 증후군은 뉴질랜드의 Williams 박사가 1961년에 처음으로 보고하였는데, 신생아 약 2만 명 중 1명 정도로 발생하며 미국에는 약 5,000~6,000명 정도의 윌리엄스 증후군 환자가 있다고 한다(Bill, 1998). 윌리엄스 증후군은 인종과 지역에 관계없이 전 세계적으로 확인되며 출생 시부터 증상이 나타나고 남녀 구분 없이 비슷한 증상을 보인다.

윌리엄스 증후군의 발생 원인은 7번 염색체상에 엘라스틴(elastin) 단백질을 생산하는 유전자가 결핍된 상태로 태어나기 때문이다. 엘라스틴 단백질은 혈관의 탄력성과 강도를 유지하는 역할을 하는데, 윌리엄스 증후군의 약 95~98%가 이 단백질의 결함을 보인다. 윌리엄스 증후군의 의학적 진단은 형광조직내교잡법(형광직접교잡법, fluorescent in situ hybridization: FISH)을 통해서 확인 가능하다.

윌리엄스 증후군이 태어날 확률은 그다지 높지 않은 편이나, 이 증후군을 가진 사람이 자식을 낳을 경우 50% 정도의 확률로 유전될 가능성이 있다. 다음의 특징은 윌리엄스 증후군이 보일 수 있는 모든 증세를 나열한 것이며 각 개인에 따라 다양한 편차를 보일 수도 있다는 것을 감안하여야 한다.

2) 전반적 특징

(1) 안면 특징

윌리엄스 증후군의 얼굴 생김새는 대부분 비슷한데, 일반적으로 요정 같다고 언급되어 왔으며, 이러한 얼굴 형태는 나이가 들수록 더 확연해진다. 작은 두상, 작으며 끝이 위로 올라간 코, 긴 인중, 두터운 입술, 눈 주변의 붓기, 작은 뺨 등의 특징을 보인다. 파랗거나 녹색 눈을 가진 윌리엄스 증후군의 홍채 형태는 희거나 주름 모양의 반점 혹은 별 모양의 반점을 보이기도 한다(Shprintzen, 1997; Monkaba, 1997). 또한 치아가 조금 작거나 치아 사이의 거리가 넓고 교합 상태가 좋지 못하다.

(2) 신체적 특징

근골격의 문제로 관절이 딱딱해지거나 구축(拘縮)이 있으며 키가 작고 소두증을 보인다. 어깨가 굽고 목이 가늘고 길며 배가 튀어나와 특징적인 걸음걸이를 보이기도 한다. 신장의 구조와 기능 이상, 서혜부탈장과 제대탈장, 칼슘과잉혈증(hypercalcemia, 과칼슘증-혈중 높은 칼슘 농도)을 나타낸

[그림 10-4] 윌리엄스 증후군

다. 칼슘과잉혈증은 윌리엄스 증후군 아동에게서 관찰되는, 극심하게 화를 잘 내는 모습이나 '영아 산통' 증후를 야기한다고 여겨지기도 한다. 칼슘과 잉혈증은 대부분의 경우 시간이 지남에 따라 개선되지만 칼슘과 비타민 D 대사 이상이 있을 수도 있으므로 주기적인 관찰을 요하기도 한다. 일반적으로 대동맥 협착증과 폐동맥 협착증을 보이며 협착 증상은 시간이 흐를수록 경과가 좋지 못한 경향이 있으므로 주기적인 심장 검진이 필요하다.

(3) 섭식 문제

윌리엄스 증후군 아동은 저체중으로 태어날 수 있고 체중 증가가 느릴 수 있어서 성장장애로 진단된다. 섭식 문제는 근육의 저긴장성, 심한 구역 반사, 약한 빨기/삼키기 기능, 촉각기관의 저항성 때문에 발생할 수도 있다. 이러한 섭식 문제는 아이가 자라나면서 점차 개선된다.

(4) 과도한 사회성

윌리엄스 증후군 아동은 특히 성인과 함께 있을 때 과도하게 호의적인 경향이 있으며 또래를 사귀기 어려워하고 자신보다 나이가 더 어리거나 더 나이 든 사람과는 잘 어울리는 편이다. 대개 외향적이고, 매우 공손하며, 낯선 사람을 두려워하지 않고, 협조적이며, 사교성이 좋고, 기꺼이 남을 즐겁게 하고 싶어 한다고 보고되었다. 말이 많고, 특정한 주제에 대해서는 굉장한 호기심을 보이기도 하며, 과잉행동과 불안해하는 경향도 보인다.

(5) 인지적 장애

윌리엄스 증후군 아동의 약 55%는 심한 지적장애를 보이고, 41% 정도는 경도 지적장애를 보이며, 4%만이 정상 범위의 능력을 보이는 등 학습에 어려움을 나타내는 정도는 경도에서 중도까지 연속적이다(Udwin & Yule, 1988). 또한 이들은 지적장애로 인하여 언어 발달에도 어려움을 보인다

(Paul, 1995). 학령기가 되어도 수 개념과 시간 개념에 대하여 특히 어렵게 느끼며 나이가 든 아동의 경우 표현언어 능력이 수용언어 능력보다 나은 경우도 있다. 윌리엄스 증후군의 언어능력은 시각-공간 능력보다 우세하기는 하지만 생활연령이 동일한 일반 아동의 언어능력 수준은 되지 못한다 (Karmiloff-Smith et al., 2003; Mervis, 2003).

(6) 행동 문제

윌리엄스 증후군 영아는 수면이 불규칙적이며 가전제품 소리나 자동차 경적과 같은 고음역의 소리에 대하여 청각과민증을 보이기도 한다. 또한 과잉행동과 제한된 관심 영역, 주의산만함을 보이기도 하는데, 이러한 주의산만함은 나이가 들어 가면서 좋아지기도 한다(Monkaba, 1997).

3) 말-언어 특징

윌리엄스 증후군 아동은 상대적으로 좋은 구어능력과 유창성, 정확한 조음능력을 보인다. 음성 공명은 대개 정상 범위에 있지만 일부 아동은 목 쉰 음성을 보이기도 한다.

다른 말-언어 특징으로는 반향어, 지나치게 수다스러움, '칵테일 파티 효과'[3] 등을 보인다. 또한 지나치게 기교적인 어휘를 사용한 긴 단어들, 상투적인 구, 끊임없는 재잘거림, 다소 보속적인 특징들이 있다. 단어 찾기 결함으로 에둘러 말하기를 보이기도 한다(Levine, 1998). 구두능력과 비구두능력 사이에 상당한 차이가 있을 수도 있다.

일반 아동은 어휘 발달과 인지 발달이 함께 진행되지만 윌리엄스 증후군 아동은 어휘 발달이 인지 발달을 앞선다. 이들은 지시하기 위하여 가리키

---

3) 시끄러운 장소에서 자신이 듣고 싶은 소리만 골라 듣는 현상.

는 제스처를 사용하기 이전부터 단어를 배우고, 사물을 범주화하기 전에 단어 폭발을 보인다(Mervis et al., 1999). 윌리엄스 증후군 아동과 성인은 지능검사에서는 지적장애 수준을 보이지만 표준화된 어휘검사들에서는 정상 범위의 점수를 보인다.

그러나 윌리엄스 증후군을 대상으로 형태론 및 구문론적 능력을 알아보기 위하여 표준화 검사를 실시하였을 때 수행능력이 분명하게 떨어지는 것으로 나타났다(Bellugi, Wang, & Jernigan, 1994; Karmiloff-Smith, 1998; Karmiloff-Smith et al., 2003).

일반적으로 윌리엄스 증후군 아동은 일반 아동보다 사람의 얼굴을 더 오랫동안 쳐다보며(Mervis, 2003), 대화 상대방의 얼굴에 지나치게 오랜 시간 동안 집중한다. 또한 자신이 했던 이야기에 대하여 질문하였을 때 종종 대답을 잘하지 못하며, 이야기할 때 항상 극단적으로 감정을 표현한다(Reilly, Klima, & Bellugi, 1990). 청소년이 되어도 모든 말을 문자 그대로 해석하며 거짓말과 농담의 차이를 잘 알지 못하고 농담을 거짓말로 이해한다(Mervis, 2003).

4) 치 료

1999년에 Richard와 Hoge가 제시한 윌리엄스 증후군 아동을 위한 중재 전략을 학령 전기와 학령기로 나누어 살펴보자.

(1) 학령 전기

학령 전기 윌리엄스 증후군 아동의 언어 발달을 촉진하기 위하여 다음의 방법을 활용할 수 있다.

① 언어 자극
- 의미론적으로 연관된 범주에 기초하여 아동의 어휘와 명사, 동사, 서술어, 위치어 등의 이해를 증가시킨다.
- 주의가 산만하고 주의집중에 어려움을 보이기 때문에 환경을 구조화하는 것이 좋다.
- 사회적 강화 및 칭찬과 함께 촉구와 모방 등의 행동관리 기법을 사용한다.

② 음악과 손가락놀이
- 아이의 발달 수준에 적절한 음악과 손가락놀이를 사용하도록 권고하는데, 이는 음악에 대한 흥미를 갖게 한다.
- 음악과 손가락놀이는 또한 초기 사회-의사소통적 게임으로 보호자와 아동이 상호작용을 잘 하도록 한다.

③ 가족중심 접근법
- 매우 어린 아동은 가족 안에서 치료받을 수 있다.
- 목표가 매일의 일상 속에서 일반화되도록 하는 것이기 때문에 치료계획에 가족을 포함한다.

(2) 학령기
아동이 학교에 다니기 시작하면서 의사소통의 어려움은 새롭게 문제가 된다. 표현언어가 강점으로 발달하므로 수용언어에서의 결함을 가능한 한 명심해야 할 필요가 있다. 윌리엄스 증후군 아동을 평가할 때는 이들의 신체적 특징을 고려해야 하는데, 청각과민증과 같은 특징을 보이므로 조용한 환경에서 평가해야 한다. 또한 평가과정 중에 시각, 인지적, 운동적, 주의집중 특징들도 고려해야 한다. 평가와 치료 시에는 언어 이해를 증가시키기 위하여 간략화한 구어를 사용한다.

윌리엄스 증후군 아동의 치료에서 가장 우선적인 관심사는 구두/비구두 능력에서의 차이라는 것을 명심해야 한다. 이들이 높은 수준의 표현언어를 보이기 때문에 대부분 뛰어난 언어 기술을 가진 것으로 전제하지만, 항상 수용언어 능력을 점검해야 한다. 왜냐하면 기초적인 개념이 아예 없거나 이것을 목표로 삼아야 할 아동이 있을 수 있기 때문이다.

학령기에 있는 윌리엄스 증후군 아동의 대다수는 통합환경에서 교육받는다. 학교환경에서 근무하는 언어치료사는 윌리엄스 증후군 아동에게 화용론적 치료를 실시할 수 있는데, 대개 학교환경에서는 그룹 중재의 형태로 실시할 수 있다. 화용론적 치료에서는 다양한 문맥에서 사회적으로 적절한 언어의 사용을 목표로 하며, 역할놀이, 희극 만들기, 일상생활 활동 함께하기 등을 실시하고, 기타 기능적이고 즐거운 만남을 함께 하도록 한다.

학령기 윌리엄스 증후군 아동의 중재 전략과 목표는 다음과 같다.

① 주의집중
- 아동이 관련된 정보에 주의집중하는 것을 돕기 위하여 아동의 주의를 산만하게 하는 것들을 최소화한다.
- 요구된 행동에 대하여 정적 강화를 제공하는 것과 같은 행동관리 기법들을 사용한다.
- 원하지 않았던 행동에 대해서는 무시한다.
- 사회적 칭찬과 함께 스티커, 기타 만질 수 있는 토큰 강화들을 사용한다.

② 청 력
- 윌리엄스 증후군과 관련된 일부 걱정스러운 행동들은 청각과민증과 관련이 있을 수 있다.
- 통제된 환경 속에서 다양한 소리에 노출시키는 것은 이러한 아동에게 어떤 소리가 환경 속에서 일어날 수 있는지 알게 해 주고 상당수의 소

리를 예견하도록 도울 수 있다. 이러한 소리를 테이프에 녹음하여 아동이 자주 가지고 놀 수 있도록 하는 것은 소리에 대한 방어적인 반응을 없애는 데 도움을 준다.

③ 화용론

• 사회적으로 적절한 말을 증가시킨다.
• 사회적으로 부적절한 말을 감소시킨다. 말은 사회적 접촉을 위한 수단으로써 그리고 의사소통적 역할에서 보다 주의집중을 확보하기 위한 수단으로써 더 많이 활용될 수도 있다. 이러한 경우에는 무시가 강한 치료 전략이 될 수 있다.
• 아동이 더욱 적절하고 관련 있는 주제에 주의를 돌리도록 한다.
• 상당수의 윌리엄스 증후군 아동은 음악을 매우 좋아하므로 언어 학습 시 특히 화용론적인 목적을 위하여 노래와 음악을 사용한다.
• 윌리엄스 증후군 아동은 한 주제, 특히 자신들이 관심 있어 하는 주제에 보속적인 경향을 보인다. 따라서 교과과정 속에 좋아하는 관심거리를 넣는 등 전체주의 접근법(whole language approach)을 활용하는 것이 좋다(Levine, 1998). 이러한 접근법은 아동을 동기화시키는 데 매우 좋으며 역할놀이, 이야기, 소그룹 활동들에서 적절한 주제에 관한 아동의 레퍼토리를 확장시킨다.
• 적절하게 질문하고 대답하는 능력도 화용론에서 고려할 수 있다. 많은 윌리엄스 증후군 아동은 보속적인 스타일이 있어 동일한 질문을 과도하게 반복한다. 이들이 동일한 질문을 계속한다면 질문에 대한 대답을 아동으로 하여금 반복하게 하거나 아동이 한 첫 번째 질문 이후의 반복적인 모든 질문은 무시하는 것이 좋다(Udwin & Yule, 1998).

④ 단어 찾기

• 단서 주기 체계를 사용한다.

- 윌리엄스 증후군 아동의 청각적인 강점에 맞추어 음소적인 단서(목표 어휘의 첫 음소 제공하기)를 활용한다.
- 목표 어휘에 접근하도록 하기 위하여 해당 어휘의 그림을 아동에게 제시할 수 있다.
- 목표 어휘에 대한 힌트를 제공하는 것과 같은 의미론적 단서 주기도 활용할 수 있다.

⑤ 팀 접근
- 윌리엄스 증후군 아동의 중재 시 팀 접근이 적극 권장된다.
- 언어치료사와 함께 청능사, 작업치료사는 의사소통능력과 지각 문제를 고려하기 위한 일차적 팀 구성원이 될 수 있다.
- 가족과 아동의 선생님 또한 중재 팀에 매우 중요한 구성원이 될 수 있다.

　지금까지 살펴본 증후군 중 염색체 이상으로 인한 증후군인 다운 증후군, 취약 X 증후군, 윌리엄스 증후군의 강점과 약점, 중재 전략을 요약하면 〈표 10-3〉과 같다.

〈표 10-3〉 지적장애와 관련한 임상적 증후군의 강점과 약점, 중재 전략

증후군	강 점	약 점	중재 전략
다운 증후군	시각적인 단기기억	청각적인 단기기억	• 시각적 단서 • 그림/사진 활동 시간표 • 색깔이 있는 그림들 • 구어를 보충하기 위한 그림 의사소통 • 실제 사물이나 재료, 현재와 관련 있는 이름 대기
	동시적인 처리	연속적인 처리 문법	• 의미론적/의미에 기반을 둔 언어
	시각적 제스처	표현언어 조음	• 구어를 돕거나 보충하기 위한 사인 언어 혹은 제스처
취약 X 증후군	반복적인 과제	큰 소음과 변화에 대한 극도의 반응	• 변화에 대하여 시각적, 언어적으로 알려주기
		낮은 주의집중	• 일상적이며 반복적인 사물 조작
	통합적이며 실제적이고 경험적인 학습 과제	과잉행동	• 과제 수행 시 운동에 기반을 둔, 실제적인 과제로 지도하기
	일대일 상호작용	큰 집단에서의 상호작용	• 자신만의 공간 • 큰 집단 피하기
윌리엄스 증후군	언어 기술 언어학적인 영향	시-공간적인 구성	• 확장과 평행적 발화기법 사용
	청각적 단기기억	지각-운동	• 청각적인 단서
	음악	큰 소음에서 어려움	• 음악 활동, 노래 부르기, 부드러운 소리가 나는 장난감
	동시적인 처리	연속적인 언어 처리	• 의미론적/의미에 기반을 둔 언어 • 운동과 사물 조작을 통한 언어
		시공간	• 사물-참조 과제 • 조용한 공간

출처: Hodapp, Desjardin, & Ricci(2003). Additional information from Hodapp et al.(1991); Owens(2004); Saunders(1999).

지적장애 아동의
의사소통능력 진단

지적장애 아동의 의사소통능력을 진단하기란 쉽지 않다. 인지적 결함의 정도에 따라 공식적인 검사 사용이 어려울 수도 있고, 비공식적인 검사들을 활용하거나, 관찰만으로 아동의 언어능력을 평가하는 경우도 생길 수 있다. 지적장애 아동만을 위한 특별한 검사도구가 흔하지 않으므로 이 장에서는 지적장애 아동뿐만 아니라 언어 발달에 문제를 보이는 아동의 언어능력을 진단하기 위하여 전반적으로 고려해야 할 사항과 표준화 검사도구, 비표준화 검사도구, 비공식적인 평가도구들을 살펴보고자 한다.

제11장

의사소통능력 평가

1. 전반적인 언어능력 평가

언어능력을 평가할 때 아동의 언어 수준에 적절하다고 생각되는 검사를 활용하는 것처럼, 언어 수준에 따라 평가 시에 살펴보아야 하는 요소들도 다를 것이다. 따라서 이 장에서는 언어 평가 시에 고려해야 할 사항을 살펴보고, 각 사항별 추가되는 평가 요소에는 어떠한 것들이 있는지 알아보도록 한다.

1) 언어 평가 시 고려해야 할 사항

MacDonald와 Carroll(1992)은 언어 평가 시 고려해야 할 사항을 제시하였는데, 평가뿐만 아니라 발달 및 치료에서도 이 사항을 고려해야 한다.

(1) 상대방과의 놀이

아동의 놀이를 살펴보는 것은 인지능력을 평가하는 것과 관련이 있다. 즉, 아동이 사물을 적절하게 가지고 노는지 살펴봄으로써 아동이 가지고 있는 사물과 사건에 대한 개념 그리고 세상과의 관계에 대하여 알 수 있다. 만일 사물을 이용하여 초보적인 놀이 단계, 예를 들면 빨거나 두드리거나 감각 운동적인 탐험과 같은 단계를 보이는 아동은 기능적으로 사물을 사용하거나 상징적인 놀이를 보이는 아동과는 매우 다른 인지능력을 보일 것이다. 사물을 가지고 어떻게 놀아야 하는지 알지 못하는 아동은 사물과 사건에 관하여 적절한 방법으로 의사소통하는 것을 배우기가 어렵다.

(2) 상대방과 주고받기

주고받기 능력을 살펴보는 것은 사회적 능력을 평가하는 것과 관련이 있다. 아동은 사물을 가지고 일부 적절한 놀이 전략을 학습한 후에 자신의 놀이 상호작용에 성인을 관련시키기 시작한다. 이러한 사회적 발달은 의사소통 발달에 결정적으로 필요하다. 왜냐하면 의사소통은 상대방과의 사회적인 주고받기와 관련이 있기 때문에 상호관계의 발달이 매우 중요하다.

(3) 의사소통 상대방

이것은 의사소통 의도와 제스처 체계를 평가하는 것과 관련이 있다. 사실상 아동의 초기 의사소통 수단은 제스처다. 아동은 성인과 사물을 쳐다보는 동안 가리키고, 당기고, 밀고, 손발을 뻗친다. 이러한 초기 비구두적인 의사소통은 성인의 행동과 주의를 조정하기 위한 단어의 사용으로 진행하게 된다. 서술하기(declarative)와 명령하기(imperative)와 같은 비구두적인 의사소통 의도나 기능이 여기에 포함된다.

(4) 언어 상대방

이것은 언어 모델 분석과 언어 구조 분석과 관련이 있다. 제스처 사용을 통하여 의사소통의 흐름(flow)이 수립된 이후에 아동은 보호자가 모델로 제시한 적절한 단어 산출을 하기 시작한다.

(5) 대화 상대방

이것은 화용론적 분석과 관련이 있다. 언어의 사용이 확실하게 수립되었을 때 아동은 청자의 관점을 받아들이고 주제를 다루며 담화에 참여하기 위하여 사회적인 문맥을 평가하는 화용론적 규칙들을 점차적으로 학습한다.

아동의 의사소통능력 전반에 대한 큰 그림을 그릴 수 있으려면 이 다섯 가지 사항 모두를 고려해야 한다. 다음에서는 지적장애 아동이 나타내는 언어 수준에 따라 진단 시 살펴보아야 할 사항에 대해서 알아보자.

2) 언어 수준별 진단 시 살펴보아야 할 사항

언어능력 평가나 치료 시 대개 학령 전기 언어장애와 학령기 및 청소년기 언어장애로 나누어 살펴보는 경향이 있는데, 지적장애나 언어장애 대상자는 어떠한 연령집단에도 있을 수 있기 때문에 생활연령에 따른 고려는 중요하지 않다. 실제 임상에서 보면 전혀 말을 하지 못하는 지적장애 청소년이나 성인도 많기 때문이다. 따라서 대상자의 생활연령보다는 언어 이전 수준, 단단어 혹은 초기 다단어 수준, 문장 수준과 같이 다양한 언어 수준별로 각 대상자에게 유용한 기법을 살펴보는 것이 훨씬 더 의미 있을 것이다. 여기에서는 언어 이전 수준, 단단어 혹은 초기 다단어 수준에 있는 아동은 초기 언어장애 아동으로 구분하고, 문장 수준에서 의사소통하는 아동은 후기 언어장애 아동으로 구분하여 평가과정을 살펴보고자 한다.

초기 언어장애 아동의 언어능력을 평가하는 과정은 일반적으로 [그림 11-1]과 같은 과정을 거치게 된다.

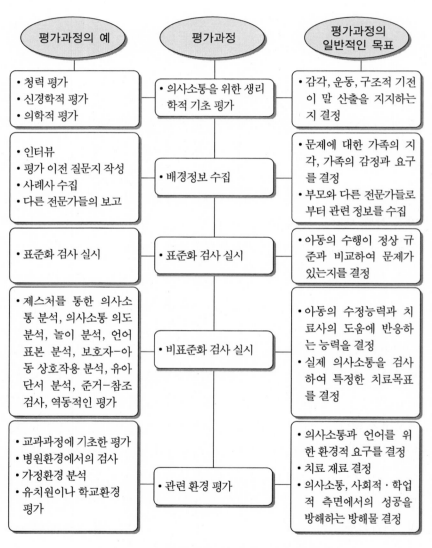

[그림 11-1] 초기 언어장애 아동의 언어능력 평가과정

출처: Haynes & Pindzola(2008).

(1) 언어 이전 수준 아동의 언어능력 평가

언어 이전 단계의 아동도 어떤 발성(vocalization)이나 제스처를 사용하기도 하지만, 보호자들은 아동이 환경을 통제하기 위하여 실제적으로 언어를 사용한 적은 전혀 없다고 할 수도 있다. 이러한 언어 이전 단계의 아동에게 공식적인 언어능력 검사를 실시하기란 쉽지 않다. 따라서 표준화 검사를 완전하게 실시하기보다는 더 많은 비공식적 평가 절차에 초점을 맞출 필요가 있다. 다음 영역은 언어 이전 단계 아동의 평가에서 특히 고려해야 할 사항이다.

- 일반적인 발달 수준/적응행동
- 생리학적인 선행조건(청각, 신경학적, 의학적)
- 사례사(사전평가 질문지, 상세한 인터뷰)
- 보호자-아동 상호작용 분석
- 의사소통적인 의도 목록(형태, 빈도, 수준)
- 발성 분석(음성학적으로 안정된 형태들의 사용, 음절 형태, 음성학적 목록)
- 제스처 분석
- 인지적 분석(놀이 분석, 선별 과제, 공식적인 척도)
- 어휘 이해(부모 보고, 공식적인 척도, 다양한 과제)

이러한 사항들 중 몇 가지를 다음에서 살펴보도록 한다.

① 생리학적 선행조건 평가

언어는 다차원적인 과정이다. 언어능력을 평가함에 있어서 보다 조기에 살펴보아야 할 선행조건들이 있는데, 예를 들면 인지적 능력이나 사회적 능력 등이다. 특히 지적장애 아동을 평가해야 할 때 이들의 정보처리 특성이나 인지 수준에 대한 정확한 평가가 요구된다.

② 사례사 수집

아동의 언어능력을 보다 정확하게 평가하기 위해서는 이들이 가지고 있는 의사소통에 관하여 가능한 한 많은 정보를 수집하는 것이 중요하다.

실제적인 검사를 실시하기 이전에 많은 정보를 수집할수록 사용할 검사도구를 선정하거나, 검사 실시 후 결과를 해석하고 치료 결정을 내리는 데 도움이 된다. 일반적으로 정보를 수집하는 방법은 보호자와의 인터뷰, 관련 전문가들의 보고, 평가 이전에 질문지 작성, 사례사 정보 수집 등이 있다.

③ 보호자와 아동의 상호작용 평가

언어 발달은 사회적 맥락 안에서 일어난다. 아동은 태어나는 순간부터 보호자와 상호작용하게 되고 이러한 관계 속에서 엄청나게 많은 시각, 청각, 감각 자극을 받게 된다. 아직 언어 표현을 하지 못하는 언어 이전 수준의 아동이나 단단어 수준의 아동, 초기 다단어 수준의 아동의 경우에는 보호자와 어떻게 상호작용하는지 관찰하는 것이 매우 중요하다. 그 이유는 두 가지로 제시할 수 있다. 첫째, 우리는 아동과 함께 아동이 친숙하거나 편안하게 느끼는 사람을 관찰할 필요가 있다. 아직 친숙해지지 않은 치료사가 제한된 시간 동안 아동과 친밀감을 형성하려고 할 때 자연스러운 환경을 관찰하는 것은 매우 어렵다. 때때로 치료사는 평가하는 동안 치료사와 상호작용하는 것을 거절하는 아동을 만나기도 한다. 이러한 경우 보호자-아동 상호작용을 관찰하는 것은 유용한 자료를 제공할 수 있다. 초기 평가 단계에서 아동과 어머니를 떨어뜨리는 경우가 있는데, 이것은 모자분리가 잘되지 않는 아동에게는 평가를 통하여 얻을 수 있는 정보를 거의 없애는 결과를 초래할 수도 있다. 둘째, 부모가 제공하는 언어 모델의 양을 관찰할 수 있다. 우리는 보호자들이 그들의 의사소통 행동의 여러 측면을 변경시키는 것을 볼 수 있다. 그들은 기본 주파수를 올리거나, 음도 범위를 증가시키거나, 혹은 더 천천히 말한다. 자신의 아이와 이야기할 때 대부분의 보호자는 쉼을 더 많이 가지고, 평균발화길이를 감소시키며, 어휘와 구문의 복잡성을 단순화시킨다.

보호자와 아동의 상호작용 특성을 살펴보는 것은 언어장애 고위험군인 영유아를 다룰 때 특히 중요하다. 이러한 아동에게는 양질의 자극을 제공하는 것이 언어장애를 예방하거나, 적어도 언어장애의 잠재성을 줄일 수 있을 것이다.

〈표 11-1〉은 진단 기간 동안 보호자의 행동을 검사하는 데 사용할 수 있다. 보호자와 아동의 상호작용 양상을 살펴보고 치료를 권고하는 데 도움이 될 것이다.

(2) 단단어 수준 아동의 언어능력 평가

단단어 수준 아동의 평가는 언어 이전 수준 아동의 평가와 유사한 점도 있고 다른 점도 있다. 유사한 점은 일반적인 발달 수준, 생리학적 선행조건, 사례사, 보호자-아동 상호작용, 의사소통 의도, 음성학적 목록, 인지발달, 의미론적 요소에 대한 이해에 관심이 있다는 것이다. 그러나 단단어 수준에는 앞에 언급한 것들에 다음의 평가 영역을 덧붙일 수 있다.

- 자발화 표본을 이용하여 발화길이 측정(예: 평균발화길이)
- 단단어 발화에서 형태/기능 분석(아동의 단단어 발화가 어떤 기능들을 제공하는가?)
- 선구문적(presyntactic) 장치 분석(다단어 발화의 발달과 관련이 있는 과도기적 요소들)
- 표현 어휘 분석(단어의 문법적인 형태, 어휘집에서 단어의 수)
- 음운변동 분석

〈표 11-1〉 보호자-아동 상호작용 특성

| 아동 이름: _____ | 날짜: _____ | 연령: _____ |

장난감, 방, 상호작용의 견지에서 상호작용의 본질

일반적인 변수	아니요	예
1. 기대하고 있는 것처럼 아동을 쳐다봄으로써 의사소통을 격려한다.	____	____
2. 활동이나 발화로 의사소통을 강화함으로써 의사소통에 반응한다.	____	____
3. 아동과 함께 참조물에 대하여 언급한다.	____	____
4. 함께 언급함에 있어서 성인/아동이 교대로 지시한다.	____	____
5. 현재 맥락(지금 여기)에 대하여 이야기한다.	____	____
6. 함께 언급하는 것과 동시에 때를 맞추어 모방한다.	____	____
7. 아동의 눈높이 수준에서 이야기한다.	____	____
8. 아동의 발화와 의사소통 의도 해석을 성공적으로 시도한다.	____	____
9. 고의적으로 틀리거나 쉬는 시간을 사용함으로써 의사소통 기회를 만든다.	____	____
10. 아동의 요구를 예견하지 못해서 의사소통 의도를 감소시킨다.	____	____

언어 모델 변수		
1. 문장 길이를 줄인다.	____	____
2. 문장 복잡성을 줄인다.	____	____
3. 자주 발화를 반복한다.	____	____
4. 바꾸어서 발화한다(예: "공을 던져 봐." "그거 던져.").	____	____
5. 과장된 억양 패턴을 사용한다.	____	____
6. 중요한 단어에 강세를 둔다.	____	____
7. 구체적이고 고빈도의 어휘를 사용한다.	____	____
8. 너무 많이 말하거나 대화에서 우위를 차지하지 않는다.	____	____
9. 과도한 질문과 요구를 하지 않는다.	____	____
10. 보다 느린 구어 비율을 사용한다.	____	____

교수 기법 사용		
1. 혼잣말 기법(self-talk)	____	____
2. 평행적 발화 기법(parallel-talk)	____	____
3. 확장(expansion)	____	____
4. 확대(expatiation, enlargement)	____	____
5. 문장의 합성 및 분리(buildup/breakdown)	____	____
6. 문장의 재구성(recast sentence)	____	____

출처: Haynes & Pindzola(2008).

(3) 초기 다단어 조합 수준 아동의 언어능력 평가

초기 다단어 조합을 사용하는 아동에게는 상징체계 사용을 위한 기본적인 인지능력이 일부 존재하는 것이 분명하다. 이러한 아동에게는 이들이 사용하고 있는 단어 조합의 형태와 발화의 기능에 초점을 맞추는 것이 더욱 중요하다. 또한 음성적인 목록과 음운변동 분석도 중요한데, 왜냐하면 아동의 구강을 통하여 표현된 언어가 청자에게 명료하게 들리는지 그렇지 않은지에 따라 기능적일 수도 있고 아닐 수도 있기 때문이다. 따라서 초기 다단어 발화를 사용하는 아동에게는 다음의 요소를 덧붙여 살펴보아야 한다.

- 의미관계의 분석(형태, 빈도, 산출성)
- 특정 언어 발달검사
- 간단한 요구에 대한 이해

언어치료사는 아동이 나타내고 있는 압도적인 의사소통 행동에 기초하여 그들이 어떤 범주에 속하는지를 우선적으로 결정해야 한다. 그다음 단계는 아동이 속한 범주와 관련이 있는 진단 영역을 고려해야 한다. 마지막으로, 타당한 평가로 사용되고 있는 특정한 검사 절차들을 이용할 수 있다.

아동이 속한 언어 수준마다 상이한 평가목표가 함축되어 있기 때문에 공식적인 검사도구만을 사용하여 평가하기란 어렵다(Wetherby & Prizant, 1993). McCathren 등(1996)은 언어 이전 수준 아동에게서 더 나중의 언어발달을 예견할 수 있는 예후 요소 네 가지를 설명하였다. 즉, ① 음절성 옹알이(babbling)의 사용, ② 화용론적 기능의 발달, ③ 어휘 이해, ④ 결합(combinatorial)/상징행동 기술의 발달 등이 그것이다. 안타깝게도 많은 공식적인 평가도구에서는 이러한 변수를 적절하게 측정하기가 어렵다. 의사소통과 상징행동 척도(communication and symbolic behavior scales: CSBS, Wetherby & Prizant, 1993), 어린 아동의 언어 이전 행동과 초기 언어행동 평가(assessing prelinguistic and early linguistic behaviors in developmentally young children: ALB, Olswang et al., 1987) 등을 예외적으로 사용할 수도 있다.

(4) 문장 수준 아동의 언어능력 평가

문장 수준에서 말하는 아동이라 하더라도 구문 규칙에 어려움을 보이고 의미론, 화용론, 상위언어학, 형태론, 읽기, 쓰기, 인지능력, 일반적인 언어 처리에 결함이 있을 수 있다. 이러한 아동은 [그림 11-2]와 같은 과정으로 언어능력을 평가할 수 있다. 앞에서 살펴보았던 [그림 11-1]과 유사한 평가과정을 거치지만 학교를 다니고 있거나 청소년기인 아동도 있으므로 평가 시 포함되어야 할 요소들에 다소 차이가 있다.

학령기와 청소년기 언어장애 증상은 언어 구성요소 모두에 대한 수용이나 표현에 걸쳐 나타날 수 있다(〈표 11-2〉 참고). 이러한 후기 언어장애 아동과 대화해 볼 때 언어학적 오류, 예를 들면 구문론적 규칙 위반과 같은 오류들을 쉽게 감지할 수 있다. 반면에 다른 오류들은 다소 미묘하여 특정한 의사소통 표본에서만 나타나기도 한다. 학령기 아동에게 표준화 검사를 실시해서는 이러한 미묘한 언어학적 오류를 잘 찾아내지 못할 수도 있다(Plante & Vance, 1995). 이와 같은 오류의 상당수는 비표준화 과정과 대화 표본에서 알 수 있는 경우가 많다.

언어치료사는 표준화되지 않은 방법으로 언어능력을 평가하더라도 자극과 과제들을 잘 계획한다면 표준화 검사에서 제공하지 못하였던 정보를 얻을 수 있을 것이다. 일반적으로 수용언어 능력을 알아보기 위하여 비표준화 검사에서 사용할 수 있는 절차는 ① 검사자가 말하는 사물이나 그림을 가리키거나 만지게 하기, ② 검사자가 말하는 지시를 따르기(행동하기), ③ 검사자가 말하는 것을 듣고 판단하기(맞다, 틀리다, 어리석다, 예의 바르다 등), ④ 대화(복구하도록 요구하기) 등이다. 표현언어 능력을 알아보기 위한

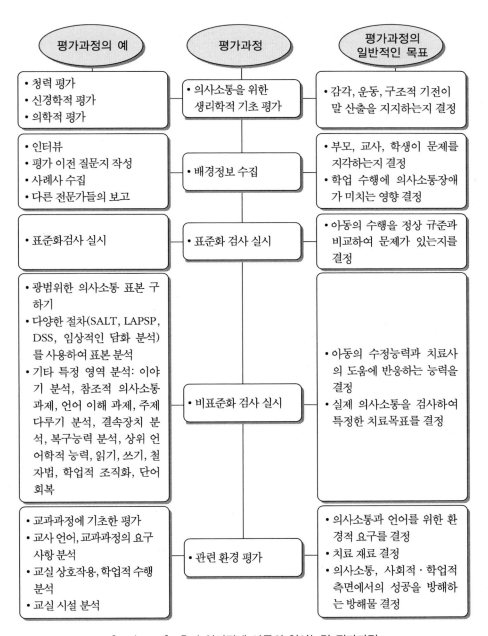

[그림 11-2] 후기 언어장애 아동의 언어능력 평가과정

출처: Haynes & Pindzola(2008).

〈표 11-2〉 후기 언어장애 아동에게 흔히 나타나는 증상

의미론

- 단어 찾기/복구 결함
- 이름을 말하지 못하여 하나의 개념을 설명하기 위하여 많은 수의 단어를 사용함(에둘러 말하기)
- 제한된 어휘만을 과도하게 사용
- 한 범주에서 항목들의 이름을 재현하는 데 어려움(예: 동물, 음식)
- 반대 어휘 복구에 어려움
- 적은 어휘 수
- 한정성이 부족한 어휘를 사용(막연히 '~것' …… 등)
- 부적절한 단어 사용(틀린 단어 선택)
- 단어를 정의하는 데 어려움
- 복잡한 단어를 잘 이해하지 못함
- 이중적인 단어 의미를 파악하는 데 어려움(예: 배, 굴 등)

구문론/형태론

- 문법적으로 부정확한 문장 구조를 사용
- 복잡하지 않고 단순한 문장
- 복잡한 문법적 구조를 잘 이해하지 못함
- 문장을 구성하는 동안 긴 휴지기간을 보임
- 의미 없이 자리만 채우는 말(예: 채워진 쉼, '우' '어' '음')을 사용함
- 더 많은 언어기술을 요구하지 않는 상투적인 구를 많이 사용함
- '시작하는 말(starter)' 사용(예: '당신도 알다시피……')

화용론

- 청자가 이미 들은 정보와 잉여적 표현을 사용
- 특정적이지 않는 어휘(예: 막연히 '~것' '거시기' 등)를 사용
- 청자에게 분명하게 설명하는 기술이 부족(상세함의 부족)
- 무언가에 대하여 적절하게 지속적으로 설명하는 기술이 부족
- 주제를 소개하고, 유지하고, 변화시키는 견지에서 대화적 통제가 부족(새로운 주제를 서투르게 소개하고 대화과정에 참여하지 못할 수도 있음)
- 명료화 질문을 드물게 사용(예: "잘 모르겠어요." "뭐라구요?")
- 다른 사회적 상황에서 대화 스타일 변경에 어려움(예: 또래 대 선생님, 아동 대 성인)
- 이야기나 강의에서 '주된 생각'을 파악하는 데 어려움(관련이 없는 세부적인 것에 몰두)
- 분명하게 진술되지 않은 자료로부터 추론하는 데 어려움(예: "누나는 밖에 나가서 우산을 써야 했어.")

출처: Haynes, Moran, & Pindzola(2006).

절차로는 ① 즉각적인 모방 유도하기, ② 지연된 모방 유도하기, ③ 모방을 요구하지 않는 모델링, ④ 빈칸 채우기 과제(cloze task), ⑤ 자발적인 환기(명명하기, 그림 설명하기, 장벽 과제), ⑥ 이야기 되말하기(부연, 의역), ⑦ 이야기하기(narratives), ⑧ 대화, ⑨ 자유놀이 등이다.

2. 말능력 평가

1) 조음 · 음운 능력 평가

지적장애 아동이 나타내는 능력 수준은 매우 다양하여 개개인 간에 차이가 클 뿐만 아니라 지적장애와 정상으로 간주되는 것 사이의 경계 또한 뚜렷하지 않을 때도 있다. 즉, Ingalls(1978)의 말처럼 지적장애는 정상과의 연속선상에 있다고 할 수 있다. 지적장애 아동의 인지 발달이 비록 느리기는 하지만 일반적으로 일반 아동의 인지 발달과 유사하며(Owens, 1997), 인지 기술은 성인기까지 계속 성장한다(Berry et al., 1984). 그러나 주어진 상황의 특징을 인식하는 데 어려움이 있을 뿐만 아니라 조직화하고 회상하는 데 있어서의 문제들이 지적장애 아동과 일반 아동을 구별짓는다(Das, Kirby, & Jarman, 1975; Meador, 1984).

지적장애 집단의 다양성 때문에 평가 절차는 개개인의 연령과 말–언어 기능의 수준에 따라 매우 다르다. 어떤 지적장애 아동은 말을 전혀 하지 못하여 대체 의사소통 수단을 개발시켜 주는 것이 필요할 수도 있다. 초기 단어를 말하기 시작하는 어린 아동에게는 그 아동이 사용하고 있는 음 목록을 검사하기 위하여 독립 분석(independent analysis)을 사용할 수 있다. 더 발달된 말–언어 기술을 가진 후기 아동과 성인에게는 다음의 절차를 사용할 수 있다.

(1) 조음검사

자음과 모음의 정확도를 알아보기 위하여 조음검사를 실시한다. 음운변동을 분석할 수 있고 단어 및 문장 수준에서의 구어명료도를 알 수 있다.

(2) 자발화 표본

대화 시의 자음과 모음 목록을 알아보기 위하여 자발화 표본을 이용한다. 자연스러운 의사소통 상황에서의 전체적인 명료도뿐만 아니라 음운변동도 알 수 있다. 자발화 표본에서 산출된 명료도와 조음검사 결과 산출된 명료도 사이의 차이 또한 평가해 보아야 한다.

(3) 운동 구어 능력

개인의 운동 구어 능력을 결정하기 위하여 구강 구조 및 기능을 검사해야 한다.

(4) 청력과 중이 기능

지적장애 아동에게는 청력 손실과 중이 기능의 문제가 높은 비율로 나타날 수 있기 때문에 지적장애 아동의 현재 청력 수준에 대하여 완벽하게 이해하고 있어야 한다.

(5) 언어능력

언어학적인 기능 수준을 결정하기 위하여 언어능력을 살펴보아야 한다.

(6) 환경 평가

의사소통 요구를 결정하기 위하여 아동의 생활환경 혹은 지적장애 성인의 작업환경 등에 대한 평가가 필요하다. 언어치료사는 지적장애인이 생활하고 있는 의사소통 환경을 평가하여 어떤 종류의 의사소통을 요구하는 환

경인지에 대한 정보와 이들이 자신의 요구나 욕구를 현재 어떻게 의사소통
하고 있는지 알아야 한다.

비록 지적장애 아동에 대한 진단적 측정이 일반 아동에게 사용하는 것과
본질적으로 유사한 방법으로 실행된다 하더라도 특정한 요소들을 명심해
야 할 필요가 있다. 나이, 인지적 기능 수준, 말-언어의 기능 수준, 학습 양
식(learning style)과 같은 개인차에 따라 진단방법을 자연스럽게 수정해야
한다.

2) 유창성 평가와 음성 평가

지적장애 아동 중 말을 더듬거나 목 쉰 음성, 기식화된 음성을 보이는 아
동이 많이 있다. 따라서 말능력 평가 시 조음·음운 능력 평가 이외에 유창
성과 음성 평가도 이루어져야 한다. 그러나 지적장애 아동은 지적장애가
없는 유창성 장애 혹은 음성장애 아동과는 평가 시 차이가 있을 수 있으며
또한 이 책에서는 언어능력 평가에 초점을 두고 있으므로 이 부분에 대한
자세한 설명은 생략하고자 한다.

제12장

검사도구를 통한 언어능력 평가

아동의 언어능력을 평가하기 위하여 활용하는 검사도구는 구조화된 정도나 검사 실시 방법, 검사 목적 등에 따라 표준화 검사와 비표준화 검사, 직접 검사와 간접 검사, 공식 검사와 비공식 검사로 나눌 수 있다. 이 장에서는 국내에서 표준화된 검사와, 표준화되지는 않았으나 임상에서 사용되고 있는 검사들을 중심으로 살펴보고자 한다. 이 검사들 중에는 검사자가 직접 검사를 수행하는 직접 검사도 있으며 부모의 보고에 따르는 간접 검사도 포함되어 있다.

1. 표준화 검사

표준화 검사란 '표준화된 절차를 통해서 행동의 표본(sample of behavior)을 수집하고, 그것을 기초로 하여 두 사람 이상의 행동을 규준(norm)으로서 비교하는 체계적 절차(systematic procedure)'다. 따라서 누가 사용하더라도 검사의 실시와 채점, 결과 해석이 동일하도록 모든 절차와 방법을 일정하게 만들어 놓은 검사를 말한다. 이러한 표준화 검사는 개체의 특성을 절대적인 척도에 비추어 해석하는 것이 아니라, 그 개체가 속해 있는 집단과 비교하여 상대적 위치를 밝히려는 데 그 목적이 있다. 즉, 표준화 검사는 주로 규준 지향적 검사로서 예비조사의 과정을 거치면서 검사의 목적에 적합한 검사를 제작하기 위하여 검사 문항의 표집과 구성을 엄격히 하며, 검사 실시 조건과 채점방법을 일정하게 정해 놓고, 검사 결과의 해석을 표준화시키며, 규준에 비추어 비교할 수 있도록 규준점수를 제시한다. 여기서 말하는 규준이란 이론적으로 일정한 측정단위와 기준점을 가지고 있는 자(척도)와 같은 것이다. 즉, 규준은 절대적인 '기준(criterion)'과는 달리 연령이나 지역, 성별 등의 배경이 다른 사람들로부터 검사 결과로 얻은 원점수를 상대적으로 비교할 수 있도록 해 주는 잣대를 의미한다.

지적장애 아동의 언어능력을 평가하기 위하여 국내에서 별도로 표준화된 언어검사도구는 없다. 그러나 말-언어 발달을 평가하는 다양한 검사도구를 활용하여 지적장애 아동이 생활연령이 동일한 일반 아동에 비하여 어느 정도 편차를 보이는지, 언어 특징이 어떠한지를 알 수 있다. 대개 검사도구는 장애 유무 혹은 보다 정밀한 검사 실시 여부를 판별하는 선별검사(screening)와 언어장애의 특징을 살펴보는 진단검사(evaluation)로 나눌 수 있다.

표준화 검사는 타당도와 신뢰도를 충족하고 규준 자료를 제시하여 아동의 수행도를 다른 아동과 비교·해석하는 것을 가능하게 한다. 따라서 아동의 언어 문제를 선별할 때 우선적으로 사용할 수 있다. 이에 반해 비표준화 검사는 아동의 문제 영역을 집중적으로 평가하여 치료계획 수립 시 유용하게 사용할 수 있으나 선별과정에는 적합하지 않다(김영태, 2002).

표준화 검사를 사용하여 아동을 선별하거나 진단함에 있어서 항상 유념해야 할 것은 한두 가지 검사만을 실시하여 그 결과를 아동의 전반적인 능력으로 지나치게 일반화하여 해석해서는 안 된다는 것이다. 물론 타당도와 신뢰도가 검증된 표준화 검사라 하더라도 언어능력을 평가하는 데 있어서 검사 자체가 가지는 한계성이나 표집의 문제 등을 함께 고려해야 한다. 따라서 다양한 검사와 다양한 환경에서의 관찰, 비공식적인 검사 등을 전반적으로 살펴보아야 한다.

현재 국내에서 사용 가능한 표준화된 언어검사도구들을 정리하면 〈표 12-1〉과 같다.

〈표 12-1〉 국내에서 표준화된 언어검사도구

검사도구명	해당 연령	채점방식			평가 내용		언어 영역별 평가 내용		
		등가연령	백분위점수	언어지수	수용언어	표현언어	의미	화용	음운·구문·형태
영·유아 언어 발달검사	5~36개월	V	V		V	V	V	V	V
취학전 아동의 수용언어 및 표현언어 척도	2~6세	V	V	V	V	V	V	V	V
그림어휘력검사	2~8세	V	V		V		V		
수용·표현어휘력검사	2세 6개월~성인	V	V		V	V	V		
언어이해·인지력검사	3~5세 11개월	V	V		V				
한국-노스웨스턴 구문선별검사	3~6세	V	V		V	V			V
아동용 한국판 보스턴 이름대기검사	3~14세	V	V			V	V		
문장이해력검사	4~6세	V	V		V				V
구문의미이해력검사	4~9세	V	V		V				V
언어문제해결력검사	5~12세	V	V		V	V		V	

* 각 검사도구에서 측정 가능한 구성요소는 V로 표시함.

1) 영·유아 언어 발달검사

영·유아 언어 발달검사(Sequenced Language Scale for Infants: SELSI, 김영태, 김경희, 윤혜련, 김화수, 2003)는 5~36개월 사이의 일반 영유아나 언어장애 아동을 대상으로 언어 발달을 평가하여 언어장애를 조기 선별하는 것이 목적이다. 이 검사는 부모나 주 양육자와의 면담을 통해서 이루어지는 간접 검사다.

검사 문항은 초기 유아의 인지개념 및 의미론적 언어능력, 음운능력, 구문론적 언어능력 그리고 화용론적 언어능력을 전반적으로 평가할 수 있도록 구성되어 있다. 검사 결과는 수용언어 및 표현언어 평가 점수로 산출되어 '정상 발달' '약간 지체' '언어 발달 지체'로 크게 나눌 수 있으므로 언어 발달 지체 여부를 판별할 수 있다. 특히 유아의 수용언어 및 표현언어 발달 간의 차이를 분석할 수 있다.

2) 취학전 아동의 수용언어 및 표현언어 척도

취학전 아동의 수용언어 및 표현언어 척도(Preschool Receptive Expressive Scale: PRES, 김영태, 성태제, 이윤경, 2003)는 언어 발달 수준이 2~6세에 해당되는 아동의 수용언어 및 표현언어 능력을 평가한다.

검사 내용은 언어의 수용-표현 측면뿐만 아니라 인지능력과 관련 있는 의미론적 언어능력, 언어학적인 지식과 관련되는 구문론적 언어능력, 사회적 상호작용 능력과 관련 있는 화용론적 언어능력에 대한 평가도 포함하고 있다. 일반 아동뿐만 아니라 단순언어장애, 지적장애, 자폐, 뇌성마비, 청각장애, 구개열 등으로 언어 발달 지체나 장애를 나타낼 가능성이 있는 아동의 언어능력을 평가하는 데 활용할 수 있다.

검사 결과는 언어 발달 연령, 언어지수, 백분위 점수로 제시된다. 이러한 결과를 통하여 언어 발달이 정상적으로 이루어지고 있는지 혹은 언어 발달에 지체가 있는지의 여부를 판별할 수 있으며, 아동의 수용언어 및 표현언어 발달 간의 차이를 분석할 수 있다.

3) 그림어휘력검사

그림어휘력검사(김영태, 장혜성, 임선숙, 백현정, 1995)는 미국의 피바디 그림어휘력 검사 개정판(Peabody Picture Vocabulary Test-Revised: PPVT-R, Dunn & Dunn, 1981)의 일부를 국내의 2~8세 아동에게 사용할 수 있도록 표준화한 것이다.

이 검사는 아동의 수용어휘 능력을 측정하는 것으로, 아동에게 검사자가 말하는 어휘를 듣고 4개의 그림 중 해당되는 그림을 지적하도록 한다. 검사 결과 아동의 백분위 점수와 등가연령을 알 수 있으며, 실시가 용이하다는 장점이 있다. 그러나 그림 자료가 흑백으로 제시되며 등가연령 간격이 6개월 정도로 되어 있어서 정밀한 진단이 어렵다.

4) 수용 · 표현어휘력검사

그림어휘력검사에서는 수용어휘 능력만 평가하였으며 서울 및 대구지역에서만 표준화 작업을 실시하였으나, 수용 · 표현어휘력검사(김영태, 홍경훈, 김경희, 장혜성, 이주연, 2009)는 수용어휘 능력뿐 아니라 표현어휘 능력을 살펴보고 전국단위로 표준화를 실시한 검사도구다.

이 검사는 2세 6개월~16세 이상 성인의 수용 및 표현 어휘력을 평가할 수 있다는 점이 가장 큰 특징이다. 또한 검사대상자의 어휘 발달 수준을 백분위 점수로 제공하여 같은 생활연령대의 대상자들에 대한 상대적인 어휘 발달 수준을 제시한다. 그리고 품사별, 의미 범주별 수행분석을 통하여 치료 진행 시 목표어휘의 선정과 치료 효과를 점검하는 데 활용할 수 있다.

5) 언어이해·인지력검사

언어이해·인지력검사(장혜성, 임선숙, 백현정, 1992)는 3세~5세 11개월 사이 아동의 인지력에 기초한 개념 이해 능력을 측정하기 위한 검사로 총 40개 문항으로 구성되어 있다.

검사를 실시할 때에는 아동에게 검사자가 하는 말을 듣고 그 지시를 따르게 하거나, 그림 자료나 사물을 지적하는 방법을 사용한다. 이 검사 또한 일반 아동은 물론 지적장애, 청각장애, 뇌병변, 자폐성 장애 등을 보이는 아동을 대상으로 실시할 수 있다. 검사 결과는 백분위 점수와 등가연령으로 산출된다. 아동의 언어이해력 및 인지력을 측정할 수 있고, 치료계획을 세우는 데도 도움이 되지만, 등가연령 간격이 1년으로 되어 있어 정밀한 진단을 내리기가 어렵다.

6) 한국-노스웨스턴 구문선별검사

한국-노스웨스턴 구문선별검사(권도하, 이규식, 1985)는 언어장애 아동의 구문력을 선별하기 위한 노스웨스턴 구문선별검사(Northwestern Syntax Screening Test: NSST, Laura, 1977)를 국내 아동을 대상으로 표준화한 검사다.

검사 대상은 3~6세 아동이며 검사 내용은 구문이해력과 구문표현력을 판별하는 것으로 구성되어 있다. 구문이해력을 평가하기 위해서 아동에게 4개의 그림을 보여 주고 각 문항별로 2개의 문장을 차례대로 말해 준다. 그리고 다시 한 문장씩 말해 주고 아동에게 검사자가 말하는 문장에 해당하는 그림을 지적하도록 한다. 구문표현력을 평가하기 위해서는 아동에게 2개의 그림을 보여 주고 두 문장을 차례대로 들려준다. 그리고 ☆ 표가 있는 그림을 지적하면서 검사자가 들려준 문장에서 골라 대답하도록 한다.

검사 결과 백분위 점수를 산출할 수 있는데, 각 연령에서 10, 20, 50, 75, 90퍼센타일을 기준으로 어느 정도의 수준에 속하는지 알 수 있다. 비교적 검사 실시가 용이하고 구문이해력과 구문표현력을 모두 평가할 수 있는 장점이 있지만, 표집 대상 수가 213명으로 매우 적으며 백분위 점수가 범위로 제시되어 있다는 제한점이 있다.

7) 아동용 한국판 보스턴 이름대기검사

아동용 한국판 보스턴 이름대기검사(Korean version-Boston Naming Test for Children: K-BNT-C, 김향희, 나덕렬, 2007)는 한국판 보스턴 이름대기검사(K-BNT)의 아동 규준 자료로 만 3~14세 아동을 대상으로 실시할 수 있다. 총 60개 항목으로 구성되어 있으며 6개월 간격으로 제시된 평균 점수 및 표준편차 자료로 정상 규준을 제시하여 아동의 대면 이름대기 능력을 살펴볼 수 있다.

8) 문장이해력검사

문장이해력검사(장혜성, 임선숙, 백현정, 1994)는 미국 초기 언어 발달검사(Test of Language Development-P 2: TOLD-P 2, Newcomer & Hammill, 1977) 중 문법이해력 하위 검사를 국내 아동을 대상으로 표준화한 것이다.

이 검사의 목적은 4세~6세 11개월 아동의 문장이해 능력 수준을 측정하는 것이며 일반 아동은 물론 지적장애, 청각장애, 자폐성장애, 뇌병변, 주의력결핍 과잉행동장애 등으로 인하여 언어장애를 보이는 아동을 대상으로 실시할 수 있다. 총 27개의 문항으로 구성되어 있으며 각 문항당 3개의 그림을 보여 주고 검사자가 말하는 문장에 해당하는 그림을 지적하도록 한다. 등가연령과 백분위 점수가 제시되어 있어 또래와 비교하여 아동의 문장이해력 수준을 알 수 있다. 그러나 그림 자료가 흑백으로 제시되어 있으며 등가연령이 1년 간격으로 너무 넓게 되어 있어서 정밀한 진단에는 다소 무리가 따른다.

9) 구문의미이해력검사

구문의미이해력검사(배소영, 임선숙, 이지희, 장혜성, 2004)는 4~9세 수준(4세~초등 3학년 정도)의 구문의미 이해력을 평가한다. 평가 내용은 57개의 항목으로 구성되어 있으며 구문의미 이해가 어려운 아동의 판별이나 구문의미 이해의 강점과 약점 파악, 치료 교육의 방향이나 효과 검증 등에 활용할 수 있다. 검사는 한 장에 그려진 세 가지의 그림 자료 중 검사자가 말하는 문장에 해당되는 그림을 지적하는 것으로 이루어진다. 검사 결과로 얻은 원점수에 따라 아동의 구문 발달 수준을 백분위 점수와 함께, 또래와 비교하여 지체 여부를 알 수 있다.

10) 언어문제해결력검사

언어문제해결력검사(배소영, 임선숙, 이지희, 2000)는 논리적 사고과정을 언어화하는 상위 언어기술을 측정하기 위한 검사도구다. 5~12세 아동을 대상으로 특정한 상황에 대답하는 능력을 평가함으로써 언어를 통한 문제해결 능력을 측정할 수 있으며, 일반 아동뿐만 아니라 학습장애, 단순언어장애 혹은 언어적 추리력과 조직기술이 부족한 아동을 대상으로 실시할 수 있다.

총 50개 항목으로 구성되어 있으며 검사 방법은 아동에게 문제 상황이 나타난 그림판을 보여 주고 그 문제 상황과 관련된 검사자의 질문에 대답하도록 하는 것이다. 채점 기준에 따라 아동의 대답을 0, 1, 2점으로 채점할 수 있으며 총 점수는 원인 이유, 해결 추론, 단서 추측의 세 범주로 나누어 살펴볼 수 있다. 검사 결과 백분위 점수를 산출할 수 있고 총점과 세 하위 영역별로 평균과 표준편차가 제시되어 있으므로 아동의 위치를 알 수 있다. 이 검사의 결과로 학령기 아동의 언어장애 유무를 판별할 수 있으며 상황에 적절한 언어 사용 능력을 증대시키는 언어치료의 자료로 활용할 수 있다. 그러나 아동이 채점 기준에 제시되어 있지 않은 대답을 하였을 경우 검사자의 주관적인 판단이 개입될 수 있으므로 검사자에 따른 점수차가 나타날 수 있다는 단점이 있다.

앞에서 소개한 검사도구들 이외에도 현재 표준화가 진행되고 있는 검사도구들이 있다. 언어학적 영역에 따라 정확하게 언어능력을 평가할 수 있는 표준화된 검사도구가 다양하게 개발됨으로써 언어장애 및 지적장애 아동의 언어능력 평가와 치료에 도움이 될 것으로 생각한다.

2. 비표준화 검사

외국에는 다양한 연령대와 언어 영역을 포함한 표준화 검사가 많이 개발되어 사용되고 있다. 그러나 국내에는 아직 표준화 검사가 절대적으로 부족하며, 표준화 검사에서 평가하기 어려운 요소를 살펴보기 위하여 외국 자료를 번역하여 사용하거나 필요에 의하여 검사자가 제작한 검사도구들을 임상 현장에서 사용하고 있다. 여기에서는 국내에서 표준화 작업은 거치지 못하였으나 임상 현장에서 사용되고 있거나 지적장애 아동에게 사용할 수 있는 몇 가지 비표준화 검사도구와 비공식적인 방법을 소개하고자 한다.

1) 초기 언어 발달검사

초기 언어 발달검사(Test of Language Development-Primary: TOLD-P)
는 최근 미국에서 4판까지 발표된 표준화 검사로 표준점수, 백분위 점수,
등가연령이 제시되어 있다. 또한 구두언어(oral language) 능력이 또래보다
유의미하게 낮은 아동을 판별해 내고 구두언어 기술에서 아동이 가지는 강
점과 약점 중재 프로그램에서의 진전 등을 살펴볼 수 있다. TOLD-P는 국
내에서 표준화되지 않았지만, 번역하여 사용되고 있으므로 그 항목을 소개
하고 아동의 언어능력을 평가하는 데 참고자료로 활용하기 바란다.

(1) 검사 대상
생활연령이 4~8세인 아동에게 실시할 수 있으나 이보다 생활연령이 다
소 높다 하더라도 인지능력이나 언어연령이 이 정도로 추정되는 아동에게
사용 가능하다.

(2) 하위 검사
TOLD-P는 9개의 하위 검사로 구성되어 있는데, 이러한 하위 검사는 언
어의 여러 측면, 즉 의미론(semantics)과 문법(grammar), 수용언어
(listening), 조직화하기(organizing), 표현언어(speaking) 등 전반적인 언어
능력을 반영한다.

① 그림을 통한 어휘(picture vocabulary)
그림을 보여 주고 아동에게 "○○ 그림을 지적해 보세요."라고 말한다.
이것은 아동이 들은 단어의 의미를 이해하는지를 측정하는 검사로 의미론
과 수용언어를 알아본다.

② **관계어**(relational vocabulary)

아동에게 2개의 자극 단어를 들려주어 그 단어들 사이의 관계를 이해하고 구두적으로 표현하는 능력을 측정하는 검사로 의미론과 조직화를 알아본다.

③ **구어를 통한 어휘**(oral vocabulary)

검사자가 말하는 단어를 듣고 그 의미나 특징에 대하여 아동이 말하는 능력을 측정하는 검사로 의미론과 표현언어를 알아본다.

④ **구문 이해**(syntactic understanding)

검사자가 말하는 문장을 듣고 해당되는 문장의 그림을 지적하게 함으로써 아동의 문장의미 이해능력을 측정하는 검사로 문법과 수용언어를 알아본다.

⑤ **문장 모방**(sentence imitation)

검사자가 말하는 문장을 아동이 정확하게 모방하는가를 측정하는 검사로 문법과 조직화를 알아본다.

⑥ **형태론적 완성**(morphological completion)

아동이 흔한 형태론적 형식(morphological forms)을 인식하고 이해하며 사용할 수 있는지를 측정하는 검사로 문법과 표현언어를 알아본다.

⑦ **단어 변별**(word discrimination)

구어음의 차이를 인식하는 아동의 능력을 측정하는 것으로 검사자가 한 쌍의 단어를 말한 후 그 두 단어가 같은지 다른지를 아동에게 변별하라고 한다. 이 하위 검사는 음운론과 수용언어를 알아본다.

⑧ **단어 분석**(word analysis)

단어를 더 작은 음운단위로 나누는 아동의 능력을 측정하는 것으로 음운

〈표 12-2〉 TOLD-P의 검사 영역과 하위 검사 항목

검사 영역	하위 검사 항목
의미론	그림을 통한 어휘, 관계어, 구어를 통한 어휘
문법	구문 이해, 문장 모방, 형태론적 완성
조직화	관계어, 문장 모방, 단어 분석
수용언어	그림을 통한 어휘, 구문 이해, 단어 변별
표현언어	구어를 통한 어휘, 형태론적 완성, 조음

론과 조직화를 알아본다.

⑨ 조음(word articulation)

구어음을 발화하는 아동의 능력을 측정하는 것으로 음운론과 표현언어를 알아본다.

이러한 9개의 하위 검사는 앞에서 언급한 것처럼 의미론, 문법, 조직화하기, 수용언어, 표현언어 영역으로 나눌 수 있으며 요약하면 〈표 12-2〉와 같다.

2) 의사소통 습득 기술 평가

의사소통 습득 기술 평가(Evaluating Acquired Skills in Communication: EASIC, 1984)는 Anita Marcott Riley가 2~26세의 정상 지능에 가까운 아동에서부터 심한 인지장애를 가진 200여 명의 자폐아동을 대상으로 개발한 준거참조(criterion-referenced)검사로 의미론, 구문론, 형태론, 화용론 영역이 포함되어 있다.

이 검사의 장점은, 첫째 언어 발달이 느린 아동을 오랜 기간 동안 교육하는 기관에서 정기적으로(6개월 또는 1년 간격으로) 아동의 언어 발달을 검사할 때 쉽게 사용할 수 있도록 고안되었고, 둘째 아동의 언어를 영역별로 나

누어 전반적으로 한눈에 볼 수 있게 하였으며, 셋째 작은 변화라도 그 진전을 볼 수 있도록 세분화하여 고안되어 있고, 넷째 각 항목별 검사는 그 자체를 치료목표로 전환시켜 사용할 수 있도록 구성되어 있다는 점이다.

(1) 검사 대상

3개월~6세의 심한 지적장애, 자폐성장애, 언어장애 아동에게 적용 가능하다.

(2) 하위 검사

연령에 따라 다섯 단계(언어 이전 단계, 수용언어 I 단계, 표현언어 I 단계, 수용언어 II 단계, 표현언어 II 단계)로 나뉘어져 있다. 검사자는 각 단계별로 대상 아동의 검사 출발점을 결정해야 하므로 검사자 자신이 평가 항목에 익숙해야 한다. 각 항목을 습득하는 정상 발달 연령범위가 제시되어 있으며, 다섯 단계 목록 중 한 가지 또는 그 이상을 사용하여 아동의 전체적인 의사소통 기능을 볼 수 있고, 각 항목별 치료와 교육 프로그램을 계획할 수 있도록 구성되어 있다.

① 언어 이전 단계(pre-language level)

언어 이전 아동의 의사소통능력을 알아보기 위하여 감각 자극, 사물 개념, 수단-목적 관계, 동작 모방, 짝 맞추기, 거부하거나 주장하기, 이해와 의사소통 제스처 사용, 사회적 상호작용, 비구두적인 화용론적 기능 분석 등으로 구성되어 있다.

② 수용언어 I 단계(receptive level I)

1~4세 아동의 명사, 행위 동사, 기본 개념 이해를 알아보기 위하여 명사로 된 사물의 이름을 이해하기, 지시 따르기, 짝 맞추기, 그림 속 명사 이름 이해하기, 지시 따르기, 두 단어 구 이해하기, 위치와 장소에 관한 지시 따

르기, 형용사 이해하기, 의문사 이해하기 등으로 구성되어 있다.

③ **표현언어 I 단계**(expressive level I)

1세 혹은 그 이전부터 4세까지의 아동에게서 나타나는 의사소통 양식을 알아보기 위하여 명사 표현하기, 행위와 동사 표현하기, 없다/주장/거절 표현하기, 장소와 위치부사 표현하기, 형용사와 속성 표현하기, 두 단어 구 표현하기, 의문사 표현하기, 사회적 상호작용하기, 화용론적 분석 등으로 구성되어 있다.

④ **수용언어 II 단계**(receptive level II)

보다 더 복잡한 언어 기능의 이해를 알아보기 위하여 명사와 대명사 이해하기, 행위동사 이해하기, 세 단어 구 이해하기, 긍정과 부정 이해하기, 위치에 관한 지시 따르기, 단수와 복수 이해하기, 형용사와 속성 이해하기, 돈 개념 이해하기, 범주화하기와 관련짓기, 의문사 이해하기 등으로 구성되어 있다.

⑤ **표현언어 II 단계**(expressive level II)

보다 더 복잡한 의사소통 수준을 사용하는지 알아보기 위하여 명사와 대명사 표현하기, 동사 표현하기, 긍정과 부정 표현하기, 장소와 위치부사 표현하기, 복수 개념 표현하기, 형용사 표현하기, 세 단어 구 표현하기, 돈 개념 표현하기, 범주화하기와 관련짓기, 사회적 의사소통, 순서화하기와 문장 구조 분석, 화용론적 분석 등이 포함된다.

3) 일반 기술 사정 프로파일

모든 연령에 필요한 기초적 기술로 타인과 의사소통하는 데 필요한 제스처 이해, 의사 표현, 사물과 사람의 상호작용 인식 등을 일반 기술(generic skills)이라고 하며, 일반 기술 사정 프로파일(Generic Skills Assessment Profile)은 지적장애인의 의사소통과 그에 필요한 인지 발달 정도를 검사할 수 있는 도구다.

(1) 검사 대상
중도 또는 최중도의 지적장애인을 대상으로 실시할 수 있다.

(2) 검사 구성
사물 관계, 사물의 특성 인식, 타인과의 관계, 의사 표현, 이해 및 모방 등 다섯 가지 범주로 구성되어 있으며 각 범주마다 4단계로 이루어져 있다. 각 항목을 통과하기 위하여 적어도 두 가지의 다른 시도를 하여야 하며 관찰이 곤란한 경우 인터뷰도 가능하다.

(3) 검사 방법
① 검사자의 첫인상에 일치되는 수준에서 검사를 실시한다(필요에 따라 아래 수준도 실시한다.).
② 한 번의 진단에 한 가지 색으로 통과한 항목에 색칠한다.
③ 다음 진단 시 진전된 사항을 볼 수 있도록 통과한 다음 부분부터 다른 색으로 색칠한다.
④ 전 단계 수준을 통과한 후 다음 단계로 넘어간다.
⑤ 날짜별로 색깔을 달리하여 아동이 할 수 있는 영역에 적용한다.

4) 우즈그리스-헌트 검사를 응용한 감각운동기 능력 프로파일

우즈그리스-헌트 검사(Uzgiris-Hunt Scale, Uzgiris & Hunt, 1975)는 유

아의 변별과 조직화된 행동수행 과정을 순차적인 방법에 의하여 측정하도록 고안되었는데, Piaget의 인지발달이론에 근거하여 유아의 인지능력 발달이 순서적이라는 인식을 기본으로 하고 있다. 이 검사는 6개의 하위 영역(시각적 추적 및 대상영속성, 원하는 환경 변화를 얻기 위한 수단, 음성 모방, 조작적 인과성, 공간 속에서의 사물 관계, 사물에 대한 책략)으로 구분되어 있다. 여기에는 김영태(1991)가 편역한 것을 싣는다(〈표 12-3〉 참고).

5) 의사소통과 상징행동 척도

건강이나 신체적 측면에서 특별히 심각한 손상이 없지만 아동의 언어 발달이 지체된다면 이것은 정상적으로 발달하지 못하고 있다는 첫 번째 증후가 될 수 있다. 대부분의 아동은 12~15개월 사이에 첫 단어를 말하지만 18~24개월이 될 때까지 여전히 말을 하지 않는다면 이 아동은 평가를 받아야 한다. 최근 20여 년간의 연구들은 아동의 후기 언어 발달을 예견할 수 있는 요소들을 더 정확하게 그리고 더 조기에 확인하기 위하여 노력하고 있다. 이러한 연구들을 종합하여 보면, 단어 표현에만 지체를 보이는 아동은 이후 또래들을 잘 따라잡지만, 반면에 표현뿐만 아니라 여러 부분 혹은 기타 많은 예견 요소에서 지체된 아동은 지속적으로 문제를 보인다고 하였다.

아동이 단어를 사용하기 시작하도록 기다리는 대신에 이러한 언어 예견자들을 평가하는 것은 아동의 언어능력을 조기에 확인하여 문제를 해결하고 궁극적으로 아동의 발달을 촉진시킬 수 있다. 따라서 의사소통과 상징행동 척도(Communication and Symbolic Behavior Scales: CSBS, Wetherby & Prizant, 1993)와 같이 의사소통 발달이 지체되어 있거나 위험성이 있는 영유아와 취학전 아동에게 사용할 수 있는 검사도구들은 이러한 문제점을 조기에 확인하는 데 도움을 준다. 이 검사도구는 미국에서는 규준-참조

〈표 12-3〉 우즈그리스-헌트 검사를 응용한 감각운동기 능력 프로파일

이름: _____
검사자: _____
생년월일: ____ / ____ / ____
진단날짜: ____ / ____ / ____

단계	시각적 추적 및 대상영속성	원하는 환경 변화를 얻기 위한 수단	조작적 인과성	공간 속에서의 사물관계	사물에 대한 책략
0단계: 반사	0. 사물에 초점을 맞추거나 주시한다.	0. 얼굴 가린 것을 제거하려 한다.			1. 물건을 30초 이상 쥐고 있다.
1단계: 단순, 무차별 행동	1. 180도까지 사물을 추적한다. (2X) 2. 사물이 사라지던 곳을 바라본다. (2X) 3. 부분적으로 숨겨진 사물을 찾아낸다. (2X)	1. 손-주시 2. 눈으로 따라가다가다 손을 뻗어 잡는다. 3. 흥미 있는 사건을 유발하는 행동을 반복한다.	1. 특정 행동(차기, 소리지기)을 목적을 위한 과정으로 사용(2X) 2. 일반적인 행동을 사용.(2X)	1. 두 물건을 번갈아 쳐다본다. 2. 소리 나는 곳으로 고개를 돌린다.(2/2나 3/4) 3. 시야 내에서 물체가 떨어지는 궤도를 추적한다.(2/3)	2. 물건을 잡는 즉시 입으로 가져간다.(2X) 3. 쥐고 있는 곳으로 물건을 살펴본다.(2X) 4. 단순 행동 도식(2X) 5. 뒤집어서 살펴본다.(2X)
2단계: 차별적 보상행위에 의한 조절	4. 사물이 떨어지던 마지막 지점을 바라본다. 5. 완전히 숨겨진 사물을 찾아낸다. 6. 둘 중 한 곳에 가려진 물건을 찾아낸다. 7. 셋 중 한 곳에 가려진 물건을 찾아낸다. 8. 단일 가시적 배치(2/3)	4. 앉아서 쳤을 때, 제3의 물건을 찾기 위해 하나를 버린다. 5. 물건 집으려 가는 행동을 한다.(2X) 6. 둘 중 한 곳에 있는 물건을 찾아낸다. 7. 끈을 수평적으로 이용하여 물건을 끌어당긴다.(2/3)	3. 장난감을 힘으로 작동시키고 한다. (2X)	4. 물체가 떨어지는 반침을 시야 밖까지 물건을 추적한다.(2/3) 5. 물건의 뒷면을 인식한다. (2X)	6. 물건이 놓여 있는 반침을 잡아당겨 물건을 획득한다.(2/3) 7. 4가지 이상의 복잡한 도식을 보인다. 8. 째도놀이(2X) 9. 물건의 기능을 보여 준다. (2X)
3단계: 차별적 행동	9. 복합(3가지) 가시적 배치 (2/2나 3/4) 10. 3가지 중복 스크린 11. 단일 불가시적 배치(2/2나 3/4)	8. 손이 닿지 않는 곳에 있는 반침의 수평적 이용을 이해한다.(1/1나 2/3) 9. 끈을 수직적으로 이용하여 물건을 끌어당긴다.(2/3) 10. 손이 닿지 않는 곳에 있는 모의 수직적 이용을 이해한다.(1/1나 2/3)	4. 장난감을 가볍게 치고 나다닌다. (2) 5. 모델링 손으로 조작(2) 6. 모델링 기계적으로 작동하는 장난감 (배열)을 조작(2)	6. 내용물-용기의 관계를 인식한다. (넣기)(2X) 7. 물체와 물체 간의 균형을 맞추어 배치한다. (쌓기)(2X) 8. 놀이에 중력을 이용한다. (경사면)(2X)	10. 2~3가지의 사회적 행동을 보인다. 11. 4가지 이상의 사회적 행동을 보인다. 12. 사회적 행동을 인형에게 행한다.
4단계: 예상적 조절	12. 둘 중 한 곳에 불가시적으로 배치(2/2나 3/4) 13. 세 중 한 곳에 불가시적으로 배치(복합 불가시적 배치) 14. 마지막 스크린 밑에 배치 (2/2나 3/4) 15. 첫 스크린 밑에 배치(1/1나 2/3)	11. 막대기의 이용(1/1) 12. 목걸이-용기에 대한 이해(1/1) 13. 크기에 따른 고리걸기에 대한 예견(1/1)	7. 모델링 없이 기계적으로 작동하는 장난감(배열)을 조작	9. 단일 장벽을 우회한다.(1/1) 10. 몇몇 장벽을 우회한다.(1/1)	13. 물건을 상징놀이에 사용한다. 1) 대행자놀이 2) 물건 바꿔 3) 상상 바꿔 4) 예견

(norm-referenced) 표준화 검사도구이지만 국내에서는 아직 표준화 과정 중에 있으므로 비표준화 검사 항목에 기술한다.

CSBS는 실시하기에 용이하며, 기능적인 의사소통 연령인 6~24개월 사이(정상적인 발달을 보이지 못하는 72개월 아동에게까지 사용 가능) 아동의 의사소통능력(시선 응시의 사용, 제스처, 음, 단어, 이해, 놀이)을 살펴볼 수 있는 평가도구다. 또한 개별화 가족지원계획(Individual Family Service Plan: IFSP)을 위한 시발점으로 사용할 수 있고, 중재의 효율성을 결정하기 위하여 사용할 수 있으며, 부가적인 평가가 요구되는 영역을 확인하기 위하여 사용할 수도 있다.

CSBS는 어린 아동에게서 일곱 가지 언어 예견 요소를 평가한다. 언어 예견 요소로는 감정과 시선 응시, 의사소통, 제스처, 음, 단어, 이해, 사물 사용이 있다. 이러한 일곱 가지 언어 예견 요소는 CSBS에 포함된 다음의 세 가지 구성요소를 통하여 알 수 있다.

- 영유아 체크리스트(infant-toddler checklist): 1페이지
- 보호자 질문지(caregiver questionnaire) 4페이지: 부모나 보호자에게 보호자 질문지를 작성하게 하는데, 이것은 배경 정보와 아동의 수행을 평가하기 위하여 기초선을 제공하는 질적인 도구다.
- 행동표본(behavior sample): 아동과 부모가 상호작용하는 동안의 행동표본을 살펴본다. 즉, 자연스러운 환경에서 구조화된 놀이와 비구조화된 놀이 상황 동안 나타나는 아동의 의사소통 행동을 직접 표본화한다.

CSBS는 자연스러운 놀이과정 중에 성인-아동의 상호작용을 살펴본다는 점에서 다른 언어 평가 도구들과는 다르다. 아동의 언어기술과 상징 발달을 알아보기 위하여 22개의 5점 척도 항목이 있는데, 이것은 아동의 제스

[그림 12-1] CSBS의 구성 내용물

출처: http://www.brookespublishing.com/store/books/wetherby-csbs/index.htm

처, 얼굴표정, 놀이 행동을 통하여 평가할 수 있다. 실시 시간은 50~75분 정도 소요된다.

쉽게 인지할 수 있는 장난감, 책, 다른 놀잇감들(모두 CSBS 장난감 키트에 있음. [그림 12-1] 참고)과 부모의 존재가 아동을 편안하게 하여 '최상의'의 의사소통능력을 보여 주도록 한다. 검사자는 가능한 한 자연스러운 상황(아동이 놀이하는 동안 평가 여부를 인식할 필요가 없음)을 유지하기 위하여, 그리고 정확한 분석과 채점을 하기 위하여 평가과정을 비디오테이프로 녹화할 수 있다. 검사 실시 요강을 통하여 검사 결과를 해석하고 채점할 수 있다.

3. 비공식적인 평가

아동의 언어능력은 대화 상황이나 대화 상대자, 활동 등에 따라 상당히 가변적이므로 공식적인 검사도구들로만 평가하기가 쉽지 않다. 따라서 다양한 의사소통 상황하에서 아동의 자발화 표본을 수집하여 살펴보는 것이 중요하다. 그러나 이러한 자발화 표본은 말 그대로 표본을 수집하는 것이므로 그 표본이 얼마나 아동의 발화를 대표하는 것인지에 따라 아동의 언어능력이 다르게 평가될 위험성도 높다.

대표적인 자발화 표본을 수집하기 위하여 언어치료사는 LCC³의 공식을 따를 수 있다(Cochrane, 1983). 즉, 자발화 표본 수집 시 치료사는 가능한 한 통제를 덜 하고(less clinician control), 덜 인위적으로 하며(less clinician contrivance), 아동으로 하여금 자신의 발화가 수집되고 있다는 것을 덜 인식하도록(less conscious child) 하는 것이다. 이렇게 하기 위해서는 자발화 수집 환경, 과제, 대화 파트너, 주제 등을 적어도 두 가지 이상으로 다양화하는 것이 필요하다.

자발화 표본을 수집할 경우 아동이 스스로 잘 표현하지 않는다고 하여 지나치게 질문을 많이 한다면 의사소통의 기능적 측면에서 제한된 결과를 얻을 수도 있다. 그러므로 끊임없이 아동의 호기심을 자극해야 하며, 질문을 해야만 하는 상황이라면 폐쇄형의 질문보다는 개방형의 질문을 사용하는 것이 바람직하다. 표본의 크기에 대해서는 학자마다 이견이 있지만 대략 100~200개 정도의 발화를 수집한 후 자발성이 없거나 다소 어색한 앞부분을 일부 삭제한 70~100개 정도의 문장을 분석한다(김영태, 2002).

이러한 자발화 표본을 통하여 언어의 각 구성요소별 분석이 가능하다. 각 구성요소별로 어떻게 분석할 수 있는지 간단하게 살펴보도록 하자.

1) 음운론적 능력 평가

자발화 표본은 단어 수준의 명료도를 검사하는 조음음운검사 도구보다 아동의 음운론적 능력에 대하여 더 많은 정보를 제공할 수 있다. 실제 의사소통 상황에서는 매우 불명료하게 말하는 아동이라 하더라도 공식적인 조음검사에서는 명료도가 높은 경우가 종종 있다. 왜냐하면 검사하고자 하는 음소가 단어의 특정 위치에 한 번씩만 배치되는 경우가 대부분이고 문장

〈표 12-4〉 명료도 평가 양식

발 화	명료한 단어 수	전체 단어 수	명료한 문장 수	전체 문장 수
1. _____	_____	_____	_____	1
2. _____	_____	_____	_____	1
3. _____	_____	_____	_____	1
4. _____	_____	_____	_____	1
⋮ _____	_____	_____	_____	1
100 _____	_____	_____	_____	1
합 계	_____	_____	_____	_____

[결과]

발화당 평균 단어 수(words per utterance): _____

단어명료도(%): _____

문장명료도(%): _____

명료도를 감소시키는 요인들: _____

수준까지 검사하는 것이 쉽지 않기 때문이다. 따라서 자발화 표본을 통하여 전체적인 명료도를 평가하는 것은 아동의 조음음운 능력을 보다 정확하게 파악하는 데 도움이 된다. 〈표 12-4〉에 제시한 명료도 평가 양식을 이용하면 단어 수준뿐 아니라 문장 수준에서 아동의 명료도를 알 수 있을 것이다.

명료도 평가 양식을 사용할 때에는 주로 대화한 내용이나 사용한 자료, 대상 아동의 긴장 상태나 말수가 많고 적음, 사용한 촉구, 자발화 표본의 대표성 등에 대한 기록도 함께 하는 것이 좋다.

명료도 평가 양식을 사용하는 방법은 우선 아동이 말한 모든 발화를 문장 번호에 맞게 가능한 한 음성표기하여 기록한다. 불명료한 단어들에는 줄(-)을 긋거나 들린 대로 전사를 해 둔다. 각 문장은 문장 전체가 이해되어야만 명료하다고 보고, 단어에서의 명료도와 문장에서의 명료도를 각각 산출한다. 예를 들면, 〈표 12-5〉와 같다.

〈표 12-5〉 명료도 평가 양식의 실례

성 명: _____ 연 령: _____ 날 짜: _____

검사자: _____

검사 상황: _____

문 장	명료한 단어 수	전체 단어 수	명료한 문장 수	전체 문장 수
1. 철수는 집에 갔어요.	5	5	1	1
2. 너는 너희 집에 – 갈 거니?	6	7	0	1
3. — 가자.	1	2	0	1
4. 나랑 같이 우리 – 가자.	5	6	1	1
5. 우리 집에 빨리 가려고 그래요.	6	6	1	1
합 계	23	26	3	5

단어명료도: $\dfrac{명료한\ 단어\ 수}{전체\ 단어\ 수} = \dfrac{23}{26} = 85.5\%$ 문장명료도: $\dfrac{명료한\ 문장\ 수}{전체\ 단어\ 수} = \dfrac{3}{5} = 60\%$

2) 의미론적 능력 평가

의미는 언어의 내용과 관련이 있는 것으로 아동의 의미론적 능력은 개별 낱말의 의미를 습득하는 것, 낱말과 낱말 간의 의미적인 조합을 인식하고 표현하는 것, 문장 속에 내포된 숨은 의미를 이해하고 표현하는 것 등을 포함한다. 이와 같은 의미론적 능력을 평가하기 위해서는 ① 내용어, 지시/관계어, 범주어 등 낱말의 의미를 이해하는지와 표현하는지를 평가하기, ② 문장의 의미(간단한 문장에서의 의미 규칙과 관계, 복잡한 문장에서의 추상적인 의미, 문장 간의 의미)를 이해하는지와 표현하는지를 평가하기, ③ 숨은 의미(숙어, 은유, 속담)를 이해하는지와 표현하는지를 평가하기가 포함된다.

자발화 표본에서 아동의 의미론적 능력을 평가할 때에는 아동이 사용하는 의미 유형을 파악하고, 그러한 의미 유형이 어떠한 관계들로 연결되어 있는지 의미관계를 살펴보는 과정이 필요하다. 또한 얼마나 다양한 어휘를 사용하는지 어휘다양도(Type-Token Ratio: TTR)와 같은 수치들도 살펴볼 수 있다. 어휘다양도는 아동이 사용한 총 낱말 중 다른 낱말이 차지하는 비율을 알아보는 것이다. 여러 연구(Miller, 1981; Owens, 1991; Retherford, 1993)에서 아동의 어휘 사용 능력을 살펴보기 위한 도구로 어휘다양도를 이용하였다.

의미 유형을 분석하는 방법도 학자마다 상이한데, 한 낱말 단계에 있는 아동의 의미 유형에 대하여 Bloom(1973)은 실명사, 호칭, 기능의 세 가지로 구분하였고, Nelson(1973)은 특정명사, 일반명사, 행동어, 수식어, 기능어, 개인-사교어로 분류하였다.

여러 낱말 단계의 의미 유형 분석을 위하여 김영태(2002)는 체언부(행위자, 경험자, 소유자, 공존자, 수여자, 대상, 실체, 인용/창조물), 용언부(행위, 상태서술, 실체서술, 부정서술), 수식부(체언수식, 용언수식, 부정, 때, 장소, 도구, 이유, 조건, 비교, 재현, 양보), 대화 요소(주의 끌기, 되묻기, 감탄, 예/아니요 대답, 강조, 동반소리, 인사, 접속, 자동구), 기타로 구분하였다. 이러한 의미 유형은 낱말을 조합하는 수준의 어린 아동이나 지적장애 아동에게 유용하게 사용될 수 있다. 아동이 한 낱말 수준에서 점차 표현어휘가 늘어나 두세 낱말을 붙여 문장처럼 표현하게 되는 경우에는 이러한 초기 문장의 형태를 의미적 관계로 분석하는 것이 효율적이다. 의미관계 분석 시에는 아동이 어떠한 의미관계를 많이 사용하는지, 일반 아동의 의미관계와는 어떻게 다른지 등을 살펴볼 수 있다.

3) 화용론적 능력 평가

화용론은 언어의 사용과 관련이 있는 영역으로 화용론적 능력 평가에는 일반적으로 아동이 가지고 있는 의사소통적인 의도와 대화능력(차례 지키기, 주제 유지하기, 전제 기술, 화법 등)을 평가하는 것이 포함된다.

　　자발화 표본을 통하여 수집된 아동의 발화는 어떠한 의사소통 의도나 기능을 가지고 있는지 그 다양성을 분석할 수 있다. 이러한 의사소통 기능은 표본을 수집한 문맥이나 치료사 혹은 대화 상대방의 발화나 반응에 따라 매우 다르게 나타날 수 있다. 의사소통 기능 분석을 위하여 연구자마다 제시한 분류방법에 다소 차이가 있는데, 이에 대한 내용은 제9장의 '2. 지적장애 아동의 화용론적 특징'에서 이미 기술하였으므로 여기에서는 보다 구체적으로 의사소통 기능 분석을 위한 평가도구를 중심으로 살펴보고자 한다.

　　의사소통 기능을 분석하기 위한 여러 가지 검사도구가 있지만 국내에는 아직까지 표준화된 검사도구가 없는 실정이다. 그러나 평가 대상자의 특성에 따라 그리고 치료계획을 설정하기 위하여 언어치료사가 제작하여 활용할 수도 있을 것이며, 여러 문헌에 소개된 의사소통 기능 분석 자료를 바탕으로 구체적으로 알아보고자 하는 의사소통 기능을 중심으로 수정하여 적용할 수도 있을 것이다. 여기에서는 Owens(1982)가 제시한 최소상징 아동을 위한 기능 분석표와 김영태(1991)의 기능적 언어행동 검사표, Shipley와 McAfee(1998)의 화용론적 기술 평가표를 소개한다.

　　〈표 12-6〉은 최소상징 아동을 위한 기능 분석표로, 언어 발달 초기에 있는 어린 아동이나 지적장애 아동 그리고 생활연령은 많지만 최소상징기에 있는 지적장애인의 의사소통 기능을 분석하는 데 용이하다. 최소 상징기에 있는 아동의 언어치료 방법은 제14장에 기술하였다.

　　이러한 초기 언어들이 어떠한 의미적 기능(〈표 12-6〉의 '의미/내용'에 해당)을 가질 수 있는지 보다 자세히 살펴보도록 하자. 이러한 의미적 기능은 앞에 기술한 의미론적 능력을 평가할 때 사용한 의미 유형과도 유사하다.

- 이름(nomination): 한 낱말을 사용하여 혹은 지시어와 낱말을 연결하여 사람이나 사물의 이름을 댄다(예: "칙칙폭폭." "야옹이." "아기." "뽀

〈표 12-6〉 최소상징 아동을 위한 기능 분석표

영역 발화	의미/내용												언표내적/사용								형태				유형	
	이름	장소	부정	소유	속성	재현	주목	진술	행위	행위자	대상	기타	대답	질문	반응	서술	연습	명명	제안	기타	제스처	사인	발성	발화	시도	반응
1.																										
2.																										
3.																										
4.																										
5.																										
⋮																										
50.																										
전체 상징																										
전체 발화																										
상징/발화																										

출처: Owens(1982).

로로." 등).

- 장소(location): 한 낱말을 사용하거나 다른 낱말에 장소를 덧붙여 공간적인 관계를 표현한다(예: "여기." "이리 와." "엄마 침대." 등).

- 부정(negation): 한 낱말 혹은 부정어와 낱말을 연결하여 부재, 거절 또는 부정을 표현한다(예: "없어." "아기 없다." 등).

- 수식(modification): 한 낱말로 명사나 개념을 수식하거나 '수식+수식되는 말(실체)'의 형태를 사용하여 표현하는 것으로 소유, 속성, 재현이 포함된다.

- 소유(possession): 어떤 사물이 속하는 사람이나 그 사물과 자주 연관되는 사람을 표현한다(예: "엄마 양말." "아기 우유." 등).

- 속성(attribution): 대상의 고유한 부분이 아닌 특성을 묘사하는 표현을 한다(예: "큰 공." "작은 컵." 등).

- 재현(recurrence): 사물이나 사건의 재현 또는 재발의 기대를 표현한다 (예: "더." "우유 더." 등).
- 주목(notice): 한 낱말 또는 소개자를 덧붙이는 방법으로 주의를 끌거나 사건에 대한 신호를 보내려고 시도한다(예: "안녕, 엄마." "헤이, 아가." 등).
- 진술(state): 한 낱말 또는 '경험자+상태'를 사용하여 느낌을 표현한다 (예: "아파." "아기 졸려." 등).
- 행위(action): 한 낱말 또는 '행위자+행위' '대상+행위'의 형태를 사용하여 표현한다(예: "넣어." "엄마 먹어." "공 던져." 등).
- 행위자(agent): 활동을 개시하는 살아 있는 실체를 표현한다(예: "멍멍이 (먹어)." "아빠 와." 등).
- 대상(object): 행위의 대상이 되는 살아 있는 또는 무생물의 대상을 표현한다(예: "밥 먹어." "문 닫아." 등).

언어의 기능적인 측면(〈표 12-6〉의 '언표내적/사용'에 해당)에 대해서도 간단히 살펴보도록 하자.

- 대답하기(answer): 대화 상대방의 질문에 대답한다(예: 엄마가 "아빠 어디 갔어?"라고 했을 때 "회사."라고 한다.).
- 질문하기(question): 대화 상대방에게 대답을 요구한다(예: 공을 가리키며 "이거 뭐야?"라고 한다.).
- 반응하기(reply): 대화 상대방의 질문이나 요구에 반응한다(예: "집에 갈까?"라는 질문에 "응."이라고 한다.).
- 서술하기(declaration): 감정이나 특성, 이유에 대하여 말한다(예: "예뻐." "크다." "그러면 안 돼."라고 한다.).
- 연습하기(practice): 이전의 발화와 관련 없는 말을 독백처럼 한다(예:

아기가 옆에 없는데도 "아기, 아기."라고 혼자 중얼거린다.).

- 명명하기(name): 사물의 이름을 말한다(예: 기차를 만지면서 "기차."라고 한다.).
- 제안하기(suggestion): 자신과 대화 상대방의 행동을 권유한다(예: 밖을 쳐다보며 "가자."라고 한다.).

〈표 12-7〉에 제시한 기능적 언어행동(pragmatics) 검사표는 일반 아동이나 장애아동을 대상으로 실시할 수 있으며 연령 제한은 없다. 이 검사는 크게 '의사소통적인 기능/의도' 영역과 '대화를 이끄는 능력' 두 부분으로 구성되어 있다.

'의사소통적인 기능/의도' 영역은 인사하기, 물건 요구하기, 행동 요구하기, 정보 요청하기, 물건에 대한 견해 표현, 행동에 대한 견해 표현, 사건 진술하기, 예상하기, 부정하기, 가정하기, 선택하기, 설명하기, 끝맺기에서 아동이 나타내는 언어나 행동을 기록한다. '대화를 이끄는 능력' 영역은 대답하기, 자발적으로 대화에 참여하기, 말하는 사람에게 주목하기, 말차례 지키기, 알려 주기, 특정 주제에 대하여 이야기하기, 주제 바꾸기, 주제 유지하기, 대화내용 질문하기, 질문에 설명하기, 부연설명 요청하기, 부연 설명하기에서 아동이 나타내는 언어나 행동을 기록한다.

검사 시 유의사항은 다음과 같다. ① 일반 아동일 경우 구두 반응을 요구하는 항목에서 나타내는 행동은 간단히 '행동 수반'이라고만 기록한다. ② 아동의 반응이 없거나 다시 요청할 경우 반복 제시해도 좋다. ③ 문항 번호가 증가함에 따라 난이도가 증가하는 것인데, 실제 검사에서는 진행을 순조롭게 하기 위해서 각 영역 내에서 제시 문항을 조정할 수 있다.

Shipley와 McAfee(1998)의 화용론적 기술 평가표를 〈표 12-9〉에 제시하였다.

〈표 12-7〉 기능적 언어행동 검사표

기능적 언어행동 검사표			

이 름: _____ 나 이: _____
검사자: _____ 검사날짜: _____

Ⅰ. 의사소통적인 기능/의도(+/−)

	+/−	아동의 언어	아동의 행동
1. 인사하기			
2. 물건 요구하기			
3. 행동 요구하기			
4. 정보 요청하기			
5. 물건에 대한 견해 표현			
6. 행동에 대한 견해 표현			
7. 사건 진술하기			
8. 예상하기			
9. 부정하기			
10. 가정하기			
11. 선택하기			
12. 설명하기			
13. 끝맺기			

Ⅱ. 대화를 이끄는 능력(+/−)

	+/−	아동의 언어	아동의 행동
14. 대답하기			
15. 자발적으로 대화에 참여하기			
16. 말하는 사람에게 주목하기			
17. 말차례 지키기			
18. 알려 주기			
19. 특정 주제에 대하여 이야기하기			
20. 주제 바꾸기			
21. 주제 유지하기			
22. 대화내용 질문하기			
23. 질문에 설명하기			
24. 부연설명 요청하기			
25. 부연 설명하기			

출처: 김영태(1991).

〈표 12-8〉 기능적 언어행동 검사 실시방법

검사 문항	실시방법
1. 인사하기	전화기를 귀에 대고 "여보세요."라고 한다.
2. 물건 요구하기	아이에게 종이를 주며 "그려 봐."라고 말한다. 쓸 것을 주지 않은 채 기다린다.
3. 행동 요구하기	아이가 갖고 노는 장난감을 빼앗으려고 시도한다.
4. 정보 요청하기	"전화기 가지고 놀아."라고 아이에게 말할 때 전화기를 보여 주지 않는다.
5. 물건에 대한 견해	큰 색안경을 꺼내 쓴다.
6. 행동에 대한 견해	원격조정 자동차에 헝겊을 씌워 움직인다.
7. 사건 진술하기	아이에게 "점심 때 무슨 일이 있었니?"라고 묻는다.
8. 예상하기	전화를 꺼내며 "우리 이것으로 뭐할까?"라고 묻는다.
9. 부정하기	고양이 그림을 보며 강아지라 부른다.
10. 가정하기	아이에게 "이 헝겊 밑에 무엇이 있을까?"라고 묻는다.
11. 선택하기	두 색깔의 크레용 중 어느 것을 원하는지 묻는다.
12. 설명하기	아이에게 "왜 그걸 옮겨 놨니?"라고 묻는다.
13. 끝맺기	아이에게 작별 인사를 한다.
14~25.	아이와 대화를 하며 주제를 어떻게 다루는지 살핀다.

⟨표 12-9⟩ 화용론적 기술 평가표

화용론적 기술 평가표

이름: _____ 나이: _____ 검사자: _____ 검사날짜: _____

오른쪽에 제시한 유도 활동을 이용하여 화용론적 행동을 유도한다. 정확하거나 적절한 반응에는 (+)나 (∨) 표시를 하고, 부정확하거나 부적절한 반응 혹은 반응이 나타나지 않으면 (−)나 (0) 표시를 한다.

화용론적 행동	유도 활동
___ 인사에 반응하기	• "안녕! 잘 있었어요?"라고 말하며 아동의 반응을 관찰한다. • 악수를 하기 위해 손을 내민다.
___ 요구하기	• 아동에게 원을 그리라고 요구하고 연필을 제공하지 않는다. • 아동에게 "슈퍼마켓에 갔을 때 막대사탕이 먹고 싶으면 엄마에게 어떻게 말할 거예요?"라고 질문한다.
___ 사건 설명하기	• 아동에게 오늘 아침에 한 일에 대하여 질문한다. • 휴일이나 특별한 날에 관하여 검사자에게 설명하라고 한다.
___ 차례 주고받기	• 아동과 번갈아가며 숫자 세기를 한다(예: 검사자가 "하나." 하면, 아동이 받아서 "둘."이라고 하고, 검사자가 다시 "셋." 하면 아동이 "넷."이라고 한다.). • ⟨곰 세 마리⟩나 다른 동화를 한두 줄씩 번갈아가며 읽는다.
___ 지시 따르기	• 아동에게 종이를 뒤집어 웃는 얼굴이나 네모를 그리라고 한다. • 아동에게 "양쪽 귀를 만진 다음에 박수를 두 번 치세요."라고 말한다.
___ 시선 맞추기	• 다른 행동들을 평가하는 동안 아동이 정상적인 눈 맞춤을 하는지 관찰한다.
___ 모방하기	• 아동에게 주소와 전화번호를 말하라고 한다. • 아동에게 다음 문장들을 따라 말하라고 한다: '철이는 7살이다.' '냉장고 문이 열려 있다.' '생일 선물로 새 책을 받았다.'
___ 과제에 주의집중하기	• 아동이 이러한 활동에 얼마나 주의집중하는지 본다. • 아동에게 그림을 보여 주고 그 그림에 관하여 이야기해 보라고 한다.
___ 주제 유지하기	• 아동에게 최근에 보았던 영화나 TV 프로그램에 관하여 말하도록 한다. • 아동에게 자장면에 대하여 설명해 보라고 한다.

___ 역할놀이	• 아동에게 잠시 동안 선생님이 되어 보라고 한다. • 식당에 있다고 가정하고, 치료사는 손님 역할을 하고 아동은 계산원 역할을 한다.
___ 순서대로 행동을 묘사하기	• 아동에게 이부자리를 어떻게 정리하는지, 어떻게 음식을 사는지, 편지를 어떻게 쓰는지 등을 설명하게 한다. • 아동에게 햄버거나 김밥을 만드는 방법이나 아침을 준비하는 방법을 설명하라고 한다.
___ 단어를 정의하기	• 아동에게 다음의 단어들을 정의하라고 한다: 가위, 부엌, 컴퓨터
___ 범주화하기	• 다음 단어가 요일인지 달인지 말하게 한다: 일요일, 6월, 4월, 수요일. • 아동에게 다양한 농장 동물, 음식, 스포츠 종류를 이야기하게 한다.
___ 사물 기능 이해하기	• 아동에게 가위를 어떻게 사용하는지, 자는 무엇을 하는 데 사용되는지 질문한다.
___ 활동이나 대화 개시하기	• 탁자 위에 이상하게 생긴 물건을 놓아 두고 아동이 그것에 대해 질문하는지 본다. • 아동이 자신의 부모, 교사 혹은 다른 아동들과 함께 있을 때 하는 행동을 관찰해 본다.

출처: Shipley & McAfee(1998).

4) 형태론 · 구문론적 능력 평가

언어의 형식적 측면을 살펴보기 위하여 가장 작은 의미 단위인 형태소와 자립성을 갖춘 단어의 사용을 수량화하는 방법, 그리고 문장의 구조를 살펴보는 방법이 가장 많이 사용된다. 아동의 자발화 표본을 이용하여 평균형태소길이(mean length of utterance-morphemes: MLU-m), 평균낱말길이(mean length of utterance-words: MLU-w) 등을 산출하여 언어 발달을 예측할 수 있다. 이러한 수치는 생활연령이 어릴수록, 즉 평균발화길이(MLU)가 1~2.5까지는 생활연령과 상관관계가 유의하고 언어 발달의 예측도가 높지만, 2~3.5까지는 변화율이 높아지기 시작하여 4 이상이 되면 그 예측도가 감소한다(김영태, 2002). 그러나 지적장애 아동의 언어능력 연구 시 동일한 언어연령이나 언어능력을 입증하기 위한 자료로 평균형태소길이를 많이 활용하고 있다. 이를 위해서는 형태소나 단어에 대한 정확한 분류방법을 숙지하여야 한다.

구문 분석 시에는 구문의 유형을 명사구, 동사구, 절(명사절, 서술절, 관형절, 부사절, 인용절), 문장 종류(평서문, 의문문, 명령문, 청유문, 부정문) 중심으로 살펴볼 수 있다. 복문의 출현 빈도, 복문의 유형, 최소종결단위(minimal terminal units: T-unit) 등도 활용할 수 있다.

4. 언어진단보고서 작성

한국언어치료전문가협회에서는 언어평가 · 진단보고서 양식에 ① 기본적인 인적사항(대상 아동의 이름, 성별, 연령, 장애 유형, 평가 · 진단일, 정보제공자 이름, 진단자 등), ② 배경정보(신체, 인지, 청력, 정서, 행동 특성 등), ③ 말기관의 이상 유무, ④ 말 · 언어 및 의사소통능력(의사소통 및/또는 수용 · 표현언어, 조음, 유창성, 발성), ⑤ 요약 및 제언과 같은 내용을 포함하도록 하고 있다.

다음의 사례에는 다운 증후군으로 인하여 언어 발달장애를 보이는 아동의 언어진단보고서를 제시하였으므로 지적장애 아동의 언어진단보고서 작성 시에 참고하길 바란다.

[사례] 언어진단보고서

언어진단보고서

이 름: 이○○   성 별: 여

생년월일(연령): 1993년 3월 4일(14;3)

장애 유형: 다운 증후군

정보 제공자: 아동의 거주시설 담당 사회복지사 박○○

진단일: 2007년 9월 4일, 7일, 14일

치료사: 김○○   연락처: ○○○-○○○○

1. 배경정보

이○○는 현재 전남 ××시 소재의 △△시설에서 생활하고 있으며 담당 사회복지사에 의하여 본 기관으로 의뢰되었다. 아동의 아버지는 시각장애인(1급)이며 어머니는 지적장애인(3급)이므로 외조모가 주로 아동을 양육하였다고 한다. 그러나 정상 발달을 보이는 아동의 오빠와 남동생과의 관계 형성이 원만하지 않았으며 외조모가 양육에 어려움이 많아 2000년에 △△시설로 입소하게 되었다고 한다. 따라서 현재 아동에 대한 모든 정보는 △△시설에서 아동을 담당하고 있는 생활지도교사를 통하여 수집할 수 있었으며 아동의 초기 발달 단계에 대한 정보는 얻을 수 없었다.

아동은 2004년 10월경에 □□병원에서 심장수술을 한 적이 있으며 폐렴 발병 가능성이 높다고 한다. 그러나 심장수술 이후 폐렴 발병 횟수가 현저히 줄어들었으며, 현재의 건강 상태는 매우 양호하다고 한다.

아동은 부끄러움이 많고 교사들의 칭찬에 매우 민감하게 반응하며, 시설 내에서 함께 생활하는 친구들과 원만하게 지내는 편이라고 한다. 아동은 혼자 음식을 먹는 데 특별한 어려움을 보이지는 않지만, 씹고 삼키는 속도가 느린 편이며 과일을 싫어하는 등 다소 편식하는 경향이 있다고 한다. 아동

은 노래하기, 율동하기, 색칠하기 활동을 매우 좋아한다고 한다.

현재 아동은 ××시 ☆☆초등학교 특수학급 4학년에 재학 중이며, △△ 시설에서 공연 팀에 소속되어 있고, 요가를 배우고 있다고 한다. 아동의 언어 발달력은 알 수 없었으며, 현재 아동은 대부분 제스처를 사용하여 의사소통하거나 "못해." "○○꺼." 등 두 낱말로 표현할 수 있다고 한다.

2. 행동 특성

아동은 치료실 내에 들어와 치료사를 보자 눈을 피하며 스스로 인사하지는 못하였다. 그러나 치료사가 "인사하자."라고 말하자, "안녕."이라고 작은 목소리로 인사하였다. 아동은 치료사와의 눈 맞춤이 비교적 잘되는 편이지만 집중하는 시간이 매우 짧고 손으로 턱을 받치거나 책상에 엎드리는 행동을 자주 보였다. 또한 치료사의 질문에 고개를 돌리거나 대답을 회피하고 작은 목소리로 얼버무리는 등의 행동도 보였다. 치료사의 지시에도 "못해요."라고 말하고 모방발화만 할 뿐 자발화를 거의 보이지 않았다. 아동이 좋아하는 색칠하기, 만들기 활동을 제시하면 자신이 하고 싶을 때까지 하려고 고집을 부리기도 하였으며 치료사의 지시를 잘 따르지 않았다. 검사가 끝난 이후에는 치료실을 나가지 않겠다고 고집을 피우기도 하였다. 치료실 내의 장난감들을 보고 빨간색과 노란색은 정확하게 말할 수 있었으나 다른 색깔들은 말하지 못하였다. 숫자는 1~4까지만 바르게 셀 수 있었다.

3. 실시한 검사도구

① 그림어휘력검사(김영태 외, 1995, 서울장애인종합복지관)
② 취학전 아동의 수용언어 및 표현언어 척도(PRES, 김영태 외, 2003, 서울장애인종합복지관)
③ 언어이해 · 인지력검사(장혜성 외, 1994, 서울장애인종합복지관)
④ 우리말 조음 · 음운 평가(김영태, 신문자, 2004)
⑤ 상징놀이검사(Lombardino & Kim, 1989)

⑥ 자유놀이(병원놀이, 색칠하기, 만들기 놀이 등)
⑦ 구강조음기관의 기능선별검사

4. 검사 결과

1) 언어능력

(1) 수용언어 능력

그림어휘력검사에서 등가연령 4세 6개월~4세 11개월의 수행을 보여 생활연령에 비하여 10세 이상 지체된 것으로 평가되었다. 아동은 명사보다 동사에서 더 많은 오류를 보였으며 검사가 진행될수록 주의집중에 어려움을 보였다. 일상생활에서 많이 접하는 '책, 의자, 빵, 주전자, 배, 우산, 동그라미' 등의 어휘는 바르게 지적하였으나 '사고, 전등불, 바퀴, 팔꿈치, 꽃병, 봉투, 연기, 면도기, 깎는다, 따뜻한, 잰다, 쓰다, 구른다, 던지다' 등의 어휘는 지적하지 못하였다.

PRES를 실시한 결과, 수용언어 연령은 44개월로 생활연령에 비하여 10세 10개월 정도 지체되어 있으며, 항목별로 살펴보면 위치부사어 이해, 신체부위의 기능 이해, 연관된 어휘 이해, '행위자+목적+행위' 문장 이해, 수여자(여격) 이해에 어려움을 보였다.

언어이해·인지력검사를 실시한 결과 등가연령 4세 6개월~4세 11개월의 수행을 보였으며 '있다, 없다'의 이해, 성 구별하기, 위치어의 이해, 크기와 색깔 형용사 이해에서 어려움을 보였으나, '높다, 낮다, 있다, 없다'는 검사 도중 상황에 적절하게 스스로 말하는 등 실제 의사소통 상황에서 사용할 수 있었다.

(2) 표현언어 능력

PRES를 실시한 결과, 표현언어 연령은 41개월로 생활연령에 비하여 11세 1개월 정도 지체되어 있으며, 항목별로 살펴보면 의문사 사용, 이유를 포함하는 복문 사용, 등위절 사용, 위치부사어 사용, '조건' 연결어미 사용, 반대말 사용에 어려움을 보였다.

우리말 조음·음운 평가 실시 결과, 자음정확도는 95%로 나타났으며 어두에서 파열음 /tʰ/를 /kʼ/로, /tʼ/를 /n/으로, 마찰음 /sʼ/를 /s/로 대치하였다. 음운변동을 분석하였을 때 성문음의 전설음화(50%), 종성생략(44.4%), 연구개음생략(37.5%), 비음생략(35%), 탈기식음화(15.4%), 긴장음동화(12.5%), 연구개음동화(12.5%), 치조음생략(11.1%), 치조음의 후설음화(11.1%) 등을 나타냈다.

자유놀이 상황에서 아동은 "나 집에 가." "할머니." "못해." "안 해."를 스스로 발화하였다. 병원놀이 장난감으로 복합상징행동조합(청진기를 아기 인형에게 갖다 댄 후에 주사를 맞히고 약 먹이는 행동)을 보이며 "아기 아파." "주사 맞아."라고 하였다.

(3) 의사소통능력

아동은 행동 요구하기, 저항하기, 예/아니요 반응하기, 대답하기, 부르기, 메시지 수용/승인, 부인 등의 화용 기능을 보이는 것으로 나타났다. 그러나 대화 상대방의 말이 끝나기도 전에 먼저 말을 하는 경향을 보였다. 아동의 발화는 두세 낱말 정도로 짧은 편이며, 필요한 사물이 있을 때 표현할 수는 있지만, 말을 하기보다는 치료사의 팔을 흔들어서 요구하기 의도를 표현하였다. 때때로 글씨를 써서 의사표현을 하기도 하지만 받침을 잘못 쓰는 등 오류를 많이 보였다.

2) 말산출기관의 이상유무

구강조음기관의 기능선별검사를 실시한 결과, 혀 내밀기, 혀 좌우로 이동하기가 민첩하지는 않지만 수행할 수 있었다. 그러나 혀를 위로 올리기, 볼 부풀리기는 잘하지 못하였다. 혀가 두껍고, 입을 벌려 혀를 내밀고 있는 경우가 많으며, 왼쪽 송곳니에 덧니가 있다.

3) 유창성 및 음성

아동은 유창성에는 특별한 결함을 보이지 않았으나, 음도가 낮고 음도 범위가 좁으며 목 쉰 음성을 나타내었다. 말을 하지 않을 때에는 혀를 입술 밖으로 내민 상태로 있으며 말 명료도가 매우 떨어져 잘 알아들을 수 없었다.

5. 요 약

이○○는 생활연령이 14세인 데 비하여 언어연령이 3세 7개월 정도로 매우 지체된 것으로 나타났다. 그러나 실제 의사소통 상황에서는 언어연령에서 예측할 수 있는 것보다 훨씬 더 어린 수준으로 발화하는 경향이 있으며 이해하는 어휘보다 표현하는 어휘 수가 더 적은 것으로 나타났다. 또한 의사소통 어려움에 대한 실패 기대로 인하여 할 수 있는 것보다 현저히 적은 의사소통 시도를 보이며 제스처를 사용하거나 모른다는 표현으로 의사소통 자체를 지속하지 않으려고 하는 경향이 있었다. 의사소통 기능 면에서는 요구하기와 대답하기, 저항하기, 반응하기 등 초기 의사소통 기술들을 가지고 있는 것으로 보였다.

6. 제 언

아동의 주 의사소통 장소(△△시설, 특수학급, 공연 팀 등)에서 사용 가능한 어휘들을 이해하고 표현할 수 있도록 어휘 수를 증가시키고, 알고 표현하고 있는 어휘들을 이용하여 보다 효율적으로 의사소통할 수 있도록 하는 언어치료 프로그램을 주 2~3회 실시할 필요가 있다. 또한 다양한 의사소통 상황에 적절하게 거부하거나 요구할 수 있도록 하며 청각적 기억력을 향상시키는 데 중점을 둔 치료 활동을 제언한다.

지적장애 아동의 언어치료

지금까지 지적장애의 원인과 특성, 진단 등을 살펴보면서 그들이 발달하는 존재이고 차이보다는 오히려 지체라는 특징을 보인다는 것을 알 수 있었다. 물론 차이점이 없다는 것이 아니라 전반적으로 발달이 지체된다는 것이며, 언어 발달에서도 질적이라기보다는 양적으로 뒤처진다는 것을 알 수 있었다. 이러한 특징은 언어 중재 접근법에서 발달적인 접근법을 제안하게 된다. 따라서 다양한 양상을 보이는 지적장애인에게 적합한 언어치료 프로그램을 계획할 때에는 정상 발달 단계를 고려해야 한다.

언어치료 목표는 지적장애인의 언어기술에 따라 다를 수 있다. 초기의 언어치료 시에는 인지적인 지각, 사회적이고 의사소통적인 기술, 초기 의사소통 수립에 초점을 두어야 한다. 초기에는 언어 영역 중 의미론과 화용론에서 결함을 보일 수 있으므로 이 영역을 치료 목표로 삼을 수 있다. 이후 언어치료를 통하여 짧더라도 다단어 발화가 나타난다면, 언어치료사는 언어규칙 체계를 목표로 하여야 한다. 그리고 지적장애인이 더 많은 언어 규칙을 사용하게 되면 학교나 작업장 등에서 활용할 수 있는 언어 사용에 초점을 두어야 할 것이다.

지적장애 아동도 경험이나 학습을 통하여 자신의 언어능력을 계속해서 개발해 나갈 수 있다(Abbeduto, Evans, & Dolan, 2001).

제13장

다양한 언어치료 기법

　지적장애인을 위해서 고안된 대다수의 언어치료 프로그램은 발달적이거나 비발달적인 접근을 제안한다(Horstmeier & MacDonald, 1978; Owens, 1982). 왜냐하면 우리가 이미 앞에서 살펴보았듯이 지적장애 아동은 일반 발달 단계를 따라가지만 그 속도가 느린 경우가 많으며, 때로는 특이한 경향을 보이기도 하기 때문이다.

　지적장애 아동을 대상으로 한 특별한 프로그램이 따로 있다기보다는 언어 발달장애 양상을 보이는 아동에게 실시할 수 있는 프로그램을 지적장애 아동에게도 실시할 수 있다. 그러나 지적장애 아동이 보이는 정보처리 특성이나 기억의 문제 등을 고려하여 자극제시 방법 등을 다양화하거나 기억에 도움을 줄 수 있는 전략을 사용하는 것이 좋다. 따라서 이 장에서는 지적장애 아동의 정보처리 특성과 그에 따른 치료 전략을 살펴보고자 한다. 또한 지적장애 아동을 대상으로 제안할 수 있는 몇 가지 치료 원리를 언어 영역별로 살펴보기로 한다. 뿐만 아니라 특정한 치료기법에 대한 예를 살펴봄으로써 지적장애 아동의 언어치료에 대한 이해도를 높이고자 한다. 그러나 이러한 것들은 매우 일반적인 내용이므로 지적장애 아동 개개인의 지적 수준, 연령, 인지 기능, 이전의 훈련, 거주 환경, 학습 양식 등을 개별적으로 고려하여 적용하여야 할 것이다.

1. 정보처리 특성에 따른 치료 전략

지적장애 아동의 인지능력이나 정보처리 능력은 단지 지능지수가 낮기 때문이라고 말하기 어려울 만큼 정신연령이 동일한 일반 아동과는 다른 것 같다(Owens, 2002). 이러한 차이는 특히 학습에 결정적인 영향을 미치는데, 학습에 중요한 인지능력으로는 주의집중, 변별, 조직화, 기억, 전이가 있다([그림 13-1] 참고).

주의집중(attention)은 자각(awareness)과 활동적인 인지처리 과정(active cognitive processing)을 포함한다. [그림 13-1]에서 알 수 있듯이, 우리는 모든 자극에 주의집중하지는 않으며, 주의집중은 순간적일 수도 있고 또 지속되기도 한다. 지적장애 아동도 정신연령이 동일한 일반 아동처럼 주의집중을 유지할 수 있지만(Karrar, Nelson, & Galbraith, 1979), 주의집중해야 할 자극을 훑고 선택하는 데 어려움이 있다. 지적장애 아동의 주의집중을 유도하기 위해서는 시각적으로나 청각적으로 강조된 자극 단서를 사용하는 것이 좋다. 또한 중요한 정보를 강조하기 위하여 제스처를 사용하는 것도 청각적인 메시지의 이해를 향상시킬 수 있다. 이후 주의집중을 돕기 위하여 제시한 여러 가지 단서를 점차적으로 감소시켜 나간다. 그리고 아동으로 하여금 관련된 자극들을 훑어보도록 지도하는 것도 중요하다.

변별(discrimination)은 여러 가지 경쟁 자극 중에서 해당 자극을 확인하는 능력을 말한다. 즉, 자극의 유사점과 차이점을 알고 결정하면 되는 것이다. [그림 13-1]에서 자극 B와 C는 서로 유사하며 영역 II에 이전에 저장된

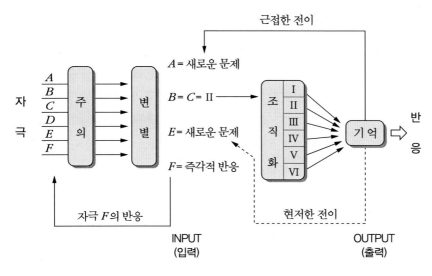

[그림 13-1] 정보처리 도식

출처: Owens(1997).

다른 정보들과도 유사하다. 일반적으로 지적장애 아동은 관련 있는 자극 단서들을 확인하는 데 어려움을 가지는데, 이러한 어려움은 일반 아동에 비하여 더 적은 차원에 주의집중하는 경향성을 반영한 것이다. 지적장애 아동은 선택된 자극 차원들이 현저하게 차이가 나지 않는다면, 새로운 정보와 저장된 정보를 변별하고 비교하는 데 어려움을 보인다. 일반적으로 지적장애의 정도가 심할수록 변별은 더 느리며 덜 정확하다.

그러나 지적장애 아동에게도 변별을 지도할 수 있으며, 이들도 일반 아동이 할 수 있는 만큼 과제를 변별하기 위하여 정보를 적용할 수 있다(Ross & Ross, 1979). 변별을 돕기 위해서는 유사점과 차이점을 강조하고 설명하는 방법을 사용할 수 있다. 만약 지적장애 아동이 '같다'와 '다르다'라는 어휘를 이해하지 못한다면 언어치료사는 '동그라미가 있다'와 '동그라미가 없다'와 같이 유사점과 차이점의 예를 보여 주고 설명해 주어야 한다. 실제 사물을 가지고 의미 있는 분류 과제를 실시하는 것도 도움이 될 것이다.

조직화(organization)는 정보를 저장하기 위하여 정보를 목록화하는 것이며 나중에 정보를 기억하도록 하는 데 매우 중요하다. 조직화된 정보는 더 쉽게 기억할 수 있지만, 조직화되지 않았거나 잘못 조직화된 정보는 나중에 회상하는 것을 방해하고 기억능력에 많은 부담을 주게 된다. 일반적으로 경도나 중등도의 지적장애 아동은 저장과 복구를 돕기 위하여 조직적인 전략을 발달시키는 데 어려움을 보인다. 이들은 관련 있는 전략에 의존하지 않거나 일반 아동에 비하여 이러한 전략을 효율적으로 사용하지 못한다. 따라서 관련 전략, 예를 들면 '소금과 (설탕)' '해와 (달)'을 가르치거나, 미리 정보를 구조화시켜 제시하거나, 단기기억 과제를 사용하면 도움이 될 수 있다.

기억(memory)은 이전에 저장된 정보를 복구하는 것이다. 복구는 환경적 단서, 이전의 복구 빈도, 다른 기억 항목들과의 경쟁, 학습의 새로움 등에 따라 제한되거나 의존된다. 지적장애 아동은 대개 일반 아동보다 더 열악한 회상능력을 보이는데, 지적장애의 정도가 심할수록 기억 기술은 더 열악하다. 경도나 중등도 지적장애 아동은 비록 그 회복과정이 더 느리기는 하지만 일반 아동만큼 장기기억 내에서 정보를 보유할 수 있다(Merrill, 1985). 기억은 연습에 의하여 영향을 받을 수 있는데, 지적장애 아동은 정

〈표 13-1〉 지적장애인의 인지 기능에 관한 연구

주의집중	조직화	기 억	일반화
과제의 중요한 특성 변별에 어려움 (Zeaman & House, 1979)	비효율적인 기법으로 정보를 조직화 (Spitz, 1966)	장기기억은 비교적 완전함 (Belmont, 1966)	지식을 새로운 환경에 적용하는 데 어려움 (Stephens, 1972)
주의집중 유지는 비교적 좋음 (Karrar et al., 1979)	조직화의 유사한 발달 단계 (Stephens, 1972)	단기기억 문제 (Ellis, 1970) 비효율적인 시연 전략 (Bray, 1979)	

보를 자발적으로 연습하지 못하며(Reid, 1980) 일반 아동보다 더 많은 시간을 필요로 한다(Turner & Bray, 1985). 또한 기억은 정보의 유형에 의하여 영향을 받을 수 있는데, 지적장애 아동은 시각적인 정보보다 청각적인 정보를 기억하는 데 더 어려움을 느낀다(Ellis, Woodley-Zanthos, & Dulaney, 1989). 지적장애 아동의 기억을 돕기 위해서는 신체 모방과 같은 시연(rehearsal) 전략을 훈련하는 것이 좋다. 시연 과제는 점차적으로 상징적인 것으로 전환해 나간다. 또한 사건을 잘 회상하도록 하기 위하여 신호(소리, 냄새, 맛 또는 시각적인 것)와 상징을 사용하는 것이 좋으며 기억해야 할 중요 정보를 강조해 주는 것도 도움이 된다. 청각적인 기억을 증진시키기 위하여 시각적인 기억을 사용하거나 과잉학습과 실제적인 예를 많이 사용하는 것도 좋은 방법이다.

전이(transfer)는 이전에 학습한 내용을 새로운 문제를 해결하는 데 혹은 이전과 유사하지만 새로운 상황에 적용하는 것을 말한다. 이전의 정보와 새로운 문제 사이에 최소한의 변화가 있을 경우에는 근접한 전이(near transfer)라고 하며, 많은 변화가 있을 경우에는 현저한 전이(far transfer)라고 한다. 일반적으로 근접한 전이가 현저한 전이보다 더 쉽게 이루어진다고 할 수 있다. 지적장애 아동은 이 정보처리 과정 중에 이미 변별과 조직화에도 어려움을 가지고 있기 때문에, 그리고 유사성을 파악하는 능력이 떨어지기 때문에 두 가지 유형의 전이 모두에서 어려움을 보이기도 한다. 지적장애 아동의 전이를 도와주기 위해서는 치료 상황을 일반화 맥락과 동일하거나 매우 유사하게 만들어 주는 것이 좋다. 그리고 치료 시 가능한 한 실제 사물을 사용하는 것이 좋은데, 적어도 치료 초기에는 더욱 그러하다. 또한 상황 간의 유사점을 강조해 주어 회상할 수 있도록 도와주고, 치료 시에 아동이 매일매일의 상황 속에서 만나는 사람들을 활용하는 것도 도움이 될 것이다.

2. 언어 영역별 언어치료

1) 음운론적 치료

(1) 조음 및 음운 치료의 원리

지적장애인의 조음 및 음운장애 치료에 적용할 수 있는 원리(Owens, 1997; Weiss, Gordon, & Lillywhite, 1987)를 요약하면 다음과 같다.

- 과잉학습(overlearning)과 반복을 사용한다.
- 자연스러운 환경 안에서 훈련한다.
- 가능한 한 조기에 치료를 시작한다.
- 발달 단계를 따른다.
- 개별 음소를 훈련하는 것보다는 전반적인 명료도에 더 많이 집중한다.
- 보호자들의 도움을 받고 협력한다.
- 모든 치료 활동은 매일의 일상에서 일어나는 의사소통 상황을 이용한다.
- 치료는 대상자가 과제에 주의집중하는 능력에 맞게 실시하여야 한다. 의미 있고 실제적인 결과를 초래할 수 있는 짧고 반복적이며 강화가 되는 활동을 이용한다.

예외적인 몇 가지 경우를 제외하고, 지적장애 아동에게 전통적인 운동 접근법을 적용하는 것은 이들의 말 산출 문제 치료에 거의 의미가 없다(Sommers, 1969). 따라서 배치기법을 사용한 음 대 음 접근법(a sound-by-sounds approach)은 좋은 선택이 되지 않을 수도 있다. 교실 상황에서는 주로 지적장애 아동에게 주기 접근법(cycles approach)을 사용하여 왔는데, 이러한 경우에는 시간이 두 배나 소요되기도 하였다(Hodson, 1989).

지적장애 아동과 성인에 대한 대부분의 치료 프로그램의 목표는 전체적인 기능적 언어 기술(overall functional language skills)을 증가시키는 것이다. 종종 지적장애인에게 명료도 문제가 두드러지게 나타난다 하더라도 음운론적 치료에 대한 정보는 매우 적은 편이다. 한 가지 다행인 것은 Swift와 Rosin(1990)이 개발한 다운 증후군 아동의 명료도 개선을 위한 중재 접근법이 있다는 것이다. 이 프로그램은 특정 집단의 아동을 위하여 고안되었지만, 다른 지적장애 아동에게도 적용 가능하다(Swift와 Rosin의 연구에서 대상 아동은 저긴장성을 거의 보이지 않는 경도와 중등도 지적장애 아동이었다.). 이 프로그램은 초기 언어 단계와 후기 언어 단계로 나뉘어져 있다.

　초기 언어 단계에는 단단어와 초기 두 단어 발화를 강조한다. 구조화된 음 놀이(sound play)에서 치료사는 의도한 음을 유도할 수 있는 사물과 장난감을 선택한다. 예를 들면, 만약 양순음이 목표라면 '발' '바지' '무'를 선택할 수 있다. 그리고 목표 행동, 주의집중, 음절 길이를 증가시키기 위하여 반복 훈련을 실시한다. 또한 멜로디 구어(melodic speech), 시각적 단서(visual cues), 단서가 있는 구어(cued speech), 청각적 봄바드먼트[1](auditory bombardment), 청각 훈련 단위(auditory training unit)와 같은 다른 기법들을 사용한다. 자주 발생하는 스크립트와 관련이 있는 과잉학습된 구(overlearned phrases)를 사용할 수도 있다.

　후기 언어 단계에는 반복 훈련과 스크립트 학습을 계속한다. 또한 전체적인 구어명료도를 보조할 수 있는 복구 전략(repair strategies)을 지도한다. 복구 전략이란, 예를 들면 화자가 말한 메시지를 청자가 이해하지 못하여 설명을 요구하는 것이다. 화자의 관점에서 복구 전략은 반복하기(repeating), 바꾸어 말하기(rewording), 운율적 요소의 변경(예: 비율을 늦추

---

1) 봄바딩(bombarding): 한 개의 자극을 제시하기 위하여 한 가지 이상의 감각양식을 동시에 이용하는 것. 예를 들면, 구어 음을 가르치기 위해 청각, 촉각 및 시각 경로를 함께 이용하는 것(권도하, 2001).

기, 말씨 또는 어법을 조절하기, 의미를 더 잘 전달하기 위하여 강세와 억양을 사용하기)을 포함한다.

(2) 조음 및 음운 치료의 실제

Miller와 Leddy(1998)는 다운 증후군 아동을 대상으로 조음 및 음운 치료를 제안하였지만, 구어 및 언어 발달의 초기 단계에 있는 다른 지적장애 아동에게도 사용할 수 있다. Miller와 Leddy(1998)는 치료 목표를 아동을 위한 목표와 보호자를 위한 목표로 나누어 제시하였다.

① 아동을 위한 치료 목표
- 사람과 사물에 반응하는 능력을 증가시킨다. 이러한 기술이 더 촉구됨에 따라 의사소통을 향상시킬 수 있는 기회는 많아진다.
- 음성 산출 빈도를 증가시킨다. 더 많이 말함에 따라 구어의 질을 수정할 기회가 더 많아진다.
- 음의 산출과 이미 산출한 음들의 다양성을 증가시킨다. 이것은 실제 구어음의 산출뿐만 아니라 말하는 비율, 강도, 억양 변화를 포함한다. 이러한 변수들은 아동의 명료도를 향상시킬 것이다.
- 환경 속에서 사물과 행동을 나타내기 위하여 옹알이를 사용하는 것에서 단어를 사용하는 것으로 전이시킨다.

② 보호자를 위한 제안
- 하루 중 아동의 가장 음성적인(vocal) 상황과 활동을 확인한다. 1~2주 정도에 걸쳐 이러한 상황의 목록을 만들고, 상황을 기록하며, 그 상황의 지속 시간과 하루 동안 이러한 상황이 얼마나 많이 일어나는지 기록한다.
- 어떤 특정한 상황 동안 아동이 쳐다보고, 만지고, 놀이를 함으로써 사람과 사물에 얼마나 많이 반응하는지 점검한다. 왜냐하면 의사소통은

이러한 반응성(responsiveness)에 아주 많이 의존하기 때문이다.

- 이러한 의사소통을 향상시키는 상황에서 아동이 보내는 시간을 증가시키도록 노력한다.
- 어릴 때부터 아동에게 음악을 소개한다. 아동은 종종 음악 자극에 아주 잘 반응한다. 음악의 유형은 아동에 따라 다를 수 있다.
- 구어 활동은 하루 중 자연스러운 부분이 되어야 한다. 일상적으로 아동을 돌보는 동안, 아동이 놀고 있는 사물과 활동에 관하여 아동에게 말해 준다. '짝짜꿍' '곤지곤지 잼잼'과 같은 상호작용적인 게임을 하는 것도 좋다. 이러한 활동을 하는 동안 아동은 발성이 촉구되고, 주고받기와 사회적 상호작용에 대한 반응을 발달시키게 될 것이다.

2) 형태 · 구문론적 치료

언어 발달이 지체된 아동은 언어학적인 단계에 따라 문장을 이해하는 데도 어려움을 보인다. 따라서 언어치료사는 언어 이해와 표현 모두를 촉진하기 위하여 언어학적 입력의 적절한 수준을 선택하는 데 관심을 가져야 한다. 일반적으로 현재 아동의 수준보다 약간 높은 언어 수준의 예를 제시하는 것이 좋다.

지적장애 아동의 형태 · 구문론적 능력의 향상을 위하여 우선적으로 아동이 이해하고 표현하는 규칙체계에 대하여 정확히 평가해야 한다. 이때는 공식적인 검사와 비공식적인 검사 모두를 통하여 평가해야 하는데, 지적장애 아동을 위하여 고안된 공식 검사는 전무한 실정이다. 따라서 일반 아동의 규준을 따르는 검사도구를 활용할 수 있는데, 좀 더 나이가 많은 지적장애 아동, 특히 성인에게 이러한 검사를 적용할 때에는 조심스럽게 고려해야 한다.

또한 언어치료사는 언어검사를 선택하기 이전에 아동의 운동능력과 인지능력을 고려해야 한다. 대체 의사소통을 사용하는 사람들이나 구강운동 결함이 있는 사람들을 위해서 반응 방법을 수정할 수도 한다. 이러한 사람들은 검사를 완성하는 데 더 많은 시간이 요구된다.

검사 규준 또한 지적장애인에게는 부적절할 수 있다. 왜냐하면 이러한 검사 규준이 지적장애인의 언어가 지체되어 있다는 것을 설명하는 것으로 그친다면 치료계획에는 그다지 도움이 되지 않기 때문이다. 따라서 지적장애인의 언어 특징과 행동을 기술하는 것이 훨씬 더 가치 있을 수도 있다.

공식적인 검사 상황들은 인공적이며 일반적으로 대화에서 유용한 자연스러운 단서들이 부족할 수 있다. 따라서 정보에 대한 부가적인 자료가 필요하며 비공식적으로 수집된 언어 표본이 가치 있는 정보를 제공할 수 있다. 자발화 표본은 여러 방법으로 분석될 수 있지만 언어치료사는 먼저 평균발화길이(MLU)를 결정할 수 있다. 적어도 평균형태소길이(MLU-m) 4.0까지는 언어의 복잡성 증가와 관련이 있다.

자연스러운 환경에서의 언어치료는 일반화를 촉진할 수 있다. 따라서 지적장애 아동의 보호자에게 평가적인 피드백의 사용과 확장기술(expansion skills)을 지도하는 것이 필요하다. 예를 들면, 정확한 형식의 모델을 제시하고 정확한 피드백을 주는 것이다. 지적장애 아동은 자발적인 대화로의 일반화가 자동적으로 일어나지 않기 때문에 대화적인 문맥에서 지도하는 것이 중요하다.

치료 목표를 정할 때 첫 번째 기준은 선택한 목표 언어가 아동에게 유용해야 한다는 것이다. 목표는 질문하기와 같이 의사소통을 촉진하거나 전화 사용하기와 같이 아동에게 더 많은 의사소통 선택권을 제공하는 행동이 되어야 한다.

치료사는 훈련 과제로 너무 새로운 항목들을 많이 소개하지 않아야 한다. 이후 훈련 단서; 촉구, 자료들을 점차적으로 변화시켜야 한다. 이전에 훈련한 내용은 새로운 학습을 돕는 데 사용될 수 있는데, 예를 들면 의미론적 범주와 이전에 토의하였던 규칙들이 구문론 훈련을 위하여 사용될 수 있다. 행위단어('엄마' '멍멍이')는 발화 시 이것이 앞쪽에 위치하기 때문에 주어로 지도할 수 있다.

〈표 13-2〉에는 단어순서 규칙을 훈련하는 데 도움이 될 수 있는 예를 제시하였다. 이 표는 각각을 묶어 단어들을 연결함으로써 아동으로 하여금 단어순서 규칙을 학습하도록 한다. 왼쪽에 있는 명사와 위쪽에 있는 동사를 연결하면 짧은 구를 만들 수 있다. 지도할 수 있는 각각의 연합은 ×로 표시되어 있다. 이러한 방법을 통하여 훈련받지 않았던 단어순서 규칙도 일반화될 수 있다(Owens, 1991).

새로운 언어 특징은 맥락 속에서 자주 집중된 자극(focused stimulation)을 사용하여 소개할 수 있다. 예를 들면, 현재진행 동사 형태(동사+~하고 있다, 예: '먹고 있다')를 소개할 때, 치료사는 자신이 하고 있는 것을 기술하기 위하여 혼잣말 기법(self-talk)을 사용하거나(예: 치료사가 사과를 먹는 시늉을 하면서 "사과를 먹고 있어요."라고 말한다), 아동이 하고 있는 것을 기술하기 위하여 평행적 발화 기법(parallel-talk)을 사용할 수 있다(예: 아동이 빵을 먹고 있을 때 "빵을 먹고 있어요."라고 말한다). 맥락 속에서의 반복된 사용은 지적장애 아동으로 하여금 그 특징에 주의집중하도록 도와준다.

지적장애 아동이 완전한 문장을 말하도록 유도할 때 언어치료사는 화용론적으로 적절하며 일반적인 언어 사용을 나타내는 단서들을 사용하도록 유의해야 한다. 예를 들면, "무엇을 원하니?"라는 단서는 "과자."와 같이

〈표 13-2〉 단어순서 규칙 훈련 방법의 예

	주세요	부어요	구워요	마셔요
밥	×			
빵	×		×	
물	×	×		×
우유	×	×		×

출처: Owens(1991).

한 낱말이나 짧은 구를 유도하기에 가장 좋은 것이다. "나는 과자를 원해요."라고 말하도록 요구하는 것은 화용론적으로 부적절하다.

또한 언어치료사는 지적장애 아동의 특별한 학습 욕구를 인식해야 한다. 즉, 특정한 언어기술을 훈련하기 전에 그와 관련된 인지적 기술을 먼저 훈련해야 한다. 예를 들면, '이전에' '나중에' '왜냐하면'과 같은 언어학적 개념을 학습하기 이전에 시간 관계와 과정의 전환성을 이해해야만 한다는 것이다.

지적장애 아동에게 자극을 제시할 때에는 청각적인 자극 이외에도 시각적 · 촉각적 자극을 함께 제공하였을 때 학습을 더욱 향상시킬 수 있다. 그림이나 경험적인 활동을 사용하면 개념 학습을 촉진시킬 수 있고 지적장애 아동의 반응을 더 많이 유도할 수 있으므로 다양한 자극을 활용하는 것이 좋다.

3) 화용론적 치료

치료 초기에는 다소 구조화된 훈련이 필수적이며 이러한 훈련을 반복하는 것이 목표한 기술들을 학습하는 데 도움을 줄 수 있다. 또한 어느 정도 수준에 도달하기까지는 동일한 순서로 자료를 제시해야 학습을 촉진할 수 있을 것이다. 학습한 내용의 전이를 촉진하기 위해서는 언어학습(훈련) 상황이 매일의 환경과 가능한 한 가까워야 한다. 따라서 언어치료사는 치료 시 일상 환경 속에서의 사물과 사람들, 사건들을 활용하고자 노력해야 한다.

언어치료의 가장 궁극적인 목표는 학습한 언어 표현을 일반화하는 것이다. 따라서 일반화를 촉진하는 것이 관건이라고 할 수 있는데, Spradin과 Siegel(1982)은 언어의 일반화를 촉진하기 위하여 〈표 13-3〉과 같은 제안을 하였다.

기능적인 언어치료를 강조하는 학자들은 일반화가 치료에서 가장 마지막에 이루어지는 단계가 아니라 가장 첫 단계가 이루어져야 한다고 말한

〈표 13-3〉 언어의 일반화를 촉진하기 위한 제안

자연스러운 환경에서	• 다른 방법으로는 쉽게 수행할 수 없는 것을 언어로 수행할 수 있도록 환경을 배치한다. • 아동이 적절한 구두 반응을 분명하게 보일 때 단서를 제공하고 강화를 지연 제공한다. • 아동의 의사소통 시도에 반응적이 된다. • 목표 반응이 발생하는 기회가 생기도록 환경을 재구조화한다.
언어 훈련 환경에서	• 치료실 바깥으로 언어기술이 일반화될 수 있도록 지도한다. • 문맥, 치료사, 치료 재료 등을 변화시킨다. • 지도하고 있는 언어 사용과 관련 있는 다양한 결과(반응)를 사용한다. • 수행이 향상됨에 따라 강화를 줄여 나간다.

출처: Spradin & Siegel(1982).

다. 즉, 치료 목표를 설정할 때부터 일반화가 고려되어야 한다고 주장한다.

일반화는 크게 내용 일반화(content generalization)와 맥락 일반화(context generalization)의 두 가지로 나눌 수 있다(Owens, 1991). 내용 일반화란 언어치료에 사용한 내용이 다른 새로운 내용에도 일반화되는 것으로, 예를 들면 과거시제를 나타내는 형태소 '었/았'을 학습하였다면 연습한 동사(예: 먹다 → 먹었다, 하다 → 했다, 가다 → 갔다) 이외의 다른 동사들에도 적용하여 사용하는(예: 오다 → 왔다, 넣다 → 넣었다) 것이다. 이러한 내용 일반화에 영향을 미치는 것으로는 치료 목표, 치료 항목이 있다. 치료 목표란 어떤 것을 치료할 것인가에 대한 지침을 세우는 것으로, 일어날 가능성이 많은 것을 치료 목표로 세운다면 일반화가 잘 된다는 것을 뜻한다. 일반화가 잘될 것으로 예상되는 치료 목표가 설정되고 나면 치료 항목을 결정해야 한다. 예를 들면, 앞과 동일하게 과거시제를 나타내는 형태소가 치료 목표라면 치료 항목은 모두 동사를 선택해야 하며 매일매일 일어날 가능성이 많은 것을 항목으로 선택해야 한다는 것이다. 예를 들면, 언어 발달 수준이 3세 정도인 지적장애 아동에게는 아동이 일상에서 많이 하는 행동을 나타내는 '뛰다' '던지다' '먹다' 등의 동사를 이용하여 과거시제를 가르치는 것이 일반화에 도움이 된다.

맥락 일반화에 영향을 미치는 요소에는 치료 방법, 언어 촉진자, 치료 단서, 결과(consequence), 치료 장소가 있다. 치료 방법에서 중요한 것은 일상적으로 우리가 쓰는 언어를 치료 시에 사용하는 것이 일반화 가능성을 높일 수 있다는 것이다. 의사소통을 할 때 대개의 경우 대화를 통하여 사회적인 방법으로 언어를 사용하는 것처럼 언어치료 시에도 대화를 통하는 것이 바람직하다. 사실 이렇게 하기 위해서는 치료과정을 잘 조직화하여야 한다. 예를 들면, 아동에게 색깔을 나타내는 형용사 '파란'을 지도하려고 할 때, 치료사는 자신이 입고 있는 파란 스웨터를 가리키며 "와! 이 빨간 스웨터 너무 예쁘지?"라고 말한다. 치료사가 이렇게 말할 경우 아동은 "빨간 스웨터 아니에요. 파란 스웨터예요."라고 말할 것이라고 기대된다. 이와 같이 언어치료 시 대화가 수단이 되도록 조직화하는 것이 필요하다.

언어 촉진자는 누구나 될 수 있는데, 아동으로 하여금 치료 시간에 학습하고 있는 내용이 치료사만 관심이 있는 것이 아니라는 것을 알게 해 주어야 한다. 즉, 아동의 부모나 형제, 조부모, 학교의 친구나 선생님, 같이 사는 친척 등 다양한 의사소통 상대자가 함께 참여한다면 일반화가 더 잘 될 수 있을 것이다.

치료 단서와 아동이 하는 반응에 대한 결과 제공도 일반화에 영향을 미친다. 아동이 치료 목표에 부합하는 행동을 보였을 때에는 과장되지 않고 현실적으로 이루어지는 과정으로 반응해 주어야 한다. 예를 들면, 만약 아동이 물을 먹고 싶어 할 때 치료사는 아동에게 "뭐 먹고 싶어요?"라고 질문하고 아동이 "물."이라고 대답한다면 치료사는 "맞았어. 잘 말했구나."라는 결과를 제시하기보다는 아동에게 물을 가져다주면 된다. 물론 사회적인 강화가 아동의 언어행동을 촉진하고 유지하게 하지만 실제 대화 중에는 "그래, 맞아."라는 말이 그리 사용되지 않으며 오히려 대화를 중단하게 만들 수도 있다.

치료 장소 또한 일반화에 영향을 미친다. 치료 장소는 물리적 장소와 활동 내 장소로 나눌 수 있다. 물리적 장소란 목표로 하고 있는 언어가 사용될 장소로, 실제 그 언어가 사용될 장소와 유사할수록 일반화가 용이하다. 활동 내 장소란 일상생활 속의 다양한 활동 속에서 언어훈련이 이루어진다면 일반화 가능성이 높을 것이라는 것을 의미한다. 예를 들면, 아동에 따라서 목표 언어를 지도하는 데 목욕 시간이 좋을 수도 있고 취침 시간이 좋을 수도 있다. 이와 같이 언어를 사용하기에 좋은 환경 속에서 언어를 놀이 활동 속에 포함하는 것이 바람직하다.

　직업 훈련 프로그램을 받으려고 하거나 이미 받고 있는 지적장애 성인이나 십대의 언어치료 시에는 언어의 형식적 측면보다는 언어의 사용적 측면이 초점이 되어야 한다. 형식적 측면이 중요하지 않다는 것이 아니라 치료 시에 사용적 측면보다는 덜 결정적이라는 것이다. 당연히 의사소통을 위한 최소한의 언어 구조가 요구된다.

　직업적으로나 사회적으로 성공적인 지적장애 성인과 그렇지 못한 지적장애 성인 간의 주요한 차이는 작업장과 사회에서의 통합 여부에 달려 있다(Reiter & Levi, 1980). 우리가 만나 본 많은 지적장애 성인은 정규적인 직업을 갖고, 장애가 없는 친구를 가지고자 하는 욕구가 매우 컸다. 이러한 것들이 성공하느냐 못하느냐의 차이는 언어를 포함한 사회기술이 어떠한가에 의해 영향을 받는다. 따라서 언어 사용을 적절하게 할 수 있도록 하는 것이 치료의 목표가 되어야 한다.

　작업장에서는 지시 따르기나 질문하기와 같은 언어 요소가 다른 요소들보다도 특히 더 중요하다. 고용 적격성을 판단하기 위하여 지적장애인의 사회행동 목록을 수집한 Malgady 등(1979)은 언어 표현 시 욕설을 많이 사용하거나, 논쟁적이거나, 저속하거나, 으스대고 시끄럽다면 덜 고용되는 것 같다고 하였다. 이러한 작업장에서의 상호관계 기술은 적절한 구어행동 모델을 제공하거나, 실제와 유사한 상황에서의 시연과 역할놀이 등을 통하여 지도할 수 있다(LaGreca, Stone, & Bell, 1983).

또 다른 대화기술도 지도해야 하는데, 특히 십대 지적장애 청소년은 부모와 의사소통하고 자신의 감정을 표현하는 데 어려움을 가질 수 있다(Shepard & Marshall, 1976). Rees와 Wollner(1981)는 지도해야 할 화용론적 능력으로 대화에 참여하기, 대화에서의 실수를 복구하기, 구어 행위를 산출하고 이해하기 등을 제시하였다. 지적장애인은 대화 상대자에 따라 구어 스타일을 달리하거나 대화 시 주제를 소개하고 유지하며 참여할 수 있어야 한다. 뿐만 아니라 자신과 의사소통하고 있는 상대방의 관점을 취하기도 하고 그것에 따라 자신의 역할과 정보 제공을 변경하기도 해야 한다. 따라서 학령기 혹은 성인 수준에서 기능하는 이러한 화용론적 능력을 평가하고 광범위한 의도와 표현 양식을 훈련해야 한다(Prutting & Kirchner, 1983).

언어치료사는 식당에 가서 음식을 주문하거나 걸려 온 전화를 받는 것과 같은 보다 더 실제적인 의사소통 목표를 수립해야 한다. 상당수의 지적장애 청소년과 성인이 전화를 받고 전화를 건 다양한 사람과 다양한 메시지에 성공적으로 반응할 수 있도록 지도할 수 있다(Karen, Astin-Smith, & Creasy, 1985). 많은 지적장애인이 이러한 대화기술의 필요를 인식한다. 따라서 지적장애인이 다음과 같은 규칙을 지키도록 지도할 수 있다.

- 대화의 주제를 유지하세요.
- 다른 사람이 이야기할 때에는 조용히 하세요.
- 듣고 있는 것에 귀를 기울이세요.
- 다른 사람들을 방해하지 마세요.
- 차례를 바꾸세요. - 누구에게나 기회를 주세요.
- 다른 사람들이 당신이 말하는 것을 들을 수 있도록 이야기하세요.
- 혼자서 이야기하지 마세요.

4) 의미론적 치료

일반적으로 상징을 의미 있게 사용하기 위해서는 일정한 인지능력이 있어야 한다. 많은 연구에서 언어와 인지 발달 사이의 관계에 관하여 지적하였으며(Bloom, 1970, 1973; Brown, 1973), 인지 발달 단계와 언어 사용 간에는 높은 상관관계가 있다고 하였다(Bates et al., 1977). 특정한 인지적 달성이 1세에는 의사소통 기술과 강하게 관련되어 있는 반면, 이러한 관계는 아동이 계속 발달함에 따라 사라질 수 있다(Haynes & Pindzola, 2008).

지적장애 아동, 특히 다운 증후군 아동은 구문론에서 결함을 보이기 때문에 많은 전문가가 이들의 강점을 지도하기 위한 방법으로 어휘를 목표로 잡는 경향이 있다. 그러나 어휘 지도도 언어의 다른 영역들에서의 손상을 고려하지 않고는 수행될 수 없다. 따라서 지적장애 아동이 자신에게 유용한 구문론적 구조를 사용하여 다양한 생각을 표현할 수 있도록 하기 위하여 어휘 지도를 구문론적 지도와 통합하여야 한다(Miller, 1984).

어휘 지도는 종종 너무 명사에만 제한되는 경향이 있는데, 만약 아동이 이미 일련의 명사(예를 들면, '공' '차' '자전거')를 알고 있다면 이러한 명사와 구문적으로 기능할 수 있는 다른 단어들도 함께 가르쳐야 한다. 예를 들면, 동사 중에서는 '던지다' '운전하다' '타다', 형용사 중에서는 '큰' '작은' '파란', 부사 중에서는 '멀리' '빨리' '천천히' 등을 명사와 함께 지도할 수 있다.

아동이 사람('아빠' '누나' '삼촌'), 옷('바지' '치마' '벗어요'), 음식('먹어요' '빵' '과자'), 동물('강아지' '소')과 같은 의미론적 분야를 표현하기 위하여 단어들과 관용구로 된 어휘를 가지고 있을 수 있는데, 이러한 것은 모두 흔히 경험할 수 있는 것들이고 대부분 신체적으로 만질 수 있는 것들이다. 그러나 흔하지 않거나 매우 추상적인 단어들, 예를 들면 시각('쳐다보다' '안 보이는' '볼 수 없는'), 후각('콧구멍' '향수' '향기'), 꽃('꽃잎' '장미' 가시')과 같은 의미론적 분야에 있는 어휘들은 지적장애 아동이 습득하는 데 있어서 어려움을 가진다. 언어치료사는 아동이 가지고 있는 의미론적 분야 내에서 단순히 아동에게 유용할 수 있는 기능적인 단어의 수를 증가시키는 것을 치료 목표를 잡을 것인지, 아니면 이전에 아동이 사용하지 않았던 어휘 영역을 소개함으로써 아동이 인지적으로 그리고 의미론적으로 향상될 수 있도록 시도할 것인지를 고려해야 한다. 이러한 고려는 지적장애 아동 개개인에 따라 다를 수 있다.

3. 특정한 치료기법

앞에서도 언급하였지만 지적장애 아동에게만 특별히 적용할 수 있는 치료기법이 따로 있는 것은 아니다. 언어 발달에 어려움을 보이는 다른 아동들에게 적용한 많은 기법이 지적장애 아동에게 적용할 때에도 효과가 있었다. 또 한편으로는 지적장애 아동의 인지적 특성을 고려하여 이들에게 다소 효율적인 몇 가지 치료기법이 보고되기도 하였다.

여기에서는 언어 발달에 어려움을 보이는 아동에게 적용할 수 있는 여러 치료기법과 이 기법들 중 지적장애 아동에게 특히 효율적인 기법에 대해서 살펴보기로 한다.

1) 언어 및 의사소통 중재 방법론

우리는 이미 앞에서 지적장애 아동이 보이는 정보처리 특성과 학습 특성을 살펴보았으며, 이를 통해 이들이 주어진 정보에 대하여 주의집중, 변별, 조직화하고 기억하는 데 어려움을 보인다는 것을 알 수 있었다. 지적장애 아동의 이러한 특성을 고려하여 치료 시 이들에게 적용할 수 있는 몇 가지

〈표 13-4〉 지적장애 아동에게 적용할 수 있는 치료방법론

1.	새롭거나 연관성 있는 자료에 밝게 표시해 둔다.
2.	더 쉽게 학습하고 상기할 수 있도록 정보를 미리 조직화한다.
3.	연관성이 있거나 유사한 자극으로의 전이를 촉진하기 위하여 지적장애 아동이 과제를 훑어볼 수 있도록 훈련한다.
4.	인지적인 조직화와 기억을 촉진하기 위하여 시연 전략을 훈련한다.
5.	전이를 촉진하기 위하여 유사한 상황과 자료들을 사용한다.
6.	초기 훈련 동안 구체적이고 친숙한 사물, 사람 그리고 상황을 사용한다.
7.	자극 단서는 점차적으로 변화시키고 연속적인 회기 동안 한 번에 한 개씩만 제시한다.
8.	이후에도 상기하고 전이를 촉진할 수 있도록 과잉학습과 반복을 사용한다.

출처: Berstein & Tiegerman(1989).

방법이 있다(〈표 13-4〉참고). 이 외에도 가능한 한 조기에 치료를 시작하거나 발달 단계를 따라 지도하는 것이 도움이 될 것이다(Owens, 2002).

(1) 새롭거나 연관성 있는 자료에 표시하기

지적장애 아동은 자신들이 주의집중해야 한다는 것을 이해할 때 주의집중을 잘할 수 있다. 따라서 새로운 정보나 자료, 방법들을 밝게 표시하여 그들이 이것을 놓치지 않고 중요하게 생각하도록 도와주어야 한다. 예를 들면, 의사소통판에 새로운 그림을 추가할 때에는 다른 색깔로 그림을 그리거나, 의사소통판에서 조금 더 특별한 위치에 그림을 그릴 수도 있을 것이다.

(2) 정보를 미리 조직화하기

언어치료사는 조직화와 이후의 회상을 촉진하기 위하여 정보를 미리 묶어 둠으로써 학습을 도울 수 있다. 일반적으로 지적장애인은 정보가 먼저 조직화되거나 학습과제에 대하여 교사가 설명해 준다면 그 정보를 좀 더 쉽게 보유할 수 있다(Harris, 1982). 예를 들면, 6-3-8-5와 같은 네 개의

숫자를 기억하는 데 어려움이 있는 성인에게는 이 숫자들을 63과 85로 쌍을 지어준다면 더 잘 기억할 수 있을 것이다. 일반 사람들은 이러한 집단화를 이미 전략적으로 사용하고 있기 때문에 지적장애가 없는 사람들의 기억에는 크게 도움을 주지 않는 것처럼 보인다. 결론적으로, 지적장애인에게는 지시와 절차를 분명하게 하고, 논리적으로 제시하며, 가능한 한 많은 감각을 관련시켜야 한다(Pruess, Vadasy, & Fewell, 1987).

(3) 시연 전략 훈련하기

경도나 중등도 지적장애인은 시연 전략을 훈련함으로써 기억능력을 향상시킬 수 있다(Burger, Blackman, & Tan, 1980; Reid, 1980). 시연은 학습한 자료를 장기기억고로 전이시키는 것을 돕는다. 이것은 특히 의사소통 사인이나 제스처와 같은 시각적인 정보들에 있어서 더욱 그러한데, 이를 통하여 연관성 있는 단어의 회상이 향상된다(Bowler, 1991).

(4) 자연스러운 환경에서 훈련하기

지적장애 아동은 훈련받은 것을 새로운 상황으로 일반화시키는 데 어려움을 보인다. 매우 구조화된 훈련이 학습의 비율을 증가시킬 수 있지만, 특히 중도의 지적장애인에게는 이러한 훈련을 통하여 학습된 내용이 훈련하고 있는 문맥에만 제한되는 경우가 많다.

매우 구조화된 환경은 의사소통 상황의 다양성을 제한하므로 매일의 일상활동을 사용하거나 자연스러운 환경 속에 포함되어 있는 사람들, 예를 들면 부모나 교사, 또래들을 활용하는 것도 일반화에 도움이 될 것이다. 부모를 언어 촉진자로 성공적으로 사용하기 위해서는 훈련하고 있는 기술들을 부모가 가정에서 사용하도록 하고, 이러한 훈련기술을 비공식적인 상황에 적용할 수 있도록 부모를 특별히 훈련시켜야 하며, 전문적인 피드백을 제공해야 한다(Salzberg & Villani, 1983).

2) 치료사 중심 언어치료 접근법

Fey(1986)는 치료의 지시적인 측면에 초점을 두고 세 가지 범주의 중재 접근법을 고안하였는데, 이 접근법은 훈련자 중심 접근법〔trainer-oriented approaches, Paul(1995)은 치료사 중심 접근법(clinician-directed approaches)으로 언급함〕, 아동 중심 접근법(child-centered approaches), 절충법 (hybrids)으로 분류된다. 이러한 치료 접근법은 각각의 특성에 따라 구별되지만, 어떤 측면에서는 상당 부분 겹칠 수 있다(예를 들면, 많은 접근법이 모방을 유도하거나 모델링 교수 절차들을 사용한다.). 즉, 이것들은 매우 구조화된 절차들로 모방, 모델링, 강화를 사용하는 행동에 기초한 방법들이다.

직접적 교수(direct instruction) 모델을 따르는 치료 접근법을 치료사 중심 접근법이라고 할 수 있는데, 이 치료 접근법은 치료의 모든 측면을 치료사가 통제하며, 혼란을 야기할 수 있는 자극을 최소화할 수 있는 구조화된 과제들이 짧은 시간에 많은 목표 반응을 이끌어 내기 위하여 사용된다. 치료사가 받아들일 수 있을 만하다고 생각되는 반응에는 외적 강화(토큰, 언어적 칭찬)가 제공되고, 자연스러운 문맥이나 의사소통을 위한 우연성(우발사건, contingency)보다는 오히려 치료의 효율성에 더 초점을 둔다. 이러한 직접적 교수 접근법은 아동 중심 접근법과 비교하였을 때, 평균발화길이와 표준화된 언어검사에서의 수용언어와 표현언어 점수에서 두드러지는 차이가 없었으며, 치료의 전반적인 효율성 면에서 명백한 차이를 보이지 않는다(Cole, Dale, & Mills, 1991; Yoder, Kaiser, & Alpert, 1991). 그러나 치료사 중심 접근법과 아동 중심 접근법 중 어떠한 접근법을 선택할 것인가는 아동 개개인의 특성이나 치료 목표 등에 따라 달라질 수 있을 것이다.

3) 환경 중심 접근법

환경 중심 접근법(milieu teaching approaches)은 취학 전 교실과 같은 자연스러운 환경 내에서 행해지는데, 그럼에도 불구하고 다양한 조작적 교수 기법(operant-teaching techniques)을 사용한다.

이 접근법에서 치료는 언어 기능을 강조하는 목표를 가지고 대화를 주고받는 맥락 내에서 이루어지며 자연스럽게 발생하는 강화를 활용한다(예: 요구하는 사물을 주기). 또한 주요 교수 기법들은 성인이나 아동 지향적인 절차를 사용한다(Schwartz, 1987). 이러한 절차에는 아동 중심의 시범 기법, 요구 모델 기법, 시간지연 기법, 우발 학습이 포함된다.

아동 중심의 시범 기법이란 아동이 어떠한 것에 관심이 있는지 잘 살피다가 그에 적절한 언어적 시범을 보이는 것이다.

요구 모델 기법(mand-model technique)은 촉구("가지고 싶은 것을 말해 봐.") 혹은 직접적인 질문("이거 뭐니?")을 하여 우선 아동에게 반응을 요구하고 그에 대한 시범을 제시하는데, 모방 반응을 교정하거나 강화를 교정할 수 있다(Rogers-Warren & Warren, 1980; Warren, McQuarter, & Rogers-Warren, 1984). 이 기법은 의문사 질문이나 선택형 질문, 시범 등을 제시하는 것이 아동으로 하여금 지나치게 치료사의 요구 촉구에 의존하도록 하게 함으로써 자발적인 의사소통을 방해할 수 있다(Calcualtor, 1988; Goetz & Sailor, 19888; Owens, 1995)는 지적을 받기도 한다.

시간지연 기법(time-delay technique)은 아동이나 성인이 자신이 말해야 하는 상황임을 알고 말하도록 하기 위하여, 어떠한 활동을 하는 도중에 언어치료사가 가만히 아동의 언어적인 반응을 기다리는 것이다. 이 기법은 다양한 언어장애 아동에게 자발화 빈도수를 증가시키고, 일반화를 촉진시키는 것으로 나타났다(Charlop, Schreibman, & Thibodeau, 1985; Halle, Marshall, & Spradin, 1979).

우발 학습(incidental teaching)은 아동의 생활환경에서 우연히 일어나는 의사소통 기회 혹은 언어 학습의 기회를 이용하여 언어훈련을 하는 것이다 (김영태, 2002). 그러나 우연한 기회가 그렇게 자주 발생하지 않을 수도 있으며, 언어치료사가 아동이 속한 학교나 가정에서 언어치료를 하는 것이 실질적으로 어려움이 많으므로 변형된 환경 중심 언어 중재(enhanced milieu language intervention, Kaiser & Hester, 1995)가 제안되었다. 여기에서는 아동의 환경과 유사한 상황을 만들고 우발적인 학습 기회를 제공하는 것이 가능하다. 따라서 요구하기 기능(예: "주세요.")을 언어치료 목표로 삼고 있다면 이러한 목표가 나올 수 있는 자연스러운 상황(예: 아동이 좋아하는 장난감을 동생에게 주고 아동에게는 주지 않음)을 제공하여 목표를 유도할 수 있다.

국내외 많은 연구(김민영, 2009; 김은정, 김옥기, 1998; 여광응, 이점조, 1999; 이영철, 1995; 임희정, 2000; 장선아, 1996; 최진희, 1999; Halle, Baer, & Spradlin, 1981; Rogers-Warren & Warren, 1980)에서 환경 중심 접근법의 효과를 설명하였다. 이 접근법은 경도에서 중등도의 지적장애 아동뿐만 아니라 발달장애 아동과 언어 발달지체 아동의 요구행동, 어휘와 초기 의미 관계 습득 등을 촉진하는 것으로 밝혀졌다.

4. 스크립트를 이용한 언어치료

스크립트(scripts)는 특정한 시간적, 공간적 상황에서 과제 수행에 대한 성인의 정보처리 과정을 연구하기 위한 컴퓨터 모델에서 시작하였다(Schank & Abelson, 1977). 인간의 지식은 구체적인 주제를 중심으로 조직되는데, 세상사에 대한 구조화된 지식의 단위를 스키마(schema)라고 하고(Singer, 1990), 이 스키마는 프레임(frame)과 스크립트로 구성된다. 프레임은 정적

형상의 지식이지만 스크립트는 동적이다. 즉, 프레임은 어떤 상황에 필요한 내용의 틀을 제시하는 것이지만 스크립트는 이 틀이 구체적인 상황에서 어떻게 전개되는가에 초점을 두는 동적구조다(이나정, 2003).

스크립트는 어떤 특정한 문맥 속에서 진행되는 단계적인 일련의 사건을 설명하는 구조(Schank & Abelson, 1977)로, 일상적인 상황 문맥은 그 즉각적인 상황에 대하여 화자 간에 공유하는 상황지식을 제공해 준다. 그 결과 아동에게 그 상황에서 늘 쓰이는 상황적인 언어를 배우는 학습의 기회를 제공해 준다(김영태, 2002). 따라서 스크립트를 활용한 언어치료는 지적장애 아동과 같은 인지적 결함을 가진 아동에게 인지적인 부담감을 덜어 줄 수 있으므로 효과적인 치료방법으로 활용되고 있다. 지적장애 아동을 대상으로 스크립트를 사용한 많은 연구(강영택, 1989b; 김은영, 2001; 이나정, 2003; 정충희, 1992; 황정보, 2000; Kim & Lombardino, 1991)는 수용언어 및 표현언어 능력 향상에 스크립트가 효과적임을 입증하였다.

스크립트를 활용할 때 유의해야 할 몇 가지 방법이 있다(Constable, 1986). 예를 들면, ① 가능한 한 스크립트 내에 주고받는 대화의 기회를 많이 가지고, ② 그 상황에서 늘 쓰이는 상황적인 언어를 활동 안에 많이 표현하며, ③ 아동이 스크립트에 익숙해지면 스크립트의 필수적인 순서를 의도적으로 바꾸거나 일상활동의 다양한 국면을 위반하여 아동의 자발적인 언어 표현을 유도한다는 것이다.

〈표 13-5〉에는 지적장애 아동에게 두 낱말 의미관계(대상-행위)와 요구하기(행위요구, 대답요구, 허가요구), 반응하기(질문에 반응하기) 기능의 표현을 목표로 한 스크립트 문맥의 예를 제시하였다. 그리고 〈표 13-6〉에는 지적장애 아동에게 세 낱말 의미관계(수식-대상-행위) 표현을 목표로 하여 생일파티 스크립트 활동을 한 이나정(2003)의 스크립트 문맥을 수정·제시하였다.

〈표 13-5〉 스크립트 문맥을 활용한 언어치료 프로그램 예 1

아동 이름: _____   아동 연령: _____   실시 날짜: _____

자료: 인형의 집, 소꿉놀이 장난감, 케이크, 초, 라이터

스크립트 상황: 소꿉놀이

하위 스크립트	구조화된 상황(행동)	치료사 발화	아동의 목표 발화
부엌으로 가기	인형의 집 문을 두드린다.	계세요?	누구세요?
		선생님	
	안으로 들어가지 않고 기다린다.		들어오세요.
	식탁으로 걸어가서 앉는다.	배고파. 맛있는 거 먹자.	뭐 줄까요?
음식 준비하기	냉장고 앞으로 가서 문은 열지 않고 잡고 있다.		문 열어요.
	냉장고 문을 열고 음식 모형을 만진다.	이거 먹을까?	네. 먹어요.
	냉장고 문을 다시 열면서	또 뭐 먹고 싶어요?	○○ 먹어요.
	고기 모형을 꺼내고 후라이팬을 가스렌지 위에 올린다.	이제 어떻게 할까요?	불 켜요.
	불을 켜 놓고 가만히 있다.	후라이팬에 무엇을 넣을까요?	고기 넣어요.
	고기 굽는 시늉을 한 후 가스렌지 불을 끄고 고기를 꺼내지 않고 가만히 있다.	고기 누가 꺼내 볼까?	내가 할까요?
음식 먹기	고기를 꺼내 그릇에 담고 치료사는 포크를 사용하지만 아동에게는 포크를 주지 않는다.	이야! 맛있겠다. 먹자.	포크 주세요.
	케이크를 꺼낸다.	케이크도 있네. 생일 축하해 볼까?	네. 해요.
	초를 꺼내 식탁 위에 올려 둔다.		초 꽂아요.
	생일 축하 노래를 부른 후 촛불을 끄지 않고 가만히 있다.		후 할까요?
	촛불 끄고 나서 초를 빼지 않고 가만히 있다.		빼요.
	초를 빼고 칼을 케이크 위에 댄다.	어떻게 하지?	잘라요.
	접시를 준비한다.		케이크 먹어요.

〈표 13-6〉 스크립트 문맥을 활용한 언어치료 프로그램 예 2

아동 이름: _____　　　아동 연령: _____　　　실시 날짜: _____

자료: 케이크, 노란 초, 큰 성냥, 작은 성냥, 빵칼, 접시, 우유, 컵

스크립트 상황: 생일파티

하위 스크립트	구조화된 상황(행동)	치료사 발화	아동의 목표 발화
케이크에 촛불 켜기	케이크를 꺼낸다.	우리 생일파티 하자. 선생님이 지금 뭐해요?	맛있는 케이크를 꺼내요.
	초를 꺼내어 아동에게 준다. 케이크에 초를 꽂는다.	이게 뭐예요?	노란 초를 꽂아요.
	큰 성냥과 작은 성냥을 보여 주며	촛불을 켜자. 어떤 것을 켤까요?	큰 성냥을 켜요.
생일 축하하기	생일축하 노래를 부른다. 촛불을 끄고 초를 뺀다.	생일축하 노래 부르자. (노란 초를 가리키며) 이게 뭐예요?	노란 초를 빼요.
케이크 먹기	빵칼을 꺼내 케이크를 자른다.	(빵칼을 가리키며) 이게 뭐예요?	맛있는 케이크를 잘라요.
	케이크를 접시에 담는다.	접시에 무엇을 담을까요?	맛있는 케이크를 담아요.
	케이크를 먹는다.	무엇을 먹을까요?	맛있는 케이크를 먹어요.

제14장

중중의 지적장애 아동을 위한 언어치료

우리가 치료 현장에서 만나는 지적장애 아동 중에는 전혀 발화를 하지 못하는 아동도 있을 수 있고, 생활연령은 높다 하더라도 구조적인 문제를 가지고 있거나 중중의 지적장애로 인하여 발화를 하지 못하는 성인도 있다. 그러나 장애의 정도가 심각하여 발화를 전혀 하지 못한다 하더라도 의사소통 의도가 전혀 없다고 할 수는 없으며 중중의 지적장애인들에게 최소한의 의사소통 수단을 제공할 수 있도록 언어치료사는 최선의 노력을 해야 한다. 언어 이전 단계에 해당하는 중중 지적장애인에게는 주로 전상징기 수준이나 초기 상징 수준의 치료가 이루어질 수 있으며, 혹은 의사소통을 대신하거나 보충해야 하는 보완대체 의사소통 체계들을 사용할 수도 있다.

이 장에서는 전상징기 및 초기 상징 수준의 치료와 보완대체 의사소통 치료에 대하여 알아보도록 하자.

1. 전상징기와 초기 상징 수준의 치료

어린 지적장애 아동과 말을 하지 못하는 최중도 지적장애인의 치료는 대부분 전상징 수준(presymbolic level)이나 초기 상징 수준(early symbolic level)에서부터 시작된다. 전상징기 수준에 있는 아동의 의사소통 특징에 대한 전반적인 이미지를 얻기 위해서는 배경정보와 관찰 및 검사 결과를 잘 통합하는 것이 필수적이다. 언어치료사는 배경정보를 수집할 때 다음과 같은 사항을 질문할 수 있다(Calcualtor, 1988; Owens & Rogerson, 1988).

- 아동은 주로 어떻게 의사소통합니까?
- 아동이 주고받기 행동들을 보입니까?
- 아동이 어떤 상황에서 가장 잘 의사소통하는 것 같습니까?
- 아동이 매우 흥미 있어 하는 사물은 무엇입니까?
- 보호자는 아동에게 반응할 충분한 시간을 제공합니까? 아동이 반응하도록 어떻게 단서를 제공합니까? 아동의 반응을 어떻게 평가합니까?
- 어떤 보호자가 아동의 반응 대부분을 유도하는 보호자인 것 같습니까? 왜 그렇습니까?
- 아동이 소리를 내는 것을 즐기는 것 같습니까? 예를 들어 보십시오. 얼마나 자주 발성을 합니까? 어떤 상황에서 가장 발성을 많이 합니까? 발성을 모방해 보십시오.
- 어떤 일상적인 상황에서 대부분의 보호자–아동 상호작용이 발생합니까? 이러한 상호작용들을 서술하십시오. 이러한 것들이 일과 중 언제 발생합니까? 아동의 반응이 일관적입니까?
- 아동이 의사소통을 개시한 적이 있습니까? 어떻게 개시합니까? 어떤 상황에서 개시하였습니까?

- 아동이 원하는 것이 있습니까? 이러한 경우에 어떻게 합니까?
- 아동이 도움을 요구합니까? 어떻게 요구합니까?
- 아동이 어떤 것을 지적하거나 그것의 이름을 말합니까? 지적하거나 이름을 말하는 동안 사물 또는 상대방을 쳐다봅니까?
- 아동이 질문을 하거나 정보를 요구합니까? 어떻게 요구합니까?
- 아동이 감정(고통, 행복, 좋고 싫음)을 나타냅니까? 어떻게 나타냅니까?
- 아동이 주의를 끌려고 시도합니까? 어떻게 합니까?

이러한 일반적인 정보는 지적장애 아동의 기능 수준에 따라 더 보충될 수도 있으며 여러 언어검사도구의 결과를 해석하는 데 도움을 준다.

다양한 전상징 기술과 초기 상징 기술을 훈련하는 데 장난감, 옷, 부엌 도구, 다양한 사람을 활용할 수 있는데, 일반화를 최대화하기 위하여 아동의 자연스러운 환경 속에서 이러한 것을 활용하는 것이 좋다. 언어 습득에 필수적인 기술은 인지적(cognitive), 지각적(perceptual), 사회적(social), 의사소통적(communicative)인 네 가지 범주로 나눌 수 있다(McLean & Synder-McLean, 1978). 〈표 14-1〉에는 전상징기적 수준에서 훈련할 수 있는 행동들을 이 네 가지 범주에 따라 제시하였다.

〈표 14-1〉 전상징기적 수준에서의 훈련 목표

훈련 목표(행동)	인지적	지각적	사회적	의사소통적
청각적 주의: 소리에 반응하기		×		
청각적 탐험: 소리가 나는 위치 찾기	×	×		
시선 맞추기: 사람과 사물 쳐다보기		×	×	×
위치화: 소리가 나는 곳 쳐다보기	×	×		
움직이는 사물을 따라가기: 시각적으로 추적하기	×	×		
응시 전이: 한 존재에 초점을 두다가 다른 존재로 옮기기	×	×		
신체적 모방: 다른 사람의 행동을 모방하기	×		×	

사물로 모방하기: 모방하기 위하여 확대를 사용하기	×			
지연된 모방: 모방하기 위하여 행동을 기억하기	×			
반복적이고 연속적인 모방: 패턴들을 기억하기	×	×		
대상영속성: 사물 형태를 기억하기	×	×		
차례 주고받기: 운동 모방이나 시선 맞추기를 통하여 교대로 차례 지키기				×
기능적인 사용: 기능적인 지식을 얻기 위하여 의도된 목적으로 사물을 사용하기	×			
수단−목적: 목적을 달성하기 위하여 사물이나 사람을 사용하기	×		×	
의사소통 제스처: 초기 의도를 나타내기				×
청각적 기억: 소리 패턴을 기억하기	×	×		
단어 재인: 실체와 이름을 짝짓기				×
구두적인 반응: 다른 사람에 대한 반응으로 발성하기			×	×
구두적으로 차례 주고받기: 차례대로 발성하기			×	×
구두 모방: 모델을 모방하여 발성 형성하기		×		×
순차적인 구두 모방: 연속적인 음성을 모방하기		×		×

출처: Owens(1982).

　　다음에는 〈표 14-1〉에 제시한 전상징기적 행동을 청각적 재인, 주의집
중, 운동 모방, 대상영속성, 차례 주고받기, 사물의 기능적인 사용, 의사소
통 제스처, 수용언어, 소리 모방의 아홉 가지 범주로 다시 분류하고 이러한
행동을 증가시키기 위한 구체적인 활동을 제시하였다.

〈전상징기 훈련 활동〉

① 청각적 재인
　　• 청각적 주의, 청각적 탐험, 소리가 나는 위치 알기, 사람의 목소리
　　　가 나는 위치 알기

② 주의집중

- 사물 쳐다보기, 사람 쳐다보기, 움직이는 사물을 시선으로 따라가 기, 응시

③ 운동 모방

- 눈·손 협응(손 뻗치기)
- 자신에게 보이는 (가시적) 행동 모방하기: 박수 치기, 책상 두드리 기, 손 흔들기, 춤추기 등 전체가 다 보이는 운동을 모방하게 한다.
- 사물로 모방하기: 사물을 가지고 하는 단순한 운동을 모방하게 하 는 것으로 공 차기, 북 치기, 차 밀기, 딸랑이 흔들기, 블록 쌓기 등 을 한다.
- 부분적으로만 보이는 신체 행동 모방하기: 머리 만지기, 귀 잡아당 기기, 머리 빗기, 모자 쓰기, 손으로 눈 가리기, 안경 쓰기, 얼굴 닦 기, 이 닦기, 눈이나 코 지적하기 등과 같이 손과 머리를 사용하는 행동을 모방하게 한다.
- 자신은 볼 수 없는 (불가시적) 신체 행동 모방하기: 머리 흔들기, 머 리 끄덕이기, 눈 깜박이기, 뺨 부풀리기, 입 벌리기, 혀 내밀기, 풍 선 불기, 미소 짓기, 입술 핥기, 뽀뽀하기, 입술 떠는 소리 내기 등 얼굴표정을 모방하게 한다.
- 반복 행동 기억하기: 박수 치기, 물 튀기기, 스위치 켜고 끄기, 딸랑 이 흔들기, 머리 끄덕이기 등 반복 행동을 모방하게 한다.
- 순차적 운동 행동 기억하기: 머리 빗고 나서 모자 쓰기, 블록을 쌓 아 올린 후 무너뜨리기, 통에 블록을 넣고 나서 뒤집어엎기, 장난감 차에 인형 태우고 밀기 등 다른 두 가지의 행동을 순차적으로 모방 하게 한다.

④ 대상영속성

- 볼 수 없는 사물 인지하기: 사물을 가방에 넣고 찾게 하기, 과자를

휴지 밑에 넣고 찾게 하기, 양말 한 짝을 구두 속에 넣고 찾게 하기, 사물을 용기 속에 넣고 찾게 하기, 인형을 담요 밑에 넣고 찾게 하기 등 아동이 보는 앞에서 사물을 감추었을 때 그 사물을 찾아내도록 한다.

- 문제해결하기: 장난감을 이용하여 보물찾기 하기, 의자나 수건 혹은 그릇 밑에 좋아하는 장난감을 숨기고 찾게 하기 등 이전에 숨긴 사물들을 찾아내게 한다.

⑤ 차례 주고받기

- 운동 모방을 통하여 의사소통 차례 지키기: 까꿍놀이, 차례에 따라 스위치나 버튼 누르기, 공 주고받기 등 발성이 있거나 없거나 간에 각 행동을 모방하면서 차례를 지키도록 한다.
- 응시를 통한 차례 지키기

⑥ 사물의 기능적인 사용

- 사물을 그 기능에 맞게 사용하기: 빗으로 빗기, 젖병을 인형 입에 물리기, 모자 쓰기, 책 보기, 로션 바르기, 공 던지기, 숟가락을 입으로 가져가기, 컵으로 마시기 등 제공된 사물을 그 기능이나 목적에 맞게 사용하도록 한다.

⑦ 의사소통 제스처

- 모방에 의한 지적하기, 의사소통적 지적하기, 요구하기, 보여 주기, 주기

⑧ 수용언어

- 청각적 기억, 단어 재인

⑨ 소리 모방

- 소리로 반응하기, 소리로 차례 주고받기, 소리 형성, 순차적 소리 모방

이러한 전상징기 훈련은 주의집중과 지각적 기술에서부터 시작한다. 장애의 정도가 심할수록 연관된 문맥적 단서에도 주의집중하지 못할 뿐 아니라 다감각적인 정보를 효과적으로 통합하지 못한다. 따라서 전상징기에 있는 치료 대상자를 위한 여러 언어치료 프로그램은 주의집중과 지각적 기술을 목표로 한다(O'Regan-Kleinert, 1980; Owens, 1982). 사회적 상호작용 또한 초기 언어 사용에 있어서 중요하다. 일반 유아는 매우 사회적인 존재이며 주고받기 활동과 다양한 게임에 활동적으로 참여한다. 아주 어린 유아라 하더라도 다른 것들을 배제하고 사람의 얼굴에 초점을 맞춘다. 시선 맞추기와 사회적인 미소도 초기 의사소통 수립에 도움을 준다. 장애 유아도 이러한 행동을 훈련할 필요가 있다.

전상징기 아동은 자신들의 의도를 나타내기 위하여 지적하기, 요구하기, 보여 주기, 주기와 같은 제스처를 발달시킨다. 장애 아동과 그 보호자는 초기 의사소통 기술을 수립하기 위한 다양한 방법을 훈련받을 필요가 있다. Sternberg, Pegnatore 그리고 Hill(1983)은 최중도 지적장애인에게 의사소통 자각(communication awareness)을 수립하기 위한 절차를 보고하였다. 사실 의사소통 훈련의 첫 단계는 이러한 의사소통 자각이 이루어지도록 기본적인 자극을 제공하는 것이라 할 수 있다. 수용언어 기술 또한 초기 상징학습 단계에서 매우 중요하다.

전상징기 훈련 시 고려해야 할 몇 가지 사항이 있다. ① 활동은 대체로 간단한 것이 좋으며 아동을 속이는 활동은 하지 말아야 한다. ② 간단한 도구들을 활용하여 아동이 흥미를 가지도록 한다. ③ 아동은 잘 잊어버릴 수 있으므로 반복적으로 한다. ④ 각 장난감에 대하여 치료사가 목표를 정하고, 부모나 관련 전문가 등에게 설명해 준다. ⑤ 아동이 흥미를 잘 보이지 않으면 장난감을 섞어 가면서 활동을 다양화시킨다. ⑥ 한 번에 두세 가지 이상의 장난감을 사용하지 않는 것이 좋다. ⑦ 청각, 시각, 촉각, 후각, 미각 등 모든 감각을 자극한다. ⑧ 산책하기, 용변보기, 기다리기 등 모든 활동이 언어활동으로 가능하다. ⑨ 다소 과장되고 흥분되며 재미있게 활동을 이끈다. 그렇지만 아동으로 하여금 치료사의 존재를 지나치게 인식하지 않도록 한다. ⑩ 치료 시간이 재미있고 언어가 흥미로운 것이 되도록 한다.

2. 보완대체 의사소통 치료

보완대체 의사소통은 의사표현에 어려움을 겪는 사람들의 문제를 감소시키고 그들의 언어능력을 촉진하고자 사용하는 모든 영역과 관련된 것으로, 상징, 보조기구, 전략 및 여러 가지 기법 등 다양한 구성요소와 양식 체계를 포함하는 비구어적 의사소통 방법이다(한경임, 1998; ASHA, 1991).

지적장애인의 의사소통을 위하여 보완대체 의사소통 체계를 사용할 것인가에 대한 결정을 내리기란 쉽지 않다. 만약 인지와 언어 이해 수준이 이러한 체계의 사용 가능성을 제시할 수 있다면, 보완대체 의사소통 장치는 성공적인 의사소통의 잠재성을 확실히 증가시킬 수 있다. 일반적으로 비구두 의사소통 수단을 소개하기 이전에 이러한 수단을 사용할 수 있는 모든 요구가 충족된다 하더라도 최소한 일 년 동안은 구어치료를 시도할 것을 권고한다(Long & Long, 1994; Owens & House, 1984).

Miller와 Chapman(1980)은 8세까지 구어 발달이 이루어지지 않으면 보완대체 의사소통 중재를 고려해야 한다고 하였는데, 많은 연구 보고에서 보완대체 의사소통 체계를 사용하는 것이 언어 발달을 저해하기보다는 오히려 증진시킨다고 하였다(Anderson, 2001; Bondy & Frost, 1994). 또한 여러 선행 연구에서도 중증 장애 학생의 의사소통에 보완대체 의사소통 체계의 적용이 효과적이라고 하였다(박은혜, 2003; Calculator & Jorgensen, 1991). 그러나 보완대체 의사소통 체계의 적용 시기에 대해서는 아직까지 논란의 여지가 많다. 보완대체 의사소통 중재에 관한 국내의 많은 연구에서는 보완대체 의사소통 체계를 적용하기에 앞서 3년 정도의 언어치료 경험을 가진 대상자로 선정 기준을 제시하고 있으나, 이것을 뒷받침할 만한 근거가 있는 것은 아니다(전병운, 이미애, 전희연, 2008). [그림 14-1]은 다양한 발달 수준에 있는 대상자에게 보완대체 의사소통 체계를 결정할 때 지침으로 활용될 수 있다(Paul, 2001).

중증의 지적장애인에게 언어치료를 실시할 때는 그들의 전반적인 의사소통능력, 인지 수준을 정확하게 평가해야 한다. 공식화된 검사도구로는 알 수 없는 요소도 많으므로 여러 환경에서 이들을 잘 관찰하는 것이 중요하다. 말을 전혀 할 수 없는 경우도 있을 수 있고, 몇 가지 제스처와 발성을 동반할 수도 있으며, 눈 맞추기가 가능하다거나 행동을 모방할 수도 있다. 언어치료사는 이들이 보일 수 있는 최대한의 의사소통 방법을 찾아내야만 한다. 혹은 치료의 잠재성을 가진 의사소통적 행동이 무엇인지 알아내기 위하여 감각운동기 수준의 인지적인 기초 능력이나 수용언어 수준 또한 잘 살펴보아야 한다. 장애의 정도가 심하면 심할수록 이상행동을 보일 수도 있는데, 이러한 때에는 이상행동 속에 포함된 의사소통적인 메시지가 있는지 잘 살펴보아야 한다. 지적장애 아동은 말로 표현하는 방법을 몰라서 혹은 적절한 의사소통 수단을 찾지 못해서 자신이 원하지 않는 사물이나 활동이 주어졌을 때 타해 혹은 자해행동을 할 수도 있고, 상동행동을 보일 수도 있다. 이러한 행동이 어떠한 상황에서 자주 발생하는지 주의 깊게 관찰하여 그 행동 속에 포함된 의사소통 메시지를 살펴보아야 한다.

1) 보완대체 의사소통 체계 적용 시 고려할 사항

Baumgart, Johnson 그리고 Helmstetter(1990)는 중증의 장애 아동에게 보완대체 의사소통 체계를 선택하고 사용하는 데 있어서 고려해야 할 사항으로 다음의 열한 가지를 제시하였다.

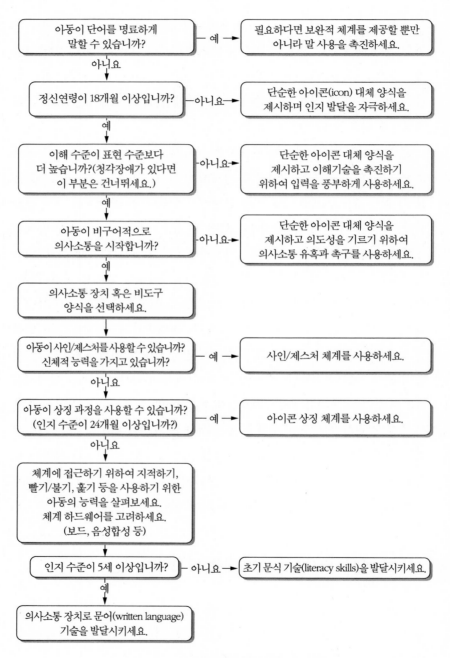

[그림 14-1] 비구어 의사소통 선택을 위한 결정

(1) 생활연령

중증의 장애로 인하여 말을 전혀 하지 못하거나 아주 어린 아동처럼 제한적인 표현을 한다고 하여 이들을 너무 어리게 취급하는 것은 바람직하지 않다. 언어치료 시 정신연령이나 언어연령을 고려해야 하는 것은 당연하지만, 정신연령이 매우 낮다고 하더라도 생활연령이 높음으로 인한 경험 또한 고려해야 한다. 따라서 보완대체 의사소통 체계를 사용하도록 지도할 때 어떤 자료를 선택할 것이며 어떠한 방법으로 지도할 것인지에 대하여 보다 신중하게 생각하여야 할 것이다.

(2) 기능성

보완대체 의사소통 체계에 포함되는 어휘, 문장, 의사소통 의도 등은 이러한 체계를 사용하게 될 대상자의 일상 의사소통 환경을 고려하여 최대한 사용할 수 있고 사용 가능성이 높은 매우 기능적인 것들이어야 한다. 인지수준이 낮거나 의사소통 수단을 사용해야 한다는 목적의식이 부족할 수 있는 대상자에게는 우선적으로 기능성에 대한 고려를 해야 할 것이다.

(3) 상호작용 가능성

의사소통은 상호성을 바탕으로 이루어지는 것이다. 생각과 느낌을 함께 공유하고 서로 주고받음으로써 이루어지는 것인 만큼 자신의 의도를 표현할 수도 있어야 하고, 의사소통 상대방의 표현에 반응할 수도 있어야 한다. 보완대체 의사소통 체계의 효과성에도 불구하고 몇몇 연구에서는 보완대체 의사소통 체계를 사용하는 대상자들이 의사소통 상호작용에서 반응적이며 수동적인 역할에만 머물러 있다고 지적하였다(한경임, 1998; Dolton & Bedrosian, 1989). 이것은 의사소통 상대방의 역할이 많은 영향을 미쳤을 수 있기 때문이다(한경임, 최소연, 2007). Smith(1994)는 보완대체 의사소통 사용자와 말을 할 수 있는 성인의 대화를 분석한 결과, 보완대체 의사소통 사용자인 아동보다도 성인이 훨씬 더 많은 의사소통 차례를 갖고, 그러한 차례의 대부분이 아동의 반응을 강요하는 것이라고 하였다. 그리고 대화 주제를 아동보다도 2배나 더 많이 시도하는 등 역할을 점유하는 반면, 아동에게는 의사소통을 시도할 기회조차 주지 않는 경향을 보인다고 하였다. Bigger, Best 그리고 Heller(2001)도 의사소통 상대방이 보완대체 의사소통 체계를 사용하는 아동에게 피상적인 질문에 '예/아니요'로 반응할 시간만 준 채 대화를 급하게 이끌어 상대방 자신이 질문하고 대답하는 양상을 만들어 냄으로써 보완대체 의사소통 사용 아동이 좌절감을 느끼게 한다고도 하였다. 이러한 점을 감안하여 실제 의사소통에서 상대방의 역할을 가장 많이 하게 되는 어머니와 형제, 또래들에게 상호작용 기술 훈련을 실시하여 보완대체 의사소통 체계를 사용하는 아동의 의사소통 기능 향상에 효과를 입증한 연구들(김정연, 박은혜, 2003; 한경임, 1998; 한경임, 임민숙, 2006)이 실시되기도 하였다.

(4) 중재 가능성

보완대체 의사소통 체계를 선택하여 중재하고 난 이후에도 그 체계의 효과에 대하여 지속적으로 평가하고 재조정하여 이후의 중재 프로그램에서 보완대체 의사소통 체계가 배제되지 않도록 한다.

(5) 사회적 의미

보완대체 의사소통 체계를 사용해야 할 대상자의 생활환경을 잘 분석하여 가정이나 학교, 작업장, 기타 다른 사회적인 환경 안에서 요구하는 조건들을 살펴보아야 한다. 이러한 사회적인 고려를 통하여 보완대체 의사소통 체계를 어떻게 운영할 것이고, 그 내용은 어떻게 구성할 것이며, 지원은 어떻게 받아야 할 것인지를 결정할 수 있다.

(6) 의사소통을 위한 기초 기술

의사소통을 하기 위하여 선행되어야 할 기초 기술들이 있지만, 중증의 장애가 있을 경우에는 이러한 기초 기술이 모두 습득될 때까지 기다렸다가 보완대체 의사소통 체계를 적용하기가 어렵다. 따라서 우선 아동이 가지고 있는 최소한의 의사소통능력을 분석하여 그에 적절한 보완대체 의사소통 체계를 사용하게 하고, 그 후에 그 체계를 사용하면서 좀 더 발전된 의사소통능력을 길러 주는 것이 바람직하다(김영태, 2002). 일반적으로 기초적인 의사소통능력을 증진시키기 위하여 사용하는 중재활동은 함께 주목하기, 공통적인 활동하기, 선행행동과 연계된 반응 인식시키기, 지칭하기, 사회성 게임하기, 인지적 도식 확대하기, 의사소통 수단 확대시키기, 아동 모방하기, 의사소통 차례 지키기 등이다(김영태, 1997).

(7) 하나 이상의 보완대체 의사소통 체계의 사용

만일 음성출력장치를 보완대체 의사소통 체계로 사용할 경우 배터리가 다 소모되거나 전원이 끊어질 경우에는 원활한 의사소통이 힘들어질 수도 있다. 대다수의 보완대체 의사소통 체계는 이러한 예기치 못한 상황에서 말만큼 수월하게 사용하기가 어렵기 때문에, 가능하다면 적어도 하나 이상의 보완대체 의사소통 체계를 사용할 수 있도록 지도하는 것이 좋다.

(8) 자연스러운 환경에서의 중재

중증의 지적장애 아동의 경우 새롭게 학습한 언어행동이라 하더라도 자신의 일상 의사소통 상황에 잘 일반화하여 사용하지 못하는 경우가 많다. 따라서 보완대체 의사소통 체계를 사용하도록 지도할 때에는 가능한 한 실제 의사소통 환경 안에서 지도하는 것이 중요하다.

(9) 아동 자신의 선호도

어떠한 치료 방법이나 치료 활동이라도 그것에 참여할 아동이 기꺼이 즐기고 사용할 필요성을 느끼는 것이 중요하다. 단순히 학습해야만 하는 것이 아니라 아동 자신이 좋아하는 내용이나 형태 등을 고려해야 한다.

(10) 부모-중재자 간 협력관계

보완대체 의사소통 체계를 선택하고 적용하며, 가정이나 그 이외의 다양한 의사소통 환경 안에서 잘 사용할 수 있도록 부모와의 긴밀한 협력관계가 유지되어야 한다.

(11) 보완대체 의사소통 체계의 특성

보완대체 의사소통 체계를 선택할 때에는 그것을 사용할 대상자의 신체적 능력이나 이동 가능 정도에 적절한지를 고려해야 한다. 너무 큰 부피를 차지하거나 무겁지 않고 관리·유지가 용이한 것이 좋다.

2) 보완대체 의사소통 체계의 종류

보완대체 의사소통에서 '보완적(augmentative)'이라는 것은 말이나 발성 이외에 의사소통을 위해 보조적으로 사용되는 모든 방법을 말한다(Vanderheiden & Lloyd, 1986). 이러한 보완적 방법에는 책이나 컴퓨터, 의사소통 판, 전기 장치 등을 이용한 도구 사용(aided) 체계와 얼굴표정이나 제스처, 수화 등을 이용하는 비도구 사용(unaided) 체계가 있다. 그러나 장애의 정도가 심각하여 자발적인 말이나 손짓 등을 전혀 사용하지 못하여 의사소통을 보완할 수는 없을 때에는 말을 대신할 수 있는 '대체적(alternative)' 의사소통을 사용할 수 있다.

도구를 사용하는 체계 중 그나마 쉽게 제작 가능한 것으로 의사소통 판과 의사소통 책이 있는데, 이것들은 이동성과 적용성이 매우 좋은 편이다. 사용할 수 있는 시각적 상징을 덜 상징적인 것에서부터 가장 상징적인 것까지 나열하면 모형(miniatures), 사진(pictures), 선화(drawings), 리버스 상징(Rebus symbols), 블리스심볼(Blissymbols), 문자와 단어다. [그림 15-2]에 그 예를 제시하였다.

보조기구로 전기 장치를 사용할 수 있는데, 이러한 전기 장치는 가격이나 복잡성, 휴대성 등에서 차이를 보인다. 따라서 사용자의 능력, 적절한 가격 그리고 조작하는 데 지나치게 시간이 걸리지 않는 도구를 선택하는 것이 중요하며, 말소리가 산출되는 장치일 경우에는 말소리의 질이나 소음이 있는 장소에서도 잘 알아들을 수 있는지 등을 고려해야 한다. 국내에서는 파라다이스복지재단의 말동무 프로그램(그림 상징)과 국립특수교육원에서 2000년에 개발한 보완대체 의사소통 상징자료, 키즈보이스 등이 현재 활용되고 있다.

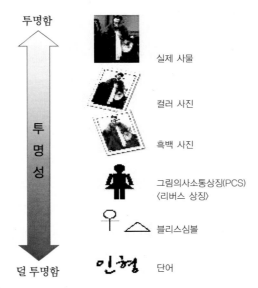

[그림 15-2] 그래픽 보완 의사소통 체계의 투명성

출처: Bloomberg, Karlan, & Lloyd(1990); Burroughs et al.(1990); Mirenda & Locke(1989).

3) 보완대체 의사소통 체계의 평가

보완대체 의사소통 체계를 사용할 것인지 사용하지 않을 것인지는 대개 언어치료사, 심리학자, 물리치료사, 작업치료사, 특수교육 교사, 부모, 사용할 대상 아동이나 성인으로 구성되어 있는 전문가 팀이 결정한다. 이 전문가 팀은 보완대체 의사소통 체계의 사용 여부뿐만 아니라 사용 시 대상자의 요구 및 능력 변화에 대하여 지속적으로 평가하여야 한다.

보완대체 의사소통 체계의 평가 시에는 세 가지 구성요소를 포함해야 한다(ASHA, 1980). 첫째, 팀은 보완체계의 적절성을 평가해야 한다. 말을 하지 못한다고 해서 모두 보완대체 의사소통의 후보가 되는 것은 아니다. 예를 들면, 자발적인 상징 사용을 위하여 요구되는 인지능력은 보완대체 의사소통뿐만 아니라 구어에도 적용된다(Bryen, Goldman, & Quinlisk-Gill, 1988). 환경 또한 보완대체 체계의 사용을 지지해야만 한다(Owens & House, 1984; Shane, Lipshulte, & Shane, 1982).

둘째, 구성요소는 적절한 의사소통 양식을 선택하는 것이다. 팀은 말을 하지 못하는 대상자에게 보완대체 체계의 어떤 유형이 적절한지를 결정해야 한다. 특히 중요한 것은 신체의 전체적인 움직임 패턴 속에서 대상자의 운동(motoric)능력을 살피는 것인데, 움직임의 범위, 속도, 강도, 지속성에 대하여 평가해야 한다(Bottorf & DePape, 1982; Silverman, 1980). 좋은 운동기술을 가진 대상자는 손으로 하는 체계(manual system)의 후보가 될 수 있는 반면, 그렇지 못한 대상자는 의사소통 판이나 전기적 체계를 사용할 수 있다. 전기 장치 사용에 대한 결정은 의사소통 보조기구를 조작하는 데 요구되는 행동과 대상자의 현재 기술에 대한 과제 분석에 기초하여 이루어진다.

셋째, 전문가 팀은 적절한 상징체계를 선택해야 한다. 적절성에 대한 의문은 인지능력, 시각적인 정확성, 환경적인 수용성과 관련이 있다

(Chapman & Miller, 1980). 예를 들면, 인지적 기술과 시각적인 변별능력이 양호하다면 그림보다는 단어(문자) 사용을 선택한다. 그림은 일반적으로 단어문자(lexigram, 그림-문자 연합)보다 식별하기가 더 쉬우며 차례로 인쇄된 단어들보다 식별하기가 더 쉽다. 부가적으로 블리스심볼과 같은 상징 체계는 비수용적인 환경에서는 의사소통을 방해할 수도 있으므로 사용 시 유의해야 한다.

참 · 고 · 문 · 헌

강수균, 나운환, 손은남, 이은진, 최경희, 최영미, 최은영(2006). 음운인식 훈련이 정신지체 아동의 읽기 능력 개선에 미치는 효과. 특수교육재활과학연구, 45(3), 237-257.

강영택(1989a). 정신지체 아동의 읽기 교수법에 관한 비교연구. 이화여자대학교 대학원 석사학위논문(미간행).

강영택(1989b). 정신지체 학생의 사상지식의 발달과 훈련에 관한 연구. 단국대학교 대학원 석사학위 청구논문(미간행).

강옥려(1989). 정신지체 아동의 읽기 교수법에 관한 비교연구. 이화여자대학교 대학원 석사학위논문(미간행).

고은, 조홍중(2006). 정신지체 학생의 지능정도에 따른 수용언어 발달 분석. 정신지체 연구, 8(1), 203-215.

곽금주(2002). 아동심리평가와 검사. 서울: 학지사.

곽금주, 문수백, 오상우(2010). 한국 웩슬러 아동 지능검사 4판(K-WISC-IV). 서울: 학지사심리검사연구소.

곽금주, 박혜원, 김청택(2001). 한국 웩슬러 아동지능검사 3판(K-WISC-III 지침서). 서울: 특수교육.

교육과학기술부(2009). 특수교육통계.

교육부(1993). 특수교육백서. 서울: 특수교육.

교육인적자원부(2002). 특수교육진흥법 시행령.

교육인적자원부(2007). 2007 특수교육실태조사서.

구본권 외(1997). 특수교육학. 서울: 교육과학사.

국립특수교육원(2003a). KISE-SAB 요강. 서울: 서울문화인쇄.

국립특수교육원(2003b). KISE-적응행동검사 개발연구(I). 서울: 서울문화인쇄.

권도하(2001). 언어치료학 사전. 서울: 한국언어치료학회.

권도하, 이규식(1985). 한국-노스웨스턴 구문선별검사. 대구: 대구대학교 출판부.

김계현, 황매향, 선혜연, 김영빈(2004). 상담과 심리검사. 서울: 학지사.

김남순(2005). 정신지체아동 교육의 이론과 실제. 서울: 교육과학사.

김동일, 박희찬, 이달엽(2004). 지역사회적응검사(CIS-A). 서울: 학지사심리검사연구소.

김동조(1999). K-ABC를 통한 정신지체아의 부호화 과정 특성. 대구대학교 교육대학원 석사학위논문(미간행).

김미인, 안성우, 최상배(2006). 정신지체 학생의 단어재인 능력과 음운인식 능력에 대한 연구. 정신지체연구, 8(2).

김민영(2009). 부모반응성교육과 결합한 전언어적 환경중심언어 중재법이 언어발달 지체아동의 의사소통에 미치는 영향. 나사렛대학교 재활복지대학원 석사학위청구논문(미간행).

김삼섭(2006). 특수교육의 심리학적 기초. 서울: 시그마프레스.

김성은(1991). 정신지체아와 정상아의 의사소통능력의 발달에 관한 비교연구: 명료화 행위를 중심으로. 이화여자대학교 대학원 석사학위논문(미간행).

김성일, 황민아(2006). 정신지체 아동의 명료화 요구에 대한 반응. 특수교육학연구, 40(4), 37-54.

김수진, 신지영(2007). 조음음운장애. 서울: 시그마프레스.

김승국(1990). 적응행동검사 지침서. 서울: 중앙적성출판사.

김승국(1999). 정신지체 아동교육의 이론과 실제. 서울: 특수교육.

김승국, 김옥기(1985). 사회성숙도 검사. 서울: 중앙적성출판사.

김승국, 김옥기(2002). 사회성숙도 검사. 서울: 중앙적성출판사.

김연희(2000). 자아개념 증진 활동 중재가 정신지체 아동의 자아개념 및 친사회적 행동에 미치는 영향. 이화여자대학교 교육대학원 석사학위논문.

김영애(1985). 유아의 자아개념 증진을 위한 프로그램 연구. 이화여자대학교 교육대학원 석사학위 청구논문.

김영욱, 김원경, 박화문, 석동일, 윤점룡, 정재권, 정정진, 조인수(2005). **특수교육학** (제3개정판). 서울: 교육과학사.

김영채(1990). **학습과 사고의 전략**. 서울: 교육과학사.

김영태(1991). **구어-언어진단검사**. 대구: 한국언어치료학회.

김영태(1995). 조음장애아와 정상아의 음운변동 패턴에 관한 비교연구. 특수교육논 총, 12, 211-235.

김영태(1996). 그림자음검사를 이용한 취학전 아동의 자음정확도 연구. 말-언어장애 연구, 1, 7-33.

김영태(1997). 언어장애의 화용론적 접근 방법에 관한 고찰. 인간발달연구, 25, 115- 135.

김영태(1998). 한국 2~3세 아동 문장의 의미론적 분석: 의미단위수, 의미유형, 의미 관계를 중심으로. 언어청각장애연구, 3, 20-34.

김영태(2003). **아동언어장애의 진단 및 치료**. 서울: 학지사.

김영태, 김경희, 윤혜련, 김화수(2003). 영 · 유아언어발달검사(Sequenced Language Scale for Infants: SELSI). 서울: 특수교육.

김영태, 성태제, 이윤경(2003). **취학전 아동의 수용언어 및 표현언어 척도**(Preschool Receptive Expressive Scale: PRES). 서울: 서울장애인복지관.

김영태, 신문자(2004). **우리말 조음 · 음운 평가**. 서울: 학지사 심리검사연구소.

김영태, 장혜성, 임선숙, 백현정(1995). **그림어휘력검사**. 서울: 서울장애인종합복지관.

김영태, 홍경훈, 김경희, 장혜성, 이주연(2009). **수용 · 표현어휘력검사**. 서울: 서울장 애인복지관.

김영태, Lombardino, L. J. (2006). 학령전 아동의 한국어 초기읽기 능력검사. 읽기 **장애의 진단 및 치료 워크샵**. 서울: 이화여자대학교 발달장애아동센터.

김영환(1985). 정신지체아의 조음발달 특징. 대한특수교육학회지, 제6집, 49-69.

김영환(1991). 정신지체아와 자폐증아의 인지, 언어와 적응행동의 특성. 대구대학교 대학원 박사학위논문.

김영환(2003). **정신지체아의 언어**. 서울: 특수교육.

김유정(1995). 정상 아동과 정신지체 아동의 단어의미 추론에서의 지각적 유사성의 역할. 영남대학교 대학원 석사학위논문.

김유정, 이현진(1995). 아동의 단어의미 추론에서 형태 유사성의 역할. 한국심리학회지: 발달, 9(1), 15-29.

김윤옥(2005). 학습장애 학생을 위한 교수·학습전략. 서울: 교육과학사.

김윤옥, 최학주(1999). 초등학교 특수아동 생활지도의 실태분석을 통한 활성화방안. 초등교육학회, 13(1), 255-275.

김은영(2001). 스크립트 상황을 이용한 중재가 정신지체 아동의 의사소통 기능에 미치는 효과. 단국대학교 대학원 석사학위 청구논문(미간행).

김정권(1981). 특수교육의 역사. 서울: 형성출판사.

김정권, 김혜경(2000). 정신지체아 교육과 지도의 실제. 서울: 양서원.

김정권, 이상춘, 여광응, 조인수(1995). 정신지체인 직업지도의 이론과 실제. 서울: 이레.

김정연, 박은혜(2003). 중도 뇌성마비 아동의 의사소통 기술 증진을 위한 AAC 대화 상대자 훈련, 특수교육, 2(1), 37-58.

김정휘 역(1994). 정신지체아 교육의 원리와 실제. (Robert P. Lugalls 저). 서울: 교육과학사.

김진호, 박재국, 방명애, 안성우, 유은정, 윤치연, 이효신(2007). 최신 특수교육(제8판). 서울: 시그마프레스.

김충기, 강봉규(2001). 현대상담이론과 실제. 서울: 교육과학사.

김한경, 박용숙(2005). 발달장애인을 위한 성교육. 서울: 나눔의 집.

김향희, 나덕렬(2007). Korean version–Boston Naming Test for Children: K-BNT-C.

김현주, 이현진, 채민아(1998). 정상 아동과 정신지체 아동의 단어의미 추론에서의 형태와 기능의 역할. 인간발달연구, 5(1), 39-52.

김혜경(2001). 정신지체 학생의 자기결정 훈련 효과. 대구대학교 대학원 박사학위논문.

김혜원(2006). 음운인식 훈련이 다운증후군 아동의 단어읽기 능력에 미치는 효과. 단국대학교 대학원 석사학위논문.

김홍주, 여용운, 강수균, 이점조(1998). 특수교육학개론. 서울: 교육출판사.

김화수, 김성수, 박현주, 성수진, 표화영, 한진순 역(2007). 의사소통장애: 전 생애적 조망. (Owens, R. E., Metz, D. E., & Haas A. 저). 서울: 시그마프레스.

나수화, 정은희(2006). 정신지체 아동 언어의 화용론적 특성 분석. 언어청각장애연구, 11(1), 64-80.

문수백, 변창진(1997). 한국판 카우프만 아동용 지능검사(K-ABC). 서울: 학지사심리검사연구소.

문수백, 이영재, 여광응, 조석희(2007). 종합인지기능 진단검사(CAS). 서울: 학지사심리검사연구소.

박경숙, 정동영, 정인숙(2002). KISE 한국형 개인지능검사. 경기: 국립특수교육원.

박교선(2007). 학생 생활지도 이제는 변해야 한다. 서울: 교육과학사.

박명애, 김수현(2001). 장애학생을 위한 의사결정기술 교수 프로그램. 서울: 파라다이스복지재단 장애아동연구소.

박승희(1994). 정신지체: 정의, 분류, 지원의 체계. 서울: 교육과학사.

박승희, 신현기(2003). 정신지체 개념화—AAMR 2002년 정신지체 정의, 분류, 지원 체계. 서울: 교육과학사.

박아청(2003). 교육심리학의 이해. 서울: 교육과학사.

박은혜(2003). 장애학생을 위한 보완·대체 의사소통 교수─학습 방법에 관한 고찰. 특수교육학연구, 10(2), 142-165.

박재갑(1995). 인간과 유전병: 유전병 얼마나 알고 계십니까. 서울: 두산동아.

박혜원, 곽금주, 박광배(1996). 한국 웩슬러 유아지능검사. 서울: 특수교육.

방귀옥(1995). 정신지체아의 인과적 사고에 관한 연구. 동아대학교 교육대학원 석사학위논문(미간행).

배소영, 임선숙, 이지희(2000). 언어문제해결력 검사. 서울: 서울 장애인종합복지관.

배소영, 임선숙, 이지희, 장혜성(2004). 구문의미이해력 검사. 서울: 서울장애인종합복지관.

배전자(2000). 정신지체 아동의 화행 습득에 관한 연구. 공주대학교 대학원 석사학위논문.

배전자(2005). 정신지체 아동의 말 주고받기 특성 연구. 공주대학교 대학원 석사학위논문.

백유순(2000). 경도 정신지체 아동의 명료화 요구에 대한 반응─언어능력, 지적능력, 생활연령이 일치하는 정상발달 아동그룹과 비교하여─. 특수교육학연구, 35(3), 273-290.

백은희(2007). 정신지체 · 이해와 교육. 서울: 교육과학사.

보건복지부(1999). 장애인복지법 시행규칙.

서봉연, 정보인(1983). 한국판 그림지능검사(K-PTI). 서울: 중앙적성출판사.

서은영(2005). 경도 정신지체 아동의 음운 인식과 읽기 능력의 발달. 공주대학교 대학원 석사학위논문(미간행).

손일수, 권도하, 이규식(1985). 몽고증 정신박약 아동의 조음장애에 대한 연구. 청각과 언어장애연구, 8(1), 13-17.

송인섭(1989). 인간 심리와 자아개념. 서울: 양서원.

송인섭(1998). 인간의 자아개념 탐구. 서울: 학지사.

신명희, 박명순, 권영심, 강소연(1998). 교육심리학의 이해. 서울: 학지사.

신민섭, 조수철(2009). 한국판 라이터 비언어성 지능검사(K-Leiter-R). 서울: 학지사 심리검사연구소.

신현기 역(2007). 정신지체: 역사적 관점, 현재의 동향, 그리고 미래의 방향. (Ronald L. Taylor 저). 서울: 시그마프레스.

양진희, 안성우, 신영주, 박원경(2007). 정신지체 학생의 음운처리 능력에 대한 발달적 특성 연구. 정신지체연구, 9(3).

여광웅, 조인수, 백은희(2000). 경도 장애아동의 인지학습 전략. 대구: 대구대학교출판부.

유재연, 이준석, 신현기, 전병운, 고등영(2007). 파라다이스 한국표준적응행동검사. 서울: (재)파라다이스복지재단

윤치현(2000). 한국판-적응행동검사(K-ABI)의 표준화 예비연구. 정서학습장애 연구, 16(2), 53-65.

윤혜련(2005). '다시 말하기'를 통해 본 학령기 단순언어장애 아동의 이야기 이해 및 산출 특성. 이화여자대학교 대학원 박사학위논문(미간행).

이경옥(1990). 정신지체 아동의 단어재인 전략의 발달. 단국대학교 대학원 석사학위논문(미간행).

이규식(1980). 청각장애교육. 특수교육원리(이태영 편). 한국사회사업대학 출판부.

이기업, 이준석(2006). 정신지체인의 작업강도 수준에 따른 적합직업탐색. 직업재활연구, 16(2), 1-19.

이나미(2007). 특수아동 진단 및 평가. 서울: 집문당.

이나정(2003). 스크립트 상황을 사용한 중재가 경도 정신지체 아동의 표현언어에 미치는 효과. 단국대학교 대학원 석사학위 청구논문(미간행).

이달엽, 노임대(2005). **직업평가**. 서울: 학지사.

이병택(1995). 작업기억 용량에 따른 언어 이해 처리에서의 개인차. 서울대학교 대학원 석사학위논문(미간행).

이상복, 이상훈(1997). **정서 · 행동장애아 치료와 교육**. 대구: 대구대학교 출판부.

이상춘, 조인수(1999). **정신지체아 교육**. 서울: 신아출판사.

이소현, 박은혜(2006). **특수아동교육(2판)**. 서울: 학지사.

이승복(1994). **어린이를 위한 언어 획득과 발달**. 서울: 정민사.

이승복 역(2001). **언어발달**. (Robert E. Owens, Jr. 저). 서울: 시그마프레스.

이승희(2006). **특수교육평가**. 서울: 학지사.

이승희, 조홍중(2001). '발달장애' 개념에 대한 특수교육학적 교찰. **발달장애학회지**, 5(2).

이영철(1995). 환경 중심 언어중재가 정신지체아의 언어 습득과 일반화에 미치는 효과. **특수교육학연구**, 16(3), 103-124.

이차숙(1999). 유아의 음운 인식과 읽기 능력과의 관계에 관한 연구. **교육학연구**, 37(1), 한국교육학회.

이채식(2005). 정신지체인의 직업유지에 영향을 미치는 요인에 관한 연구. 경기대학교 대학원 박사학위논문(미간행).

이철웅(2006). **교육상담과 생활지도 연구**. 서울: 교육과학사.

이한규(2002). **언어발달과 언어처리**. 서울: 원미사.

이현림(2007). **생활지도**. 서울: 교육과학사.

이혜원(1991). 정신지체 아동과 정상 아동의 음운 부호화 발달에 관한 비교연구. 이화여자대학교 대학원 석사학위논문(미간행).

임선아(2000). **학습전략**. 서울: 배영사.

임은영, 김자경, 김기주, 김주영(2007). 자기결정 프로그램이 초등학교 경도 정신지체 아동의 자기결정력에 나타난 효과. **정신지체연구**, 9(2), 21-36.

임희정(2000). 사진교환 의사소통 체계를 이용한 환경 중심 의사소통 중개가 자폐아동의 사물 요구하기 수행에 미치는 효과. 이화여자대학교 대학원 석사학위논문.

장선아(1996). 비장애 아동의 환경언어중재전략 사용이 장애아동의 사회적 언어에 미치는 영향. 이화여자대학교 대학원 석사학위논문(미간행).

장인석(1987). 정신박약아의 오조음 특성. 대구대학교 대학원 석사학위논문(미간행).

장혜성, 임선숙, 백현정(1992). 언어이해 · 인지력검사. 서울: 기쁜소식.

장혜성, 임선숙, 백현정(1994). 문장이해력검사. 서울: 기쁜소식.

전라남도교육청(2001). 특수학급 운영 요람.

전라남도교육청(2008). 2008년 개정 특수학교 교육과정의 이해.

전병운(1986). 정신지체 아동의 언어발달 연구: 구문 및 어휘 발달을 중심으로. 단국
　　대학교 대학원 석사학위논문.

전병운(1988). 정신지체 아동의 언어발달 연구―어휘 및 구문 발달을 중심으로―.
　　한국특수교육학회 연구발표회(제51회), 4, 187-188.

전병운(1995). 정신지체 아동의 화용능력과 연령변인과의 관계. 특수교육논총, 12,
　　185-210.

전병운(1996). 정신지체 아동의 화용능력 발달 연구. 특수교육논총, 13(1), 1-32.

전병운, 이미애, 권회연(2008). 보완―대체 의사소통 체계의 적용이 비구어 정신지체
　　아동의 발성에 미치는 효과. 재활복지, 12(1), 46-62. 한국장애인재활협회 재활
　　연구소.

전병운, 조광순, 이기현, 이은상, 임재택(2004). K-DIAL-3(Korean Develop-
　　mental Indicatiors for the Assessment of Learning-Third Edition).

전병운, 조유진(2001). 정신지체 학생의 화행규칙 수행에 관한 연구. 언어청각장애연
　　구, 6(1), 53-76.

정보인(1992). 행동수정을 통한 어린이 문제행동 지도. 서울: 중앙적성출판사.

정선희(2004). 특수학교 초등부 정신지체 아동의 의사소통 패턴에 관한 연구. 공주대
　　학교 대학원 석사학위논문.

정익진(1988). 정신지체아의 조음능력 발달에 관한 연구. 대구대학교 교육대학원 석
　　사학위 청구논문(미간행).

정충희(1992). 스크립트 문맥 훈련이 정신지체 아동의 표현언어에 미치는 효과. 대구
　　대학교 대학원 석사학위 청구논문(미간행).

정현경, 배소영(2002). 4, 5세 청각장애 아동과 정상 아동의 의사소통 기능 비교: 정
　　보적 기능을 중심으로. 언어청각장애연구, 7(3), 21-38.

정휘순(2005). 음운인식 훈련을 통한 정신지체 아동의 읽기 개선. 대구대학교 재활과

학대학원 석사학위논문.

조명한(1982). 한국 아동의 언어획득 연구: 책략 모형. 서울: 서울대학교 출판부.

조인수(1998). 발달지체인 생활·직업재활훈련의 이론과 실제. 서울: 교육과학사.

조인수(1999). 발달지체인의 직업지도. 대구: 명성사.

진혜경, 이경숙, 박영숙 역(2002). 소아정신의학. (딘 코팅턴, 몰리 워릭 저). 서울: 학지사.

최경주(2006). 정신지체 아동의 듣기 추론 특성 연구. 단국대학교 대학원 석사학위논문(미간행).

최성규(2002). 명사의 의미망 분석을 통한 정신지체 아동과 일반 아동의 개념 및 의미발달 비교. 특수교육저널: 이론과 실천, 3(2), 97-116.

최성규(2004). 정신지체 아동의 정신연령과 생활연령의 차이에 따른 수용어휘력 발달 비교. 언어치료연구, 13(4), 61-78.

최영미(2006). 음절 수준의 음운인식 훈련이 정신지체 아동의 단어 읽기 능력에 미치는 효과. 대구대학교 대학원 석사학위논문.

최중옥(1996). 경도 정신지체아를 위한 학교 수준별 성교육 프로그램 모형. 특수교육학회.

최중옥(2005). 특수아동 교육의 실제. 서울: 교육과학사.

최중옥, 박희찬, 김진희(2002). 정신지체아 교육. 서울: 양서원.

최진희(1999). 환경 중심 의사소통 중재가 중도 장애아동의 칩톡(Cheap Talk)을 이용한 요구하기 수행에 미치는 효과. 이화여자대학교 대학원 석사학위논문.

한경임(1998). 중증 뇌성마비 아동의 보완·대체 의사소통 중재 효과. 특수교육학연구, 33(1), 169-190.

한경임, 임민숙(2006). 형제에 대한 상호작용 기술 훈련이 뇌성마비 아동의 의사소통 향상에 미치는 효과. 특수아동교육연구, 8(1), 271-289.

한경임, 최소연(2007). 또래 참여 보완·대체 의사소통 중재가 중복장애 학생의 의사소통 능력 변화에 미치는 효과. 언어치료연구, 16(1), 109-130.

한국특수교육학회(2008). 특수교육대상자 개념 및 선별기준.

한성희, 전병운, 조광순(2000). 뇌파조건화가 정신지체 아동의 주의집중 및 기억학습에 미치는 영향. 특수교육학연구, 35(1), 271-307.

홍경훈, 김영태(2001). 아동의 의사소통 의도 습득에 대한 종단연구. 언어청각장애연구, 6(1), 17-39.

홍성인(2002). 한국 아동의 음운 인식 발달. 언어청각장애연구, 7(1), 49-64.

황보명(1997). 사회적 언어중재가 언어장애 유아의 사회적 언어 자발 표현에 미치는 효과. 대구대학교 재활과학대학원 석사학위 청구논문(미간행).

황보명(2003). 형제 개입의 기능적 언어중재가 언어장애 아동의 언어능력에 미치는 효과. 대구대학교 대학원 박사학위논문.

황보명, 강수균(2002). 음운자각 중재가 음운장애 아동의 음운자각도 및 음운산출 능력에 미치는 효과. 언어청각장애연구, 7(2), 134-151.

황보명, 신명선, 석동일(2001). 정신지체 아동의 음운변동 특성 분석. 난청과 언어장애 연구, 24(1), 201-213.

황원영(1997). 특수교육철학. 서울: 교육과학사.

황정보(2000). 정신지체 학생의 스크립트 습득에 관한 연구. 공주대학교 교육대학원 석사학위 청구논문(미간행).

溝上脩, 西本順次郎, 東正. (1993). 精神遲滯兒の教育理論と方法. 川島書店.

Abbeduto, L., Davis, B., & Furman, L. (1991). The development of speech act comprehension in mentally retarded individuals and non-retarded children. *Child Development, 59*, 1460-1472.

Abbeduto, L., Davies, B., Solesby, S., & Furman, L. (1991). Identifying the referents of spoken messages: Use of context and clarification requests by children with and without mental retardation. *Amercan Journal of Mental Retardation, 95*, 551-562.

Abbeduto, L., Evans, J., & Dolan, T. (2001). Theoretical perspectives on language and communication problem in mental retardation and developmental disabilities. *Mental Retardation and Developmental Disabilities Research Review, 7*(1), 45-55.

Abbeduto, L., Furman, L., & Davies, B. (1989). Relation between the receptive language and mental age of persons with mental retardation. *American Journal on Mental retardation, 93*, 535, 545.

Abbeduto, L., Murrhy, M. M., Cawthon, S. W., Richmond, E. K., Weissman, M. D., Karadottir, S., & O'Brien, A. (2003). Receptive language skills of adolescents and young adults with Down or Fragile X syndrome. *American Journal on Mental Retardation, 108*, 149-160.

Abramson, L. Y., Seligman, M. E. P., & Teasdale J. D. (1978). Learned helplessness in humans: Critique and reformulation. *Journal of Abnormal Psychology, 87*(1), 49-74.

Adams, C. (1990). Syntactic comprehension in children with expressive language impairment. *British Journal of Disorders of Communication, 25*(2), 149-171.

Alanay, Y., Unal, F., Turanli, G., Alikasifoglu, M., Alehan, D., Akyol, U., Belgin, E., Sener, C., Aktas, D., Boduroglu, I., Utine, E., Volkan-salanci, B., Ozusta, S., Genc, A., Baser, F., Sevinc, S., & Tuncbilek, E. (2007). A multidisciplinary approach to the management of individuals with fragile X. *Journal of Intellectual Disability Research, 51*, 151-161.

American Association on Mental Retardation (1992). *Mental retardation: Definition, classification, and systems of supports* (9th ed.). Washington, DC: Author.

American Association on Mental Retardation (2002). *Mental retardation: Definition, classification, and systems of supports* (10th ed.). Washington, DC: Author.

Amercan Speech-Language-Hearing Association (1993). Guidelines for caseload size and speech-language service delivery in the schools. *American Speech-Language-Hearing Association, 35* (suppl. 10), 33, 39.

American Speech-Language-Hearing Association (1991). Augmentative and alternative communication. *American Speech-Language-Hearing Association, 33*, 8-12.

American Speech-Language-Hearing Association (1991). Joint Committee on Infant Hearing 1990 Position Statement. *Asha, 33* (Suppl. 5), 3-6.

Anderson, A. (2001). Augmentative communication and autism: A comparison of sign language and picture exchange communication system. Unpublished Doctoral Dissertation. University of California. USA.

Anderson, L., & Ernst, M. (1994). Self-injury in Lesch-Nyhan disease. *Journal of Autism and Developmental Disorders, 24*, 67-81.

Anselmi, D., Tomasello, M., & Acunzo, M. (1986). Young children's responses to neutral and specific contingent queries. *Journal of Child Language, 13*, 135-144.

Anselmi, D. B., & Wolery, M. (1995). Individual differences and their implications for theories of language development. In P. Fletcher & B. MacWhinney (Eds.), *The handbook of child language* (pp. 96-151).

Arvey, R. D., Bouchard, T. J., Carroll, J. B., Cattell, R. B. et al. (1994, December 13). Mainstream science on intelligence. *Wall Street Journal*, p. B1.

ASHA Ad Hoc Committee on Communication Processes and Nonspeaking Persons. (1980). Nonspeech communication: A position paper. *ASHA, 22*, 267-272.

Bailey, D. B., & Wolery, M. (1992). *Teaching infants and preschoolers with disabilites* (2nd ed.). Upper Saddle River, NJ: Merrily Prentice Hall.

Baker, J. M., & Zigmon, N. (1990). Are regular education classes equipped to accommodate students with learning disabilities? *Exceptional Children, 56*(6).

Barker, M. (1990). Clinical overview of the Fragile X syndrome. Paper presented at the 68th annual meeting of the council for Exceptional Children, Toronto, Canada.

Bartel, N., Bryen, D., & Keehn, S. (1973). Language comprehension in the moderately retarded child. *Exceptional Children, 40*, 375-382

Bartolucci, G., Pierce, S. J., & Steiner, D. (1980). Cross-sectional studies of grammatical morphemes in autistic and mentally retarded children. *Journal of Autism and Developmental Disorders, 10*, 39-50.

Bates, E. (1974). Acquisition of pragmatic competence. *Journal of child*

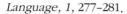

Language, 1, 277–281.

Bates, E., Benigni, L., Bretherton, I., Camaioni, L., & Volterra, V. (1977). From gesture to the first word: On cognitive and social prerequisites. In M. Lewis & L. Rosenblum (Eds.), *Interaction, conversation, and the development of language.* New York: Wiley.

Batshaw, M. (1997). *Children with disabilities: A medical primer* (4th ed.). Baltimore, MD: Paul H. Brookes.

Baumgart, D., Johnson, J., & Helmstetter, E. (1990). *Augmentative and alternative communication systems for persons with moderate and severe disavilities.* Baltimore, ML: Paul Brooks.

Beal, C. R., & Belgrad, S. L. (1990). The development of message evaluation skills in young children. *Child Development, 61,* 705–712.

Beal, C. R., & Flavell, J. H. (1984). Development of the ability to distinguish communicative intention and literal message meaning. *Child Development, 55,* 920–923.

Beeghly, M., & Cicchetti, D. (1987). An organizational approach to symbolic development in children with down syndrome. In D. Cicchetti & M. Beeghly (Eds.), Symbolic development in atypical children (pp. 5–30). *New Directions for Child Development,* No. 36. San Francisco: Jossey-bass Inc.

Behrend, D. (1988). Overextensions in early language comprehension: evidence from a signal detection approach. *Journal of Child Language, 15,* 63–75.

Beirne-Smith, M., Patton, J. R., & Kim, S. H. (2006). *Mental retardation* (7th ed.). Upper Saddle River, NJ: Merrill/Prentice Hall.

Bellugi, U., Wang, P. P., & Jernigan, T. L. (1994). Williams syndrome: An unusual neuropsychological profile. In S. H. Froman & J. Grafman (Eds.), *Atypical cognitive deficits in developmental disorders: Implications for brain function* (pp. 23–56). Hillsdale, NJ: Erlbaum.

Belmont, J. (1966). Long-term memory in mental retardation. *International*

Review of Research in Mental Retardation, 1, 219-255.

Benda, C. E. (1954). Psychopathology of childhood. In L. Carmichaei (Ed.), *Manual of child psychology* (2nd ed.). New York: Wiley.

Bender N., & Carlson, J. (1982). Prosocial behavior and perspective-taking of mentally retarded and nonretarded children. *American Journal of Mental Deficiency, 86*, 361-366.

Benedict, H. (1979). Early lexical development: Comprehension and production. *Journal of Child Language, 6*, 183-200.

Bereiter, C., & Englemann, S. (1966). *Teaching disadvantaged children in the preschool.* Englewood cliffs, NJ: Prentice-Hall.

Berry P., Groenweg, G., Gibson, D., & Brown, R. (1984). Mental development of adults with Down's syndrome. *American Journal of Mental Deficiency, 89*, 252-256.

Berstein D. K., & Tiegerman-Farber, E. (1989). *Language and communication disorders in children* (2nd ed.). Boston: Allyn & Bacon.

Bigger, J. L., Best, S. J., & Heller, K. W. (2001). *Teaching individuals with physical, health, or multiple disabilities.* NJ: Prentice-Hall, Inc..

Bill, P. (1998). *Williams: Rare syndrome brings charm, challenges.* Pacesetter, Spring (pp. 5-8).

Blake, J., Quartaro, G., & Onorati, S. (1993). Evaluating quantitative measures of grammatical complexity in spontaneous speech samples. *Journal of Child Language, 20*, 139-152.

Blanck, P. D. (1998). *The Americans with disabilities Act and the emerging workforce-employment of people with mental retardation.* Washington, DC: American Association on Mental Retardation.

Bleile, K., & Schwartz. I. (1984). Three perspectives on the speech of children with Down's syndrome. *Journal of Communication Disorders, 17*, 87-94.

Bloom, L. (1970). *Language development: Form and function in emerging grammars.* Cambridge, MA: MIT Press.

Bloom, L. (1973). *One word at a time: The use of single word utterances before syntax.* The Hague, Neth.: Mouton.

Bloom, L., & Lahey, M. (1978). *Language development and language disorders.* New York: John Wiley and Sons.

Bloomberg, K., Karlan, G., & Lloyd, L. (1990). The comparative translucency of initial lexical items represented in five graphic symbol systems and sets. *Journal of Speech and Hearing Research, 33,* 717-725.

Bondy, A., & Frost, L. (1994). The exchange communication system. *Focus on Autistic Behavior, 9,* 1-19.

Bottorf, L., & DePape, D. (1982). Initiating communication systems for severely speech-impaired persons. *Topics in Language Disorders, 2,* 55-72.

Bowers, P. G., & Swanson, L. B. (1991). Naming speed deficits in reading disability: Multiple measures of a singular process. *Journal of Experimental Child Psychology, 51,* 195-219.

Bowler, D. (1991). Rehearsal training and short-term free-recall of sing and word labels by severely handicapped children. *Journal of Mental Deficiency research, 35,* 113-124.

Bradbury, B., & Lunzer, E. (1972). The learning of grammatical inflections in normal and subnormal children. *Journal of Child Psychology and Psychiatry, 13,* 239-248

Bray, N. (1979). Strategy production in the retarded. In N. Ellis (Ed.), *Handbook of mental deficiency: Psychological theory and research* (pp. 699-726). Hillsdale, NJ: Erlbaum.

Bray, N. W., Fletcher, K. S., & Turner, L. A. (1997). Cognitive competencies and strategy use in individuals with mental retardation. In W. W. MacLean, Jr. (Ed.), *Ellis' handbook of mental deficiency, psychological-theory, and research* (3rd ed). (pp. 197-217). Mahwah, NJ: Erlbaum.

Brinton, B., Fujiki, M., Loeb, D. F., & Winkler, E. (1986). Development of conversational repair strategies in response to requests for clarification. *Journal of Speech and Hearring Research, 29,* 75-81.

Brinton, B., Fujiki, M., Winkler, E., & Loeb, D. F. (1986). Responses to requests for clarification in linguistically normal and language-impaired children. *Journal of Speech and Hearing Disorders, 51*, 370-378.

Browder, C. M. (1991). *Assessment of individuals with severe disabilities.* (2nd ed.). Baltimore, ML: Paul H. Brookes.

Brown, R. (1973). *A first language: The early stages.* Cambridge, MA: Harvard University Press.

Bruck, M. (1992). Persistence of dyslexics' phonological awareness deficits. *Developmental Psychology, 28*, 874-886.

Bryen, D., Goldman, A., & Quinlisk-Gill, S. (1988). Sign language with students with severe/profound mental retardation: How effective is it? *Education and Training in mental Retardation, 23*, 129-137.

Burger, A., Blackman, L., & Tan, N. (1980). Maintenance and generalization of a sorting and retrieval strategy by EMR and non-retarded individuals. *American Journal Of Mental Deficiency, 84*, 373-380.

Burroughs, J., Albritton, E., Eaton, B., & Montagne, J. (1990). A comparative study of language delayed preschool children's ability to recall symbols form two symbol systems. *Augmentative and Alternative Communication, 6*, 202-206.

Bybee, J., & Zigler, E. (1998). Outerdirectedness in individuals with and without mental retardation: A review. In J. A. Burack, R. M. Hodapp, & E. Zigler (Eds.), *Handbook of mental retardation* (pp. 434-460). Cambridge: Cambridge University Press.

Calcualtor, S. N. (1988). Promoting the acquisition and generalization of conversational skills by individuals with severe disabilities. *Augmentative and Alternative Communication, 4*(2), 94-113.

Calculator, S., & Jorgensen, C. (1991). Intergrating AAC instruction into regular education settings: Expounding on best practices. *Augmentative and Alternative Communication, 7*, 204-214.

Cantwell, D., Baker, L., & Rutter, M. (1978). A comparative study of infantile autism and specific developmental receptive language disorder: IV.

Analysis of syntax and language function. *Journal of Child Psychology and Psychiatry, 19*, 351-362.

Cantwell, D., Baker, L., & Rutter, M. (1987). A comparative study of infantile autism and specific developmental receptive language disorder: IV. Analysis of syntax and language function. *Journal of Child Psychology and Psychiatry, 19*, 351-362.

Cassady, J. C., & Smith, L. L. (2004). The impact of a reading-focused integrated learning system on phonological awareness in kindergarten. *Journal of Literacy Research, 35*, 947-964.

Cate, S., & Ball, S. (1999). Multiple marker screening for Down syndrome: Whom should we screen. *Journal of the American Board of Family Practice, 12*, 367-374.

Chapman, R., & Miller, J. (1980). Analyzing language and communication in the child. In R. Schiefelbusch (Ed.), *Nonspeech language and communication: Analysis and intervention*. Baltimore, MD: University park press.

Chapman, R. S., Kay-Raining Bird, E., & Schwartz, S. E. (1990). Fast mapping of words in event contexts by children with Down Syndrome. *Journal of Speech and Gearing Disorders, 55*, 761-770.

Charlop, M., Schreibman, L., & Thibodeau, M. (1985). Increasing spontaneous verbal responding in autistic children using time delay. *Journal of Applied Behavior Analysis, 18*, 155-166.

Clark, E. V. (1973). Non-linguistic strategies and the acquisition of word meanings. *Cognition, 2*, 161-182.

Cochrane, R. (1983). Language and the atmosphere of delight. In H. Winitz (Ed.), *Treating language disorders: For clinicians by clinicians* (pp. 143-162). Baltimore: University Park Press.

Coggins, T. (1979). Relational meaning encoded in the two-word utterances of stage I Down's syndrome children. *Journal of Speech and Hearing Research, 22*, 166-178.

Coggins, T., & Carpenter, R. (1981). The communicative intention inventory. *Journal of Applied Psycholinguistics, 2*, 213-234.

Cohen, D. E. (2000). Health promotion and disability prevention: The case for personal responsibility and independence. In M. L. Wehmeyer & J. R. Patton (Eds.), *Mental retardation in the 1st century*. Austin, TX: PRO-ED.

Cole, K. N., Dale, P. S., & Mills, P. E. (1991). Individual differences in language delayed children's responses to direct and interactive preschool instruction. *Topics in Early Childhood Special Education, 11*(1), 99-124.

Constable, C. M. (1986). The application of scripts in the organization of language intervention contexts. In K. Nelson (Ed.), *Event knowledge: Structure and function in development* (pp. 205-230). Hillsdale, NJ: Lawrence Erlbaum.

Cooley, W. C., & Graham, J. M. (1991). Down syndrome: an update and review for the primary pediatrician. *Clin Pediatr, 30*, 233-253.

Cramer, L. J., & Gathercole, V. M. (1995). New names and experience with function. Paper presented at Biennial Meeting of the SRCD.

Cruz, F. F. (1977). Medical management of monglism or Down syndrome. In P. Mittler & J. M. de Jong (Eds.), *Research to practice in mental retardation. III biomedical aspects* (pp. 221-228). Baltimore, MD: University Park Press.

D'Odorico, L., & Franco, F. (1985). The determinants of baby talk: Relationship to context. *Journal of Child Language, 12*, 567-586.

Dale, P., Bates, E., Reznick, S., & Morisset, C. (1989). The validity of a report instrument of child language at twenty months. *Journal of Child Language, 16,* 239-250.

Das, J., Kirby, J., & Jarman, R. (1975). Simultaneous and successive synthesis: An alternative model for cognitive abilities. *Psychological Bulletin, 80*, 97-113.

Dever, R., & Gardner, W. (1970). Performance of normal and retarded boys on Berko's test of morphology. *Language and Speech, 13,* 162-181.

Doll, E. A. (1941). The essentials of an inclusive concept of mental deficiency. *American jornal of Mental Deficiency, 46,* 214-219.

Doll, E. A. (1964). *Vineland scale of social maturity.* Minneapolis: American Guidance Service.

Doll, E. A. (1965). *Vineland social maturity scale.* Circle Pines, MN: American Guidance Service.

Dolton, B. M., & Bedrosian, J. I. (1989). Communicative performance of adolescents with severe speech impairment-Influence of context. *Journal of Speech and Hearing Disorders, 54,* 403-421.

Dore, J. (1974). A pragmatic description of early language development. *Journal of Psycholinguistic Research, 3,* 343-350.

Dore, J. (1978). Conditions for the acquisition of speech act. In I. Markov (Eds.), *The social context of language.* Chichester: John Wiley and Sons.

Dunn, I. M. (1973). *Exceptional children in the schools: Special education in transition* (2nd ed.). NY: Holt, Lenehart, & Winston.

Dunn, L., & Dunn, L. M. (1981). *Peabody Picture Vocabulary Test.* MN: American Guidance Service.

Ellis, N. R. (1963). The stimulus trace and behavior inadequacy. In N. R. Ellis (Ed.), *Handbook of mental deficiency* (pp.134-158). New York: McGraw-Hill.

Ellis, N. R. (1970). Memory processes in retardates and normal. In N. Ellis (Ed.), *International review of research in mental retardation* (Vol. 4, pp. 1-36). New York: Academic Press.

Ellis, N., & Large, B. (1987). The development of reading: As you seek so shall you find. *British Journal of Psychology, 78,* 1-28.

Ellis, N., Woodley-Zanthos, P., & Dulaney, C. (1989). Memory for spatial location in children, adults, and mentally retarded persons. *American Journal of Mental Retardation, 93,* 521-527.

Ezell, H., & Goldstein, H. (1991). Comparison of idiom comprehension of normal children and children with mental retardation. *Journal of Speech and Hearing Research, 34,* 812-819.

Fey, M. (1986). *Language intervention with young children.* San Diego, CA: College-Hill Press.

Fisher, M., & Zeaman, D. (1973). An attention-retention theory of retardate discrimination learning. In N. Ellis (Ed.), *International review of research in mental retardation* (Vol. 6). New York: Academic Press.

Foster, S. H. (1986). Learning discourse topic management in the preschool years. *Journal of Child Language, 13,* 231-250.

Fowler, A. E., Gelman, R., & Gleitman, L. R. (1994). The course of language learning in children with down syndrome: Longitudinal and language level comparisons with young normally developing children. In H. Tager-Flusberg (Ed.), *Constraints on language acquisition: Studies of atypical children* (pp. 91-140). Hillsdale, NJ: Erlbaum.

Fregmen, A., & Fay, D. (1980). Overextensions in production and comprehension: A methodological clarification. *Journal of Child Language, 7,* 205-211.

French. J. (1964). Pictorial Test of Intelligence. Boston, MA: Houghton Mifflin.

French, J. (2001). Pictorial Test of Intelligence-Second Edition. Austin, TX: Pro-Ed.

Fristoe, M., & Lloyd, L. L. (1979). Nonspeech communication. In N. R. Ellis (Ed.), *Handbook of Mental Deficiency: Psychological Theory and Research* (2nd ed.). New York: Earlbaum Associates.

Gathercole, S. E., & Baddeley, A. D. (1993). *Working memory and language.* East Sussex, UK: Psychdogy Press, Ltd.

Gaynor, J. F. (1973). The "failure" of J. M. G. Itard. *Journal of Special Education, 7*(4), 439-445.

Goetz, L., & Sailor, W. (1988). New direction: Communication development in persons with severe disabilities. *Topic in Language Disorders, 8*(4), 41-54.

Gottfredson, L. S. (1997). Mainstream science on intelligence: An editorial with 52 signatories, history, and bibliography. *Intelligence, 24*(1), 13-23.

Graham, J., & Graham, L. (1971). Language behavior of the mentally retarded: Syntactic characteristics. *American Journal of Mental Deficiency, 73*, 623-629.

Greenspan, S. (1997). Dead manual walking? Why the 1992 AAMR definition needs redoing. *Education and Training in Mental Retardation and Developmental Disabilities, 32*, 179-190.

Greenwald, C,. & Leonard, D. (1979). Communication and sensorimotor development of Down's syndrome children. *America Journal of Mental Deficiency, 84*, 269-303.

Grossman, H. J. (1973). Manual on terminology and classification in mental retardation, 1973 revision. Washington, D.C.: *American Association on Mental Deficiency.*

Grossman, H. J. (1983). *Classification in mental retardation.* Washington, DC: American Association on Mental Deficiency.

Hallahan, D. P., & Kauffman, J. M. (1994). *Exceptional children–introduction to special education–Boston* (pp. 118-120). Boston: Allyn & Bacon.

Halle, J. W., Baer, D. M., & Spradin, J. E. (1981). An analysis of teachers' generalized use of delay in helping children. *Journal of applied Behavior Analysis, 14*, 389-409.

Halle, J. W., Marshall, A., & Spradin, J. (1979). Time delay: A technique to increase language use and facilitate generalization in retarded children. *Journal of Applied Behavior Analysis, 12*, 431-439.

Halliday, M. (1975). Learning how to mean: *Explorations in the development of language.* New York: Edward Arnold.

Harris, D. (1982). Communicative interaction processes involving nonvocal physically handicapped children. *Topics in Language Disorders, 2*, 21-38.

Haynes, W. O., & Pindzola, R. H. (2008). *Diagnosis and evaluation in speech pathology* (7th ed). Allyn & Bacon.

Haynes, W. O., Moran, M., & Pindzola, R. H. (2006). *Communication disorders in the classroom.* Boston: Jones & Bartlett.

Hegde, M. N. (1995). *Introduction to communication disorders* (2nd ed.). Pro-Ed. Inc.

Hiroto, D. S., & Seligman, M. E. P. (1975). Generality of learned helplessness in man. *Journal of Personality and Social Psychology, 31,* 311-327.

Hodapp, R. M., Desjardin, J. L., & Ricci, L. A.(2003). Genetic syndromes of mental retardation: Should they matter for the early intervention? *Infants and Young Children,* 16, 152-161

Hodapp, R. M., Dykens, E. M., Ort, S. I., Zelinsky, K. G., & Leckman, J. F. (1991). Changing patterns of intellectual strengths and weaknesses in males with Fragile X syndrome. *Journal of Autism and Developmental Disorders, 21,* 503-516.

Hodapp, R. M., & Zigler, E. (1997). New issues in the developmental approach to mental retardation. In W. E. MacLean, Jr. (Ed.), *Ellis' handbook of mental deficiency, Psychological theory, and research* (3rd ed.), (pp. 115-136). Mahwah, NJ: Lawrence Erlbaum Associates.

Hodson, B. W. (1989). Phonological remediation: A cycles approach. In N. A. Creaghead, P. W. Newman, & W. A. Secord (Eds.), *Assessment and remediation of articulatory and phonological disorders* (2nd ed.). New York: Macmillan.

Hoffman, A., Field, S., & Sawilowsky, S. (2000). *Self-Determination Assessment Battery User's Guide.* Detroit, MI: Wayne State University.

Hong, J-S., & Lee, H. (1995). The status of mutual exclusivity principle in normal and mentally retarded children: Data from Korean. Paper presented at Biennial Meeting of the SRCD.

Horstmeier, D., & MacDonald, J. (1978). *Ready, set, go-talk to me.* Columbus, OH: Merrill.

Houchins, D. (1998). The self-determination of youth with and without disabilities who have been adjudicated. Ph. D. diss. University of Florida.

Ingalls, R. P. (1978). Mental retardation: The changing outlook. New York:

John Wiley & Sons.

Imai, M., Gentner, D., & Uchida, N. (1994). Children's theories of word meaning: The role of shape similarity in early acquisition. *Cognitive Development*, 9. 45-75.

Ingram, D. (1972). Transivity in child language. *Language, 47*, 888-910.

Johnston, J., & Schery, T. (1976). The use of grammatical morphemes by children with communication disorders. In D. Morehead & A. Morehead (Eds.), *Normal and deficient child language*. Baltimore: University Park Press.

Jung, J. (1989). *Genetic Syndromes in Communication Disorders*.

Kaiser, A. P., & Hester, P. P. (1994). Generalized effects of enhanced milieus teaching. *Journal of Speech and Hearing Research, 37*, 1320-1340.

Kamhi, A., & Johnston, J. (1982). Towards an understanding of retarded children's linguistic deficiencies. *Journal of Speech and Hearing Research, 25*, 435-445.

Kamhi, A., & Masterson, J. (1989). Language and cognition in mentally handicapped people: Last rites for the difference-delay controversy. In M. Beveridge, G. Conti-Ramsden, & I. Leudar (Eds.), *Language and communication in mentally handicapped people*. London, England: Chapman & Hall.

Karen, R., Astin-Smith, S., & Creasy, D. (1985). Teaching telephone-answering skills to mentally retarded adults. *American Journal of Mental Deficiency, 89*, 595-609.

Karlin, I. W., & Strazzulla, M. (1972). Speech and language problem of the mentally deficient. *Journal of Speech and Hearing Disorders, 17*, 286-294.

Karmiloff-Smith, A. (1998). Development itself is the key to understanding developmental disorders. *Trends in Cognitive Sciences, 2*, 389-398.

Karmiloff-Smith, A., Brown, J. H., Grice, S., & Paterson, S. (2003). Dethroning the myth: Cognitive dissociations and innate modularity in Williams syndrome. *Developmental Neuropsychology, 23*(1-2), 227-242.

Karrar, R., Nelson, M., & Galbraith, G. (1979). Psychophysiological research with the mentally retarded. In N. Ellis (Ed.), *International review of research in mental retardation* (Vol. 7). New York: Academic Press.

Kaufman, J., Hallaran, D., Haas, K., Brame, T., & Boren, R. (1978). Imitating children's errors to improve spelling performance. *Journal of Learning Disabilities, 11*, 33-38.

Kim, Y. T., & Lombardino, L. J. (1991). The Efficacy of Script Contexts in Language Comprehension Intervention With Children who have Mental Retardation. *Jornal of Speech and Hearing Research, 34*, 845-851.

Klink, N., Gerstman, L., Raphael, L., Schlanger, B., & Newsome, L. (1986). Phonological process usage by young EMR children and nonretarded preschool children. *American Journal of Mental Deficiency, 91*, 190-195.

Kumin. L. (1994). *Topics in Down syndrome: Communication skills in children with down syndrome.* A Guide for parents. USA: Woodbine House.

Lackner, J. (1968). A developmental study of language behavior in retarded children. *Neuropsychologia, 6*, 301-320.

LaGreca, A., Stone, W., & Bell, C. (1983). Facilitation the vocational-interpersonal skills of mentally retarded individuals. *American Journal of Mental Deficiency, 88*, 207-278.

Lambert, N. M., & Nicoll, R. C. (1976). Dimensions of adaptive behavior of retarded and nonretarded public school children. *American Journal of Mental Deficiency, 81*, 135-146.

Landau, B., Smith, L., & Jones, S. (1988). The importance of shape in early lexical learning. *Cognitive Development, 3*, 299-321.

Laura, L. Lee. (1977). *The Northwestern Syntax Screening Test.* Northwestern University Press.

Lahey, M. (1988). *Language disorders and language development.* New York: Macmillan.

Levine, K. (1998a). *Guidelines for psychological assessment of young children* (age 4-12) with Williams syndrome. July 15. [Online]. Available: http://.willilams-syndrome.org/

Levine, K. (1998b). *Williams syndrome: Information for teachers*, July 15. [Online]. Available: http://www.williams-syndrome.org/

Libermann, L. Y., Shankweil, D., Fischer, E. W., & Cater, B. (1974). Explicit syllable and phoneme segmentation in the young child. *Journal of Experimental Child Psychology, 18*, 210-212.

Lindfors, J. W. (1981). *Children's language and learning. Englewood Cliffs*, New Jersey: Prentice-Hall, Inc.

Lobato, D., Barrera, R., & Feldman, R. (1981). Sensorimotor functioning and prelinguistic communication of severely and profoundly mentally retarded individuals. *American Journal of Mental Deficiency, 85*, 489-496.

Long, S. H., & Long, S. T. (1994). Language and children with mental retardation. In V. R. Reed, *An introduction to children with language disorders* (2nd ed.). New York: Merrill.

Lovell, K. (1968). Some recent studies in cognitive and language development. *Merrill Palmer Quarterly, 14*, 123-138

Lowenfeld, B. (1973). The changing status of the blind. Springfield III: Charles C. Thomas Publisher.

Luckasson, R., Borthwick-Duffy, S., Buntinx, W., Coulter, D., Craig, E., Reeve, A., Schalock, R., Snell, M., Spitalnik, D., Spreat, Son, & Tasse, M. (2002). *Mental retardation: Definition, classification, and systems of supports* (10th ed.). Washington, DC: American Association on Mental Retardation.

Luckasson, R., Coulter D. L., Polloway, E. A., Reiss, S., Schalock, R. L., Snell, M. E., Spitalnik, D. M., & Stark, J. A. (1992). *Mentally retardation: Definetion, classification, and systems of supports* (9th ed.). Washington, DC: *American Association on Mental Retardation.*

MacDonald, J., & Carroll, J. (1992). A social partnership model for assessing early communication development: An intervention model for preconversational children. *Language, Speech, and Hearing Services in Schools, 23*, 113–124

MacMillan, D. L., Gresham, F. M., & Siperstein, G. N. (1993). Conceptual and psychometric concerns about the 1992 AAMR definition of mental retardation. *American Journal on Mental Retardation, 98*, 325–335.

Maes, B., Fryns, J., Ghesquiere, P., & Borghgraef, M. (2000). Phenotypic checklist to screen for Fragile x syndrome in people with mental retardation. *Mental Retardation, 38*, 207–215.

Malgady, R., Barcher, P., Towner, G., & Davis, J. (1979). Language factors in vocational evaluation of mentally retarded workers. *American Journal of Mental Deficiency, 83*, 432–438.

Marcell, M., & Jett, D. (1985). Identification of vocally expressed emotions by mentally retarded and nonretarded individuals. *American Journal of Mental Deficiency, 89*, 537–545.

McCathren, R., Warren, S., & Yoder, P. (1996). Preliguistic Predictors of later language development. In K. Cole & D. Thal (Eds.), *Assessment of communication and Language*. Baltimore: Paul H. Brookes.

McCarthy, D. (1954). Language development in children. In L. Carmichael (Ed.), *Manual of child psychology*. New York: Wiley.

McCathren, R., Warren, S., & Yoder, P. (1996). Prelinguistic predictors of later language development. In K. Cole, P. Dale, & D. Thal (Eds.), *Assessment of communication and language* (Vol. 6, pp. 57–76). Baltimore, MD: Paul H Brookes.

McLean, J., & Synder-McLean, L. (1978). *A transactional approach to early language training*. Columbus, OH: Merrill.

McLeavey, B., Toomey, J., & Dempsey, P. (1982). Nonretarded an mentally retarded children's control over syntactic structures. *American Journal of Mental Deficiency, 86*, 485–494.

McTear, M., & Conti-Ramsden, G. (1992). *Pragmatic disability in children*. London: Whurr Publichers.

Meador, D. (1984). Effects of color on visual discrimination of geometric symbols by severely and profoundly mentally retarded individuals. *American Journal of Mental Deficiency, 89*, 275-286.

Merck Manual (2003). Retrieved from.com/pubs/manual/

Merrill, E. (1985). Differences in semantic processing speed of mentally retarded and non-retarded persons. *American Journal of Mental Deficiency, 90*, 71-80.

Merrill, E. C. (1990). Attentional resource allocation and mental retardation. In N. W. Bray (Ed.), International review of research in mental retardation. *Mental Retardation, 31*(4), 228-233.

Merrill, E., & Bilsky, L. (1990). Individual differences in the representation of sentences in memory. *American Journal of Mental Retardation, 95*, 68-76.

Mervis, C. (2003). Williams syndrome: 15 years of psychological research. *Developmental Neuropsychology, 23*, 1-12.

Mervis, C. B., Morris, C. A., Bertrand, J., & Robinson, B. F. (1999). Williams syndrome: Findings from an integrated program of research. In H. Tager-Flusberg (Ed.), *Neurodevelopmental disorders* (pp. 65-110). Cambridge, MA: MIT Press.

Miller, J., & Chapman, R. (1980). Analyzing language and communication in the child. In R. Schiefelbusch (Ed.), *Nonspeech language, and communication: Acquisition and intervention* (pp. 159-196). Baltimore: University Park Press.

Miller, J., & Paul, R. (1995). *The clinical assessment of language comprehension*. Baltimore, MD: Brookes.

Miller, J., Sedey, A. L., & Miolo, G. (1995). Validity of parent report measures of vocabulary development for children with Down syndrome. *Journal of Speech and Hearing Research, 38*, 1037-1044.

Miller, J. F. (1981). *Assessing language production in children: Experimental procedures*. Baltimore, ML: University Park Press.

Miller, J. F. (1984). Mental Retardation. In W. H. Perkins (Ed.), *Language handicaps in children.* New York: Thieme-Stration.

Miller, J. F. (1988). The developmental asynchrony of language deelopment in children with Down syndrome. In L. Nadel (Ed.), *The psychobiology of Down syndrome* (pp.168-198). Cambridge, MA: MIT Press.

Miller, J. F. (1992). Development of speech and language in children with Down syndrome. In I. T. Lott & E. E. McCoy (Eds.), *Down syndrome: Advances in medical care* (pp. 39-50). New York: Wiley-Liss.

Miller, J. F., & Leddy, M. (1998). *Down syndrome: The impact of speech production on language development.* In R. Paul (Ed.) (pp. 163-177). Exploring the Speech-Language Connection.

Mirenda, P., & Locke, P. (1989). A comparison of symbol transparency in nonspeaking persons with intellectual disabilities. *Journal of Speech and Hearing Disorders, 54,* 131-140.

Monkaba, T. (1997). *Welcome to the Williams syndrome association.* July 15. [Online]. Available: http://www.williams-syndrome.org/

Moran, M, Money, S., & Leonard, D. (1984). Phonological process analysis in the speech of mentally retarded adults. *American Journal of Mental Deficiency. 89,* 304-306.

Naglieri, J. A., & Rojahn, J. (2001). Intellectual classification of black and white children in special education programs using the WISC-III and the Cognitive Assessment System. *American Journal of Mental Retardation, 106* (4), 359-367.

Naremore, R., & Dever, R. (1975). Language performance of educable mentally retarded and normal children at five age levels. *Journal of Speech and Hearing research, 18,* 82-95.

National Institute of Child Health and Human Development (2001). Mental retardation and developmental disabilities branch (NICHD) report to the NACHHD Council. Rockville, MD: NICHD Clearinghouse.

Nelson, K. (1973). Structure and strategy in learning to talk. *Monographs of the Society for Research in Child Development, 38* (1 and 2, Serial No. 149).

Newcomer P., & Hammill, D. (1977). *Test of Language Development-3 Primary*. Austin, TX: Pro-Ed.

Newfield, M. (1966). A study of the acquisition of English morphology by normal and EMR children. Master's thesis, Ohio State University, Columbus.

Newfield, M., & Schlanger, B. (1968). The acquisition of English morphology in normal and educable mentally retarded children. *Journal of Speech and Hearing Research, 11*, 693-706.

Ninio, A., & Snow, C. E. (1996). *Pragmatic development: Essays in developmental Science*. Boulder, CO: Westview Press.

O'Regan-Kleinert, J. (1980). Pre-speech/language therapeutic techniques for the handicapped infant. Paper presented at the American Speech-Language-Gearing Association Convention, Detroit.

Ogletree, B. T., Wetherby, A. M., & Westling, D. L. (1992). Profile of the prelinguistic intentional communicative behaviors of children with profound mental retardation. *American Journal of Mental Retardation, 97*(2), 186-196.

Oller, D. K. (1980). The emergence of speech sounds in infancy. In G. Yeni Komshian, J. A. Savanagh, & C. A. Ferguson (Eds.), *Child phonology* (Vol.1, pp. 93-112). New York: Academic Press.

Olswang, L., Stoel-Gammon, C., Coggins, T., & Carpenter, R. (1987). Assessing prelinguistic and early linguistic behaviors in develop mentally young children: ALB.

Owens, R. E. (1982). *Program for the acquisition of language with the severely impaired (PALS)*. San Antonio, TX: The Psychological Corp.

Owens, R. E. (1988). *Language development: An introduction* (2nd ed.). Columbus, OH: Merrill.

Owens, R. E. (1989). Mental Retardation: difference or delay. In D. K. Berstein & E. Tiegerman-Farber (Eds.), *Language and communication disorders in children*. (pp. 436-509). Boston: Allyn and Bacon. Merrill

Publishing Company.

Owens, R. E. (1991). *Language disorders: A functional approach to assessment and treatment.* New York: Macmillan.

Owens, R. E. (1995). *Language disorders: A functional approach to assessment and intervention.* Needham Heights, MA: Allyn and Bacon.

Owens, R. E. (1996). *Language development: An introduction* (4th ed.). Boston: Allyn & Bacon.

Owens, R. E. (1997). Mental retardation. In D. K. Bernstein & E. Tiegerman (Eds.), *Language and communication disorders in children* (4th ed.). (pp. 366–430). Boston: Allyn & Bacon.

Owens, R. E. (1999). *Language disorders: A functional approach to assessment and intervention.* Needham Heights, MA: Allyn & Bacon.

Owens, R. E. (2001). *Language development: An introduction.* Boston: Allyn & Bacon.

Owens, R. E. (2002). Mental retardation: Difference and delay. In D. K. Bernstein & E. Tiegerman-Farber (Eds.), *Language and communication disorders in children* (pp. 436–509). Boston: Allyn & Bacon.

Owens, R. E. (2004). *Language disorders: A functional approach to assessment and intervention* (4th ed.). Boston: Allyn & Bacon.

Owens, R. E., & House, L. (1984). Decision-making processes in augmentative communication. *Journal of Speech and Hearing Disorders, 49,* 19–25.

Owens, R. E., & MacDonald, J. (1982). Communicative uses of the early speech of nondelayed and down syndrome children. *American Journal of Mental Deficiency, 86,* 503–510.

Owens, R. E., & Rogerson, B. S. (1988). Adults at the presymbolic level. In S. Calculator & J. Bedrosian (Eds.), *Communicative assessment and intervention for adults with mental retardation* (pp. 189–230). San Diego, CA: College-Hill.

Owens, R. E., Metz, D,. & Haas, A. (2007). *Introduction to communication disorders*: A Lifespan Perspective.

Patton, J. R., Payne, J. S., & Beirne-Smith, M. (1986). *Mental retardation*. OH: A Bell & Howell company.

Paul, R. (1987). Communication. In D. J. Cohen & A. M. Donnellan (Eds.), *Handbook of autism and pervasive developmental disorders* (pp. 61-84). New York: John Wiley & Sons.

Paul, R. (1995). *Language disorders from infancy to adolescents: Assessment and intervention*. St. Louis, MO: Mosby-Year Book.

Paul, R. (2001). *Lanuage disorders from infany through adolescence: Assessment and intervention*. St. Louis, MO: Mosby.

Pence, K. L., & Justice, L. M. (2008). *Language development from theory to practice: From theory to practice*. New Jersery: Pearson Prentice Hall.

Pore, S. & Reed, K. (1999). *Quick reference to speech-language pathology*. Gaithersburg, MD: Aspen Pnblishers.

Pinchot, P. (1948). French Pioneers in th field of mental deficiency. *American Journal of Mental Deficiency, 72*(2), 165-170.

Plante, E., & Vance, R. (1995). Diagnostic Accuracy of two tests. of Preschool Language. *American Journal of Speech-Language Pathology, 4*, 70-76.

Pruess, J., Vadasy, P., & Fewell, R. (1987). Language development in children with Down syndrome: An overview of recent research. *Education and Training of the Mentally Retarded, 22*, 44-55.

Prutting, C., & Kirchner, D. (1983). Applied pragmatics. In T. Gallagher & C. Prutting (Eds.), *Pragmatic assessment and intervention issues in language*. San Diego: College-Hill press.

Rees, N., & Wollner, S. (1981). Toward a taxonomy of pragmatic abilities in children. Paper presented at the ASHA Northeast Regional Conference, Philadelphia.

Reich, P. (1986). *Language development*. Englewood Cliffs, NJ: Prentice Hall.

Reid, G. (1980). Overt and covert rehearsal in short-term motor memory of mentally retarded and non-retarded persons. *American Journal of Mental*

Deficiency, 85, 69-77.

Reilly, J., Klima, E. S., & Bellugi, U. (1990). Once more with feeling: Affect and language in atypical populations. *Development and Psychopathology, 2*, 369-391.

Rein, R., & Kerman, C. (1989). The functional use of verbal perseveratives by adults who are mentally retarded. *Eduction and training in Mental Retardation, 24*, 381-389.

Reiss, A. L., & Freund, L. (1990). Fragile X syndrome, DSM-III-R, and autism. *Journal of the American Academy of Child and Adolescent Psychiatry, 29*, 885-891.

Reiter, S., & Levi, A. (1980). Factors affectiong social integration of noninstitutionalized mentally retarded adults. *American Journal of Mental Deficiency, 85*, 25-30.

Rescorla, L. (1980). Overextension in early language development. *Journal of Child Language, 7*, 321-335.

Retherford, K. (1993). *Guide to analysis of language transcripts.* Eau Claire, WI: Thinking Publications.

Richard, G. J., & Hoge, D. R. (1999). *The source for syndrome.* U. S. A: Linguisystems, Inc.

Rogers-Warren, A., & Warren, S. (1980). Mands for verbalization: Facilitation the display of newly trained language in children. *Behavior Modification, 4*, 361-382.

Rondal, J., Ghiotto, M., Bredart, S., & Bachelet, J. (1987). Agerelation, reliability and grammatical validity of measures of utterance length. *Journal of Child Language, 14*, 433-446.

Rosenberg, S., & Abbeduto, L. (1993). *Language and communication in mental retardation: Development, processes, and intervention.* Hillsdale, NJ: Erlbaum.

Ross, D., & Ross, S. (1979). Cognitive training for the EMR child: Language skills prerequisitive to relevant-irrelevant discrimination tasks. *Mental*

Retardation, 17, 3–7.

Roth, F., & Speakman, N. (1984). Assessing the pragmatic abilities of children: Part 2. Guidelines, considerations, and specific evaluation procedures. *Journal of Speech and Hearing Disorders, 49,* 12–17.

Salzberg, C., & Villani, T. (1983). Speech training by parents of Down syndrome toddlers: Generalization across settings and instructional contexts. *American Journal of Mental Deficiency, 87,* 403–413.

Saunders, S. (1999). Teaching children with Fragile X syndrome. *British Journal of Special Education, 26*(2), 76–79.

Schank, R. C., & Abelson, R. P. (1977). *Scripts, plans, goals and understanding.* Hillsdale, NJ: Lawrence Erlbaum.

Schlanger, B. B., & Gottsleben, R. H. (1957). Analysis of speech defects among the institutionalized mentally retarded. *Journal of Speech and Hearing Disorders, 22,* 98–103.

Schoenbrodt, L., & Smith, R. A. (1995). *Communication disorders and interventions in low incidence pediatric populations.* San Diego, CA: Singular Publishing Group, Inc.

Schwartz, I. S. (1987). A review of techniques for naturalistic language training. *Child Language Teaching and Therapy, 3*(3), 267–276.

Seligman, M. E. P. (1975). *Helplessness: On depression, development, and death.* San Francisco: W.H. Freeman. ISBN 0-7167-2328-X.

Seligman, M. E. P. (1990). *Learned optimism.* New York: Knopf. (Reissue edition, 1998, Free Press, ISBN 0-671-01911-2).

Semmel, M. (1967). Language behavior of mentally retarded and culturally disadvantaged children. In J. Magary & R. McIntyre (Eds.), *Distinguished lectures in special education.* Los Angeles: University of Southern California Press.

Semmel, M., Barritt, L., & Bennett, S. (1970). Performance of EMR and non-retarded children on a modified cloze task. *American Journal of mental Deficiency, 74,* 681–688.

Shane, H., Lipshultz, R., & Shane, C. (1982). Facilitating the communicative interaction of nonspeaking persons in large residential settings. *Topic in Language Disorders, 2*, 73-84.

Sharfenaker, S. K. (1990). *The Fragile X syndrome.* ASHA, Vol. 31 (pp. 45-47).

Shatz, M., & O'Reilly, A. W. (1990). Conversational or communicative skill? A reassessment of two-year-olds behavior in miscommunication episodes. *Journal of Child Language, 17*, 131-146.

Shavelson, R. J., & Bolus, R. (1982). Self-concept: The interplay and methods. *Journal of Ed. Psychology, 74*, 3-17.

Shepard, G., & Marshall, J. (1976). Perceptions of interpersonal communication of EMR adolescents and their mothers. *Education and Training of Mentally Retarded, 11*, 106-111.

Shriberg, L., & Widder, C. (1990). Speech and prosody characteristics of adults with mental retardation. *Journal of Speech and Gearing Research, 33*, 627-653.

Shipley, K. G., & McAfee, J. G. (1998). *Assessment in Speech-Language Pathology: A Resource Manual* (2nd ed.). San Diego: Singular Publishing Group. Inc.

Shprintzen, R. (1997). *Genetics, syndromes, and communication disorders.* San Diego, CA: Singular Publishing Group.

Silverman, F. (1980). Stuttering problem profile: A task that assists both client and clinician in defining therapy goals. *Journal of Speech and Hearing Disorders, 45*, 119-123.

Singer Harris, N. G., Bellugi, U., Bates, E., Jones, W., & Rossen, M. (1997). Contrasting profiles of language development in children with Williams and Down syndromes. *Developmental Neuropsychology, 13*, 345-370.

Smith, J. D. (1994). The revised AAMR definition of mental retardation: The MRDD position. *Education and Training in Mental Retardation and Developmental Disabilities, 20*, 179-183.

Smith, M. M. (1994). Speech by any other name. The role of communication aids in interaction. *European Journal of Disorders of Communication, 29*, 225-240.

Sommers, R. K., Patterson, J. P., & Wildgen, P. L. (1988). Phonology of Down syndrome speakers, ages 13-22. *Journal of Childhood Communication Disorders, 12*, 65-91.

Sommers, R. (1969). Factors in the effectiveness of articulation with educable retarded children. Final report of project 7-0432. Washington, DC: U.S. Department of Health, Education and Welfare.

Sparks, S. (1993). *Children of prenatal substance abuse*. San Diego, CA: Singular Publishing Group.

Sparrow, S. S., Balla, D. A., & Cicchetti, D. V. (1984). *Vineland Adaptive Behavior Scales*. Circle Pines, MN: American Guidance Service.

Sparrow, S. S., Balla, D. A., & Cicchetti, D. V. (2005). *Vineland Adaptive Behavior Scales*. Circle Pines, MN: American Guidance Service.

Spitz, H. (1966). The role of input organization in the learning and memory of mental retardates. In N. Ellis (Ed.), *International review of research in mental retardation* (Vol. 2). New York: Academic Press.

Spooner, F. (1989). Teaching first aid skills the adolescents who are moderately mentally handicapped. *Education and Training in Mental Retardation, 24*(4), 341-351.

Spradin, J., & Siegel, G. (1982). Language training in natural and clinical environment. *Journal of Speech and Hearing Disorders, 47*, 2-6.

Stephens, W. (1972). Equivalence formation by retarded and nonretarded children at different mental ages. *American Journal of Mental Deficiency, 77*, 311-313.

Sternberg, L., Pegnatore, L., & Hill, C. (1983). Establishing interactive communication behaviors with profoundly mentally handicapped students. *Journal of the Association for Persons with Severe Handicaps, 8*, 39-46.

Suh, S., & Trabasso, T. (1993). Inferences during reading: Converging evidence from discourse analysis, talk-aloud protocols and recognition priming. *Journal of Memory and Language, 32*, 279-300.

Surian, L. (1995). Children's ambiguous utterance: A reexamination of processing limitations on production. *Journal of Child Language, 22*, 151-169.

Swank, L. K., & Catts, H. W. (1994). Phonological awareness and written word decoding. *Language, Speech, and Hearing Services in Schools, 25*, 9-14.

Swanson, H. L. (1989). Strategy instruction: The model is the message. *Science, 230*(4730), 111-18.

Swift, E., & Rosin, P. (1990). A remediation sequence to improve speech intelligibility for students with Down syndrome. *Language, Speech, and Gearing Services in Schools, 21*, 140-146.

Swisher, L., & Demetras, M. J. (1985). The expressive language characteristics of autistic children compared with mentally retarded or specific language-impaired children. In Schopler, E., & Mesibov, G. B. (Eds.), *Communication problems in autism* (pp. 147-162). New York: Plenum.

Switzky, H. N. (1997). Mental retardation and the neglected construct of motivation. *Education and Trainging in Mental Retardation and Developmental Disabilities, 32*, 194-196.

Tager-Flusberg, H. (1985). Putting words together: Morphology and syntax in the preschool years. In J. Berko Gleason (Ed.), *The development of language* (pp. 151-194). Columbus, OH: Merrill.

Tager-Flusberg, H., & Baumberger, T. (1987). The acqusition of past tense morphology in autstic, Down syndrome and normal children. Unpublished manuscript. University of Massachusetts at Boston.

Taylor, O. L. (1989). Old wine in new bottles: Some things change yet remain the same. *Asha, 31*(9), 72-73.

Taylor, R. L., Richards, S. B., & Brady, M. P. (2005). *Mental Retardation.* MA: Pearson Education.

Terman, L. M. (1916). *The measurement of intelligence.* Boston: Houghton Mifflin.

Torgesen, J. (1999). Assessment and instruction for phonemic awareness and word recognition skills. In H. Catts & A. Kamhi (Eds.), *Language and reading disabilities* (pp. 128-153). Needham heights, MA: Allyn & Bacon.

Torgesen, J. K., Wagner, R. K., Rashotte, C. A., Alexander, A. W., & Conway, T. (1997). Preventive and remedial interventions for children with reading disabilities. *Learning Disabilities: An Interdisciplinary Journal, 8*, 51-62.

Tremain, D. H., & Scudder, R. R. (1989). Repair behaviors of educable mentally handicapped and normal children. Paper presented at the Annual Convention of the American Speech-Language Hearing Association. St. Louis, MO.

Turner, L., & Bray, N. (1985). Spontaneous rehearsal by mildly mentally retarded children and adolescents. *American Journal of Mental Deficiency, 78*, 640-648.

Udwin, O., & Yule, W. (1998). *Guidelines for teachers of children with Williams syndrome.* July 15. [Online]. Available: http://www.williams-syndrome.org/

Uzgiris, I. C., & Hunt, J. M. (1975). *Toward ordinal scales of psychological development in infancy.* University of Illinois, Shampaign, Illinois.

Vanderheiden, G. C., & Lloyd, L. L. (1986). Communication systems and their components. In S. Blackstone (Ed.), *Augmeniative communication* (pp. 49-162). Rockville, MD: American Speech-Language-Hearing Association. Abel, 1984.

Wagner, R. K., & Torgesen, J. K. (1987). The Nature of phonological processing and its causal role in the acquisition of reading skills. *Psychological Bulletin, 101*(2), 192-212.

Warren, S. F., McQuarter, R. J., & Rogers-Warren, A. P. (1984). The effects of mands and models on the speech of unresponsive language delayed preschool childre. *Journal of Speech and Hearing Disorders, 49*, 43-52.

Wechsler, D. (1991). *Wechsler Intelligence Scale for Children-Third Edition.* San Antonio, TX: Psychological Corporation.

Wechsler, D. (1997). *Wechsler Adult Intelligence Scale-Third Edition.* San

Antonio, TX: Psychological Corporation.

Wehmeyer, M. L., Agran, M., & Hughes, C. (1998). *Teaching self-determination to students with disabilities: Basic skills for successful transition.* Baltimore, MD: Paul H. Brookes.

Wehmeyer, M. L., Kelchner, K., & Richards, S. (1996). Essential characteristics of self-determined behaviors of adults with mental retardation and developmental disabilities. *American Journal on mental Retardation, 100,* 632-642.

Wehmeyer, M. L., Palmer, S. B., Agran, M., Mithaug, D. E., & Martin, J. E. (2000). Promoting causal agency: The self-determined learning model of instruction. *Exceptional Children, 66,* 439-453.

Weiss, B., Weisz, J., & Bromfield, R. (1986). Performance of retarded and non-retarded persons on information-processing tasks: Further tests of the similar structure hypothesis. *Psychological Bulletin, 100,* 157-175.

Weiss, C., Gordon, M., & Lillywhite, H. (1987). *Clinical management of articulatory and phonological disorders* (2th ed.). Baltimore, MD: Williams & Wilkins.

Wetherby, A., & Prizant, B. (1993). *Communication and Symbolic Behavior Scales.* Chicago, IL: Riverside Publishers.

Wetherby, A., & Pruttig, C. (1984). Profiles of communicative and cognitive-social abilities in autistic children. *Journal of Speech and Hearing Research, 27,* 364-377.

Whitman, T. L., & Johnson, M. B. (1983). Teaching addition and subtraction with regrouping the educable mentally retarded children: A group self-instruction training program. *Behavior Therapy, 14,* 127-143.

Wolf, M. (1991). Naming speed and reading: The contribution of the cognitive neurosciences. *Reading Research Quarterly, 26,* 123-140.

Woolfolk, A. (2001). *Educational psychology.* Needham Heights: Allyn & Bacon.

World Health Organization (1980). *International classification of impairments,* disabilities, and handicaps. A manual of classification relating to the consequences of disease (ICIDH). Geneva: Author.

World Health Organization (1993). *International statistical classification of diseases and related health problems* (10th ed.). Geneva: Author.

Yoder, P. J., Kaiser, A. P., & Alpert, C. L. (1991). An exploratory study of the interaction between language teaching methods and child characteristics. *Journal of Speech and Hearing Research, 34*, 155-167.

Yopp, H. K. (1988). The validity and reliability of phonemic awareness tests. *Reading Research Quarterly, 23*, 159-177.

Zeaman, D., & House, B. (1979). A review of attention theory. In N. Ellis (Ed.), *Handbook of mental deficiency: Psychological theory and research* (2nd ed., pp. 63-120). Hillsdale, NJ: Erlbaum.

Zimmerman, B. J. (1989). A social cognitive view of self-regulated academic learning. *Journal of Educational Psychology, 81*(3), 329-339.

- http://blog.naver.com/homi1612.do
- Redirect=Log&logNo=80019068215
- http://cafe.daum.net/kumbu1004
- http://my.dreamwiz.com/ezfree/th/pi/pi-30.htm

찾 • 아 • 보 • 기

인 명

내용

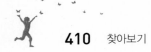

저자 소개

황보명

대구대학교 대학원 이학박사(언어치료 전공)
현) 대불대학교 언어치료청각학과 교수

〈주요 저·역서 및 논문〉
　『의사소통장애 치료교육』(공저, 학지사, 2004)
　『아동언어장애 이해』(공저, 한국언어치료학회, 2005)
　『언어치료학개론』(공저, 한국언어치료연구소, 2009)
　『언어 발달-이론에서 실제까지』(공역, 학지사, 2010)
　「정신지체 아동의 음운변동 특성 분석」(2001)
　「경도 정신지체 아동의 용언 사용 능력」(2008)
　「다운증후군 아동과 일반 아동의 이야기 말하기 능력 비교 연구」(2008)
　「다운증후군 학생의 음운인식 능력」(2008) 외 다수

김경신

조선대학교 대학원 교육학박사(특수교육학 전공)
현) 목포인성학교 교사

〈주요 저서 및 논문〉
　『발달장애인의 직업전 훈련 프로그램의 실제』(공저, 21세기사, 2009)
　「정신지체학교 전공과 졸업생의 직업전환교육과 직무수행 및 직무만족 간
　　의 인과관계」(2008) 외 다수

지적장애 아동 언어치료

2010년 6월 10일 1판 1쇄 인쇄
2010년 6월 15일 1판 1쇄 발행

지은이 • 황보명 · 김경신
펴낸이 • 김진환
펴낸곳 • (주) 학지사
        121-837 서울시 마포구 서교동 352-29 마인드월드빌딩 5층
대표전화 • 02-330-5114   팩스 • 02-324-2345
등록번호 • 제313-2006-000265호

홈페이지 • http://www.hakjisa.co.kr
커뮤니티 • http://cafe.naver.com/hakjisa

ISBN 978-89-6330-373-4 93180

정가 19,000원